2025

검색광고마케터 1급

핵심요약 + 적중문제

유준수 · 이동근

2025

검색광고마케터 **1급**
핵심요약+적중문제

인쇄일 2025년 1월 1일 5판 1쇄 인쇄   **발행처** 시스컴 출판사
발행일 2025년 1월 5일 5판 1쇄 발행   **발행인** 송인식
등 록 제17-269호   **지은이** 유준수, 이동근
판 권 시스컴2025

ISBN 979-11-6941-492-0 13000
정 가 20,000원

주소 서울시 금천구 가산디지털1로 225, 514호(가산포휴) | **홈페이지** www.nadoogong.com
E-mail siscombooks@naver.com | **전화** 02)866-9311 | **Fax** 02)866-9312

INTRO

최근 마케팅시장은 디지털정보화로 인해 초연결사회에 접어들면서 일방향적인 불특정 광고방식에서 쌍방향적인 온라인 디지털마케팅이 중심이 되는 방식으로 변화하고 있습니다. 이러한 디지털정보사회에서는 온라인 비즈니스 및 마케팅의 기본지식이 필수적입니다. 광고대행사 뿐만 아니라 네이버, 카카오 등 많은 기업에서도 국내 검색광고 시스템 실무내용을 반영하여 디지털비즈니스, 마케팅 및 검색광고 분야의 전문인력을 필요로 하고 있습니다.

그에 대비한 검색광고마케터 1급 자격증은 효율적인 온라인 디지털 마케팅 분석, 전략수립 등을 할 수 있는 마케팅 직무자격조건으로, 온라인광고대행사 및 기업 취업에 대비할 수 있는 자격증입니다. 검색광고마케터 시험과목은 온라인 비즈니스 및 디지털 마케팅, 검색광고 실무 활용, 검색광고 활용 전략으로 3과목이 출제됩니다. 이 책에는 각 과목 장별로 기초 이론과 예상문제, OX문제, 핵심요약을 수록하여 충분한 이론지식을 습득할 수 있도록 하였으며, 최신 기출문제와 실전모의고사 3회 그리고 부록으로 자격시험에 빈틈없이 대비할 수 있도록 구성하였습니다.

이 책을 통해 검색광고 전문지식을 습득하여 검색광고마케터 자격을 취득하고 실무능력을 향상시켜 특화된 필요분야에서 전문적이고 실무적인 지식 및 역량을 발휘할 수 있기를 바랍니다.

검색광고마케터란?

◉ 검색광고마케터(Search Advertisement Marketer)

① 디지털정보화로 초연결사회에 접어들면서 마케팅시장은 일방향적인 불특정 광고방식에서 데이터를 기반으로 효율적인 채널별 특성에 맞춘 온라인 디지털마케팅이 중심이 됨으로써 특화된 필요분야에서 전문적이고 실무적인 지식 및 역량을 평가하는 자격

② 광고대행사 뿐만이 아니라 많은 기업에서도 디지털비즈니스, 마케팅 및 검색광고의 전문인력을 통한 효율적 마케팅 분석, 전략수립 등의 자격을 갖춘 마케팅 직무자격조건으로 활용할 수 있는 자격

◉ 필요성

① 온라인 비즈니스 및 마케팅의 기본지식 배양

② 네이버, 카카오 등 국내 검색광고시스템 실무내용 반영

③ 온라인광고대행사 취업 대비 및 AE 실무능력 향상

◉ 자격종류

① 자격구분 : 민간등록자격

② 등록번호 : 2012-1136

③ 상기 자격은 자격기본법 규정에 따라 등록한 민간자격으로, 국가로부터 인정받은 공인자격이 아님

④ 민간자격 등록 및 공인 제도에 대한 상세내용은 민간자격정보서비스(www.pqi.or.kr)의 '민간자격 소개'란을 참고하여야 함

👁 시험과목

등급	검정과목	검정방법	문항수	시험시간	배점	합격기준
1급	온라인 비즈니스 및 디지털 마케팅 검색광고 실무 활용 검색광고 활용 전략	객관식	40문항	90분	100	70점 이상 (검정방법별 40% 미만 과락)
		단답식	20문항			

👁 출제기준

등급	과목	검정항목	검정내용
1급	온라인 비즈니스 및 디지털 마케팅	온라인 비즈니스	온라인 비즈니스 환경 및 시스템
		디지털 마케팅	디지털 마케팅 이해 및 마케팅 전략
		온라인 광고	온라인 광고의 개요 및 종류
	검색광고 실무 활용	검색광고의 이해	검색광고의 개념 및 특징
			매체 노출 효과 및 산출방법
		검색광고 기획	사용자 패턴 분석 및 매체 믹스
			매체별 시스템의 이해
		검색광고 등록	검색광고 등록시스템 및 상품
		검색광고 운용	검색광고 관리 전략
			무효 클릭 관리
			온라인 광고 정책
	검색광고 활용 전략	효과분석을 위한 사전이해 및 실제 효과 분석	사용자의 행동단계와 효과 분석의 관계
			검색광고에서 매일 효과분석을 해야 하는 이유
			효과분석을 위한 목표설정 방법
			광고효과분석 방법 기초
			기초적인 광고효과분석 흐름
			기본정보 분석
			광고효과분석 방법기초
		사후관리	키워드 사후관리
			렌딩페이지 관리

SEARCH ▼ 검색광고마케터 시험안내   Q

◉ 시험준비물

신분증

주민등록증, 운전면허증(국내), 장애인등록증(복지카드), 여권(유효기간 내), 청소년증, 공무원증, 한국정보통신진흥협회(KAIT) 국가공인자격 및 국가기술자격증 등

필기도구

검정색 볼펜(시험문제지에 이름/수험번호 기재 시 사용)

수험표

- 시험접수 → 수험표 출력 메뉴에서 수험표 출력
- 수험표를 출력하기 위해서는 응시자 본인 여부를 명확히 판단할 수 있는 증명사진 등록
- 수험표는 시험실 및 수험번호 확인을 위해 출력 및 지참하실 것을 권장

◉ 응시장소 및 비용

등급	응시장소	검정수수료	응시자격
1급	비대면 온라인	50,000원	제한 없음

응시장소

1인 1실로 응시 가능한 장소(자택, 기숙사, 회사 회의실 등)

주의 타인의 방해를 받지 않고 시험에 집중할 수 있는 장소(시험 응시 환경에 타인 인식 가능)

불가 강의실, 도서관 열람실, PC방, 카페 등 응시에 방해를 받을 수 있거나 타인에게 피해를 줄 수 있는 장소는 응시불가(타인과 대화 시 부정행위 간주)

검정수수료

- 자격증 발급수수료 : 5,800원(배송료 포함)
  ※정보이용료 별도 : 신용카드/계좌이체 650원, 가상계좌입금 300원
- 연기 및 환불 규정
  – 접수기간 ~ 시험 당일 10일 전 : 신청서 제출시 연기 또는 응시비용 전액환불
  – 시험일 9일전 ~ 시험 당일 : 신청서 및 규정된 사유의 증빙서류 제출시 연기 및 응시비용 전액환불
  – 시험일 이후 : 환불 불가

👁 신분증 규정 및 인정범위

신분증 규정

- 시험 당일 응시자는 본인 확인을 위해 신분증 인정범위에서 규정하는 신분증 중 1개를 반드시 지참하여야 하며, 신분증을 지참하지 않은 응시자는 시험 종료 시까지 신분증 확인이 되지 않을 경우 해당시험은 무효처리 됩니다.
- 신분 미확인 등에 따른 불이익은 수험자 책임이며, 그에 따른 시험의 연기 또는 응시료 환불이 불가합니다.
- 신분증의 사진훼손으로 식별이 불가능하거나 스마트폰으로 촬영한 이미지 등의 신분증 사본은 신분증으로 인정되지 않습니다.

신분증의 인정범위

구분	신분증 인정범위
일반 신분증	주민등록증, 운전면허증, 여권(유효기간 내), 공무원증, 장애인등록증(복지카드), 국가유공자증
자격증	한국정보통신진흥협회 국가공인자격증(디지털정보활용능력, 리눅스마스터, 인터넷정보관리사(3급 제외)), 국가기술자격증
학생	주민등록증 발급신청확인서, 청소년증, 학생증(사진부착 학교장 직인 필), 학교생활기록부(사본), 재학확인서(사진부착 학교장 직인 필)
군인	군장병 신분확인서(사진부착 부대장 직인 필)

👁 필요장비

① PC 또는 노트북(온라인 CBT 시험용)
② 스마트폰(비대면 원격 감독용)
주의 최소 2시간 이상 안정적으로 네트워크가 유지된 상태에서 PC(노트북) 및 스마트폰 이용이 가능

👁 수험 유의사항

입실 및 시험시간

급수	입실완료시간	시험시간
1급	13:50	14:00 ~ 15:30 (90분)

※ 입실시간 이후 온라인시험 접속 불가

본인 확인 절차

• 본인 확인을 위해 한국정보통신진흥협회(KAIT) 자격검정에서 인정하는 신분증을 반드시 소지하여야 합니다.
• 한국정보통신진흥협회(KAIT) 자격검정에서 규정하는 신분증 인정범위에 해당하지 않는 경우, 신분증으로 인정하지 않습니다.

시험 진행 중 유의사항

• PC화면, 핸드폰의 화면 공유가 끊기는 경우 부정행위로 간주될 수 있습니다.
• 시험은 반드시 모니터 1개의 화면으로 진행
• 인터넷 검색 등 외부 프로그램 사용, 공업용 계산기 등의 사용은 불가합니다.
• 시험 중 자리 비움과 화장실 이용은 불가합니다.
• 감독관의 메시지와 요청사항에는 반드시 응해야하며, 해당 요청사항에 응하지 않을 경우 부정행위로 간주됩니다.

👁 부정행위

부정행위 유형

- 시험진행을 위한 감독위원의 요구에 정당한 사유 없이 응하지 않는 경우
- 문제지 및 답안지, 부정한 휴대물(쪽지 등)을 보거나 보여주는 행위
- 신분증을 위조 · 변조하거나 대리로 시험에 응시 또는 응시하게 하는 경우
- 시험 중 수험자 간 대화 또는 신호를 주고받거나, 부정한 휴대물(쪽지 등)을 전달 또는 교환하는 경우
- 시험 중 휴대전화, 무전기, 전자사전 등의 허용되지 않은 전자기기를 조작 및 이용하는 경우
- 시험 간 소란을 발생시키거나 다른 수험자의 시험을 방해하는 경우
- 시험 종료 후 문제 및 답안지 등을 시험장 외부로 유출하는 경우
- 기타 감독위원에 의해 부정행위라고 판단되는 경우

부정행위 처리

- 현장 적발 : 진행위원 및 감독위원에 의한 적발로, 부정행위 적발 시 즉시 수검행위를 중지시키고, 부정행위자로 하여금 그 사실을 확인하여 부정행위확인서 작성
- 대리응시 적발 : 사전에 공모하여 신분증 위 · 변조 등의 방법으로 시험에 대리응시하거나 답안지를 교체하는 등의 행위를 뜻하며, 이때 부정행위에 관련된 응시자 모두를 부정행위자로 처리
- 사후 적발 : 시험 종료 후 같은 시험실 응시자들의 제보, 주위 사람과의 답안 유사도, 과거 본인이 작성한 답안지와의 필체 대조, 과거 응시했던 시험의 수험표 얼굴 비교 등 여러 가지 객관적인 판단을 통해 적발
- 기타 적발 : 위의 항목 외에 발생된 기타 유형의 부정행위(합격확인서 및 합격증서, 자격증의 위 · 변조 등)

  ※ 부정행위를 했을 경우 당일 응시한 전 종목은 실격 처리되며, 향후 3년간 협회가 주관하는 모든 시험에 응시할 수 없습니다.

👁 장애인 편의안내

장애인 응시자 편의제공

장애유형		객관식/단답식 시험	작업식 시험
시각장애	1~6급	1) 시험시간 1.5배 연장 2) 확대문제지 제공 3) 시각장애인의 경우 대독자 대동 가능	1) 시험시간 1.5배 연장 2) 확대문제지 제공
뇌병변 장애	등급 구분 없음		
지체장애	상지장애 1~6급		
청각장애	등급 구분 없음	멀티미디어제작, 디지털영상편집의 경우 시험시간의 1.5배 연장	
기타 의료기관이 인정한 장애		장애정도를 검증하여 결정	

※ 작업형 시험 : 디지털정보활용능력(전 과목), 컴퓨터프로그래머 2급, 모바일앱개발전문가 2급, 리눅스마스터 1급 2차, 디지털영상편집 1급/2급.

신청방법

• 시험접수 시 장애여부에서 '해당 있음'을 선택합니다.

• 장애인임을 증명할 수 있는 증빙자료(장애인 복지카드 또는 진단서 등)를 첨부합니다.

• 시험 당일 장애인 복지카드(사본포함) 또는 관련 증명서(진단서 등) 1부를 지참합니다.

• 시험 당일 해당 서류를 제시하지 않을 경우 일반 수험자로 간주하여 수험편의를 제공받을 수 없습니다.

👁 자격활용처

종목	내용	활용처
검색광고마케터	의무취득	다츠 커뮤니케이션, 드림인사이트, (주)링크프라이스, 미래아이엔씨, 미술넷 커뮤니케이션, 이엠넷, 카페24, 화방넷
	인사 고과 반영	NHN고도, 링크프라이스, 아이파트너즈, 옐보오부오, 이엠넷
	직무교육 대체	갈더마코리아
	취득 수당 지급	팸컴퍼니
	교육수강/응시료 지원	계명문화대학, 다츠커뮤니케이션, 화방넷
	취득 권유	동서대(광고홍보학과), 미래아이엔씨, 롯데카드, 스마트인터렉티브, 쓰리애니아이앤씨, ㈜요소, 에이민컴퍼니, 에이치디, 애드런, 엠피아, 진담W, 플레이디, 나무커뮤니케이션, 에이엠피글로벌, 써치엠, 석세스마케팅, Performance by TBWA, 레코벨, (주)이인벤션, 비비드플래닛, 워너애드, 명지전문대학교, 숙명여대, 강릉원주대, 한신대, 서강대, 계명문화대학, 용인대
	학점인정	서원대학교(광고홍보 학과)
	채용 우대	NHN AD㈜, 월스트리트잉글리쉬, 브랜드 인큐베이터, 유니비전㈜, (주)에이치마케팅, (주)에이토즈, 제이슨그룹, 예지솔루션, ㈜아이디어키, (주)레인보우8, ㈜오름아이엠씨, 글로벌업아이지, ㈜푸드엔, 다봄크리에이티브, 넥스트미디어그룹, ㈜다츠, 디유넷, 이노플랜트, ㈜애드게이트, ㈜중앙애드넷아이엔씨, 아이엠씨코퍼레이션, ㈜초아커뮤니케이션, ㈜제이브릿지컴퍼니, ㈜에이토즈, ㈜위메프, 주식회사 어댑트, ㈜더다함커뮤니케이션즈, 펑타이코리아, 브레이브모바일

SEARCH ▼ 구성 및 특징

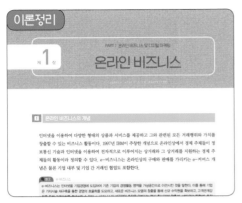

검색광고마케터 자격시험에 필수적인 기본 이론을 PART별로 정리하였고 기본 이론에 '참고'를 덧붙여 충분한 기본 지식을 습득할 수 있도록 하였습니다.

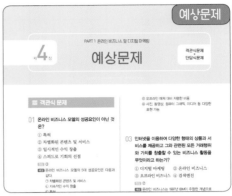

각 PART의 이론을 보다 깊이 이해할 수 있도록 기출문제의 유형을 분석하여 이론과 관련된 문제들을 예상문제로 수록하였습니다.

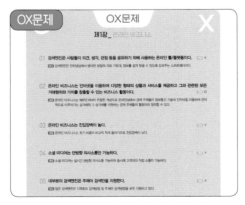

OX문제를 통해 기본 지식 및 개념을 쉽고 빠르게 익힐 수 있도록 하였습니다.

각 장에서 핵심이 되는 부분을 요약하여 중요한 부분을 한 번 더 체크할 수 있도록 하였습니다.

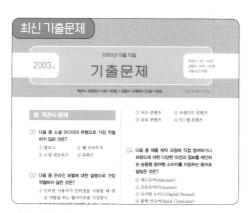

최신 기출문제를 수록하여 자격시험에 대비할 수 있도록 하였습니다.

최신 기출문제에 대한 해설로서 빠른 정답찾기로 문제를 빠르게 채점할 수 있고, 각 문제의 해설을 상세하게 풀어내어 문제 개념을 이해하기 쉽도록 하였습니다.

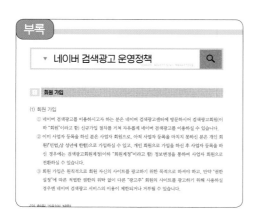

실무에 유용한 내용을 수록하여 전문지식을 익히는데 부족한 부분이 없도록 구성하였습니다.

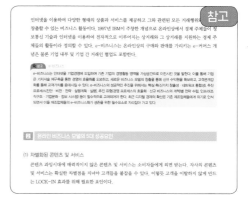

내용과 관련된 참고사항을 덧붙여 자격시험 및 실무에 대한 지식을 이해하는데 도움을 줄 수 있도록 하였습니다.

SEARCH ▼   **Study Plan**   Q

	과목	학습예상일	학습일	학습시간
온라인 비즈니스 및 디지털 마케팅	온라인 비즈니스			
	디지털 마케팅			
	디지털 광고			
검색광고 실무 활용	검색광고의 이해			
	검색광고 기획			
	검색광고 등록			
	검색광고 운용			
검색광고 활용 전략	검색광고 효과분석을 위한 이해			
	실제 검색광고효과 분석			
	사후관리			
최신 기출문제	2020년 12월 12일 기출문제			
	2020년 9월 19일 기출문제			
	2020년 6월 13일 기출문제			
FINAL 실전모의고사	제1회 실전모의고사			
	제2회 실전모의고사			
	제3회 실전모의고사			

Special Information Service Company
SISCOM

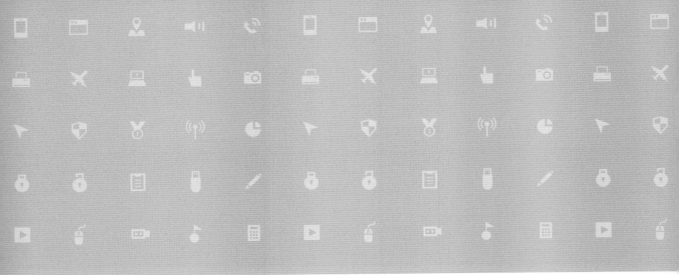

Search Advertising Marketers

PART 1

온라인 비즈니스 및 디지털 마케팅

Search Advertising Marketers

제 1 장 온라인 비즈니스

SEARCH ADVERTISING MARKETERS

1 온라인 비즈니스의 개념

인터넷을 이용하여 다양한 형태의 상품과 서비스를 제공하고 그와 관련된 모든 거래행위와 가치를 창출할 수 있는 비즈니스 활동이다. 1997년 IBM이 주창한 개념으로 온라인상에서 경제 주체들이 정보통신 기술과 인터넷을 이용하여 전자적으로 이루어지는 상거래와 그 상거래를 지원하는 경제 주체들의 활동이라 정의할 수 있다. e-비즈니스는 온라인상의 구매와 판매를 가리키는 e-커머스 개념은 물론 기업 내부 및 기업 간 거래인 협업도 포함한다.

> **참고** e-비즈니스
>
> e-비즈니스는 인터넷을 기업경영에 도입하여 기존 기업의 경영활동 영역을 가상공간으로 이전시킨 것을 말한다. 이를 통해 기업은 가치사슬 재구축을 통한 경영의 효율화를 도모하고, 새로운 비즈니스 모델의 창출을 통해 신규 수익원을 확보하고, 고객관계강화를 통해 고객가치를 증대시킬 수 있다. e-비즈니스의 성공적인 추진을 위해서는 핵심 축(신가치 창출성 · 네트워크 통합성), 추진 프로세스(진단 · 비전 · 전략 · 실행계획 · 실행), 추진 유형(경영 프로세스의 효율화 · 신규 비즈니스의 개척)별 전략 수립, 인프라(조직구조 · 기업문화 · 정보 시스템) 등이 필수적으로 고려되어야 한다. 최근 디지털 경제의 확산은 기존 제조업체들에게 위기로 인식되면서 이들 제조업체들의 e-비즈니스화가 생존을 위한 필수요소로 자리잡아 가고 있다.

2 온라인 비즈니스 모델의 5대 성공요인

(1) 차별화된 콘텐츠 및 서비스

콘텐츠 과잉시대에 매력적이지 않은 콘텐츠 및 서비스는 소비자들에게 외면 받는다. 자사의 콘텐츠 및 서비스는 확실한 차별점을 지녀야 고객들을 붙잡을 수 있다. 이렇듯 고객을 이탈하지 않게 만드는 LOCK-IN 효과를 위해 필요한 요인이다.

(2) 지속적인 수익 창출

기업은 이윤을 기반으로 운영되므로 꾸준하게 수익을 창출할 수 있어야 한다.

(3) 특허

온라인 비즈니스는 초기 비용이 비교적 적게 들어가므로 진입장벽이 낮다. 이는 경쟁이 치열해질 수밖에 없다. 특허는 자사의 상품에 독점적 위치를 제공하고 경쟁업체들에게는 엄청난 진입장벽이 된다.

(4) 스피드로 기회의 선점

온라인 비즈니스는 기존 비즈니스에 비해 변화의 속도가 상당히 빠르다. 조금만 트렌드 파악을 게을리 했을 시 자사의 상품은 이미 지나간 상품으로 전락하게 된다. 시장에 진입하는 것 그리고 철수하는 것 모두 경쟁자보다 빨라야 한다.

(5) 고객관점 및 고객경험

웹 사이트에서 잘 드러나는 것으로 판매자 및 관리자는 효율성을 따져 웹 사이트를 구성하는 것이 가장 바람직하다. 소비자 자신이 관심 있는 상품을 자동으로 추천해주고, 구매를 돕는 정보를 제공하며 빠른 구매가 이루어지도록 구성된 페이지를 선호한다.

---

3 온라인 포털

(1) 정의

인터넷을 사용할 때, 기본적으로 거쳐 가는 웹사이트를 말하며, 광고를 주 수익 기반으로 하지만 온라인 커머스, 유료 콘텐츠, 결제 등 다양한 수익 모델이 존재한다.

(2) 특성

① 인터넷 관문의 역할을 수행한다.
② 다양한 서비스로 많은 트래픽을 유도한다.(트래픽 기반 수익 모델)

(3) 발전과정

① Search

② Communication

③ Community

④ Contents & Commerce

4 검색엔진

(1) 정의

① 인터넷에서 자료를 쉽게 찾을 수 있게 도와주는 소프트웨어를 의미한다.

② 디렉토리 검색은 주제별로 분류된 메뉴를 선택하여 한 단계씩 상세한 주제로 찾아가는 방법을 의미한다.

③ 주제어 검색 방법은 원하는 정보를 나타내는 특정한 단어들을 사용하여 정보를 찾아가는 형태를 의미한다.

④ 통합 검색 방법은 웹사이트뿐만 아니라 거의 모든 유형의 문서나 파일을 제공하는 방법을 의미한다.

⑤ 인덱스 검색은 인터넷에 새롭게 만들어진 파일 등의 정보를 검색로봇이 주기적으로 수집하여 인덱스 데이터베이스에 정보위치를 저장하는 방법을 의미한다.

(2) 특징

① 구글과 같이 주제어 검색만을 지원하는 검색 엔진도 있지만 많은 검색 엔진은 디렉토리 검색방법 및 주제어 검색방법을 모두 지원하고 있다.

② 대표적인 검색 엔진에는 국내의 네이버, 다음 등과 해외의 구글, 빙 등이 있다. 일반적으로 검색 엔진을 사용하는 것은 무료이지만 검색 엔진이 포털 사이트의 역할을 수행하면서 광고를 할 수 있기 때문에 많은 사용자를 확보하면 대기업으로 성장하는 경우가 많이 있다.

(3) 유형

① 디렉토리 검색 (야후) : 주제별로 분류 혹은 계층별로 정리

② 주제어 검색 (구글) : 다양한 정보 검색하여 정보 얻기

③ 통합 검색 (네이버) : 모든 유형의 문서와 데이터 총망라한 검색 결과 제공

5 소셜 미디어

(1) 정의

① 사람들의 의견, 생각, 경험, 관점 등을 서로 공유하기 위해 사용하는 온라인 도구나 플랫폼을 의미한다. 이러한 소셜 미디어는 텍스트, 이미지, 오디오, 비디오 등의 다양한 형태를 가지고 있는데, 대표적으로 블로그(blog), 소셜 네트워크(Social Network), 메시지 보드(Message Board), 팟캐스트(Pod-cast), 위키스(Wikis), 비디오 블로그(Vlog) 등이 있다.

② 소셜 미디어는 하나의 유행이 아닌 제2의 닷컴 시대를 창출하는 이른바 웹 2.0의 핵심 도구로 부상하고 있는데, 이에 따라 공유 · 공개 · 참여의 철학에 기반해 소셜 미디어와 관련된 새로운 비즈니스 분야와 용어가 출현하고 있다.

③ 비즈니스 영역에서 웹 2.0에 충실한 다양한 소셜 미디어를 활용한 마케팅, 지식 경영, 연구 개발, 서비스 제공, 고객관리 등의 모델들이 나타나고 있다.

> **참고** 소셜 미디어의 장점
>
> ㉠ 컴퓨터, 정보통신, 미디어의 발전된 기술을 활용하여 마케팅 효과
> ㉡ 실시간 쌍방향 의사소통 가능, 고객과의 직접 소통
> ㉢ 전 세계를 대상으로 글로벌 마케팅
> ㉣ 기업이 없어도 개인의 블로그, 프로필, 사회 관계망 서비스를 통해 자료가 대량 확산 가능
> ㉤ 오프라인 매체 대비 저렴한 비용
> ㉥ 사진, 동영상, 컴퓨터 그래픽, 미디어 등 다양한 표현 가능

(2) 특성

① 참여(Participation) : 소셜 미디어는 관심 있는 모든 사람들의 기여와 피드백을 촉진하며 미디어와 오디언스의 개념을 불명확하게 한다.

② 공개(Openness) : 대부분의 소셜 미디어는 피드백과 참여가 공개되어 있으며 투표, 피드백, 코멘트, 정보 공유를 촉진함으로써 콘텐츠 접근과 사용에 대한 장벽이 거의 없다.

③ 대화(Conversation) : 전통적인 미디어가 'Broadcast'이고 콘텐츠가 일방적으로 오디언스에게 유통되는 반면 소셜 미디어는 쌍방향성을 띤다.

④ 커뮤니티(Community) : 소셜 미디어는 빠르게 커뮤니티를 구성케 하고 커뮤니티로 하여금 공통의 관심사에 대해 이야기하게 한다.

⑤ 연결(Connectedness) : 대부분의 소셜 미디어는 다양한 미디어의 조합이나 링크를 통한 연결상에서 번성한다.

참고 소셜 미디어 커뮤니케이션의 특징

특성	내용
상호작용성(Interactivity)	쌍방향 커뮤니케이션. 이용자가 송신자(생산자)이면서 동시에 수신자(소비자)
탈대중성(de-massification)	회원의 인구통계적 특성, 직업에 관한 전문성, 개인적 취미에 따라 세분화된 버츄얼 문화공동체의 존재는 인터넷의 가장 독특한 기능 중의 하나(Adler and Chrstopher, 1999; 이현우)
비동시성(Asynchronous)	시간적 제약이 없다.
상호연결성(connectedness)	네트워크(network)
능동성(activity)	적극적 정보탐색 및 참여(participation)

※ 출처 : Hoffman & Novak, 1995; Morris & Ogan, 1996; Rogers, 1986; Reardon & Rogers, 1988; Ruggiero, 2000

(3) 등장배경

① 첨단정보통신과 멀티미디어 기술의 발전 및 융합의 결과로서 사회와 문화의 새로운 패러다임의 등장을 들 수 있다. 인터넷의 대중화, 디지털 카메라 및 MP3의 보급 등으로 오디오, 비디오 등을 활용한 사이버상의 대인 커뮤니케이션이 발전함에 따라 사용자들이 콘텐츠를 소비하는 동시에 생산도 하는 Prosumer(프로슈머)의 활동이 가속화되었다.

② 사회의 분화와 재통합에 따른 커뮤니티 문화의 진화를 들 수 있다. 개인화와 네트워크화로 대표되는 사회의 분화와 재통합이 나타남에 따라 퍼스널 미디어의 등장이 소셜 네트워킹 서비스의 등장으로 이어지고 이는 곧 퍼스널과 소셜의 융합을 촉진하게 된 것이다.

③ 웹 기반 기술의 발달로 다양한 정보 공유와 네트워킹 기능이 확대된 것도 무시할 수 없다. 현재 웹 2.0 기반의 가장 대표적인 웹 기술로는 매쉬업(Mash-up), REST, FOX, XML 등이 있으며 또한 웹 애플리케이션들이 새롭게 각광받고 있는 상호 작용 웹 애플리케이션 구성 스타일인, AJAX(Asynchronous Javascript and XML)의 사용이 두드러지고 있다.

④ 마지막으로 사람들의 친화욕구와 자기표현욕구가 증대하고 있다는 점이다. 개인주의화와 더불어 편리한 인터넷 매체의 발달로 누구나 손쉽게 커뮤니케이션하고 표현할 수 있는 욕구가 증대하고 이러한 트렌드의 이면에는 멀티미디어 양방향성 소통으로 인한 참여와 숙의라는 사회적 합의 체계를 가지고 있다.

참고 프로슈머(Prosumer)

㉠ 1980년 엘빈 토플러가 〈제3의 물결〉에서 처음 사용한 용어로 생산자적 기능을 수행하는 소비자를 말한다.
㉡ 소비자들이 자신들의 욕구를 충족시킬 수 있는 상품의 개발을 직접 요구하고 때로는 유통에도 직접 관여하는 소비자를 말한다.
㉢ Producer와 Consumer의 합성어이다.

(4) 종류

① 블로그 : 웹+일기

② 소셜 네트워크 : 친구들과 공유

③ 콘텐츠 커뮤니티 : 특정한 종류의 콘텐츠 공유

④ 위키스 : 정보 편집 가능

⑤ 팟 캐스트 : 방송+아이팟/인터넷을 통한 라디오 방송

Q 참고   소셜 미디어의 기능에 따른 활용

기능	활용	미디어
관여(Involve)	소셜 웹과 살고, 이해하는 것으로서 가짜가 없음. 창조이상의 참여가 있어야 함	YouTube, Blog, Facebook, Second life
창조(Create)	공동 이익의 커뮤니티를 위한 관련성 있는 콘텐츠를 창조, 콘텐츠가 중요	YouTube, Flickr, Wikipedia, Slideshare, Instagram(2010)
토론(Discuss)	대화와 상호작용(rexiprocity)이 핵심. 대화가 없는 콘텐츠는 존재하지 않는다.	Digg
촉진(Promote)	콘텐츠를 네트워크로 능동적으로 촉진, 신뢰(credibility)와 가치(value)가 생명, 친구탐색, 긴 대화 불필요	Widgets, USTREAM, Myspace, Twitter
측정(Measure)	모니터하고 개발하고 반응함	Technorati(2009 폐쇄), Blogpulse(2012 폐쇄), Trends, TwittReach

※ 출처 : Hayes and Papworth(2008).

---

6   온라인 커머스

(1) 온라인 커머스 정의

① 온라인 커머스는 소셜 미디어와 온라인 미디어를 활용하는 전자 상거래의 일종이다.

② 온라인 커머스라는 용어는 2005년 Y사의 장바구니 공유 서비스 사이트를 통하여 처음 소개되었으며, 2008년 미국 시카고에서 설립된 온라인 할인 쿠폰업체 G사가 공동구매형 소셜 커머스의 비즈니스 모델을 처음 만들어 성공을 거둔 이후 본격적으로 알려지기 시작하였는데 이는 제품 정보 등에 대한 사용자의 평가나 공유 목록 같은 온라인 협업 쇼핑 도구의 집합을 설명하기 위해서였다.

③ 온라인 커머스는 일정 인원 이상이 구매를 해야 혜택이 소멸되지 않기 때문에 구매자가 SNS를 통해 다른 이들에게 홍보하게 되는 공동구매형, 소셜 네트워크로 이동할 수 있는 링크만을 게재

하는 소셜 링크형, 소비자의 구매 · 평가 · 리뷰 등 소비자의 소셜 네트워크 활동을 결합한 소셜 웹 형, 오프라인 공간까지 확대 연결시킨 오프라인 연동형의 4가지로 구분할 수 있다.

> **🔍 참고** 온라인 커머스
>
> ㉠ 물리적 상품과 서비스의 구매 편리성과 구매 안정성을 동시에 충족시킬 수 있다.
> ㉡ 소셜미디어와 온라인 미디어를 활용하는 전자 상거래의 일종이다.
> ㉢ 가상의 마켓 플레이스에서 재화와 서비스를 판매하는 비즈니스 모델을 일컫는 포괄적인 개념이다.
> ㉣ 쿠팡, SSG.COM과 같은 기업이 배송에 막대한 투자를 하고 있는 것이 좋은 사례이다.

(2) 온라인 커머스 시장 트렌드

① '유료 멤버십'을 통한 록인(Lock-in) 전략
② 온라인과 오프라인을 통합한 옴니 채널(Omni-channel) 전략

(3) 국내 온라인 커머스 시장의 변화

구분	세분	내용
온라인	소셜커머스	오픈마켓으로 사업확장
	오픈마켓	• 콘텐츠 서비스 강화 : V커머스 서비스 론칭 • 쇼핑플랫폼 역할 강화 : 백화점 및 홈쇼핑 입점
TV	홈쇼핑	• 사업 다각화 • 렌탈 서비스 • 벤처기업투자 • 모바일 커머스 강화
	T커머스	쇼핑 콘텐츠 강화

(4) 온라인 비즈니스의 유형

거래의 대상	B2B(Business to Business)는 기업이 기업을 대상으로 각종 물품을 판매하거나 서비스를 제공하는 전자상거래이다. 전자상거래기업과 기업 간의 대량 거래로 사이버 공간에서 전자 매체를 통해 이루어진다. 공사자재 · 부품 · 재료, 공사 입찰 등이 주로 취급되며 대량구매 후 기업에 판매함에 따라 유통비용 등 비용을 절감할 수 있다. 이밖에도 기업을 의미하는 B(business)와 소비자를 뜻하는 C(customer), 정부를 뜻하는 G(government)를 조합한 용어들이 있다. 기업대 소비자의 전자상거래를 뜻하는 B2C는 인터넷 쇼핑몰처럼 일반적인 전자상거래를 의미한다. 인터넷 경매 같은 소비자대 소비자 거래를 뜻하는 C2C, 공동구매처럼 다수의 소비자가 기업을 상대로 물건을 구입하는 C&C2B, 정부가 업체로부터 조달품을 구매하는 B2G 등도 있다.

제공 가치에 따른 구분	• 가격 지향형 모델 • 맞춤형 · 서비스 지향형 모델 • 편의 · 신속성 지향형 모델
거래 제품에 따른 구분	• 물리적 제품(물류 체계의 구축이 중요함) • 디지털 제품 : 고객 체험을 유도하는 것
판매방식	• 판매형(카테고리 킬러형 vs 몰형) • 중개형(경매형 vs 매칭형) • 커뮤니티형(정보검색형 vs 정보생산형) • 정보제공형(전문 커뮤니티형 vs 포털형)

7 디지털 콘텐츠

(1) 디지털 콘텐츠 정의

① 유무선 전기 통신망에서 사용하기 위해 부호 · 문자 · 음성 · 음향 이미지 · 영상 등을 디지털 방식으로 제작, 처리, 유통하는 자료, 정보 등을 의미한다.

② 디지털화된 방법으로 제작, 유통, 소비될 수 있는 제품군을 의미하며, 구체적으로는 최근에 각광받고 있는 각종 동영상 파일, 이미지 파일, MP3 음악 파일, 멀티미디어 서적 등이 있다.

③ 구입에서 결제, 이용까지 모두 네트워크와 개인용 컴퓨터(PC)로 처리하기 때문에 종래의 통신 판매 범위를 초월한 전자 상거래(EC)의 독자적인 분야로서 시장 확대가 급속히 이루어지고 있다. 이러한 디지털 콘텐츠는 디지털 형태로 존재하고, 유통 및 소비도 디지털 형태로 이루어진다.

(2) 디지털 콘텐츠 산업 환경의 변화

① **디지털 콘텐츠 서비스 환경** : 디지털 콘텐츠 서비스 제공업체들은 콘텐츠를 언제, 어디서나, 어떠한 기기에 어떠한 형태로든 끊김 없이(seamless) 지속적으로 전달할 수 있다. 그러나 오늘날에는 지금까지 콘텐츠 서비스 제공업체들의 가장 중요한 역할이었던 지속적인 콘텐츠 제공만으로는 생존이 어려우며, 다른 기종 간에도 지속적인 콘텐츠의 전달과 이를 안전하게 제공하는 것이 더욱 중요한 서비스 요인이 되고 있다.

② **디지털 콘텐츠 유통 환경** : 디지털 콘텐츠는 콘텐츠를 디지털화하여 유선 · 무선 방송에서 공통적으로 활용할 수 있도록 제작되고 있으며, 기존의 유통환경이 과거 오프라인 환경에서 점차 인터넷, 무선인터넷, 디지털방송 등과 같이 온라인화 되어감에 따라 다양한 유통채널을 통한 수익모델 개발로 수익을 극대화하기 위한 전략이 추진되고 있다.

part
01

온라인 비즈니스 및 디지털 마케팅

③ 디지털 콘텐츠 기업 환경 : 디지털 콘텐츠 산업은 최근 다른 업종간의 M&A 및 전략적 제휴가 가속화되고 있다. 특히 최근의 트렌드인 방송과 통신 산업의 융합을 통해 상호 배타적인 시장제한을 철폐하고 방송과 통신의 겸업 및 방송사의 시장독점 소유한도도 대폭 완화하는 등의 움직임이 빠르게 확산되고 있다. 이를 통해 통신사 및 방송사간의 수직적·수평적 통합이 본격화되고 있으며, 다른 업종 간의 전략적 제휴도 활발히 진행되고 있다.

④ 디지털 콘텐츠 유료화 환경 : 디지털 콘텐츠 산업에 있어 콘텐츠의 유료화가 서서히 진행되고 있으며, 이러한 유료화를 지원하기 위한 다양한 결제수단이 등장하고 있다. 특히 최근에는 결제 수단이 현금이나 카드에서 전자화폐 및 무선결제로 빠르게 발전해 나가고 있으며, 이중에서도 전화번호 기반 결제, 전자지갑 기반 결제, IC칩(카드) 및 메모리 기반 결제 시스템이 급격히 확산되어 가고 있다. 이러한 전자지불수단간 호환성과 표준화를 위한 전자지불포럼 등이 구성되고 있으며, 고객 편의성 및 지불 안전성 등을 강화하고 있는 추세이다.

⑤ 콘텐츠 융합 환경 : 콘텐츠 제공업체들은 콘텐츠 자체, 콘텐츠를 유통시키기 위한 애플리케이션과 미들웨어 소프트웨어, 사용자들에게 콘텐츠를 총괄해서 제공해주는 미디어 아울렛, 콘텐츠를 활용하기 위한 여러 기기들에 콘텐츠를 제공하기 위한 미디어 등 디지털콘텐츠 산업의 가치사슬에 있어서 관련 산업 간의 융합(convergence) 및 콘텐츠의 융합을 촉진하고 있다. 콘텐츠 융합은 관련 산업의 시장을 재형성하고 있으며, 이러한 산업들을 연결해주는 새로운 시장을 창출하고 있다. 콘텐츠 서비스 및 통합서비스 제공업체 등이 새롭게 등장하는 비즈니스 모델인데, 산업으로써 이와 같은 업체들은 아직 본격적인 사업을 추진하는 단계는 아니며, 콘텐츠 융합을 통해 새로운 시장을 창출하기를 바라는 업체들에게 크게 좌우되고 있는 실정이다. 그러나 콘텐츠 서비스 및 통합서비스 제공업체들은 기존의 네트워크 사업자들의 콘텐츠 제공기능과는 다른 콘텐츠의 관리, 유통, 통합조정등과 같은 새로운 기능을 갖고 있으며, 최근 이러한 콘텐츠 통합서비스 제공을 위한 비즈니스가 빠르게 등장하고 있다.

⑥ 통신과 방송의 융합 환경 : 최근 다양한 통신 및 방송 네트워크가 디지털화 되면서 통신과 방송 간의 경쟁이 피할 수 없는 현실로 다가오고 있다. 이는 기존 지상파 방송의 독과점 시대에서 위성방송, 케이블 방송, 유·무선 인터넷 방송 등으로 다매체·다채널화 되고 있으며, 통신과 방송 네트워크가 광대역화와 양방향화로 진전되는데 따른다. 이러한 변화에 따라 통신 및 방송 네트워크는 이용자 중심의 단일 네트워크로 통합되어 연결되기 시작하였으며, 통합된 네트워크를 통해 콘텐츠 유통과 이용환경이 변화하고 디지털콘텐츠의 품질이 사업자의 생존여부를 결정하는 등 방송의 환경도 디지털콘텐츠 중심으로 급격히 변화하고 있다. 이와 같은 통신과 방송의 융합현상에 따라 정보형태, 전송매체에 따라 출판 산업, 통신 산업, 방송 산업, 영화산업, 음악 산업 등으로 분류되던 관련 산업들이 콘텐츠 제공, 서비스 제공, 매체운영산업, 플랫폼 제공 산업 등으로 재편되고 있다.

제2장 디지털 마케팅

SEARCH ADVERTISING MARKETERS

1 마케팅 패러다임

(1) 마케팅 패러다임의 변화

	Old Paradigm	New Paradigm
소비자	수동적 소비자	능동적 소비자
커뮤니케이션	• 기업주도적 • 일방향 • 노출 위주 효율성	• 소비자 욕구 중심 • 양방향 • 상호작용, 참여, 체험
소비자 조사	설문조사	소셜 빅데이터
광고 방식	• 푸쉬형 • 대량의 일원화된 메시지	• 개인 맞춤형 • 재미와 감성을 지닌 브랜디드 콘텐츠 (Branded Contents)

(2) 전통적 마케팅과 디지털 마케팅

① 전통적 마케팅 및 디지털 마케팅의 개념

   ㉠ 전통적 마케팅은 온라인에 없는 모든 종류의 마케팅을 의미한다. 인쇄, 방송, 우편, 전화, 옥외 광고 등의 광고판을 뜻한다. 신문에서 라디오에 이르기까지, 이 마케팅 방법은 목표한 청중들에게 다가갈 수 있도록 돕는다.

   ㉡ 디지털 마케팅은 Paid 소셜 미디어 광고, 이메일 마케팅과 같이 회사가 온라인에서 수행하는 모든 마케팅을 의미한다. 홍보 효과를 가지는 트윗, 영향력 있는 여행기, 그리고 맛있어 보이는 비디오는 모두 디지털 마케팅을 보여주는 예이다.

② 전통적 마케팅 및 디지털 마케팅 비교

③ 디지털 마케팅이 기존 마케팅과 차별화되는 요인

　㉠ 데이터 중심

　㉡ 관객의 도달 및 세분화

　㉢ 단방향에서 쌍방향으로의 대화 진행

　㉣ 저렴한 가격

　㉤ 기존보다 높은 ROI

> **참고** 디지털 마케팅의 전략 유형
>
> ㉠ 소셜미디어 마케팅
> ㉡ 블로그 마케팅
> ㉢ 메일 마케팅
> ㉣ 모바일 마케팅
> ㉤ 유료 검색
> ㉥ 사이트에 광고 표시
> ㉦ 마케팅 자동화
> ◎ 콘텐츠 마케팅

(3) 디지털 미디어

① Paid media

　㉠ 조직이나 개인이 비용을 들여 온·오프라인 미디어 채널을 통해 메시지를 전달하고자 할 때 유료로 이용하는 미디어를 말한다.

　㉡ 네이티브 광고, 배너광고 등이 이에 포함된다.

② Owned media

　㉠ 자기의 회사가 보유하고 있는 커뮤니케이션 미디어를 말한다.

　㉡ 홈페이지, 블로그 등이 이에 포함된다.

③ Earned media

　㉠ 제3자에 의해 창작되고 소유되어 소비자로부터 신뢰와 평판을 획득할 수 있는 모든 종류의 퍼

블리시티를 의미한다.

ⓛ 고객이 남기는 후기나, 커뮤니티의 게시물 등이 이에 포함된다.

2 디지털 마케팅의 개념

(1) 디지털 마케팅 개념

① 디지털 마케팅(digital marketing)을 우선 간단히 정의하면 디지털을 활용하여 수익을 얻고자 하는 전략적 활동을 말하며, 디지털 상의 사이버 공간을 통해 수행되는 모든 마케팅 활동을 의미한다.

② 좀 더 세부적으로는 웹브라우저, 스마트 폰, (콘솔)게임 등과 같이 대표적인 인터넷 장치를 기반으로 하는 장치를 통해 온라인 광고로 소비자들에게 제품과 서비스를 알리고, 판매하는 것으로도 볼 수 있으나 기술이 발달하고 많은 장치와 기기들이 인터넷 검색기능을 제공하면서, 디지털 마케팅의 잠재성이 발전적으로 실현되고 있는 추세이다.

③ 인터넷 마케팅은 인터넷을 기반으로 하는 상업적 활동을 가리키는 것으로 디지털 마케팅보다 협의 개념으로 이해할 수 있다.

④ 디지털 마케팅에는 크게 Pull(유인형)과 Push(강요형) 두 가지 종류가 있다.

    ㉠ Pull(유인형) 디지털 마케팅

- Pull 디지털 마케팅이란, 소비자가 이메일, 문자 메시지나 뉴스 피드를 통해 특정 기업의 판매 품목에 대한 광고 전송을 허가하는 것과 소비자가 직접 인터넷을 통해 특정 품목을 자발적으로 검색하는 것, 이 두 가지로 이루어진다.

- 인터넷 웹 사이트나 블로그, 스트리밍 미디어(Youtube, 음원 스트리밍 사이트)들이 Pull 마케팅의 예이다.

- 특정 목적을 가지고 있거나, 특정 공략 대상을 가지고 있는 글은 해당하는 특정 소비자들을 유인하기에 매우 좋은 요소이다.

- 현재의 웹브라우저를 통해서도 소비자는 관심을 가지고 있는 품목에 접근할 수 있으나, 더욱 많은 소비자들의 관심을 끌기 위해서는 부가적인 인터넷 마케팅 기술이 더 필요하다.

    ㉡ Push(강요형) 디지털 마케팅

- Push 디지털 마케팅이란, 웹 사이트나 인터넷 뉴스에서 보이는 광고처럼, 판매자가 수신자의 동의 없이 광고를 보내는 것이다.

- 이메일, 문자 메시지나 뉴스 피드도 수신자의 동의 없이 발송하는 것을 스팸메일 혹은 스팸이라 부르고, 이는 Push 디지털 마케팅으로 분류할 수 있다.

- Push(강요형) 디지털 마케팅은 광고가 만들어지는 그 순간 바로 보낼 수 있고, Pull(유인형) 디지털 마케팅보다 더 소비자 지향적이다. 하지만 거의 대부분이 광고에 대한 제작비용과 배포비용에 비해 해당 광고를 주의 깊게 보는 소비자의 수가 부족한 것이 문제점이다.
- Push(강요형) 디지털 마케팅이 사전 허가를 받고 제품을 광고하는 승인 기반(permission-based) 마케팅 전략을 시행한다면 보다 효과적일 수 있다.

(2) 디지털 마케팅 등장 배경

① 산업 및 시장의 변화

산업화 사회에서 정보화 사회로 패러다임이 변화함에 따라 시장참여자, 제품, 프로세스에서의 새로운 변화가 유도되었으며, 새로운 마케팅 개념, 즉 인터넷과 정보통신기술의 장점을 살리면서 마케팅의 효과성을 극대화하기 위한 새로운 접근법이 요구되었다.

㉠ 시장참여자(player) 측면
- 순수 온라인 기업 혹은 오프라인과 온라인을 병행하는 기업이 증대하였다.
- 사이버 상에서 다양한 온라인 콘텐츠만을 판매하는 기업들이 폭발적으로 증가하였다.

㉡ 제품(product) 측면
- 과거의 물리적 제품 중심에서 다양한 종류의 디지털 제품이 출시되었다.
- 제품의 속성이 여러 사용자를 대상으로 하며, 원하는 시기에 제공되어야 하고, 사용자의 제품 검색 및 선택이 용이한 형태로 변화하였다.

㉢ 프로세스(process) 측면
- 과거의 물리적 프로세스에서 점차 디지털 프로세스의 비중이 증가하였다.
- 시장 참여자 간의 거래활동(제품검색, 제품비교 및 선택, 제품구매, 대금결제, 제품전달 및 서비스 등)이 사이버 상에서 전개되었다.

② 고객의 변화

㉠ 과거의 고객들은 특정 기업과 제품에 대해서 좋은 이미지를 갖게 되면 이에 대한 충성도 역시 꾸준하게 유지하였으나, 최근의 고객은 디지털 기기 활용을 통해 보다 넓어진 선택권을 이용하여 개성에 맞는 다양한 제품을 선택하며 일시적인 유행 흐름에 편승하는 경향이 높아졌다.

㉡ 최근 고객은 과거와 같이 5~10년 정도의 장기간에 걸쳐 지속되는 충성도나 선호도가 아니라 불과 수개월 만에 변할 수 있는 충성도와 선호도를 나타낸다.

㉢ 고객 선호도의 변화를 빨리 파악하여 적용해야 하며, 보다 감각적이고 선진화된 마케팅 기법의 개발을 통해, 신속하게 고객의 관심을 끌어 제품을 판매할 필요성이 증대되었다.

③ 정보 통신 기술의 변화

㉠ 인터넷을 비롯한 정보통신기술의 발달은 고객들과의 양방향 커뮤니케이션의 중요성을 부각

시켜 자연스럽게 고객의 개별적 요구를 바탕으로 하는 마케팅 기법의 개발을 유도하였다.

ⓒ 컴퓨터와 통신기술의 디지털 활용을 통하여 개인화 마케팅, 사이버 마케팅, 데이터 마케팅, 일
대일 마케팅, 텔레마케팅, 다이렉트 마케팅 등의 다양한 마케팅 노력이 전개 가능하게 되었다.

④ **마케팅 개념의 변화**

㉠ 마케팅 개념이 일대일 마케팅을 지향하는 방향으로 변화하였다.

ⓒ 고객과의 양방향성 커뮤니케이션, 개인화된 상호작용, 고객주문형 가치제공 등을 지원하게 되
었다.

3 디지털 마케팅 전략

(1) 마케팅 전략의 개념

① 마케팅 전략은 환경 분석을 통하여 이미 일어난 혹은 장래에 일어날 수 있는 환경의 변화가 자사
에게 제공하는 기회와 위협이 무엇인가를 파악하고 한편으로는 자사의 강점과 약점을 파악하여
이에 적절히 대응함으로써 경쟁우위를 확보하고 환경 변화를 자사에 유리하도록 이끌어 나가는
기업의 활동을 말한다.

② 마이클 포터(Michael Porter)는 전략을 일체의 상이한 행동들을 통해 독특한 가치를 창조하고 교
환하는 활동으로 정의하였다.

> **참고** 마케팅 전략 과정
>
> ㉠ 환경 분석
> ⓒ 자사에게 제공하는 기회와 위협 파악
> ⓒ 자사의 강점과 약점 파악
> ㉣ 차별화 포인트
> ㉤ 경쟁우위 확보

③ 마케팅 목표(goal)가 어떤 사업단위가 성취하고자 하는 것, 즉 비즈니스 성과를 의미하는 것이라
면 마케팅 전략(strategy)은 그 곳에 도달하는 방법에 대한 계획 활동 즉 목표와 목표 달성을 실
현하기 위한 도구를 말한다.

> **참고** 디지털 마케팅 활동 생산성 평가
>
> ㉠ PAR(Purchase Action Ratio) : 브랜드 인지를 브랜드 구매로 이어지게 하는 것에 대한 평가이다.
> ⓒ BAR(Brand Advocate Ratio) : 브랜드 인지를 브랜드 호감으로 이어지게 하는 것에 대한 평가이다.

(2) 전략적 디지털 마케팅 계획 수립과정

① 전략적 마케팅 계획(strategic marketing planning)이란 상품 또는 서비스에 대한 전략적 목표와 부합하는 사업을 가능하게 할 일련의 활동개발을 말한다. 따라서 디지털 마케팅 전략(digital marketing strategy)은 디지털 비즈니스를 성공적으로 수행하기 위하여 마케팅 활동을 어떻게 전개해가야 할 것인가와 관련된 제반 의사결정과정을 의미한다.

② 디지털 마케팅은 전략적 마케팅 계획을 설정하고 분석 툴을 활용하여 현재 운영하고 있는 마케팅 채널 간의 실제 ROI를 측정하고, 비즈니스 목표를 얼마나 달성했는지 데이터를 분석함으로써 앞으로의 마케팅 계획에 대한 의사결정을 내리는데 도움을 얻을 수 있다. 또한 마케터들은 디지털 마케팅 분석을 통해 다량의 정보를 수집하여 믹스 마케팅 채널에서 특정 채널의 결점을 진단하고 전략을 수정하여 전반적인 마케팅 활동의 성과를 향상시킬 수 있다.

(3) 시장세분화(market segmentation) 전략

① 일반적으로 시장세분화의 개념이 도입되기 이전에는 소위 차별성이 없는 단일의 상품이나 서비스를 대량생산하여 대량 소비하도록 하는 이른바 비차별적 마케팅(undifferentiated marketing) 활동 내지는 대량마케팅(mass marketing)이 지배적이었다. 하지만, 소비자들의 소득수준, 교육수준 등 생활 전반에 걸친 질적 향상으로 소비자들의 구매욕구가 다양해지고, 따라서 개별 기업들은 자사제품이나 서비스를 경쟁사와 차별화시키려고 노력하게 되어 소위 차별적 마케팅(differentiated marketing)활동을 전개하게 되고, 이를 위해서는 시장세분화가 불가피하게 되는 것이다.

② 이는 전체시장을 하나의 시장으로 보지 않고, 소비자 특성의 차이 또는 기업의 마케팅 정책, 예를 들어 가격이나 제품에 대한 반응에 따라 전체시장을 몇 개의 공통된 특성을 가지는 세분시장으로 나누어서 마케팅을 차별화시키는 것을 말한다.

③ **시장세분화 요건** : 시장세분화의 주된 목적은 세분시장별로 상이한 마케팅전략을 수립하여 이를 효과적으로 실행함으로서 기업의 마케팅목표를 효율적으로 달성하려는 데 있다. 따라서 시장세분화 전략이 효율적으로 실행되기 위해서는 적어도 4가지 요건들이 충족될 때에 가능하다.

　㉠ 측정가능성(measurability) : 마케팅관리자가 각 세분시장의 규모나 구매력 등을 측정할 수 있어야 한다는 것이다.

　　예 우리나라 인구 중 왼손잡이가 차지하는 비중이 높아지고 있지만 이러한 왼손잡이 소비자집단을 목표시장으로 하는 제품은 거의 전무한 실정이다. 이유는 통계청의 조사에서나 심지어 조사전문기업에서조차도 이들에 관한 어떠한 통계도 발표하고 있지 않아 이들 세분시장의 소비자집단을 측정하거나 확인하기가 어렵기 때문이다.

　㉡ 유지가능성(sustainability) : 세분시장이 충분한 규모이거나 이익을 낼 수 있는 정도의 크기가 되

어야 함을 의미한다. 즉, 각 세분시장 내에는 특정 마케팅 프로그램을 지속적으로 실행할 가치가 있을 만큼의 가능한 한 동질적인 수요자들이 존재해야 한다.

㉠ 장애자들은 버튼조작만으로 운전할 수 있는 승용차를 원하고 있지만, 그러한 시장의 규모가 경제성을 보증하지 못한다면 세분시장의 가치가 적은 것이다.

ⓒ 접근가능성(accessibility) : 적절한 마케팅 노력으로 세분시장에 효과적으로 접근하여 제품이나 또는 서비스를 제공할 수 있는 적절한 수단이 있어야 한다는 것이다.

㉠ 향수제조회사가 자사상품을 다량 사용하는 고객이 밤늦게까지 밖에 있고, 매우 사교적인 생활을 하는 독신 여성들이라는 사실을 알고 있더라도 이들이 어떤 장소에 살고 있고, 또 어디에서 구매하며, 어떤 매체에 노출되는지를 알 수 없다면 이들에게 접근할 수는 없게 되는 것이다.

ⓓ 실행가능성(actionability) : 실행가능성이란, 각 세분시장에서 고객들에게 매력 있고, 이들의 욕구에 충분히 부응할 수 있는 효율적인 마케팅 프로그램을 계획하고 실행할 수 있는 정도를 의미. 다시 말해, 아무리 매력적인 세분시장이 존재한다고 할지라도 이들 시장에 적합한 별도의 마케팅 프로그램을 개발할 기업 내 능력이 결여된 경우에는 실행가능성이 사라지게 됨을 의미한다.

ⓔ 내부적 동질성과 외부적 이질성 : 특정한 마케팅 믹스에 대한 반응이나 세분화 근거에 있어서 같은 세분시장의 구성원은 동질성을 보여야 하고, 다른 세분시장의 구성원과는 이질성을 보여야 함을 의미한다.

㉠ 전체시장을 소득수준에 따라 세분할 때 같은 세분시장에 속하는 소비자들의 반응행동은 유사하고 다른 세분시장에 속하는 소비자들의 반응행동은 상이해야 한다.

🔍 참고   시장세분화

㉠ 인구통계적 기준 : 인구통계적 시장세분화에서는 주로 고객의 나이, 성별, 소득수준, 직업, 가족 수 등 인구통계적 변수에 의해 시장이 나뉘어진다.
- 고객의 연령에 의해 나눌 수 있다. 즉, 고객의 연령층에 따라 차별화된 제품과 마케팅믹스가 제공된다.
  - ㉠ 장난감이나 의류의 경우 연령층에 따라 차별화된 제품이 제공되는 경우이다.
  - ㉠ 맥도널드 햄버거 회사는 어린이용, 10대 청소년용, 어른용, 노인용에 따라 광고방법을 달리한다. 즉 10대용 광고는 댄스음악을 효과음으로 넣고, 모험적인 광고장면이 빨리 바뀌는 형식을 취하며, 노인용 광고는 부드럽고 감상적인 광고를 하는 등의 예가 있다.
- 성별에 의해서도 나누어진다.
  - ㉠ 담배 시장의 경우가 대표적이다. 말보로 담배는 전통적으로 남성 담배의 전형인 반면에 버지니어 슬림 또는 이브 등은 여성 고객을 주된 대상으로 하는 담배제품이다.
  - ㉠ 미국에서 1, 2위를 서로 다투는 장난감 회사는 매텔사와 해즈브로사가 있다. 매텔사의 주요제품은 배추인형, 바비인형이고, 이는 여자아이들이 좋아하는 인형을 대상으로 했으며, 해즈브로사는 트랜스포머, 퍼비인형 등 남자아이들이 좋아하는 인형을 대상으로 하고 있다.
- 가족 수에 의해서도 나누어진다.
  - ㉠ 여러 명 또는 혼자 사는지에 따라서도 소비패턴은 달라진다. 혼자 사는 여성들은 혼자 사는 남자들에 비해 병원출입이나 약의 사용, 건강보험을 위해 2배 정도 더 소비한다고 한다. 그리고 선물을 많이 사며, 자선단체에 남자들보다 3배 이상의

돈을 쓴다고 한다. 하지만 남성들은 여성들에 비해 외식횟수가 많으며, 비용도 2배 정도를 더 쓰며, 세탁 및 외부 활동비용에 더 많이 소비한다.

ⓒ **지리적 세분화** : 고객이 살고 있는 거주 지역을 기준으로 시장을 세분화하는 방법.
  - 예 학생 교복회사의 경우에 강남과 강북 학생 교복의 가격을 서로 다르게 책정하고 있어, 지역별 시장세분화 전략을 수행하는 사례가 있었다.
  - 예 Maxwell House 커피는 제품을 전국적으로 생산, 판매하고 있으나, 맛을 지역적으로 다르게 하고 있다.
  - 예 강한 커피를 좋아하는 서부지역에는 진한 커피를 팔고, 동부지역에는 그 보다 약한 커피를 판매하였다.

ⓒ **심리 행태적 세분화(생활양식)** : 심리행태에 의한 세분화(psychographic segmentation)는 소비자의 개인적 특성 가운데 심리적 행태에 따라 시장을 세분화하는 방법이다. 이 방법은 사후시장세분화 형태를 따르고 있으며, 일반적으로 소비자의 행동(activity), 관심(interest), 의견(opinion)에 대한 소비자 조사를 바탕으로 소비자 시장을 집단화하여 구분한다.
  - 사회계층(Social stratification) : 사회계층에 따라 소비행태는 다양하게 나타난다. 특히, 자동차, 의류, 가전제품, 여가선용 등에서 계층간의 소비는 그 격차가 크게 나타난다.
  - 라이프스타일(Life Style) : 라이프스타일은 개인의 욕구, 동기, 태도, 생각 등을 총망라한 결합체이다.
    - 예 General Food의 카페인 없는 커피 sanka는 이러한 라이프스타일을 이용해 카페인이 있는 커피와 차별화하여 또 다른 커피시장을 차지하게 되었다.
    - 예 리복 운동화는 건강하고 날렵한 몸매를 위해 에어로빅을 하는 여성에 초점을 맞추어 크게 성공한 사례가 있다.

ⓒ **인지 및 행동적 세분화** : 인지 및 행동적 세분화 변수에 의한 시장세분화는 제품이나 서비스의 편익, 사용량, 사용경험, 상표충성도 등에 대한 소비자의 태도나 반응에 따라 시장을 구분하는 것이다.
  - 편익(benefit)이란 소비자들이 제품을 사용하면서 얻고자 하는 가치를 말한다.
    - 예 치약의 경우 소비자들은 충치 및 치주질환을 예방하는 기능을 추구하는 집단, 이를 하얗게 해주는 기능을 추구하는 집단, 양치질 후의 상쾌한 맛과 향기를 추구하는 집단 등으로 나눌 수 있고 샴푸의 경우 머릿결을 부드럽게 해주는 기능을 추구하는 집단, 비듬을 없애는 기능을 추구하는 집단, 머리에 영양을 주는 기능을 추구하는 집단, 샴푸와 린스의 효과를 동시에 주는 기능을 원하는 집단 등으로 나눌 수 있다.
  - 사용경험은 소비자들이 제품을 사용하는 상황이나 경험을 말한다. 같은 제품이라도 소비자 자신이 사용하기도 하고 다른 사람에게 선물로 주기도 한다.
  - 또한 화장실용 휴지, 화장용 휴지, 휴대용 휴지 등 사용하는 상황에 따라서 제품이 달라지는 경우도 있다.
  - 이 밖에도 제품 사용량에 따라 대량소비자, 소량소비자 등으로 세분화하기도 한다.
  - 자사 상표에 대한 호의적인 태도와 반복구매 정도를 나타내는 브랜드 충성도(brand-loyalty)에 따라 자사브랜드 선호 집단, 경쟁브랜드 선호 집단 등으로 세분화하기도 한다.

(4) 표적시장 전략

세분시장이 확인되고 나면, 기업은 얼마나 많은 그리고 어떤 세분시장을 표적으로 할 것인지를 결정해야 한다.

① **무차별적 마케팅 전략** : 전체 시장을 하나의 동일한 시장으로 간주하고, 하나의 제품을 제공하는 전략
  ㉠ **장점** : 규모의 경제. 다시 말해, 비용을 줄일 수 있다.
  ㉡ **단점** : 모든 계층의 소비자를 만족시킬 수 없으므로 경쟁사가 쉽게 틈새시장을 찾아 시장에 진입할 수 있다.
    - 예 코카콜라의 경우 전체 콜라시장을 하나의 시장으로 간주하고 똑같은 맛의 콜라를 똑같은 디자인의 병에 담아 전 세계 어디에서나 공급하는 방식
    - 예 필요한 정보를 찾기 위해 사용하는 야후 같은 검색엔진 등

② **차별적 마케팅 전략** : 전체 시장을 여러 개의 세분시장으로 나누고, 이들 모두를 목표시장으로 삼아 각기 다른 세분시장의 상이한 욕구에 부응할 수 있는 마케팅믹스를 개발하여 적용함으로서 기업의 마케팅 목표를 달성하고자 하는 것

    ㉠ **장점** : 전체 시장의 매출은 증가한다.

    ㉡ **단점** : 각 세분시장에 차별화된 제품과 광고 판촉을 제공하기 위해 비용 또한 늘어난다.

    ㉢ **특징** : 이 전략은 주로 자원이 풍부한 대기업이 사용

        ㉮ 현대자동차의 경우 소득수준에 따라 전체 시장을 나누어 800cc 경차에서부터 4,500cc 대형 고급승용차에 이르기까지 제품을 차별화하여 공급하고 있다.

③ **집중적 마케팅 전략** : 전체 세분시장 중에서 특정 세분시장을 목표시장으로 삼아 집중 공략하는 전략

    ㉠ **장점** : 해당 시장의 소비자 욕구를 보다 정확히 이해하여 그에 걸맞은 제품과 서비스를 제공함으로서 전문화의 명성을 얻을 수 있다. 동시에 생산 · 판매 및 촉진활동을 전문화함으로서 비용을 절감시킬 수 있다.

    ㉡ **단점** : 대상으로 하는 세분시장의 규모가 축소되거나 경쟁자가 해당 시장에 뛰어들 경우 위험이 크다.

    ㉢ **특징** : 이 전략은 특히, 자원이 한정된 중소기업이 사용

        ㉮ 치약의 경우 값이 싼 치약, 충치예방용 치약, 하얀 이를 위한 치약을 따로따로 만들기 보다는 그 중 하나를 선택하여 전문화하는 정책이다.

(5) 포지셔닝 전략

① **의미** : 자사 제품의 큰 경쟁우위를 찾아내어 이를 선정된 목표시장의 소비자들의 마음속에 자사의 상품을 자리 잡게 하는 것을 의미한다. 즉, 소비자들에게 경쟁제품과 비교하여 자사제품에 대한 차별화된 이미지를 심어주기 위한 계획적인 전략접근법이다.

② **포지셔닝 전략의 유형**

    ㉠ **제품속성에 의한 포지셔닝** : 자사 제품의 속성이 경쟁제품에 비해 차별적 속성을 지니고 있어서 그에 대한 혜택을 제공한다는 것을 소비자에게 인식시키는 전략이다. 동시에 가장 널리 사용되는 포지셔닝 전략방법이다.

        ㉮ 자동차의 경우가 대표적이다. 특히, 안정성과 경제성 등을 기반으로 하는데, 스웨덴의 "volvo" 경우는 안정성을 강조하는 것으로 포지셔닝을 하였고, GM대우의 "마티즈"의 경우는 세금 및 저렴한 유지비를 강조하는 것으로 소비자들에게 포지셔닝 한다. 레간자의 경우, "소리없이 강하다"라는 문구로 조용함이라는 속성을 강조하는 방법

        ㉮ "파로돈탁스"는 잇몸질환 치료 치약입니다. 이 경우, 타사 제품과는 다른 잇몸질환을 예방

해 준다는 속성을 강조하여 소비자에게 포지셔닝 하는 방법

- 예 "Olympus 디지털카메라"의 경우, 당신의 디카는 비 앞에서 당당한가? 라는 문구로, 자사의 제품이 생활방수기능이 된다는 속성을 강조하면서 포지셔닝 하는 방법
- 예 하우젠 세탁기의 경우, "삶지 않아도 ~ 하우젠 드럼 세탁기"라는 문구로, 기존과는 다르게 삶지 않아도 세탁과 동시에 살균이 된다는 속성을 강조

ⓛ **이미지 포지셔닝** : 제품이 지니고 있는 추상적인 편익을 소구하는 전략을 의미한다.
- 예 맥심 커피의 경우 "가슴이 따뜻한 사람과 만나고 싶다", "커피의 명작. 맥심" 등의 광고 문구를 이용하여 소비자들에게 정서적, 사색적인 고급 이미지를 형성하려고 오랜 기간 어필하여 성공한 사례이다.
- 예 아시아나의 경우 특히나 서비스가 중요시되는 항공사의 특성을 살려 "아름다운 사람, 그녀의 이름은 아시아나"라는 문구로 소비자들의 아시아나 항공사에 대해서 좋은 감정을 갖도록 포지셔닝 하였다.

ⓒ **경쟁제품에 의한 포지셔닝** : 소비자가 인식하고 있는 기존의 경쟁제품과 비교함으로써 자사 제품의 편익을 강조하는 방법을 의미한다.
- 예 Avis는 렌트카 업계 2위의 기업입니다. 하지만, 더더욱 열심히 노력하고 있습니다.
- 예 sky의 경우, "It's different"라는 광고문안으로 타 업체와는 무언가가 다르다는 것을 소비자에게 포지셔닝 하는 방법
- 예 7-Up의 경우, 자사의 세븐 업이 콜라와 유사한 제품이 아니며, 사이다 제품의 대표적인 브랜드라는 것을 인식시킴으로써 Un-Cola 라는 것을 강조

② **사용상황에 의한 포지셔닝** : 자사 제품의 적절한 사용상황을 설정함으로서 타 사 제품과 사용상황에 따라 차별적으로 다르다는 것을 소비자에게 인식시키는 전략
- 예 게토레이 : 일반음료와는 다르게 운동 후 마시는 음료라는 상황을 강조
- 예 오뚜기 3분 요리의 경우 : 갑작스런 상황에 요리를 어떻게 해야할지 모를 때, 또는 시간이 없어서 급하게 요리를 해야 할 때 등의 상황을 강조

ⓜ **제품사용자에 의한 포지셔닝** : 제품이 특정 사용자 계층에 적합하다고 소비자에게 강조하여 포지셔닝 하는 전략
- 예 "도브"의 경우 : 피부가 건조한 소비자층을 표적으로 이에 적합한 비누라는 것을 강조
- 예 샴푸와 린스를 따로 쓰지 않는 겸용샴푸 [하나로], [랑데뷰] 같은 제품은 아침시간에 바쁜 직장인, 맞벌이 부부들을 등장시켜 시간을 절약할 수 있는 제품으로 포지셔닝하는 방법

소비자의 욕구 및 경쟁 환경의 변화에 따라 기존제품이 가지고 있던 포지션을 분석하여 새롭게 조정하는 활동이다.

예 존슨 앤 존슨의 경우 : 존슨 앤 존슨의 베이비 화장품은 처음에 유아층을 목표고객으로 삼았는데, 이후 변화하는 소비자들의 욕구에 맞추어 청소년과 아기처럼 연한 피부를 가진 성인 여성을 목표로 하는 순한 화장품으로 재포지셔닝 하였다.

예 맥주회사 Miller의 경우 : 처음에는 상류층이나 여성들이 마시는 맥주로 포지셔닝 하였으나, 1970년대 초반에 들어서면서 Philip Morris사가 Miller사를 인수하고 맥주시장의 주요 고객인 노동자계층이 마시는 맥주로 재포지셔닝 하였다.

예 우리나라는 과거 삼성시계의 카파가 실용적인 시계에서 젊음의 패션시계로 재포지셔닝 함으로써 마케팅 시장에서 다시금 성장 기회를 잡는 포지셔닝 전략의 성공사례가 있었다.

part
01
온라인 비즈니스 및 디지털 마케팅

4 디지털 마케팅 기법

(1) 마케팅 믹스

일정한 환경적 조건과 일정한 시점 내에서 여러 가지 형태의 마케팅 수단들을 경영자가 적절하게 결합 내지 조화해서 사용하는 전략을 의미한다. 즉, 어떠한 제품에 사용된 모든 마케팅 전략의 집합체를 조정, 구성하는 일이다.

(2) 마케팅 4P

① Promotion(촉진)

기업이 마케팅 목표 달성을 위하여 사용하는 광고, 인적판매, 판매촉진, PR, 직접 마케팅 등의 수단으로 대중들의 원활한 의사소통을 기반으로 하여 구매를 이끌어내는 유인 기법을 말한다.

② Place(장소)

기업이 특정 물품의 판매를 촉진하기 위해서 활용하는 공간의 단순한 배치를 넘어서, 고객과의 접촉을 이루어지게 하는 전체적인 유통경로의 관리를 포함하는 공급사슬 관리이다.

③ Price(가격)

기업이 특정 물품의 가치(Value)를 가장 객관적이며 수치화된 지표로 나타내는 전략이다. Skimming(가격을 높게 잡는 고가화 전략), Penetrating(가격을 낮게 잡는 침투전략), EDLP(Every Day Low Price), Competitive Pricing(경쟁사와의 관계를 이용하는 가격 전략) 등이 있다.

④ Product(제품)

단순히 제품이나 서비스를 생산하는 것 이외에 그 제품이 줄 수 있는 종합적인 혜택(Benefit)을 통틀어서 이르는 것이다. 디자인, 브랜드, 상징, 보증, 상품 이미지 등을 폭넓게 포함하고 그것을 관리하는 전략이다.

(3) 마케팅 4C

① Customer value(고객 가치)

고객의 니즈와 취향에 맞추어 기업이 상품과 서비스를 제공한다는 개념으로, 고객 분석과 트렌드 및 유행 파악이 중요하다.

② Convenience(편리성)

고객의 편리성을 생각한 유통과정을 의미하며, 쉬운 구매 환경을 조성하는 것을 의미한다.

③ Communication(의사소통)

고객과 의사소통을 하며, 직접적인 피드백과 소통을 의미한다.

④ Cost to Consumer(비용)

고객의 측면에서 바라본 비용을 의미하며, 고객에게 가까운 기준으로 상품의 가격의 책정과 수요를 책정한다는 개념이다.

(4) 마케팅 4E

① Experience(경험)

기업, 브랜드에 대해 소비자에게 다양하면서 인상적인 경험을 만들어주는 것으로 주로 블로그, 페이스북 등 SNS 채널을 통해 긍정적인 체험을 할 수 있게 하는 것이다.

② Engagement(참여)

기업, 브랜드에 대해 관련성을 만들어주는 것이다. 브랜드 연상을 높이면서 소비자가 스스로 경험을 늘려갈 수 있도록 해주는 것을 의미한다.

③ Evangelist(전도)

기업, 브랜드에 대해 호감과 충성도를 가진 고객을 브랜드 전도사라고 한다. 이때, 기업은 고객이 자발적으로 참여하는 장을 만들어주는 것이 중요하다.

④ Enthusiasm(열정)

마케터의 열정을 뜻하는 것이다.

5 구전 마케팅

(1) 온라인 구전

온라인상에서 소비자가 직접 경험한 정보를 다른 소비자와 공유하는 자발적 의사소통을 의미한다. 온라인 구전은 네트워크 분석을 통해 구전의 확산경로와 의견 선도자를 파악할 수 있어 기업의 입장에서 소비자의 의견을 청취하는 채널로 활용할 수 있다. 온라인 쇼핑몰에서 구매 후 소비자가 작성하는 사용 후기도 온라인 구전의 한 유형으로 볼 수 있다.

(2) 바이럴 마케팅

소비자가 마케팅 메시지를 다른 소비자들에게 퍼뜨리게 하는 마케팅을 의미한다.

(3) 버즈 마케팅

오락이나 뉴스로 이야깃거리를 제공해 소비자가 제품을 직접 사용해보고, 자신의 SNS에 올려서 자연스럽게 구매를 유도하는 것을 의미한다.

(4) 커뮤니티 마케팅

제품과 관련된 다양한 커뮤니티를 만들어주고, 지원하는 마케팅을 의미한다.

(5) 인플루언서 마케팅

주로 SNS상에서 영향력이 큰 사람들을 일컫는다. 인터넷이 발전하면서 소셜 미디어의 영향력이 크게 확대되었기 때문이다. 현재는 소셜 미디어를 통해 일반인들이 생산한 콘텐츠가, 브랜드 측에서 게시하는 TV광고와 유사하거나, 혹은 그 이상의 영향력을 가지게 되었다. 인플루언서들이 SNS를 통해 공유하는 특정 제품 또는 특정 브랜드에 대한 의견이나 평가는 콘텐츠를 소비하는 이용자들의 인식과 구매 결정에 커다란 영향을 끼친다. 이들은 연예인처럼 외모나 퍼포먼스로 인기를 얻지도 않음에도 불구하고, 자신들이 자체적으로 생산해내는 콘텐츠를 통해 큰 파급력을 가진다는 특징이 있다.

(6) 코즈 마케팅

코즈 마케팅은 기업의 사회적 책임과 마케팅을 결합, 공유 가치 창출(CSV : Creating Shared Value)을 하는 방법이다. 사회적 이슈를 해결함과 동시에 기업의 이익을 동시에 추구한다는 것이 핵심이다. 즉, 기업이 환경, 보건, 빈곤 등과 같은 사회적 이슈, 즉 코즈(Cause)를 이익 추구를 위해 활용하는 마케팅 전략이다. 소비자들로 하여금 '착한 소비'를 하게끔 유도하고 기업이 추구하는 사익과 공익을 동시에 얻는 것이 목표이다.

part
01

온라인 비즈니스 및 디지털 마케팅

6 소셜 미디어 마케팅

(1) 소셜 미디어 개념

① 소셜 미디어(social media)는 개방, 참여, 공유의 가치로 요약되는 웹 2.0시대의 도래에 소셜 네트워크의 기반 위에서 개인의 생각이나 의견, 경험, 정보 등을 서로 공유하고 타인과의 관계를 생성 또는 확장시킬 수 있는 개방화된 온라인 플랫폼을 의미한다.

② 블로그(Blog), 소셜 네트워크 서비스(SNS), 위키(Wiki), UCC, 마이크로 블로그(Micro-Blog)의 5가지로 구분하며, 일반적으로 사람과 사람, 또는 사람과 정보를 연결하고 상호작용할 수 있는 서비스를 제공하는 웹 기반의 플랫폼을 소셜 미디어의 범주에 포함시킬 수 있다. 유튜브(youtube), 카카오톡 오픈채팅도 소셜 미디어가 될 수 있다.

> **🔍 참고** 브랜디드 콘텐츠
>
> ㉠ 다양한 문화적 요소와 브랜드 광고를 결합한 콘텐츠이다.
> ㉡ 제품, 회사명, 브랜드를 직접 노출하지 않지만 이를 문화 콘텐츠 속에 녹여 강력한 광고 효과를 내고 소비자의 공감과 흥미를 통해 자발적인 공유에 이르는 것이 목표이다.
> ㉢ 소비자의 콘텐츠 선택이 유튜브나 페이스북 등 SNS를 통한 입소문에 좌우되면서 직접적인 광고보다는 문화적으로 소비할 수 있는 브랜디드 콘텐츠를 매개로 한 접근이 더욱 큰 광고 효과를 보고 있다.

제3장 디지털 광고

1 디지털 광고의 개념과 특성

(1) 개념

소비자들에게 자사 제품 및 서비스 등에 대해 디지털 미디어를 활용해 소비자와 쌍방향으로 소통하는 일종의 설득 메시지를 의미한다.

(2) 트래킹의 용이성

디지털 광고는 온라인 사이트 방문자 행동 추적, 기록 등이 용이하다는 특성을 지닌다. 온라인 사이트별 쿠키 분석을 통해 방문자들의 위치를 파악할 수 있으며, 방문시간과 방문횟수, 클릭한 링크 및 노출된 이미지, 사용한 검색 키워드 및 클릭한 광고 등의 파악이 가능하다.

(3) 정교한 타기팅

사용자 성별, 연령 등의 정보 기반 타기팅이 가능하며, 쿠키 파일을 활용하여 사용자들이 입력한 검색 키워드를 분석하여 검색어와 연관된 광고를 노출하는 콘텐츠 타기팅, 사용자 위치를 기반으로 한 지역 타기팅이 가능하다. 또한 온라인 사이트에 접속한 사람들을 추적해 타 온라인 사이트에 접속할 때 이전 온라인 사이트에서 보았던 광고를 다시 보여주는 리타깃팅이 가능하다.

(4) 전달의 융통성

디지털 광고는 시공간의 제약이 없고 실시간으로 광고의 소재교체가 가능하다. 또한 텍스트, 이미지, 비디오 등의 여러 형태로 크리에이티브 구현이 가능하다.

(5) 상호작용성

디지털 광고는 쌍방향 커뮤니케이션과 실시간 반응, 사용자 통제 등의 상호작용성 등을 기반으로 한 광고, 소비자, 광고주가 실시간으로 상호작용이 가능하다. 또한, 배너 광고노출 − 클릭 − 타깃 페이지로의 연결 − 상품정보의 검색 − 상품 경험 − 구매정보의 공유 등 한 매체에서 여러 수용자 행위가 동시에 이루어지는 특성이 있다.

② 디지털 광고 목적

(1) 온라인 브랜딩

디지털 광고를 통해 브랜드 인지도, 브랜드 선호도 같은 브랜딩 효과 향상이 가능하다.

(2) 트래픽의 생성

배너, 검색, 동영상 광고 등의 여러 디지털 광고 및 검색엔진 리스팅, 제휴 네트워크의 활용 등을 통해 온라인 사이트 방문자 수의 증대가 가능하다.

③ 디지털 광고 산업 구조

(1) 도식화

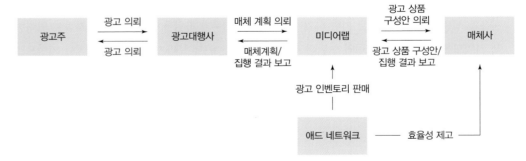

① 광고주

광고를 게재하는 주체를 의미한다.

② 디지털 광고 대행사

디지털 광고에 특화된 광고 회사를 말하는 것으로 주로 광고주와 협의를 통해 광고를 기획 및 제작하는 역할을 수행한다.

③ 디지털 매체사

　⊙ 모바일 온라인 사이트, 앱 광고

　ⓒ 인터넷 포털 : 구글, 네이버, 다음

　ⓒ 소셜 미디어 : 유튜브, 페이스북, 인스타그램

④ 디지털 미디어 랩

사전효과 예측 및 매체안 등을 제시, 광고소재 송출, 노출 및 클릭 관리, 보유한 광고 솔루션을 활용해 각 매체별 트래킹을 통해 광고효과를 측정 및 비교한다. 또한, 광고주 입장에서 보면 많은 인터넷 매체사와의 접촉을 통해 광고 구매, 집행 등을 관리해주는 역할을 대행해주며 매체사 입장에서 보았을 시에는 광고 판매를 대행하고 더욱 많은 광고를 수주할 수 있는 기회를 제공한다.

⑤ 애드 네트워크

매체사들의 여러 광고 인벤토리(광고 집행 가능 영역)를 네트워크 형태로 묶어 이를 광고주에게 판매하는 서비스를 제공한다.

4 디지털 광고의 종류

(1) 배너광고

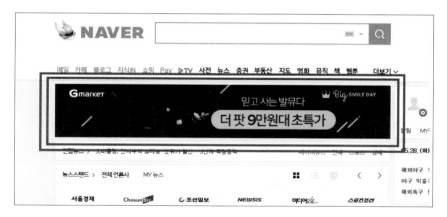

① 홈페이지에 띠 모양으로 만들어 부착하는 광고로써, 현수막처럼 생겨서 banner(배너)라고 한다.

② 초기에는 사각형 모양의 단순한 메뉴 형에서 시작했으나 요즘에는 동영상, 플래시 등 다양한 기법을 사용한다.

③ 온라인 사이트 방문자가 해당 광고 이미지를 클릭하면 광고주의 웹페이지로 연결되어 광고 내용을 보거나 이벤트 참여, 구매 등을 하게 하는 방식이다.

④ 광고 메시지를 TV CM과 같은 형태로 노출할 수 있으나, 크기에 제한이 있고 많은 정보를 한꺼번

에 보여줄 수 없다는 단점이 있다.

⑤ 디스플레이 광고의 대표 격이지만, 검색광고에 비해 클릭률은 낮은 편이다.

(2) 리치미디어 광고

마우스를 올리면 배경색이 변하는 리치미디어 광고

① JPEG, Java 프로그램 등 신기술 및 고급기술을 적용시킨 배너광고, 풍부(Rich)하게 만들었다는 의미에서 리치미디어 광고라고 한다.

② 비디오, 오디오, 사진, 애니메이션 등을 혼합한 고급 멀티미디어 형식의 광고라는 점에서, 기존의 배너광고와는 차이가 있다.

③ 사용자가 광고 위에 마우스를 올려놓으면 이미지가 변하여 주목도, 클릭률, 기억률을 높일 수 있다는 장점이 있다.

(3) 검색광고

가위를 검색하자 나오는 검색광고

① 인터넷 검색서비스를 통해 광고주의 온라인 사이트에 대한 연결고리를 보여주는 광고, 키워드를 검색하기 때문에 키워드 광고라고도 한다.
② 해당 키워드에 이미 관심을 가지고 있는 잠재 고객을 대상으로 광고를 노출하기 때문에, 광고의 효과가 상대적으로 높은 것이 장점이다.
③ 고객이 선택한 특정 키워드에 의한 시장세분화가 가능하다.
④ 실시간으로 광고를 관리할 수 있는 장점이 있는 반면에 광고 운영에 소비되는 시간이 너무 많다는 단점이 있다.
⑤ 광고 클릭과 구매가 강하게 연결되는 장점이 있는 반면에 과다한 광고비로 판매 이익이 상쇄되는 단점이 있다.

(4) 컨텍스트 광고

웹툰 속 내용과 자연스럽게 어울리는 컨텍스트 광고

① 검색 광고의 한 종류로 웹페이지의 콘텐츠에 어울리게 띄워주는 광고, 우리말로는 맥락(Text)광고라고 한다.
② 검색광고나 이를 보완한 표적 광고 즉, 소비자의 성별, 연령, 직업과 같은 정보에 따른 맞춤형 광고 역시 맥락에 맞지 않는 면이 많아서 이를 보완하기 위해 만들어진 기법이다.
③ 자신의 관심사와 연관된 내용으로 몰입도가 높은 것이 장점이다.

(5) 텍스트 광고

① 하이퍼 링크를 통한 텍스트 기반의 광고, 짧게는 20자, 길게는 50자 정도의 비교적 간단한 카피 혹은 설명으로 된 광고를 말한다.

② 이미지를 이용한 광고는 소비자가 '광고'로 인식하기 때문에, 저항감이 있지만 텍스트를 이용한 광고는 소비자가 '정보'로 인식하기 때문에 저항감이 비교적 낮다는 장점이 있다.

③ 광고 단가가 다른 광고에 비해 낮아서 광고비 부담이 적다.

(6) 이메일 광고

① 개인 이메일을 통해서 전달되는 광고를 의미한다.

② 추출기를 활용해서 이메일 광고와 다음, 네이버 등 매체에서 회원에게 보내는 이메일 광고 형태이다.

③ 매체에서 보내는 이메일광고는 자사회원에게 보내기 때문에 연령별, 성별에 따라 선택 가능하며, 정확한 타기팅이 가능하고, 개봉률 · 클릭률 등의 효과분석이 가능하다.

(7) 막간 광고

① 인터넷 페이지가 이동하는 막간에 띄우는 광고를 의미한다.

② TV의 한 프로그램이 끝나고 다음 프로그램으로 넘어가는 동안 전파를 타는 TV 광고로부터 착안되었다.

③ 화면에 자동으로 광고 창을 띄워서 광고를 보여주고, 페이지 이동이 끝나면 자동으로 사라진다.

④ 새로운 페이지가 나오기만을 멍하니 기다리는 지루한 시간에 광고가 나오므로 주목률이 높다.

(8) 제휴광고

① 자신이 운영하는 블로그에 제휴를 맺은 광고주의 광고를 노출시키는 것을 의미한다.

② 광고의 형태는 배너광고 형태, 블로그의 글 속에 광고 관련 내용을 넣는 형태 등 다양하다.

③ 블로거가 자신의 광고 활동에 의해 제휴 광고주에 고객의 방문이나 회원가입, 구매 등을 발생시키면 소정의 보상을 받는 형식을 취한다.

(9) SMS 광고

① 휴대폰 SMS를 통해 40자 안팎의 짧은 텍스트를 보내는 모바일 광고를 의미한다.

② 데이터베이스(DB)를 통한 타기팅이 가능하다.

③ 최신 고객정보를 이용한 타깃팅을 할 수 있으므로 광고효과가 크다.

④ 무작위로 발송하는 업체들로 인해 해당 광고가 스팸으로 인식되는 문제가 있다.

(10) MMS 광고

① 휴대폰 MMS를 통한 모바일 광고를 의미한다.

② 이미지, 동영상, 내레이션, 충분한 텍스트 등이 담긴 광고이다.

③ 제한된 텍스트의 SMS와 달리 폭 넓은 광고가 가능하다.

④ 비교적 수준 높은 내용이 전달되므로 스팸이 아닌 정보로 받아들여지는 장점이 있다.

(11) 네이티브 광고

① 기존광고와 달리 이용자가 경험하는 콘텐츠 일부처럼 보이도록 하여 이용자의 관심을 자연스럽게 이끄는 형태의 광고를 말한다.

② 콘텐츠 자체로의 가치가 충분하여 이용자에 의한 소비과정에서 거부 반응이 적다는 장점이 있다.

③ 의도적 판매 목적을 띤 광고에서 벗어나 가치 있고 매력적인 콘텐츠를 통해 이용자를 유도하고 획득한다는 부분에서 콘텐츠 마케팅의 기법으로 이해가 가능하다.

④ 대표적인 예로는 인-피드 광고, 기사 맞춤형 광고, 프로모티드 리스팅 등이 있다.

> **참고** 디지털광고 변천사
>
> ⊙ **도입기** : PC통신에서 인터넷으로 전환되던 시기로, 단순한 메뉴형 배너광고가 중심이 되었다.
>
> ⓒ **정착기(확대기)** : 인터넷 사용이 확산되면서 디지털광고가 광고매체로서 정착되기 시작했다. 인터랙티브 배너, push mail 등 새로운 형태의 광고가 처음 시행되었다.
>
> ⓒ **1차 성장기** : 고속인터넷 보급으로 인터넷 사용인구가 폭발적으로 증가하였다. 고속인터넷이 보급되면서 보다 많은 데이터를 활용한 동영상과 플래시와 같은 광고기법들을 선보이게 되었다.
>
> ⓔ **2차 성장기** : 스마트폰의 보급과 함께 QR코드를 접목한 인터랙티브광고, 대용량의 MMS광고, GPS 연동지역 기반의 검색광고 등의 모바일광고가 떠오르게 되었다.

예상문제

SEARCH ADVERTISING MARKETERS

▓ 객관식 문제

01 온라인 비즈니스 모델의 성공요인이 아닌 것은?

① 특허
② 차별화된 콘텐츠 및 서비스
③ 일시적인 수익 창출
④ 스피드로 기회의 선점

정답 ③

해설 온라인 비즈니스 모델의 5대 성공요인은 다음과 같다.
    ㉠ 차별화된 콘텐츠 및 서비스
    ㉡ 지속적인 수익 창출
    ㉢ 특허
    ㉣ 스피드로 기회의 선점
    ㉤ 고객관점 및 고객경험

02 소셜 미디어의 장점으로 바르지 않은 것은?

① 오프라인 매체 대비 저렴한 비용
② 전 세계를 대상으로 글로벌 마케팅
③ 고객과의 직접 소통
④ 실시간 단방향 의사소통 가능

정답 ④

해설 소셜 미디어의 장점은 다음과 같다.
    ㉠ 컴퓨터, 정보통신, 미디어의 발전된 기술을 활용하여 마케팅 효과
    ㉡ 실시간 쌍방향 의사소통 가능, 고객과의 직접 소통
    ㉢ 전 세계를 대상으로 글로벌 마케팅
    ㉣ 기업이 없어도 개인의 블로그, 프로필, 사회 관계망 서비스를 통해 자료가 대량 확산 가능

    ㉤ 오프라인 매체 대비 저렴한 비용
    ㉥ 사진, 동영상, 컴퓨터 그래픽, 미디어 등 다양한 표현 가능

03 인터넷을 이용하여 다양한 형태의 상품과 서비스를 제공하고 그와 관련된 모든 거래행위와 가치를 창출할 수 있는 비즈니스 활동을 무엇이라고 하는가?

① 디지털 마케팅   ② 온라인 비즈니스
③ 오프라인 비즈니스   ④ 검색엔진

정답 ②

해설 온라인 비즈니스는 1997년 IBM이 주창한 개념으로 온라인상에서 경제 주체들이 정보통신 기술과 인터넷을 이용하여 전자적으로 이루어지는 상거래와 그 상거래를 지원하는 경제 주체들의 활동이라 정의할 수 있다.

04 다음 내용들의 공통점은?

- 블로그
- 소셜 네트워크
- 팟 캐스트

① 온라인 비즈니스   ② 디지털 광고
③ 디지털 콘텐츠   ④ 소셜 미디어

정답 ④

해설 소셜 미디어는 사람들이 의견, 생각, 관점 등을 공유하기 위해 사용하는 온라인 툴/플랫폼을 말하며,

대표적으로는 블로그, 소셜 네트워크, 팟 캐스트 등 이 있다.

05 온라인 포털의 발전과정으로 옳은 것은?

① Search → Communication → Contents & Commerce → Community

② Search → Community → Communication → Contents & Commerce

③ Search → Communication → Community → Contents & Commerce

④ Search → Community → Contents & Commerce → Communication

정답 ③

해설 온라인 포털의 발전과정은 다음과 같다.
Search → Communication → Community → Contents & Commerce

06 검색엔진에 대한 내용으로 적절하지 않은 것은?

① 통상적인 검색엔진은 디렉토리 검색방법 으로만 이루어진다.

② 인터넷에서 자료를 쉽게 찾을 수 있게 도 와주는 소프트웨어를 의미한다.

③ 대표적인 검색엔진에는 국내의 네이버, 다음 등과 해외의 구글, 빙 등이 있다.

④ 일반적으로 검색엔진을 사용하는 것은 무 료이지만 검색엔진이 포털 사이트의 역할 을 수행하면서 광고를 할 수 있기 때문에 많은 사용자를 확보하면 대기업으로 성장 하는 경우가 많이 있다.

정답 ①

해설 구글과 같이 주제어 검색만을 지원하는 검색 엔진 도 있지만 많은 검색엔진은 디렉토리 검색방법 및 주제어 검색방법을 모두 지원하고 있다.

07 소셜 미디어의 특성으로 바르지 않은 것은?

① 참여   ② 연결
③ 비공개   ④ 대화

정답 ③

해설 소셜 미디어의 특성은 다음과 같다.
㉠ 참여(Participation)
㉡ 공개(Openness)
㉢ 대화(Conversation)
㉣ 커뮤니티(Community)
㉤ 연결(Connectedness)

08 소셜 미디어 커뮤니케이션의 특징이 아닌 것은?

① 상호연결성   ② 탈대중성
③ 능동성   ④ 동시성

정답 ④

해설 소셜 미디어 커뮤니케이션의 특징은 다음과 같다.
㉠ 상호작용성
㉡ 탈대중성
㉢ 비동시성
㉣ 상호연결성
㉤ 능동성

09 소셜 미디어의 등장에 관한 내용으로 적절하지 않은 것은?

① 첨단정보통신과 멀티미디어 기술의 발전 및 융합의 결과로서 사회와 문화의 새로 운 패러다임의 등장을 들 수 있다.

② 사람들의 친화욕구와 자기표현욕구가 감 소하고 있다.

③ 웹 기반 기술의 발달로 다양한 정보 공유 와 네트워킹 기능이 확대된 것도 무시할 수 없다.

④ 사회의 분화와 재통합에 따른 커뮤니티 문화의 진화를 들 수 있다.

정답 ②

해설 사람들의 친화욕구와 자기표현욕구가 증대하고 있다. 개인주의화와 더불어 편리한 인터넷 매체의 발달로 누구나 손쉽게 커뮤니케이션하고 표현할 수 있는 욕구가 증대하고 이러한 트렌드의 이면에는 멀티미디어 양방향성 소통으로 인한 참여와 숙의라는 사회적 합의 체계를 가지고 있다.

10 소셜 미디어의 기능이 아닌 것은?

① 측정   ② 촉진
③ 창조   ④ 비관여

정답 ④

해설 소셜 미디어의 기능은 다음과 같다.
   ㉠ 관여
   ㉡ 창조
   ㉢ 토론
   ㉣ 촉진
   ㉤ 측정

11 전통적 마케팅과 디지털 마케팅의 비교로 옳지 않은 것은?

	전통적 마케팅	디지털 마케팅
①	거래	관계
②	소비	자산
③	광고	정보
④	긴 유통기한	짧은 유통기한

정답 ④

해설 전통적 마케팅은 짧은 유통기한을 특징으로 하고 있으며 디지털 마케팅은 긴 유통기한을 특징으로 하고 있다.

12 디지털 마케팅이 기존 마케팅과 차별화하는 요인이 아닌 것은?

① 데이터 중심
② 높은 가격
③ 관객의 도달 및 세분화
④ 단방향에서 쌍방향으로의 대화 진행

정답 ②

해설 디지털 마케팅이 기존 마케팅과 차별화하는 요인은 다음과 같다.
   ㉠ 데이터 중심
   ㉡ 관객의 도달 및 세분화
   ㉢ 단방향에서 쌍방향으로의 대화 진행
   ㉣ 저렴한 가격
   ㉤ 기존보다 높은 ROI

13 디지털 광고의 특성이 아닌 것은?

① 트래킹의 용이성   ② 비공개성
③ 상호작용성   ④ 정교한 타기팅

정답 ②

해설 디지털 광고의 특성은 다음과 같다.
   ㉠ 트래킹의 용이성
   ㉡ 정교한 타기팅
   ㉢ 전달의 융통성
   ㉣ 상호작용성

14 광고 메시지를 TV CM과 같은 형태로 노출할 수 있으나, 크기에 제한이 있고 많은 정보를 한꺼번에 보여줄 수 없다는 단점이 있는 디지털 광고는?

① 리치미디어 광고   ② 검색 광고
③ 배너 광고   ④ POP 광고

정답 ③

해설 홈페이지에 띠 모양으로 만들어 부착하는 광고로써, 현수막처럼 생겨서 banner(배너)라고 한다. 온라인 사이트 방문자가 해당 광고 이미지를 클릭하면 광고주의 웹페이지로 연결되어 광고 내용을 보거나 이벤트 참여, 구매 등을 하게 하는 방식이다. 광고 메시지를 TV CM과 같은 형태로 노출할 수 있으나, 크기에 제한이 있고 많은 정보를 한꺼번에 보여줄 수 없다는 단점이 있다.

15 사용자가 광고 위에 마우스를 올려놓으면 이미지가 변하여 주목도, 클릭률, 기억률을 높일 수 있다는 장점이 있는 디지털 광고는?

① 이메일 광고　　② 케이블TV 광고
③ 우편 광고　　　④ 리치미디어 광고

정답 ④

해설 리치미디어 광고는 비디오, 오디오, 사진, 애니메이션 등을 혼합한 고급 멀티미디어 형식의 광고라는 점에서, 기존의 배너광고와는 차이가 있다. 사용자가 광고 위에 마우스를 올려놓으면 이미지가 변하여 주목도, 클릭률, 기억률을 높일 수 있다는 장점이 있다.

16 다음 지문의 내용과 가장 관련이 깊은 것은?

> 과거 공급자 위주의 치약시장에서는 한 종류의 치약밖에 없었으나, 최근에는 소득수준이 높아지면서 치약에 대한 소비자들의 욕구가 다양해지고, 치약시장이 나누어지기 시작하였다. 그래서 지금의 치약시장은 가격에 민감한 시장, 구강건강이 주된 관심인 시장, 치아의 미용 효과가 주된 관심인 시장, 유아용 치약시장 심지어는 노인 및 환자를 주된 고객으로 하는 치약시장까지 개발되어 나누어져 있는 것을 알 수 있다.

① 목표시장 선정　　② 시장세분화
③ 포지셔닝 전략　　④ 마케팅믹스 전략

정답 ②

해설 시장세분화란 가격이나 제품에 대한 반응에 따라 전체시장을 몇 개의 공통된 특성을 가지는 세분시장으로 나누어서 마케팅을 차별화시키는 것이다.

17 다음 중 포지셔닝 맵의 절차를 바르게 표현한 것은?

① 차원의 수 결정 → 경쟁사 제품 및 자사 제품의 위치 확인 → 차원의 이름 결정 → 이상적인 포지션의 결정

② 차원의 이름 결정 → 차원의 수 결정 → 경쟁사 제품 및 자사 제품의 위치 확인 → 이상적인 포지션의 결정

③ 차원의 이름 결정 → 경쟁사 제품 및 자사 제품의 위치 확인 → 차원의 수 결정 → 이상적인 포지션의 결정

④ 차원의 수 결정 → 차원의 이름 결정 → 경쟁사 제품 및 자사 제품의 위치 확인 → 이상적인 포지션의 결정

정답 ④

해설 포지셔닝 맵의 작성절차는 다음과 같다.
차원의 수를 결정 → 차원의 이름을 결정 → 경쟁사 제품 및 자사 제품의 위치 확인 → 이상적인 포지션의 결정

18 주로 자원이 한정된 중소기업이 많이 사용하는 전략은?

① 마케팅믹스 전략
② 무차별적 마케팅전략
③ 집중적 마케팅전략
④ 차별적 마케팅전략

정답 ③

해설 집중적 마케팅전략은 이 전략은 전체 세분시장 중에서 특정 세분시장을 목표시장으로 삼아 집중 공

략하는 전략으로 해당 시장의 소비자 욕구를 보다 정확히 이해하여 그에 걸 맞는 제품과 서비스를 제공함으로써 전문화의 명성을 얻을 수 있으며, 그로 인해 생산, 판매 및 촉진활동을 전문화함으로써 비용을 절감시킬 수 있다.

19 소비자들에게 타사제품과 비교하여 자사제품에 대한 차별화된 이미지를 심어주기 위한 계획적인 전략접근법을 무엇이라고 하는가?

① 포지셔닝 전략
② 시장세분화 전략
③ 가격차별화 전략
④ 제품차별화 전략

정답 ①

해설 포지셔닝 전략은 자사 제품의 큰 경쟁우위를 찾아내어 이를 선정된 목표시장의 소비자들의 마음속에 자사의 제품을 자리 잡게 하는 전략이다.

20 온라인 커머스에 대한 설명으로 가장 적절하지 않은 것은?

① 물리적 상품과 서비스의 구매 편리성과 구매 안정성을 동시에 충족시킬 수 있다.
② 소셜미디어와 온라인 미디어를 활용하는 전자 상거래의 일종이다.
③ 가상의 마켓 플레이스에서 판매하는 서비스를 판매하는 비즈니스 모델을 말하며, 재화는 포함되지 않는다.
④ 쿠팡, SSG.COM과 같은 기업이 배송에 막대한 투자를 하고 있는 것이 좋은 사례이다.

정답 ③

해설 가상의 마켓 플레이스에서 재화와 서비스를 판매하는 비즈니스 모델을 일컫는 포괄적인 개념이다.

21 광고 참여 주체에 대한 설명으로 가장 적절하지 않은 것은?

① 광고주는 광고를 게재하는 주체를 의미한다.
② 광고 대행사는 디지털 광고에 특화된 광고 회사를 말한다.
③ 디지털 미디어 랩은 주로 광고주와 협의를 통해 광고를 기획 및 제작하는 역할을 수행한다.
④ 애드 네트워크는 매체사들의 여러 광고 인벤토리(광고 집행 가능 영역)를 네트워크 형태로 묶어 이를 광고주에게 판매하는 서비스를 제공한다.

정답 ③

해설 광고 대행사는 디지털 광고에 특화된 광고 회사를 말하는 것으로 주로 광고주와 협의를 통해 광고를 기획 및 제작하는 역할을 수행한다. 디지털 미디어 랩은 사전효과 예측 및 매체안 등을 제시, 광고소재 송출, 노출 및 클릭 관리, 보유한 광고 솔루션을 활용해 각 매체별 트래킹을 통해 광고효과를 측정 및 비교한다.

22 디지털 마케팅 전략에 대한 설명으로 가장 적절한 것은?

① 필립 코틀러는 기업이 시장을 세분화화여 새로운 고객을 유치하고 지속적인 수익을 낼 수 있도록 해야 한다고 주장하였다. 이 모델에서는 시장세분화, 목표시장 설정, 포지셔닝 세 단계로 이루어져 있다.
② 시장세분화 전략은 자사 제품의 큰 경쟁우위를 찾아내어 이를 선정된 목표시장의 소비자들의 마음속에 자사의 상품을 자리 잡게 하는 것을 의미한다.
③ 목표시장 설정 전략은 기업의 마케팅 전략 구축을 위한 중요한 행위로써 전체 소비자를 선호, 취향, 문제해결책의 유사성

에 따라 몇 개의 소비자 집단으로 분류하는 것이다.

④ 포지셔닝 전략은 세분시장이 확인되고 나면, 기업은 얼마나 많은 그리고 어떤 세분시장을 표적으로 할 것인지를 결정해야 한다. 무차별적 마케팅 전략, 차별적 마케팅 전략, 집중적 마케팅 전략으로 구분할 수 있다.

정답 ①

해설 시장세분화 전략은 기업의 마케팅 전략 구축을 위한 중요한 행위로써 전체 소비자를 선호, 취향, 문제해결책의 유사성에 따라 몇 개의 소비자 집단으로 분류하는 것이다.
목표시장 설정 전략은 세분시장이 확인되고 나면, 기업은 얼마나 많은 그리고 어떤 세분시장을 표적으로 할 것인지를 결정해야 한다. 무차별적 마케팅 전략, 차별적 마케팅 전략, 집중적 마케팅 전략으로 구분할 수 있다.
포지셔닝 전략은 자사 제품의 큰 경쟁우위를 찾아내어 이를 선정된 목표시장의 소비자들의 마음속에 자사의 상품을 자리 잡게 하는 것을 의미한다.

23 브랜디드 콘텐츠에 대한 설명으로 가장 적절하지 않은 것은?

① 다양한 문화적 요소와 브랜드 광고를 결합한 콘텐츠이다.

② 제품 · 회사명 · 브랜드를 직접 노출하는 콘텐츠이다.

③ 소비자의 공감과 흥미를 통해 자발적인 공유에 이르는 것이 목표이다.

④ 소비자의 콘텐츠 선택이 유튜브나 페이스북 등 SNS를 통한 입소문에 좌우되면서 직접적인 광고보다는 문화적으로 소비할 수 있는 브랜디드 콘텐츠를 매개로 한 접근이 더욱 큰 광고 효과를 보고 있다.

정답 ②

해설 브랜디드 콘텐츠는 다양한 문화적 요소와 브랜드

광고를 결합한 콘텐츠이다. 제품 · 회사명 · 브랜드를 직접 노출하지 않지만 이를 문화 콘텐츠 속에 녹여 강력한 광고 효과를 내고 소비자의 공감과 흥미를 통해 자발적인 공유에 이르는 것이 목표이다.

24 온라인 구전에 대한 설명으로 가장 적절하지 않은 것은?

① 온라인 구전은 네트워크 분석을 통해 구전의 확산경로와 의견 선도자를 파악할 수 있다.

② 기업의 입장에서 소비자의 의견을 청취하는 채널로 활용할 수 있다.

③ 온라인 쇼핑몰에서 구매 후 소비자가 작성하는 사용 후기도 온라인 구전의 한 유형으로 볼 수 있다.

④ SNS, 블로그 등을 통해 확산되기 때문에 일반적으로 정보에 대한 신뢰도는 매우 낮다.

정답 ④

해설 온라인 구전은 네트워크 분석을 통해 구전의 확산경로와 의견 선도자를 파악할 수 있다. 기업의 입장에서 소비자의 의견을 청취하는 채널로 활용할 수 있다. 온라인 쇼핑몰에서 구매 후 소비자가 작성하는 사용 후기도 온라인 구전의 한 유형으로 볼 수 있다.

25 마케팅 전략 4E의 수립요소로 보기 어려운 것은?

① Experience ② Executive

③ Evangelist ④ Enthusiasm

정답 ②

해설 마케팅 전략 4E의 수립요소는 Experience(경험), Engagement(참여), Evangelist(전도), Enthusiasm(열정)이다.

26 마케팅 전략 4E에 대한 설명으로 가장 적절하지 않은 것은?

① Experience : 기업, 브랜드에 대해 소비자에게 다양하면서 인상적인 경험을 만들어주는 것으로 주로 블로그, 페이스북 등 SNS 채널을 통해 긍정적인 체험을 할 수 있게 하는 것이다.

② Engagement : 고객과 의사소통을 하며, 직접적인 피드백과 소통을 의미한다.

③ Evangelist : 기업, 브랜드에 대해 호감과 충성도를 가진 고객을 브랜드 전도사라고 한다. 이때, 기업은 고객이 자발적으로 참여하는 장을 만들어주는 것이 중요하다.

④ Enthusiasm : 마케터의 열정을 뜻하는 것이다.

정답 ②

해설 Engagement(참여)는 기업, 브랜드에 대해 관련성을 만들어주는 것이다. 브랜드 연상을 높이면서 소비자가 스스로 경험을 늘려갈 수 있도록 해주는 것을 의미한다.

27 네이티브 광고에 대한 설명으로 가장 적절하지 않은 것은?

① 기존광고와 달리 이용자가 경험하는 콘텐츠 일부처럼 보이도록 하여 이용자의 관심을 자연스럽게 이끄는 형태의 광고를 말한다.

② 콘텐츠 자체로의 가치가 충분하여 이용자에 의한 소비과정에서 거부 반응이 적다는 장점이 있다.

③ 의도적 판매 목적을 띤 광고에서 벗어나 가치 있고 매력적인 콘텐츠를 통해 이용자를 유도하고 획득한다는 부분에서 콘텐츠 마케팅의 기법으로 이해가 가능하다.

④ 대표적인 예로는 배너광고, 리치미디어 광고, 트위터 광고 등이 있다.

정답 ④

해설 네이티브 광고의 대표적인 예로는 인-피드 광고, 기사 맞춤형 광고, 프로모티드 리스팅 등이 있다.

28 디지털광고의 변천사에 대한 설명이다. 가장 적절한 시기는?

> 인터넷 사용이 확산되면서 디지털광고가 광고매체로서 정착되기 시작했다. 인터랙티브 배너, push mail 등 새로운 형태의 광고가 처음 시행되었다.

① 도입기 ② 정착기(확대기)
③ 1차 성장기 ④ 2차 성장기

정답 ②

해설 정착기(확대기)는 인터넷 사용이 확산되면서 디지털광고가 광고매체로서 정착되기 시작했다. 인터랙티브 배너, push mail 등 새로운 형태의 광고가 처음 시행되었다.

29 디지털 광고 중 검색광고에 대한 설명으로 가장 적절하지 않은 것은?

① 인터넷 검색서비스를 통해 광고주의 온라인 사이트에 대한 연결고리를 보여주는 광고, 키워드를 검색하기 때문에 키워드 광고라고도 한다.

② 해당 키워드에 이미 관심을 가지고 있는 잠재 고객을 대상으로 광고를 노출하기 때문에, 광고의 효과가 상대적으로 높은 것이 장점이다.

③ 고객이 선택한 특정 키워드에 의한 시장 세분화가 가능하다.

④ 저렴한 광고비가 장점이지만, 광고 클릭
과 구매의 연결이 약하다는 단점이 있다.

정답 ④

해설 검색광고는 실시간으로 광고를 관리할 수 있는 장
점이 있는 반면에 광고 운영에 소비되는 시간이 너
무 많다는 단점이 있다. 광고 클릭과 구매가 강하
게 연결되는 장점이 있는 반면에 과다한 광고비로
판매 이익이 상쇄되는 단점이 있다.

30 디지털 미디어의 종류로, 제3자에 의해 창작
되고 소유되어 소비자로부터 신뢰와 평판을
획득할 수 있는 모든 종류의 퍼블리시티를
의미하는 유형의 미디어는 무엇인가?

① Multi media   ② Paid media
③ Owned media   ④ Earned media

정답 ④

해설 Earned media는 제3자에 의해 창작되고 소유되어
소비자로부터 신뢰와 평판을 획득할 수 있는 모든
종류의 퍼블리시티를 의미한다. 고객이 남기는 후
기나, 커뮤니티의 게시물 등이 이에 포함된다.

▦ 단답식 문제

01 다음이 설명하는 용어는?

> 인터넷을 이용하여 쌍방향성 정보 소통을 통한 다양한 형태의 상품과 서비스를 제공하고 그와 관련
> 된 모든 거래행위와 가치를 창출할 수 있는 비즈니스 활동이다.

정답 온라인 비즈니스

해설 온라인 비즈니스란 인터넷을 이용하여 쌍방향성 정보 소통을 통한 다양한 형태의 상품과 서비스를 제공하고 그와 관련
된 모든 거래행위와 가치를 창출할 수 있는 비즈니스 활동을 말한다. 통상적으로 인터넷 비즈니스와 e-비즈니스와 일맥
상통한다고 본다.

02 소비자들에게 경쟁제품과 비교하여 자사제품에 대한 차별화된 이미지를 심어주기 위한 계획적인 전
략접근법은?

정답 포지셔닝 전략

해설 포지셔닝 전략은 자사 제품의 큰 경쟁우위를 찾아내어 이를 선정된 목표시장의 소비자들의 마음속에 자사의 상품을 자리
잡게 하는 것을 의미한다.

03 기업의 사회적 책임과 마케팅을 결합, 공유 가치 창출을 하는 방식의 마케팅 기법은?

정답 코즈 마케팅

해설 코즈 마케팅은 사회적 이슈를 해결함과 동시에 기업의 이익을 동시에 추구한다는 것이 핵심이다. 즉, 기업이 환경, 보건,
빈곤 등과 같은 사회적 이슈, 즉 코즈(Cause)를 이익 추구를 위해 활용하는 마케팅 전략이다.

04 해당 키워드에 이미 관심을 가지고 있는 잠재 고객을 대상으로 광고를 노출하기 때문에, 광고의 효과
가 상대적으로 높은 것이 장점인 디지털 광고는?

정답 검색광고

해설 검색광고는 인터넷 검색서비스를 통해 광고주의 온라인 사이트에 대한 연결고리를 보여주는 광고, 키워드를 검색하기 때
문에 키워드 광고라고도 한다. 해당 키워드에 이미 관심을 가지고 있는 잠재 고객을 대상으로 광고를 노출하기 때문에, 광
고의 효과가 상대적으로 높은 것이 장점이다.

05 하이퍼 링크를 통한 텍스트 기반의 광고, 짧게는 20자, 길게는 50자 정도의 비교적 간단한 카피 혹은 설명으로 된 광고를 무엇이라고 하는가?

정답 텍스트 광고

해설 텍스트 광고는 하이퍼 링크를 통한 텍스트 기반의 광고, 짧게는 20자, 길게는 50자 정도의 비교적 간단한 카피 혹은 설명으로 된 광고를 의미하며 광고 단가가 다른 광고에 비해 낮아서 광고비 부담이 적다.

06 사람들의 의견, 생각, 경험, 관점 등을 서로 공유하기 위해 사용하는 온라인 도구나 플랫폼을 무엇이라고 하는가?

정답 소셜 미디어

해설 소셜 미디어는 사람들의 의견, 생각, 경험, 관점 등을 서로 공유하기 위해 사용하는 온라인 도구나 플랫폼을 의미한다. 이러한 소셜 미디어는 텍스트, 이미지, 오디오, 비디오 등의 다양한 형태를 가지고 있는데, 대표적으로 블로그(blog), 소셜 네트워크(Social Network), 메시지 보드(Message Board), 팟캐스트(Pod-cast), 위키스(Wikis), 비디오 블로그(Vlog) 등이 있다.

07 소셜 미디어와 온라인 미디어를 활용하는 전자 상거래의 일종인 이것은 무엇인가?

정답 온라인 커머스

해설 온라인 커머스는 일정 인원 이상이 구매를 해야 혜택이 소멸되지 않기 때문에 구매자가 SNS를 통해 다른 이들에게 홍보하게 되는 공동구매형, 소셜 네트워크로 이동할 수 있는 링크만을 게재하는 소셜 링크형, 소비자의 구매 · 평가 · 리뷰 등 소비자의 소셜 네트워크 활동을 결합한 소셜 웹 형, 오프라인 공간까지 확대 연결시킨 오프라인 연동형의 4가지로 구분할 수 있다.

08 디지털화된 방법으로 제작, 유통, 소비될 수 있는 제품군을 무엇이라고 하는가?

정답 디지털 콘텐츠

해설 디지털 콘텐츠는 유무선 전기 통신망에서 사용하기 위해 부호 · 문자 · 음성 · 음향 이미지 · 영상 등을 디지털 방식으로 제작, 처리, 유통하는 자료, 정보 등을 의미한다.

09 디지털 상의 사이버 공간을 통해 수행되는 모든 마케팅 활동을 무엇이라고 하는가?

정답 디지털 마케팅

해설 디지털 마케팅은 디지털을 활용하여 수익을 얻고자 하는 전략적 활동을 말하며, 디지털 상의 사이버 공간을 통해 수행되는 모든 마케팅 활동을 의미한다.

part
01

온라인 비즈니스 및 디지털 마케팅

10 전체 시장을 비슷한 기호와 특성을 가진 차별화된 마케팅 프로그램을 원하는 집단별로 나누는 것을 말하며, 다시 말해 가격이나 제품에 대한 반응에 따라 전체시장을 몇 개의 공통된 특성을 가지는 세분시장으로 나누어서 마케팅을 차별화시키는 것은?

정답 시장세분화

해설 시장세분화란, 전체 시장을 비슷한 기호와 특성을 가진 차별화된 마케팅 프로그램을 원하는 집단별로 나누는 것을 말하며, 다시 말해 가격이나 제품에 대한 반응에 따라 전체시장을 몇 개의 공통된 특성을 가지는 세분시장으로 나누어서 마케팅을 차별화시키는 것이다. 각 세분화된 집단 안에서의 소비자들은 공통된 특성을 보이지만, 각 집단 간에는 이질적인 특성을 보인다. 또한, 시장을 세분화한 후의 이익이 세분화할 때의 비용보다 커야 한다.

11 다음이 설명하는 용어는 무엇인가?

> • 1980년 엘빈 토플러가 〈제3의 물결〉에서 처음 사용한 용어로 생산자적 기능을 수행하는 소비자를 말한다.
> • 소비자들이 자신들의 욕구를 충족시킬 수 있는 상품의 개발을 직접 요구하고 때로는 유통에도 직접 관여하는 소비자를 말한다.

정답 프로슈머(Prosumer)

해설 프로슈머(Prosumer)란 1980년 엘빈 토플러가 〈제3의 물결〉에서 처음 사용한 용어로 생산자적 기능을 수행하는 소비자를 말한다. Producer와 Consumer의 합성어로, 소비자들이 자신들의 욕구를 충족시킬 수 있는 상품의 개발을 직접 요구하고 때로는 유통에도 직접 관여하는 소비자를 말한다.

12 광고를 주 수익 기반으로 하지만 온라인 커머스, 유료 콘텐츠 등 다양한 수익모델을 가지고 있고, 인터넷의 관문 역할을 하는 것은 무엇인가?

정답 온라인 포털

해설 온라인 포털이란 인터넷을 사용할 때 기본적으로 거쳐 가는 웹사이트를 말하며, 광고를 주 수익 기반으로 하지만 온라인 커머스, 유료 콘텐츠, 결제 등 다양한 수익 모델이 있다.

13 검색엔진에 대한 설명이다. (괄호) 안에 들어갈 검색의 종류(유형)는 무엇인가?

> 구글과 같이 (괄호)만을 지원하는 검색엔진도 있지만 많은 검색엔진은 디렉토리 검색방법 및 주제어 검색방법을 모두 지원하고 있다.

정답 주제어 검색

해설 구글과 같이 주제어 검색만을 지원하는 검색엔진도 있지만 많은 검색엔진은 디렉토리 검색방법 및 주제어 검색방법을 모두 지원하고 있다.

14 마케팅 전략 4C, 4P, 4E를 나타낸 것이다. ①, ②에 각각 들어갈 용어는 무엇인가?

4C	Customer value (고객 가치)	Convenience (편리성)	Communication (의사소통)	Cost to Consumer (비용)
4P	Promotion(촉진)	Place(장소)	(①)	Product(제품)
4E	(②)	Engagement(참여)	Evangelist(전도)	Enthusiasm(열정)

정답 ① Price 또는 가격, ② Experience 또는 경험

해설 마케팅 전략 4C는 Customer value(고객 가치), Convenience(편리성), Communication(의사소통), Cost to Consumer(비용)이다. 4P는 Promotion(촉진), Place(장소), Price(가격), Product(제품)이고, 4E는 Experience(경험), Engagement(참여), Evangelist(전도), Enthusiasm(열정)이다.

15 다음이 설명하는 디지털 광고의 종류는 무엇인가?

검색광고의 한 종류로 웹페이지의 콘텐츠에 어울리게 띄워주는 광고, 우리말로는 맥락(Text)광고라고 한다. 자신의 관심사와 연관된 내용으로 몰입도가 높은 것이 장점이다.

정답 컨텍스트 광고

해설 검색 광고의 한 종류로 웹페이지의 콘텐츠에 어울리게 띄워주는 광고, 우리말로는 맥락(Text)광고라고 한다. 검색광고나 이를 보완한 표적 광고 즉, 소비자의 성별, 연령, 직업과 같은 정보에 따른 맞춤형 광고 역시 맥락에 맞지 않는 면이 많아서 이를 보완하기 위해 만들어진 기법이다. 자신의 관심사와 연관된 내용으로 몰입도가 높은 것이 장점이다.

OX문제

제1장_ 온라인 비즈니스

01 검색엔진은 사람들이 의견, 생각, 관점 등을 공유하기 위해 사용하는 온라인 툴/플랫폼이다. **정답** ✕

> **해설** 검색엔진은 인터넷상에서 방대한 분량의 자료 가운데, 정보를 쉽게 찾을 수 있도록 도와주는 소프트웨어이다.

02 온라인 비즈니스는 인터넷을 이용하여 다양한 형태의 상품과 서비스를 제공하고 그와 관련된 모든 거래행위와 가치를 창출할 수 있는 비즈니스 활동이다. **정답** ○

> **해설** 온라인 비즈니스는 1997년 IBM이 주창한 개념으로 온라인상에서 경제 주체들이 정보통신 기술과 인터넷을 이용하여 전자적으로 이루어지는 상거래와 그 상거래를 지원하는 경제 주체들의 활동이라 정의할 수 있다.

03 온라인 비즈니스는 진입장벽이 높다. **정답** ✕

> **해설** 온라인 비즈니스는 초기 비용이 비교적 적게 들어가므로 진입장벽이 낮다.

04 소셜 미디어는 단방향 의사소통만 가능하다. **정답** ✕

> **해설** 소셜 미디어는 실시간 쌍방향 의사소통 가능하며 동시에 고객과의 직접 소통이 가능하다.

05 대부분의 검색엔진은 주제어 검색만을 지원한다. **정답** ✕

> **해설** 많은 검색엔진은 디렉토리 검색방법 및 주제어 검색방법을 모두 지원하고 있다.

06 통상적으로 검색엔진 사용은 유료이다. **정답** ✕

> **해설** 일반적으로 검색엔진을 사용하는 것은 무료이지만 검색엔진이 포털 사이트의 역할을 수행하면서 광고를 할 수 있기 때문에 많은 사용자를 확보하면 대기업으로 성장하는 경우가 많이 있다.

07 디지털 콘텐츠란 유무선 전기 통신망에서 사용하기 위해 부호 · 문자 · 음성 · 음향 이미지 · 영상 등을 디지털 방식으로 제작, 처리, 유통하는 자료, 정보 등을 의미한다. **정답** ○

> **해설** 디지털 콘텐츠란 디지털화된 방법으로 제작, 유통, 소비될 수 있는 제품군을 의미하며, 구체적으로는 최근에 각광받고 있는 각종 동영상 파일, 이미지 파일, MP3 음악 파일, 멀티미디어 서적 등이 있다.

OX문제

제2장_ 디지털 마케팅

01 전통적 마케팅은 온라인에 있는 모든 종류의 마케팅을 의미한다. 정답 ×

해설 전통적 마케팅은 온라인에 없는 모든 종류의 마케팅을 의미한다.

part
01
온라인 비즈니스 및 디지털 마케팅

02 인터넷 마케팅은 디지털 마케팅보다 협의 개념으로 이해할 수 있다. 정답 O

해설 인터넷 마케팅은 인터넷을 기반으로 하는 상업적 활동을 가리키는 것으로 디지털 마케팅보다 협의 개념으로 이해할 수 있다.

03 디지털 마케팅은 디지털을 활용하여 수익을 얻고자 하는 전략적 활동이다. 정답 O

해설 디지털 마케팅은 디지털 상의 사이버 공간을 통해 수행되는 모든 마케팅 활동을 의미한다.

04 Pull 디지털 마케팅은 웹 사이트나 인터넷 뉴스에서 보이는 광고처럼, 판매자가 수신자의 동의 없이 광고를 보내는 것이다. 정답 ×

해설 Pull 디지털 마케팅은 소비자가 이메일, 문자 메시지나 뉴스 피드를 통해 특정 기업의 판매품목에 대한 광고 전송을 허가하는 것과 소비자가 직접 인터넷을 통해 특정 품목을 자발적으로 검색하는 것, 이 두 가지로 이루어진다.

05 Push 디지털 마케팅은 소비자가 이메일, 문자 메시지나 뉴스 피드를 통해 특정 기업의 판매품목에 대한 광고 전송을 허가하는 것과 소비자가 직접 인터넷을 통해 특정 품목을 자발적으로 검색하는 것, 이 두 가지로 이루어지는 것을 의미한다. 정답 ×

해설 Push 디지털 마케팅은 웹 사이트나 인터넷 뉴스에서 보이는 광고처럼, 판매자가 수신자의 동의 없이 광고를 보내는 것이다.

06 이메일, 문자 메시지나 뉴스 피드도 수신자의 동의 없이 발송하는 것을 표적 마케팅이라고 한다. 정답 ×

해설 이메일, 문자 메시지나 뉴스 피드도 수신자의 동의 없이 발송하는 것을 스팸메일 혹은 스팸이라 한다.

OX문제

제3장 _ 디지털 광고

01 아날로그 광고란 디지털 미디어를 활용해 소비자와 쌍방향으로 소통하는 일종의 설득 메시지를 의미한다. **정답** ×

> **해설** 디지털 광고는 소비자들에게 자사 제품 및 서비스 등에 대해 디지털 미디어를 활용해 소비자와 쌍방향으로 소통하는 일종의 설득 메시지를 의미한다.

02 디지털 광고는 검색어와 연관된 광고를 노출하는 콘텐츠 타기팅, 사용자 위치를 기반으로 한 지역 타기팅이 가능하다. **정답** ○

> **해설** 디지털 광고는 사용자 성별, 연령 등의 정보 기반 타기팅이 가능하며, 쿠키 파일을 활용하여 사용자들이 입력한 검색 키워드를 분석하여 검색어와 연관된 광고를 노출하는 콘텐츠 타기팅, 사용자 위치를 기반으로 한 지역 타기팅이 가능하다.

03 디지털 광고는 온라인 사이트 방문자 행동 추적, 기록 등이 용이하다. **정답** ○

> **해설** 디지털 광고는 온라인 사이트별 쿠키 분석을 통해 방문자들의 위치를 파악할 수 있으며, 방문시간과 방문횟수, 클릭한 링크 및 노출된 이미지, 사용한 검색 키워드 및 클릭한 광고 등의 파악이 가능하다.

04 디지털 광고는 광고를 다시 보여주는 리타깃팅이 가능하다. **정답** ○

> **해설** 디지털 광고는 온라인 사이트에 접속한 사람들을 추적해 타 온라인 사이트에 접속할 때 이전 온라인 사이트에서 보았던 광고를 다시 보여주는 리타깃팅이 가능하다.

05 디지털 광고는 시공간의 제약이 없고 실시간으로 광고의 소재교체가 가능하다. **정답** ○

> **해설** 디지털 광고는 시공간의 제약이 없고 실시간으로 광고의 소재교체가 가능하며, 텍스트, 이미지, 비디오 등의 여러 형태로 크리에이티브 구현이 가능하다.

06 디지털 광고 대행사는 디지털 광고에 특화된 광고 회사를 의미한다. **정답** ○

> **해설** 디지털 광고 대행사는 디지털 광고에 특화된 광고 회사를 말하는 것으로 주로 광고주와 협의를 통해 광고를 기획 및 제작하는 역할을 수행한다.

07 디지털 광고는 브랜딩 효과 향상이 가능하다. **정답** ○

> **해설** 디지털 광고를 통해 브랜드 인지도, 브랜드 선호도 같은 브랜딩 효과 향상이 가능하다.

핵심요약

SEARCH ADVERTISING MARKETERS

제1장 _ 온라인 비즈니스

▓ **온라인 비즈니스** : 인터넷을 이용하여 다양한 형태의 상품과 서비스를 제공하고 그와 관련된 모든 거래행위와 가치를 창출할 수 있는 비즈니스 활동

▓ **온라인 비즈니스 모델의 5대 성공요인**
- ㉠ 차별화된 콘텐츠 및 서비스
- ㉡ 지속적인 수익 창출
- ㉢ 특허
- ㉣ 스피드로 기회의 선점
- ㉤ 고객관점 및 고객경험

▓ **소셜 미디어의 장점**
- ㉠ 컴퓨터, 정보통신, 미디어의 발전된 기술을 활용하여 마케팅 효과
- ㉡ 실시간 쌍방향 의사소통 가능, 고객과의 직접 소통
- ㉢ 전 세계를 대상으로 글로벌 마케팅
- ㉣ 기업이 없어도 개인의 블로그, 프로필, 사회 관계망 서비스를 통해 자료가 대량 확산 가능
- ㉤ 오프라인 매체 대비 저렴한 비용
- ㉥ 사진, 동영상, 컴퓨터 그래픽, 미디어 등 다양한 표현 가능

▓ **검색엔진** : 인터넷상에서 방대한 분량의 자료 가운데, 정보를 쉽게 찾을 수 있도록 도와주는 소프트웨어

▓ **소셜 미디어** : 사람들이 의견, 생각, 관점 등을 공유하기 위해 사용하는 온라인 툴/플랫폼

▓ **온라인 비즈니스의 유형**

거래의 대상	• B2C • B2B • C2C
제공 가치에 따른 구분	• 가격 지향형 모델 • 맞춤형 · 서비스 지향형 모델 • 편의 · 신속성 지향형 모델
거래 제품에 따른 구분	• 물리적 제품(물류 체계의 구축이 중요함) • 디지털 제품 : 고객 체험을 유도하는 것
판매방식	• 판매형(카테고리 킬러형 vs 몰형) • 중개형(경매형 vs 매칭형) • 커뮤니티형(정보검색형 vs 정보생산형) • 정보제공형(전문 커뮤니티형 vs 포털형)

▓ **온라인 포털의 발전과정**
- ㉠ Search
- ㉡ Communication
- ㉢ Community
- ㉣ Contents & Commerce

▓ **검색엔진 유형**
- ㉠ 디렉토리 검색(야후) : 주제별로 분류 혹은 계층별로 정리
- ㉡ 인덱스 검색(구글) : 다양한 정보 검색하여 정보 얻기
- ㉢ 통합 검색(네이버) : 모든 유형의 문서와 데이터 총망라한 검색 결과 제공

소셜미디어 특징

㉠ 참여
㉡ 공개
㉢ 대화
㉣ 커뮤니티
㉤ 연결

소셜 미디어 커뮤니케이션의 특징

특성	내용
상호작용성 (Interactivity)	쌍방향 커뮤니케이션, 이용자가 송신자(생산자)이면서 동시에 수신자(소비자)
탈대중성(de-massification)	회원의 인구통계적 특성, 직업에 관한 전문성, 개인적 취미에 따라 세분화된 버츄얼 문화공동체의 존재는 인터넷의 가장 독특한 기능 중의 하나(Adler and Chrstopher, 1999; 이현우)
비동시성 (Asynchronous)	시간적 제약이 없다.
상호연결성 (connectedness)	네트워크(network)
능동성(activity)	적극적 정보탐색 및 참여(participation)

※ 출처 : Hoffman & Novak, 1995; Morris & Ogan, 1996; Rogers, 1986; Reardon & Rogers, 1988; Ruggiero, 2000

프로슈머(Prosumer)

㉠ 1980년 엘빈 토플러가 〈제3의 물결〉에서 처음 사용한 용어로 생산자적 기능을 수행하는 소비자를 말한다.
㉡ 소비자들이 자신들의 욕구를 충족시킬 수 있는 상품의 개발을 직접 요구하고 때로는 유통에도 직접 관여하는 소비자를 말한다.
㉢ Producer와 Consumer의 합성어이다.

온라인 커머스

㉠ 물리적 상품과 서비스의 구매 편리성과 구매 안정성을 동시에 충족시킬 수 있다.
㉡ 소셜미디어와 온라인 미디어를 활용하는 전자상거래의 일종이다.
㉢ 가상의 마켓 플레이스에서 재화와 서비스를 판매하는 비즈니스 모델을 일컫는 포괄적인 개념이다.
㉣ 쿠팡, SSG.COM과 같은 기업이 배송에 막대한 투자를 하고 있는 것이 좋은 사례이다.

제2장 _ 디지털 마케팅

디지털 마케팅이 기존 마케팅과 차별화되는 요인

㉠ 데이터 중심
㉡ 관객의 도달 및 세분화
㉢ 단방향에서 쌍방향으로의 대화 진행
㉣ 저렴한 가격
㉤ 기존보다 높은 ROI

디지털 마케팅 : 디지털을 활용하여 수익을 얻고자 하는 전략적 활동을 말하며, 디지털 상의 사이버 공간을 통해 수행되는 모든 마케팅 활동

Pull 디지털 마케팅 : 소비자가 이메일, 문자 메시지나 뉴스 피드를 통해 특정 기업의 판매품목에 대한 광고 전송을 허가하는 것과 소비자가 직접 인터넷을 통해 특정 품목을 자발적으로 검색하는 것, 이 두 가지로 이루어짐

Push 디지털 마케팅 : 웹 사이트나 인터넷 뉴스에서 보이는 광고처럼, 판매자가 수신자의 동의 없이 광고를 보내는 것

시장세분화 : 가격이나 제품에 대한 반응에 따라 전체시장을 몇 개의 공통된 특성을 가지는 세분시장으로 나누어서 마케팅을 차별화시키는 것

표적시장 전략 : 세분시장이 확인되고 나면, 기업은 얼마나 많은 그리고 어떤 세분시장을 표적으로 할 것인지를 결정

포지셔닝 전략 : 자사 제품의 큰 경쟁우위를 찾아내어 이를 선정된 목표시장의 소비자들의 마음속에 자사의 상품을 자리 잡게 하는 것

마케팅 믹스 : 일정한 환경적 조건과 일정한 시점 내에서 여러 가지 형태의 마케팅 수단들을 경영자가 적절하게 결합 내지 조화해서 사용하는 전략

디지털 미디어

Paid media	• 조직이나 개인이 비용을 들여 온·오프라인 미디어 채널을 통해 메시지를 전달하고자 할 때 유료로 이용하는 미디어를 말한다. • 네이티브 광고, 배너광고 등이 이에 포함된다.
Owned media	• 자기의 회사가 보유하고 있는 커뮤니케이션 미디어를 말한다. • 홈페이지, 블로그 등이 이에 포함된다.
Earned media	• 제3자에 의해 창작되고 소유되어 소비자로부터 신뢰와 평판을 획득할 수 있는 모든 종류의 퍼블리시티를 의미한다. • 고객이 남기는 후기나, 커뮤니티의 게시물 등이 이에 포함된다.

마케팅 4C

㉠ Customer value(고객 가치)
㉡ Convenience(편리성)
㉢ Communication(의사소통)
㉣ Cost to Consumer(비용)

마케팅 4P

㉠ Promotion(촉진)
㉡ Place(장소)
㉢ Price(가격)
㉣ Product(제품)

마케팅 4E

㉠ Experience(경험)
㉡ Engagement(참여)
㉢ Evangelist(전도)
㉣ Enthusiasm(열정)

제3장 _ 디지털 광고

디지털 광고 : 소비자들에게 자사 제품 및 서비스 등에 대해 디지털 미디어를 활용해 소비자와 쌍방향으로 소통하는 일종의 설득 메시지

디지털 광고의 특성

㉠ 트래킹의 용이성
㉡ 정교한 타기팅
㉢ 전달의 융통성
㉣ 상호작용성

디지털 광고의 목적

㉠ 온라인 브랜딩
㉡ 트래픽의 생성

▓ **배너광고** : 홈페이지에 띠 모양으로 만들어 부착하는 광고로써, 현수막처럼 생긴 것

▓ **리치미디어 광고** : JPEG, Java 프로그램 등 신기술 및 고급기술을 적용시킨 배너광고, 풍부(Rich)하게 만들었다는 의미

▓ **검색광고** : 인터넷 검색서비스를 통해 광고주의 온라인 사이트에 대한 연결고리를 보여주는 광고, 키워드를 검색하기 때문에 키워드 광고라고도 함

▓ **컨텍스트 광고** : 검색 광고의 한 종류로 웹페이지의 콘텐츠에 어울리게 띄워주는 광고, 우리말로는 맥락(Text)광고라고도 함

▓ **텍스트 광고** : 하이퍼 링크를 통한 텍스트 기반의 광고, 짧게는 20자, 길게는 50자 정도의 비교적 간단한 카피 혹은 설명으로 된 광고

▓ **네이티브 광고**
- ㉠ 기존광고와 달리 이용자가 경험하는 콘텐츠 일부처럼 보이도록 하여 이용자의 관심을 자연스럽게 이끄는 형태의 광고를 말한다.
- ㉡ 콘텐츠 자체로의 가치가 충분하여 이용자에 의한 소비과정에서 거부 반응이 적다는 장점이 있다.
- ㉢ 의도적 판매 목적을 띈 광고에서 벗어나 가치 있고 매력적인 콘텐츠를 통해 이용자를 유도하고 획득한다는 부분에서 콘텐츠 마케팅의 기법으로 이해가 가능하다.
- ㉣ 대표적인 예로는 인-피드 광고, 기사 맞춤형 광고, 프로모티드 리스팅 등이 있다.

▓ **디지털광고 변천사**
- ㉠ 도입기 : PC통신에서 인터넷으로 전환되던 시기로, 단순한 메뉴형 배너광고가 중심이 되었다.
- ㉡ 정착기(확대기) : 인터넷 사용이 확산되면서 디지털광고가 광고매체로서 정착되기 시작했다. 인터랙티브 배너, push mail 등 새로운 형태의 광고가 처음 시행되었다.
- ㉢ 1차 성장기 : 고속인터넷 보급으로 인터넷 사용 인구가 폭발적으로 증가하였다. 고속인터넷이 보급되면서 보다 많은 데이터를 활용한 동영상과 플래시와 같은 광고기법들을 선보이게 되었다.
- ㉣ 2차 성장기 : 스마트폰의 보급과 함께 QR코드를 접목한 인터랙티브광고, 대용량의 MMS광고, GPS 연동지역 기반의 검색광고 등의 모바일광고가 떠오르게 되었다.

PART 2

검색광고 실무 활용

Search Advertising Marketers

제 1 장 검색광고의 이해

SEARCH ADVERTISING MARKETERS

1 검색광고의 개요

(1) 검색광고의 개념

① 검색 결과에 광고를 노출하여 잠재고객의 유입을 유도하는 광고
② 네이버, 카카오, 구글 등의 검색엔진을 통해 노출하는 광고를 의미
③ 이용자의 능동적인 검색활동을 통해 노출되며, 정확한 타기팅이 가능
④ 양질의 검색 결과를 제공하기 위해 검수의 과정을 거침
⑤ 키워드 광고, SEM, SA, Paid search 라고도 함

2 검색광고의 특징

(1) 검색광고의 장점

① 정확한 타기팅이 가능하다.
② 광고 효과를 즉시 확인할 수 있다.
③ 광고운영시스템을 통해 탄력적으로 운영할 수 있다.
④ 종량제 광고(CPC 광고)로 효율적으로 운영할 수 있다.
⑤ 노출 순위는 최대클릭비용 외에 광고품질에 따라 달라진다.

> **🔍 참고** 종량제(CPC) 상품
>
> ⊙ CPC광고는 광고를 클릭할 경우에만 과금되는 방식의 상품이다. 노출이 되어도 클릭이 되지 않으면 광고비를 지불하지 않아도 되는 상품이다.
> ⓛ 다양하고 구체적인 세부키워드를 사용할수록 타깃이 명확하기 때문에 효율성이 높아진다.
> ⓒ 구매 가능성이 높거나 전환가능성이 높은 클릭을 할 수 있도록 해야 한다.
> ② 다양한 영역에 노출 가능하며 카카오의 경우는 네이트, Bing 등 다양한 영역에 노출 될 뿐만 아니라, PC 및 모바일에 다양한 매체에 노출된다. 네이버의 경우에도 다양한 업체와 파트너십을 맺고 있어 모바일 콘텐츠의 다양한 매체영역에 노출된다.

ⓞ 자유로운 게재 및 중지로 광고를 탄력적으로 운영 가능하고, 실시간 광고 수정 선택 가능으로 광고의 효율성은 높아진다.

ⓑ 일 예산 설정으로 인해 예산을 초과하는 것을 막을 수 있고 갑작스런 이슈로 인한 피해를 막을 수 있다.

ⓐ 상위순위에 노출하기 위해 품질지수 관리가 중요하다. 노출 순위는 입찰가 및 품질지수 순으로 산정되므로 지속적 품질지수관리로 노출순위를 높일 수 있다.

ⓞ 클릭률이 높아지게 되면 광고효과도 동반 상승하지만 광고비가 증가될 수 있으며 이에 대한 광고비를 고려한 전략을 필요로 한다.

(2) 검색광고의 단점

① 관리 리소스가 많이 투여된다.

② 검색광고 경쟁이 심화될 수 있다.

③ 부정클릭 발생을 방지하기 어렵다.

④ 초기 브랜드를 알리는 광고로는 적합하지 않다.

(3) 검색광고의 매체노출효과

① **클릭률(CTR)** : 노출 수 대비 클릭 수 비율=클릭 수/노출 수×100

② **전환율(CVR)** : 클릭 수 대비 전환 수 비율=전환 수/클릭 수×100

③ ROAS(Return On Ad Spend) : 광고비 대비 수익률=수익/광고비×100

④ ROI(Return On Investment) : 투자 대비 이익률=순이익/투자비용×100

⑤ CPA(Cost Per Action) : 전환 당 비용=광고비/전환 수

⑥ CPS(Cost Per Sale) : 구매 당 비용=광고비/구매건 수

⑦ CPC(Cost Per Click) : 클릭 당 비용=광고비/클릭 수

⑧ **컨버젼(Conversion)** : 광고를 통해 사이트로 유입 후 특정 전환을 취하는 것

🔍 참고 　검색광고 용어

- **T&D** : 검색결과에 노출되는 제목과 설명
- **순위지수** : 노출 순위를 결정하는 지수
- **품질지수** : 광고의 품질을 나타내는 지수
- **PV** : 방문자가 둘러본 페이지 수
- **DT** : 방문자가 사이트에 들어와서 체류한 시간
- **UV** : 중복되지 않은 방문자 수치로 순 방문자 수
- **연결 URL** : 광고 클릭 시 도달되는 랜딩 페이지의 URL
- **표시 URL** : 사이트 내 모든 페이지에서 공통으로 확인되는 URL
- **직접전환** : 광고 클릭 이후 30분 내에 마지막 클릭으로 발생한 전환
- **간접전환** : 광고클릭 이후 30분부터 전환 추적기간 내에 발생한 전환(추적 기간은 7~20일)
- **KPI(Key Performance Indicators)** : 수치로 표현 가능한 광고의 목표, 핵심성과지표
- **CPM(Cost per mile)** : 1,000회 노출 당 비용. 주로 배너광고에 쓰임
- **CPC(Cost per click)** : 클릭이 발생할 때마다 비용을 지불하는 종량제 광고 방식
- **랜딩페이지(Landing Page)** : 검색광고의 텍스트나 배너 광고를 클릭 했을 때 연결되는 페이지
- **도달률(Reach)** : 특정 광고 메세지가 존재할 때 최소한 한번 또는 그 이상 노출 된 이용자의 수나 비율

- **CPV(Cost Per View)** : 광고 시청당 비용으로, 주로 동영상 서비스 플랫폼에 주로 사용
- **CPI(Cost Per Install)** : 다운로드가 발생한 건마다 광고비용을 지불하는 방식
- **광고소재** : 검색 결과에 노출되는 메시지
- **확장소재** : 일반 광고소재 외 전화번호, 위치정보, 홍보문구, 추가 링크
- **세부 키워드** : 대표 키워드의 하위 개념
- **대표 키워드** : 업종을 대표하는 키워드로 검색수가 높고 경쟁이 치열함
- **시즈널 키워드** : 특정 시기나 계절에 따라 조회 수와 광고 효과가 급증하는 키워드

(4) 검색광고 효과 산식

노출수	클릭수	전환수	광고비	물품단가
A	B	C	D	E

① CTR=B/A×100

② CVR=C/B×100

③ ROAS=C×E/D×100(이외의 조건이 없을 경우)

④ ROI=(C×E−D)/D×100(이외의 조건이 없을 경우)

⑤ CPC=D/B

⑥ CPS=D/C(일반적으로 CPA와 동일하다 간주)

제 2 장

검색광고 기획

SEARCH ADVERTISING MARKETERS

1 **검색광고 기획 단계와 매체 믹스**

(1) 검색광고 기획 단계

① **환경분석** : 현재의 시장 분위기나 경쟁 상황 등을 분석하고, 타깃을 분석하는 것을 말한다.

② **목표설정** : 검색광고를 통하여 얻고자 하는 궁극적이고 구체적인 목표를 세우는 것을 말한다.

③ **매체전략** : 목표 달성을 위한 전략으로 크게는 검색광고 상품부터 작게는 키워드와 소재 등의 전략을 말한다.

④ **일정계획** : 검색광고의 노출 등을 포함한 일정에 대한 계획을 말한다.

⑤ **예산책정** : 목표를 달성하는데 있어 필요한 만큼의 예산을 정하는 것을 말한다.

(2) 사용자 패턴분석

① **사용자의 인구통계적인 특성 활용**

ⓐ 웹 사이트의 제품이나 서비스를 이용할 만한 사용자들을 정의하고 이들의 특성을 파악한 후 분석하는 것을 의미한다.

ⓑ 통계청 KOSIS에서 제공하는 국가통계지표를 통해 총 인구수, 성별 · 연령별 인구수를 확인 할 수 있다. 이 자료를 분석함으로써 노년층의 증가를 배경으로 시니어 비즈니스를 하는 기업이 많아지는 것을 확인할 수 있다.

ⓔ 2020년 8월 온라인 쇼핑 동향에 따르면 음식서비스와 식료품 및 음료품 거래액이 전년 동월 대비 83%, 44.4% 증가했다. 이를 통해 1인 가구 증가와 배달음식, 가정간편식 등 소비형태의 변화 패턴을 읽을 수 있다. 이러한 인구통계적인 특성 조사가 중요한 이유는 내 사업 타겟층의 동향 및 성향 파악에 유익하기 때문이다.

② **사용자 검색 트렌드 활용**

ⓐ 검색광고는 사용자의 검색활동에 의해 광고가 노출된다.

ⓑ 포털 사이트의 점유율이 증가하는 이유이며 검색사용자가 모이는 주요 포털 사이트에 광고를

등록해야 더 높은 도달을 이룰 수 있다.

ⓒ 가장 높은 점유율을 보이는 네이버를 비롯하여 구글, 다음, 줌, 네이트와 같은 포털도 그 규모를 확대하고 있는 추세이므로 검색광고 활용에 반드시 참고해야 한다.

(3) 광고목표

① 일반적으로 광고 프로그램을 만들기 위해 마케팅 관리자가 해야 할 일 중에서 가장 먼저 수행하여야 할 부분은 광고목표의 설정이다.

② 광고의 목표는 마케팅 믹스와 제품 포지셔닝, 표적시장 등과 관련한 의사결정(Decision Making)을 기반으로 설정하여야 한다.

③ 광고는 보통 특정 기간 동안 목표로 삼은 표적청중들에게 메시지를 전달하는 것을 목적으로 하기 때문에 결국 광고 목표는 기업이 추진하는 촉진목표가 제품 또는 이에 따르는 각종 정보들을 알리기 위한 것인지, 아니면 단지 소비자들을 설득하기 위함인지, 자사의 상표를 기억하게 하기 위한 수단인지에 따라 구분될 수 있다.

④ 정보전달이 목적인 광고는 새로운 제품을 시장에 도입할 때 많이 사용하는 방법이며, 설득이 목적인 광고는 경쟁이 격화될수록 그 중요성이 더해진다. 그러므로 기업의 목표는 선택적 수요를 구축하는데 그 목적을 둔다. 다시 말해, 설득적 광고는 어떤 특정상표와 직간접적으로 비교하는 형태의 비교 광고의 형식을 띠기도 한다.

> **🔍 참고** 광고목표
> ㉠ 구체적이고 명확해야 한다.
> ㉡ 측정 가능한 것이어야 한다.
> ㉢ 행동 지향적이어야 한다.
> ㉣ 달성 가능한 기간을 명시해야 한다.

(4) 예산의 설정

① 일반적으로 광고의 목표가 설정되고 나면, 기업의 입장에서는 다루고 있는 여러 제품의 광고예산에 대한 의사결정을 해야 한다. 이 때 기업에서의 광고역할은 제품에 대한 전반적인 수요를 일으키는 데 있으므로 기업은 판매목표를 달성하는 데 있어 필요한 만큼의 비용을 지출하는 것에 의미를 두게 된다.

② 보통, 기업의 입장에서 어려운 문제 중의 하나가 촉진에 투입할 예산을 얼마로 책정할 것인가 하는 문제일 것이다. 촉진예산의 산정이 어려운 이유는 촉진활동의 효과가 직접적인 매출액의 증가 또는 이익의 증가로 측정키가 어려운 경우가 많아서 그렇다. 그래서 기업들의 경우 촉진예산을 책정할 때 쓰이는 방법으로는 다음과 같은 것들이 있다.

　⊙ **가용예산 활용법** : 기업들이 회사에서 충당 가능한 수준의 촉진비용을 책정하는 것을 말한다. 즉, 회사의 자금 사정상 급박한 다른 상황에 비용을 모두 예산으로 책정한 후에 나머지를 촉진비용으로 정하는 방법을 말한다. 이 방식은 보통 제한된 자금을 소지한 기업에서 촉진을 위해 많은 비용을 투하하지 않으려는 의도로 사용되는 경우가 많다. 그러므로 이 방법은 매출액이 고려되지 않으므로 매출액에 대한 촉진의 효과는 기대할 수 없으며, 일정 산출기준에 의해 촉진예산이 정해지는 것이 아니고, 매년 회사의 자금사정에 따라 달라지는 것이므로 장기간의 마케팅 계획수립에 있어서는 부적합하다.

　⊙ **매출액 비율법** : 현재 또는 예상되는 매출액의 일정비율을 사용하거나 아니면 제품의 판매가격의 일정 비율을 촉진예산으로 산정하는 방법을 말한다. 이 방법은 기업들이 많이 사용하는 방법이다.

　⊙ **경쟁자 기준법** : 자사의 촉진예산을 타사의 촉진예산에 맞추는 방식으로서, 보통 산업평균에 근거하여 촉진예산을 책정하는 방식을 말한다. 그래서 이 방식은 타사의 상황이 자사가 처한 상황과 다를 시에는 오히려 자사에는 비합리적인 방식이 될 수 있다.

　⊙ **목표 및 과업기준법** : 가장 논리적인 촉진예산 방식으로서, 자사는 촉진활동을 통하여 자사가 얻고자 하는 것이 무엇인지에 따라 예산을 책정하는 방식을 말한다. 이때 마케팅 관리자는 특정한 목표를 정의하고, 이렇게 정의한 목표를 달성키 위해 수행해야 할 과업이 무엇인지를 결정하고, 해당 과업을 수행하기 위해 필요한 비용을 산정하여 예산을 책정하는 과정을 거친다.

　⊙ **광고–판매 반응함수법** : 과거의 데이터를 통해 판매 반응함수가 존재할 경우 이익을 극대화할 수 있는 광고예산을 편성하는 방법이다.

(5) 매체믹스

　① 2가지 이상의 광고를 섞어 광고를 집행하는 것을 의미한다.

　② **매체믹스** : 네이버, 구글, 카카오 등

　③ **상품믹스** : 브랜드검색, 파워링크, 쇼핑검색광고 등

(6) 광고의 역할

　① **마케팅 역할** : 광고는 마케팅 목표를 달성하기 위한 하나의 수단으로 기능을 한다. 광고의 마케팅 기능은 광고가 제품 또는 서비스를 식별하게끔 하고 타사의 제품이나 서비스와의 차별화를 가져오게 하며, 제품 또는 서비스의 특징에 대한 정보제공 및 소비자들로 하여금 신제품의 사용을 유발하거나 재사용을 권유하게 하는 것을 말한다.

　② **커뮤니케이션 역할** : 광고는 수용자 즉, 소비자들이 저렴하게 다양한 정보를 얻을 수 있도록 내용을 전달하는 것이다.

③ **경제적 역할** : 광고는 경제적 측면에서 보면, 생산과 소비를 연결시키는 기능을 한다. 광고는 각 제품의 판매를 돕는 역할을 하지만, 사회 전체의 입장에서 보았을 때, 광고란 상품화된 자본 일반의 실현을 보장하는 경제적 가치로서의 기능을 수행한다.

④ **사회적 역할** : 언론기관의 중요한 유지수단이면서, 자금원의 역할을 수행한다. 동시에 공익에 기여하는 바도 크다.

⑤ **문화적 역할** : 사회에서 어떤 이념이던지 그것이 해당 사회를 지배하는 이념으로 자리 잡고 있다면, 광고 또한 그 이념을 광고 메시지로 사용함으로써 옹호하고, 그에 관련된 각종 가치관 또는 제도 등에 활력을 불어넣어 주게 된다.

⑥ **교육적 역할** : 일반적으로 광고는 많은 소비자들에게 제품에 대한 각종 정보를 제공하고, 좀 더 나은 방향으로 나아갈 수 있도록 하는 지침서의 역할을 한다.

2 매체별 운영시스템

(1) 네이버 운영시스템

① **검색광고**

㉠ **종류** : 사이트 검색광고, 쇼핑 검색광고, 콘텐츠 검색광고, 브랜드 검색광고, 플레이스광고, 지역소상공인 광고, 클릭초이스플러스, 클릭초이스상품광고

㉡ **관리**

• **광고관리시스템** : 사이트 검색광고, 쇼핑 검색광고, 콘텐츠 검색광고, 브랜드 검색광고, 플레이스광고, 지역소상공인 광고

• **구 광고관리시스템** : 클릭초이스플러스, 클릭초이스상품광고(일부 업종에서만 집행이 가능한 상품광고)

② **특징**

㉠ **광고주 가입** : 사업자 최대 5개, 개인 최대 2개(네이버 검색광고 ID, 네이버 ID) 생성 가능

㉡ **구조** : 캠페인〉그룹〉키워드와 소재

③ **구조**

㉠ **캠페인**

• 마케팅 활동에 대한 목적을 기준으로 묶어서 관리하는 광고 전략 단위이다.

• 5개의 유형(파워링크, 쇼핑 검색, 파워콘텐츠, 브랜드 검색, 플레이스)이 존재한다.

• 캠페인 등록 후 유형 변경이 불가하다.

• 광고 집행을 위해서는 캠페인에 맞는 비즈채널이 반드시 등록되어야 한다.

🔍 참고 비즈채널

㉠ 웹사이트, 쇼핑몰, 전화번호, 위치정보, 네이버 예약 등 잠재적 고객에게 상품 정보를 전달하고 판매하기 위한 모든 채널을 의미
한다.
㉡ 광고 집행을 하기 위해서는 캠페인 유형에 맞는 비즈채널을 반드시 등록해야 한다.
㉢ 비즈채널은 확장소재의 구성요소로도 활용할 수 있다.
㉣ 비즈채널 등록 후 확장소재 탭에서 노출 여부를 선택할 수 있다.

ⓛ 광고그룹

• 캠페인 활동에 대한 개별 실행 방법을 설정한다.

• 기본 입찰가, 하루 예산, 광고 노출 매체, 소재노출방식, 콘텐츠 매체 전용 입찰가, PC 및 모바
일 입찰가 가중치 설정이 가능하다.

ⓒ 키워드

• 검색을 위해 사용하는 단어를 말한다.

• 광고그룹 입찰가와 별도로 키워드별 입찰가 지정이 가능하다.

• 키워드 확장 기능을 통해 등록 키워드 및 유의 키워드의 자동 광고 노출이 가능하다.

ⓔ 소재

• 사용자에게 보이는 광고 요소를 말한다.

• 소재 확장이 가능하다.

🔍 참고 소재

㉠ **광고소재** : 검색 결과에 노출되는 메시지로, 제목과 설명문구(T&D), URL과 다양한 확장소재로 구성되어 있다.
㉡ **확장소재** : 일반 광고소재 외 전화번호, 위치정보, 홍보문구, 추가 링크 등을 말한다.

④ 광고시스템 기능

구분	내용
광고관리	즐겨찾기, 모든 캠페인(파워링크, 쇼핑검색, 파워콘텐츠, 브랜드검색, 플레이스)
정보관리	비즈채널 관리, 상품 그룹
보고서	다차원 보고서, 대용량 다운로드 보고서, 기타보고서(일부 캠페인)
도구	광고관리 TIP, 광고노출 진단, 검토 진행 현황, 키워드 도구, 대량 관리, 자동 규칙, 서류 관리, 계약 관리, 이미지 라이브러리, 프리미엄 로그 분석, 광고노출제한 관리, API사용 관리, 이력 관리
비즈머니	비즈머니 관리, 쿠폰 관리, 자동충전 관리, 세금계산서

(2) 카카오 운영시스템

① 종류

- ㉠ **키워드 광고** : 클릭당 과금하는 CPC 방식으로 운영할 수 있는 광고주 시스템이다.
- ㉡ **브랜드 검색광고** : 노출 영역, 소재 형태, 구간별, 쿼리수에 따라 비용이 달라진다.

② 특징

- ㉠ **광고대상** : 웹 사이트만 가능하다.
- ㉡ **구조** : 캠페인 〉 광고그룹 〉 키워드와 소재

③ 구조

- ㉠ **캠페인**
  - 마케팅 활동에 대한 목적을 기본으로 묶어서 관리하는 광고 전략 단위이다.
  - 2개의 유형(키워드광고, 브랜드 검색광고)이 존재한다.
  - 캠페인 등록 후 유형 변경이 불가하다.
  - 캠페인 등록을 위해 캠페인에 맞는 비즈채널이 반드시 필요하다.
- ㉡ **광고그룹**
  - 광고그룹은 캠페인에 소속된 전략 단위이다.
  - 광고 소재가 노출되는 과정에 직접적인 관련이 있는 전략을 설정할 수 있다.

참고1 키워드광고 광고그룹 영역

㉠ **PC검색포털** : 다음, 네이트, 빙, korea.com, GOM TV 등의 포털사이트 검색 결과 최상단에 노출
㉡ **모바일 검색** : 다음, 카카오톡#, 네이트 등 제휴된 웹/앱에서의 모바일 검색 결과, 프리미엄 링크영역에 최대 6개까지 광고노출
㉢ **PC/모바일 콘텐츠** : 다음 카페, 뉴스, 1boon, 카카오톡 등의 카카오 내부지면 및 언론사 커뮤니티 등 카카오와 제휴를 맺고 있는 외부지면에 노출

참고2 브랜드 검색광고 광고그룹 영역

㉠ **모바일 라이트** : 이미지와 텍스트로 구성되어 소재 제작이 용이하고 간결하게 브랜딩 가능한 상품이다.
㉡ **모바일 오토플레이형** : 브랜드동영상을 5초간 오토 플레이하여 메시지 전달력이 높은 상품이다.
㉢ **PC 베이직** : 이미지와 텍스트로 구성되어 소재 제작이 용이하고 간결하게 브랜딩 가능한 상품이다.
㉣ **PC 프리미엄 동영상배너형** : 메인동영상을 통해 브랜드를 강조할 수 있으며, 배너를 활용해 주요 이벤트 고지가 가능한 상품이다.

- ㉢ **키워드**
  - 검색을 위해 사용하는 단어를 말한다.
  - 키워드광고는 광고그룹 입찰가와 키워드별 입찰가 지정이 가능하다.
  - 브랜드 검색광고는 디바이스와 탬플릿 유형, 기간에 맞는 단가가 존재한다.
  - 키워드 확장을 통해 등록 키워드 및 유의 키워드의 자동 광고 노출이 가능하다.
- ㉣ **소재**
  - 사용자에게 보이는 광고 요소를 말한다.

• 확장소재 등록이 가능하다.

④ 광고시스템 기능

㉠ 키워드광고

구분	내용
광고관리	대시보드, 광고만들기
보고서	맞춤보고서
도구	비즈채널 관리, 심사서류 관리, 광고소재 관리, 키워드 플래너, 대량 관리, 이미지 관리, 픽셀&SDK 연동 관리, 광고노출 제한
설정	광고계정 관리, 광고캐시 관리, 결제카드 관리, 현금영수증 조회, 변경이력 관리

㉡ 브랜드검색광고

구분	내용
광고관리	
도구	광고대상 관리, 계약 관리, 부킹 현황, 서류 관리
보고서	
설정	광고계정 관리, 광고캐시 관리

🔍 **참고**   픽셀&SDK

㉠ 카카오에서 제공하는 전환추적 서비스이다.
㉡ 최적의 잠재고객을 파악하고, 광고에서 발생한 회원가입과 구매 등의 전환을 확인할 수 있는 스크립트 도구이다.
㉢ 내 홈페이지나 모바일 앱 그리고 카카오 서비스와 연동하여, 설치 가이드에 정의된 사용자의 다양한 행태 정보를 파악하고 카카오모먼트와 키워드광고의 성과를 측정할 수 있다.
㉣ 타기팅을 고도화하고, 전환 목적의 캠페인을 운영할 수 있다.

(3) 구글 운영시스템

① 검색광고

㉠ Google Ads를 통해 광고등록 및 운영이 가능하다.

㉡ Google Ads를 열면 가장 먼저 표시되는 것은 개요 페이지이다.

② 특징

㉠ 광고주가 달성하고자 하는 주요 목표를 중심으로 캠페인을 생성한다.

㉡ 목표 중 판매, 리드, 웹 사이트 트래픽에만 검색 캠페인이 존재한다.

㉢ **구조 : 캠페인 〉 광고그룹 〉 광고**

③ 구조

　㉠ 캠페인

　　• 검색, 디스플레이, 쇼핑, 동영상, 스마트, 디스커버리, 앱, 지역 중 검색에 해당한다.

　　• 목표에 따라 목표달성 방법이 존재한다.

판매	웹 사이트 방문, 전화 통화, 매장 방문, 앱 다운로드
리드	웹 사이트 방문, 전화 통화, 매장 방문, 앱 다운로드, 리드 양식 제출
웹 사이트 트래픽	비즈니스 웹 사이트

　㉡ 광고그룹

　　• 광고그룹에는 1개 이상의 광고와 관련 키워드가 있다.

　　• 다수의 광고그룹 생성이 가능하다.

　㉢ 광고

　　• 광고효력을 그래프로 제공한다.

　　• 광고효력이 '좋음' 이상인 반응형 검색광고를 만드는 것이 좋다.

④ 광고시스템 기능

구분	내용
모든 캠페인	개요, 캠페인, 설정, 위치, 변경 내역, 실적 타겟, 캠페인 그룹
검색	
보고서	사전 정의된 보고서(측정기준), 보고서, 대시보드
도구 및 설정	결제, 설정, 측정, 일괄작업, 공유 라이브러리, 계획

🔍 참고　구글의 개요 페이지

구성	내용
실적 그래프	클릭수, 노출수, 평균 CPC, 비용을 나타내는 그래프가 제공된다.
임시 캠페인	진행 중인 캠페인의 초안이 제공된다.
캠페인	캠페인의 비용, 클릭수, 클릭률을 제공한다.
전환 추적 상태	비활성 태그, 확인되지 않은, 최근 전환 없음, 전환 기록 등의 상태를 제공한다.

제 **3** 장

검색광고 등록

SEARCH ADVERTISING MARKETERS

1 검색광고 등록 시스템

(1) 네이버 등록 시스템

① 캠페인 등록

> 캠페인 유형 선택 → 캠페인 이름 및 예산 등록 → 고급옵션 선택

ㄱ 광고 목적에 따라 캠페인 유형을 선택한다.

ㄴ 캠페인 이름 및 예산(예산 균등 분배) 등록하고 광고 노출기간(고급옵션)을 선택한다.

ㄷ 고급옵션을 선택한다.

② 그룹설정

ㄱ 그룹 생성단계에서 기본 입찰가(자동입찰 설정 베타)와 하루 예산 설정이 가능하다.

ㄴ 그룹 고급옵션에서 광고 노출 매체, 소재노출방식 설정이 가능하다.

ㄷ 콘텐츠 매체 전용 입찰가, PC 및 모바일 입찰가 가중치 설정이 가능하다.

ㄹ URL 등록이 필요하다.

참고 네이버 고급옵션

ㄱ **캠페인 고급옵션** : 광고 노출기간, 추적기능 선택
ㄴ **그룹 고급옵션** : 광고 노출 매체, 소재노출방식, 콘텐츠 매체 전용 입찰가, PC 및 모바일 입찰가 가중치 설정

③ 키워드 선택 및 발굴

ㄱ 키워드 확장이 가능하다.

ㄴ 별도의 제외 키워드 등록이 가능하다.

ㄷ 네이버 키워드도구를 이용하여 관련성 높은 키워드를 조회하고, 추가할 수 있다.

part
02

검색광고 실무 활용

🔍 참고   키워드
㉠ **대표키워드** : 주력 상품이나 서비스와 관련하여 잠재고객들이 쉽게 검색할 수 있는 키워드이다. 검색수가 많고, 광고 노출이 많다는 장점이 있으나, 입찰가가 높을 수 있고, 광고비 지출이 높을 수 있다는 단점이 있다.
㉡ **세부키워드** : 고객의 의도에 맞춘 수식어나 지역명칭 등을 포함한 키워드이다. 광고 노출이 적고, 검색수가 낮다는 단점이 있으나, 입찰가가 저렴할 수 있고, 세부타기팅이 가능해 효과적인 광고가 될 수 있다는 장점이 있다.

④ **광고소재 작성**

　㉠ 광고소재는 검색 결과에 노출되는 메시지로, 제목과 설명문구(T&D), URL과 다양한 확장소재로 구성되어 있다.

　㉡ 상품의 장점과 차별성을 부각하여 소재 작성을 해야 한다.

　㉢ 가이드에 맞지 않게 작성된 소재는 광고노출에 제한이 있을 수 있다.

⑤ **입찰관리**

　㉠ **경매(입찰)방식 구매** : 사이트 검색광고(파워링크), 쇼핑검색광고, 콘텐츠 검색광고(파워콘텐츠), 클릭초이스플러스, 클릭초이스상품광고가 경매(입찰)방식으로 구매 가능하며, 입찰가 설정이 필요하다.

　㉡ **입찰가** : 최소 70원(쇼핑검색광고 50원)~최대 10만 원(노출순위와 클릭당 광고비에 영향)

　㉢ **노출순위** : 입찰가, 품질지수를 고려하며, 클릭당 광고비도 노출시 책정된다.

(2) 네이버 등록 프로세스

① **캠페인 만들기**

　㉠ 광고 목적에 따른 캠페인 유형(일반 광고시스템관리 유형, 구 광고시스템관리 유형)을 선택한다.

　㉡ 캠페인 이름과 하루예산 기재한다. 예산이 초과될 것 같은 시점에서 캠페인의 상태가 중지로 전환된다.

　㉢ 예산 초과로 인한 중지를 방지하기 위해 예산 균등 배분 체크가 가능하다.

② **광고그룹 만들기**

　㉠ 광고그룹의 이름 및 URL, 기본 입찰가, 하루예산을 설정한다.

　㉡ 키워드별 입찰가를 설정하지 않은 경우 모든 키워드는 기본 입찰가가 적용된다. 이후에 기본 입찰가 수정이 가능하다.

　㉢ 고급옵션에서 광고 노출 매체(모든 매체, 유형, 개별)를 설정할 수 있다.

　㉢ 소재노출 방식은 성과 기반 노출과 동일 비중 노출 중에서 선택이 가능하다.

🔍 참고   네이버 소재노출 방식
㉠ **성과 기반 노출** : 성과에 따른 노출로 성과가 우수한 소재가 우선적으로 노출
㉡ **동일 비중 노출** : 동일한 비중으로 소재를 노출

③ 광고 만들기

ㄱ 키워드와 소재를 입력할 수 있으며, 관련 키워드를 추가 할 수 있다.

ㄴ 제목은 15자, 설명은 45자까지 입력이 가능하며, 글자 수 초과할 경우를 대비하여 대체 키워드 입력이 필요하다.

ㄷ 설명에 키워드 삽입 기능의 활용시 볼드처리가 된다.

ㄹ 키워드나 소재가 많으면 대량 관리 기능을 사용한다.

🔍 **참고** 대량 관리 기능

ㄱ '도구〉대량 관리'에 있는 기능이며, 광고 다운로드, 대량등록 및 수정, 대량 광고복사 등을 제공한다.
ㄴ 대량 광고복사에서는 광고그룹을 복사할 수 있고, 키워드나 소재, 확장소재 역시 선택하여 복사할 수 있다.

④ 키워드 입찰하기

ㄱ 광고그룹에서 입찰가 변경(최소 70원~10만 원)이 가능하다.

ㄴ 입찰가 일괄 변경, 개별 변경이 가능하다.

🔍 **참고** 입찰가

최소 노출 입찰가	최근 4주간 검색을 통해 노출된 광고 중에서 최하위에 노출되었던 광고의 입찰가 중 가장 큰 값
중간 입찰가	최근 4주간 검색을 통해 노출된 모든 광고의 입찰가를 큰 순서대로 나열했을 때 중간의 값
○○위 평균 입찰가	최근 4주간 해당 순위에 노출되었던 입찰가의 평균 값

(3) 카카오 등록 시스템

① 캠페인 등록

> 비즈채널 선택 → 캠페인 이름 설정 → 고급 옵션 설정

ㄱ 비즈채널을 선택한다(미등록시 신규 등록 가능).

ㄴ 캠페인 이름을 등록한다(최대50자).

ㄷ 고급옵션을 통해 전환추적, 추적 URL, 일 예산을 설정한다.

② 그룹설정

ㄱ 광고가 노출될 매체유형과 디바이스를 설정한다.

ㄴ 등록한 키워드를 확장하여 광고를 노출할 수 있으며, 제외키워드를 등록할 수 있다.

ㄷ 기본입찰가와 일 예산을 설정하고, 고급옵션에서 입찰가중치, 집행기간과 요일/시간을 설정한다.

③ 키워드

ⓐ 키워드 등록이 가능하며, 키워드 제안을 통하여 연관 키워드를 찾을 수 있다.

ⓑ 입찰단가를 설정할 수 있다.

(4) 카카오 등록 프로세스

① 캠페인 등록

ⓐ 비즈채널을 선택한다. 비즈채널을 선택하여야 캠페인 생성이 가능하다.

ⓑ 캠페인 이름은 최대 50자까지 자유롭게 입력이 가능하고, 고급옵션을 통해 전환추적, 추적 URL, 일 예산 설정이 가능하다.

전환 추적	광고 계정에 연결된 픽셀&SDK를 선택하면 캠페인에서 발생하는 전환 데이터 수집이 가능하다.
추적 URL	광고 랜딩URL에 파라미터로 광고정보를 전달하는 기능을 설정할 수 있다.
일 예산	최소 1,000원부터 최대 1천만원까지 설정이 가능하다.

② 그룹설정

ⓐ 광고그룹 이름을 작성한다.

ⓑ 광고가 노출될 매체유형과 디바이스를 설정할 수 있다.

매체유형	검색 매체	카카오, 파트너
	콘텐츠 매체	카카오, 파트너
디바이스		모바일, PC

ⓒ 등록한 키워드를 확장하여 광고를 노출할 수 있고, 확장된 키워드 내에서도 제외키워드를 추가할 수 있다.

ⓓ 기본입찰가와 일예산을 설정하고, 고급옵션에서 입찰가중치, 집행기간과 요일/시간을 설정할 수 있다. 하나의 광고그룹에 검색 매체 입찰가/콘텐츠 매체 입찰가를 다르게 설정할 수 있다.

입찰가중치	기본입찰가에 대한 가중치를 노출 디바이스별로 설정할 수 있으며, 최소 10% ~ 최대 500%까지 1% 단위로 설정 가능하다.
콘텐츠 매체 입찰가	광고그룹 내 콘텐츠 매체 전용 입찰가 설정이 가능하다.
집행기간	집행을 원하는 일자 및 시간대를 선택할 수 있다.

③ 키워드

ⓐ 키워드 등록이 가능하며, 키워드 플래너를 통하여 연관 키워드를 찾을 수 있다.

ⓑ 키워드 입찰 금액을 입력하여 설정할 수 있고, 순위별 평균 입찰가를 설정할 수 있다. 또는 광고그룹 내 입찰가를 선택할 수 있다.

④ 소재

　㉠ [기존 소재 사용하기]를 통해 불러 올 수도 있고, 소재를 처음 등록할 경우 [새 소재]를 클릭하여 등록할 수 있다.

　㉡ 제목, 설명문구, 랜딩 URL, 확장소재, 소재 이름을 설정할 수 있다.

제목	광고에 노출할 제목을 15자 내로 설정 가능하다.
설명문구	광고에 노출할 설명 문구를 45자 내로 설정 가능하다.
랜딩 URL	광고를 클릭 시 연결 될 URL이, 실제 광고 노출시엔 비즈채널의 URL이 노출된다.
확장소재	기본 소재와 함께 노출될 확장 소재를 추가하거나 선택할 수 있다.
소재 이름	소재 이름을 설정할 수 있다.

　㉢ 등록한 소재를 사용하거나 '미리보기'를 통해 소재를 미리 확인할 수 있으며, 등록된 소재는 영업일 기준 최대 2일 내 심사가 완료된다.

🔍 참고　　브랜드 검색광고 등록시스템

㉠ **캠페인 등록** : 캠페인명을 기재한다.

항목	내용
ON/OFF	해당 캠페인의 운영 여부를 선택
상태	해당 캠페인의 현재 상태
보고서	우측에 설정된 기간을 기준으로 해당 캠페인의 총 성과를 확인

㉡ **광고그룹 등록** : 총 4가지 유형(모바일 라이트, 모바일 오토플레이형, PC 베이직, PC 프리미엄 동영상배너형)이 있으며, 템플릿 유형별로 구매 시작 단가의 차이가 있으며, 등록 방법과 입력 사항이 다르다.

항목	내용
ON/OFF	광고그룹의 운영 여부를 선택
상태	해당 캠페인의 현재 상태
디바이스, 템플릿	해당 광고그룹의 노출 가능 기기와 템플릿을 확인
계약정보	현재 집행중이거나 집행대기 상태인 계약건을 확인
보고서	우측에 설정된 기간을 기준으로 해당 광고그룹의 총 성과를 확인

㉢ **키워드 설정** : 그룹 당 최대 50개까지 키워드 등록이 가능하다.

항목	내용
ON/OFF	해당 키워드 활성 여부를 선택
상태	해당 키워드의 현재 상태
심사 코멘트	해당 키워드의 심사 결과를 확인
재심사 요청	등록 불가한 키워드를 재심사 요청
보고서	우측에 설정된 기간을 기준으로 해당 키워드의 총 성과를 확인

part
02

검색광고 실무 활용

(5) 구글 등록 시스템

① 캠페인 등록 및 그룹 설정

> 캠페인 유형 및 목표 선택 → 캠페인 이름 생성 → 광고그룹 생성 → 캠페인 등록 및 설정 → 광고
> 대상 선택 → 그룹 설정

㉠ 캠페인 생성
- 캠페인의 유형과 목표를 선택하고, 캠페인의 이름을 선택한다.
- 광고주가 달성하고자 하는 주요 목표(판매, 리드, 웹 사이트 트래픽)를 중심으로 캠페인을 생성하므로, 목표의 개수가 캠페인의 개수이다.
- 캠페인의 이름 선택 후 네트워크, 타기팅 및 잠재고객, 예산 및 입찰, 광고확장을 설정할 수 있다.

㉡ 그룹 설정
- 여러 개의 그룹을 생성할 수 있다.
- 광고그룹에는 하나 이상의 광고가 있어야 하며, 광고그룹에 포함된 모든 광고와 키워드는 유사한 타깃인 것이 좋다.

② 키워드 선택 및 발굴
㉠ 구글 키워드 플래너를 이용하여 관련성 높은 키워드를 조회하고, 추가할 수 있다.

㉡ 일치검색, 구문검색, 제외어검색 유형으로 미지정시 기본적으로 확장검색 유형으로 설정된다.

③ 입찰관리
㉠ 광고순위 : 입찰가, 광고품질, 광고 순위 기준, 사용자의 검색 환경설정, 광고 확장 및 기타 광고 형식의 예상되는 영향을 종합한다.

㉡ 광고 게재여부와 광고 게재순위가 변동되는 것은 정상이다.

㉢ 캠페인 유형에 맞춘 여러 입찰 전략을 제공한다.

④ 광고소재 작성
㉠ 광고소재는 검색 결과에 노출되는 메시지로, 제목과 설명문구(T&D), URL과 다양한 확장소재로 구성되어 있다.

㉡ 상품의 장점과 차별성을 부각하여 소재 작성을 해야 한다.

㉢ 가이드에 맞지 않게 작성된 소재는 광고노출에 제한이 있을 수 있다.

(6) 구글 등록 프로세스

① 캠페인 설정의 선택
㉠ 캠페인 목표(판매, 리드, 웹사이트 트래픽)/유형 선택 후 캠페인 설정을 진행한다.

㉡ 이름 작성 후 검색 네트워크/디스플레이 네트워크 게재 여부 선택이 가능하다.

> 🔍 **참고** 광고 게재 영역
> ㉠ **검색 네트워크** : 키워드와 관련된 용어 검색 시, 구글 검색 결과 옆 및 구글 사이트에 게재
> ㉡ **디스플레이 네트워크** : 관련성이 높은 고객이 인터넷에서 사이트, 동영상, 앱을 탐색할 때 광고를 게재

ㄷ 동적 검색광고 설정 시 광고 제목/페이지 웹 사이트 콘텐츠를 이용하여 자동 설정된다.

ㄹ 지역/관심 보이는 사용자 타기팅, 잠재고객 타기팅이 가능하다.

ㅁ 고객이 사용하는 언어로 게재 위치 제한, 광고 게재 위치 제한이 가능하다.

② 광고 그룹 설정

ㄱ 여러 개의 그룹을 생성할 수 있다.

ㄴ 광고그룹에는 하나 이상의 광고가 있어야 하며, 광고그룹에 포함된 모든 광고와 키워드는 유사한 타깃인 것이 좋다.

ㄷ 키워드 등록 시 일일 예상 클릭 수, 예상 비용, 평균 CPC 등 일일 예상치로 제공한다. 단, 새로운 광고그룹을 생성하면 그룹별 일일 예상치도 새로 제공된다.

ㄹ 검색어 지정 범위는 '확장검색〉구문검색〉일치검색' 순이다.

검색유형	다음이 포함된 검색에 광고가 게재될 수 있음
확장검색	맞춤법 오류, 동의어, 관련 검색어, 기타 관련성 있는 유사 구문 검색
구문검색	일치하는(유사한) 구문의 앞, 뒤에 추가 단어가 포함된 검색어
일치검색	키워드와 정확하게 일치하는 검색어 또는 일치하는 키워드와 동일한 의미를 갖는 유사 검색어

> 🔍 **참고** 제외 키워드의 기호
> 제외 키워드에는 앰퍼샌드(&), 억양 기호(á), 별표(*) 이렇게 3가지 기호를 사용할 수 있다.

③ 광고 만들기

ㄱ 최종 도착 URL, 광고 제목 텍스트, 설명 텍스트, 표시 경로(선택) 입력 시 광고 미리보기에 모바일 및 데스크톱 버전 광고를 표시한다.

ㄴ 광고 제목은 15개까지 등록 가능하며, 설명은 4개까지 등록이 가능하다.

ㄷ 광고 효력을 제공한다.

> 🔍 **참고** 광고 효력
> ㉠ 광고 조합의 관련성과 다양성을 보여주는 지표로, 더 관련성 높고 독창적인 콘텐츠를 사용하면 고객에게 적합한 광고를 게재하고 광고 실적을 개선하는 데 도움이 된다.
> ㉡ 측정항목은 '미완료'부터 '매우 좋음'까지 평가를 사용해 광고 문구의 관련성, 품질, 다양성을 측정한다.

(7) 광고검수와 품질지수

① 네이버

㉠ 비즈채널 검수

- 업종별 등록 조건 충족이 필요하다.
- 비즈채널 검수 후 소재와 키워드 검토가 진행된다.
- 회원제 사이트의 경우 테스트 계정의 아이디 및 비밀번호를 함께 등록하여야 한다.

🔍 **참고** 광고의 일부 또는 전체 제한

㉠ **관련 법령을 위반하는 경우**
- 통신판매업신고, 의료기관 개설신고 등 업종별 인/허가를 받지 않거나 또는 등록/신고 없이 광고하는 경우
- 담배, 의약품, 주류, 콘텍트렌즈 등 온라인 판매가 제한되는 상품 또는 서비스를 제공하는 경우
- 모조품 판매, 상표권 침해 등 제3자의 권리 침해가 확인되는 경우
- 사이트 내에 성인콘텐츠가 있음에도 성인인증 등의 법령에 따른 청소년 보호조치를 취하지 않은 경우 등

㉡ **이용자 피해를 유발하거나 광고매체 신뢰도 등을 저해할 우려가 있는 경우**
- 타인의 명칭을 도용하는 등의 방법으로 이용자의 오인/혼동을 유발할 수 있는 경우
- 검수를 받은 사이트와 다른 사이트로 광고를 연결하는 경우
- '100% 효과 보장 등' 허위/과장된 내용으로 광고하는 경우
- 이용자의 동의없이 Active-X 등을 설치하는 등의 방법으로 이용자의 웹서비스 이용을 방해하는 경우
- 약정 사항의 미이행, 배송지연, 부당한 환불거절, 연락두절 등에 따라 이용자 피해가 우려되는 경우 등

㉢ **광고품질이 심각하게 저해되는 경우**
- 사이트가 접속되지 않거나 완성되지 않은 경우
- 등록한 사이트와 관련성이 낮은 키워드/광고소재로 광고하는 경우

㉣ **기타 네이버 검색광고 광고등록기준 상 광고를 허용하지 않는 경우(원칙적으로 광고등록 거절)**
- 단란주점, 룸살롱, 가라오케 등의 유흥업소 사이트 및 해당 업소의 직업정보 제공 사이트
- 성인화상채팅 및 애인대행 서비스 제공 사이트
- 브랜드제품의 정보만을 제공하는 사이트
- 총포 · 도검 · 화약류 등의 판매/정보제공 사이트
- 인터넷을 통하여 유틸리티, 멀티미디어, 드라이버 등의 각종 프로그램이나 파일을 제공하는 등의 공개자료실 사이트 등

㉡ 광고검수

- 광고소재, 키워드 등을 포함한 모든 광고의 구성요소가 검토대상이다.
- 신규 등록뿐만 아니라 게재 중인 광고도 다시 검수할 수 있다.

㉢ 품질지수

- 품질이 높을수록(6~7) 비용이 감소하고, 광고순위가 높아진다.
- 7단계 막대 모양으로, 최초 등록 시 같은 키워드가 노출되고 있는 광고 평균에 근접한 값으로 4단계 품질지수를 부여 받으며, 24시간 내 품질 측정되어 품질지수가 적용된다.

② 카카오

㉠ 광고검수

- 광고소재, 키워드 등을 포함한 모든 광고의 구성요소가 검토대상이다.
- 신규 등록뿐만 아니라 게재 중인 광고도 다시 검수할 수 있다.

ⓛ 품질지수
- 품질이 높을수록(6~7) 비용이 감소하고, 광고순위가 높아진다.
- 7단계 막대 모양으로, 최초 등록 시에 0단계의 품질지수를 부여 받는다.

③ 구글
ㄱ 광고검수
- 광고소재, 키워드 등을 포함한 모든 광고의 구성요소가 검토대상이다.
- 신규 등록뿐만 아니라 게재 중인 광고도 다시 검수할 수 있다.
- 영업일 기준 1일 내 검토를 완료한다.

ⓛ 품질평가점수
- 품질이 높을수록(9~10) 비용이 감소하고, 광고순위가 높아진다.
- 품질 평가지수 키워드별로 1~10점으로 측정한다(예상클릭률, 광고관련성, 방문페이지 만족도로 결정).
- 등록 시 10점 중 0점으로 시작하여 실적 데이터가 누적되면 변한다.

2 검색광고 상품

(1) 네이버 검색광고 상품

사이트 검색광고 (파워링크 유형)	네이버 통합검색 및 네이버 내/외부 페이지의 검색 결과에 노출되는 검색광고 상품이다.
쇼핑검색광고 (쇼핑검색 유형)	광고 노출영역을 네이버 쇼핑으로 확장하고, 구매자에게는 추가 혜택을 제공하는 상품 단위의 이미지형 검색광고 상품이다.
콘텐츠검색광고 (파워콘텐츠 유형)	이용자에게 신뢰성 있는 정보를 제공하고, 광고주에게는 효과적인 브랜딩 기회와 전환 성과를 제공하는 콘텐츠 마케팅 상품이다.
브랜드 검색(CPM)	브랜드 키워드 또는 브랜드와 관련성 높은 키워드를 검색할 경우, 해당 브랜드의 내용을 다양한 이미지와 함께 통합검색 결과의 최상단에 노출하는 콘텐츠 검색형 광고 상품이다.
플레이스 광고 (플레이스 유형)	원하는 장소를 찾는 네이버 이용자에게 적극적으로 나의 가게를 알릴 수 있는 네이티브 형태의 검색광고이다.
지역소상공인광고 (플레이스 유형)	네이버 콘텐츠 서비스를 이용하는 내 지역 사용자에게 노출하는 배너 광고이다.
클릭초이스플러스	업종별로 모바일에 최적화된 광고 UI를 제공하는 광고 상품이다.
클릭초이스상품광고	사이트가 아닌 상품 단위로 광고하는 광고상품이다.

① 사이트 검색광고

    ㉠ 키워드 검색 시 네이버 통합검색 및 다양한 매체에 홈페이지와 홍보 문구가 노출되는 검색광고 상품으로, 매체 전략, 시간 전략 등 탄력적 운용이 가능하다.

    ㉡ 클릭당 과금이 발생되는 종량제(CPC) 상품으로, 광고 등록과 노출에는 비용이 발생하지 않는다.

    ㉢ 입찰가와 품질지수에 따라 광고 노출 여부와 순위가 결정된다.

    ㉣ 노출 영역

노출영역	내용
네이버 통합검색	• 파워링크는 최대 10개, 비즈사이트는 최대 5개까지 노출된다. • 많이 찾지 않는 일부 키워드는 파워링크는 최대 3개까지만 노출이 가능하며, 비즈사이트는 제외될 수 있다. • 모바일 네이버 통합 검색 1페이지에는 질의 별로 최대 3개~5개의 광고가 노출되고, 2페이지~5페이지에는 최대 3개의 광고가 노출된다.
네이버 및 검색포털	• 네이버 PC 검색 결과 상단 VIEW, 지식iN, 동영상, 통합검색 2페이지를 클릭하면 우측 상단 파워링크 영역에 최대 5개 광고가 노출된다. • '더보기' 클릭시, 한 페이지당 최대 25개까지 광고가 노출된다(광고 집행기간 표시). • 네이버 쇼핑에서 검색시 최대 5개까지 광고가 노출되며, 모바일 네이버 쇼핑에서 검색 시 최대 3개까지 광고가 노출된다.

참고 1 제휴 파트너 사이트

㉠ 검색포털 : ZUM
㉡ 검색파트너 : 옥션, G마켓, 비비, 롯데 아이몰, 다나와, 인터파크, 에누리닷컴, AK몰, 가자아이, 사자아이, 11번가
㉢ 콘텐츠파트너 : KBS, 뽐뿌, 조선닷컴, 동아닷컴, 알바천국, iMBC, 중앙일보, 클리앙, 한경닷컴, 경향신문, 일간스포츠, 부동산써브

참고 2 함께 찾은 파워링크(Beta)

최근 둘러본 파워링크 기반으로 선호할 만한 파워링크를 노출하는 반응형 광고 영역으로, PC, 모바일 네이버 통합검색 파워링크 영역 하단 및 광고더보기 영역에 노출된다. 최대 5개의 파워링크가 노출되며, 기본 노출은 'ON'이다.

② 쇼핑 검색광고

    ㉠ 쇼핑검색광고는 상품을 탐색하고 구매하고자 검색하는 이용자에게 광고주의 상품과 메시지를 효과적으로 홍보할 수 있는 쇼핑 특화 검색광고 상품이다.

    ㉡ 종류

      • 쇼핑몰 상품형

구분	내용
특징	쇼핑몰(판매처)이 직접 판매중인 상품을 홍보하는 이미지형 광고 상품으로, 키워드를 선택할 필요 없이, 이미 네이버 쇼핑에 노출되고 있는 상품을 쇼핑 상위 영역에 노출한다.
광고대상	패션의류, 패션잡화, 식품, 출산/육아, 가구/인테리어, 스포츠/레저, 화장품/미용, 생활/건강, 디지털 가전(악세사리류)

노출영역	• 네이버 쇼핑검색(PC/모바일) 결과 페이지의 '상품리스트' 영역 상단 및 중간에 광고가 3개씩 기본으로 노출되며, 키워드 및 노출유형에 따라 광고개수는 변할 수 있다. • 네이버 통합검색 (PC/모바일) 결과 '네이버쇼핑' 영역 상단에 2개가 기본으로 노출되며, 키워드 및 노출유형에 따라 광고개수는 변할 수 있다. • 광고 UI는 상품형, 키워드형, 조합형 등 다양한 형태로 노출되며 이용자 반응에 따라 추후 변경될 수 있다. • 광고시스템에서 콘텐츠 매체 노출 설정을 별도로 할 수 있으며, 전용 입찰가를 입력하거나 입찰가 가중치를 설정할 수 있다.

• 제품 카탈로그형

구분	내용
특징	제조사 및 브랜드사가 네이버 쇼핑에 구축된 제품 카탈로그를 홍보하는 이미지형 광고 상품이다.
광고대상	패션의류, 패션잡화, 식품, 출산/육아, 가구/인테리어, 스포츠/레저, 화장품/미용, 생활/건강, 디지털/가전
노출영역	• 네이버 통합검색(PC/모바일) 결과 '네이버쇼핑' 영역 상단에 2개가 기본으로 노출되며, 네이버 쇼핑검색(PC/모바일) 결과 상단 및 중간에 3개씩 노출된다.(광고개수는 키워드, 노출유형에 따라 변할 수 있다.) • 광고 UI는 키워드형, 상품형, 조합형 등 다양한 형태로 노출되며 이용자 반응에 따라 추후 변경될 수 있다. • 광고시스템에서 콘텐츠 매체 노출 설정을 별도로 할 수 있으며, 전용 입찰가를 입력하거나 입찰가 가중치를 설정할 수 있다.

• 쇼핑 브랜드형

구분	내용
특징	브랜드사가 공식몰을 통해 브랜드와 제품 라인업을 홍보하는 브랜드 전용 광고 상품으로, 네이버쇼핑 브랜드패키지에 가입된 브랜드사가 집행 가능하다.
광고대상	• 네이버쇼핑 브랜드패키지 권한을 가진 브랜드사 • 순금, 상품권 등 브랜드패키지 서비스 대상이 아닌 카테고리를 제외한 모든 카테고리
노출영역	• 네이버 모바일 쇼핑검색 상단 및 하단, PC 쇼핑검색 우측 상단 및 우측 하단에 광고가 게재된다. • 검색결과 1페이지에만 노출되며, 키워드 및 노출유형에 따라 광고 영역 및 광고 개수는 변할 수 있다.

③ 콘텐츠검색광고

　ㄱ 이용자의 정보 탐색 의도가 깊은 키워드에 대해 해당 분야의 전문가인 광고주가 블로그, 포스트, 카페 등의 콘텐츠를 이용해 보다 정확하고 신뢰성 있는 정보를 제공하는 광고상품이다.

　ㄴ 네이버 지정 키워드에 한하여 집행이 가능하며, 정책상 개별적인 로그분석 프로그램 사용이 제한된다.

ⓒ 광고주가 적용한 입찰가와 광고 집행 중 얻은 품질지수에 의해 광고 순위가 결정되며, 광고 노출 기간 동안 클릭이 일어난 횟수에 따라 과금되는 CPC 방식이다.

ⓛ **노출 영역**

노출영역	내용
네이버 통합검색	• 네이버 PC/모바일 통합검색 VIEW 영역에서 최대 2개까지 광고가 노출되며, 노출 여부는 그룹 전략에서 설정 가능하다. • 통합검색 결과 화면에 노출되지 못한 파워콘텐츠 광고는 VIEW 탭 검색 영역을 통해 노출된다.
줌(ZUM) 통합검색	• 줌(zum) PC/모바일 통합검색 결과에 노출되는 파워콘텐츠 영역 광고는 최대 3개까지 노출되며, 노출 여부는 그룹 전략에서 설정 가능하다. • 광고 더보기 영역은 통합검색 결과 화면에 노출된 광고 외에 더 많은 광고 정보를 보기 원하는 검색 사용자가 찾는 페이지로, 검색 키워드에 노출이 가능한 광고가 모두 노출된다.

④ **브랜드 검색(CPM)**

ⓘ 이용자가 브랜드 키워드 검색 시, 통합검색 결과 상단에 브랜드와 관련된 최신 콘텐츠를 텍스트, 이미지, 동영상 등을 이용하여 노출하는 상품이다.

ⓛ 네이버의 비즈니스 플랫폼을 이용하여, 최신 브랜드 콘텐츠로 이용자와 소통하고 브랜딩 효과를 높일 수 있다.

ⓒ 네이버 PC/모바일 통합검색 페이지 상단 영역에, 광고주가 구매한 브랜드 키워드에 대해 1개 광고가 단독 노출된다.

ⓡ 선지불 정액제 상품으로, 노출수나 클릭수의 제한이 없다.

ⓜ 광고비는 최소 50만 원이며, 상품 유형, 광고 노출 기간(최소 7일~최대 90일), 광고 가능한 키워드의 기간 조회 수(최근 30일 조회 수) 합계에 따라 산정된다.

🔍 참고 브랜드 검색광고의 구성

유형	내용
모바일 라이트형	일반(이미지 우측, 이미지 좌측), 썸네일, 리스팅
모바일 프리미엄형	와이드 메뉴, 와이드 썸네일, 오토플레이 메뉴, 오토플레이 썸네일
PC 라이트형	일반
PC 프리미엄형	일반, 갤러리, 동영상 메뉴, 동영상 슬로건

⑤ **플레이스 광고**

ⓘ 네이버에서 원하는 장소를 찾는 이용자에게 나의 가게를 적극적으로 알릴 수 있는 네이티브 형태의 검색광고이다.

ⓛ 이용자가 '지역+업종/업체' 또는 특정 장소를 검색 시 네이버 통합검색의 플레이스 영역 및 지

도 검색 결과 상단에 광고가 노출된다.(업체명과 같이 검색 의도 및 대상이 명확한 키워드에 대해서는 광고 노출이 제외)

ⓒ 경쟁 강도가 높은 키워드(노출 가능 광고수가 10개 이상)의 경우 네이버 통합검색(PC/모바일) 지면에 한해 입력한 '광고 입찰가'와 키워드와 업체 정보의 '연관도'에 의해 광고 순위가 결정되며, 차순위 입찰가에 기반하여 광고비가 산정된다.

ⓔ 경쟁 강도가 낮은 키워드(노출 가능 광고수가 10개 미만)의 경우 노출 지면 및 입찰가와 관계 없이, 모든 광고가 균등하게 랜덤 노출되며 최저가인 50원으로 고정 과금된다.

ⓜ 노출 영역

노출영역	내용
네이버 통합검색	네이버 통합검색(PC/모바일)결과 플레이스 영역 상단에 2개 노출되며 키워드 및 노출유형에 따라 광고개수는 변할 수 있다.
플레이스 서비스/ 네이버 지도	플레이스 서비스, 네이버 지도(앱/웹) 검색 결과 목록 내 최대 4개 노출되며 키워드 및 노출유형에 따라 광고개수는 변할 수 있다.

⑥ 지역소상공인광고

㉠ 네이버 콘텐츠 서비스를 이용하는 내 지역 사용자에게 노출하는 배너 광고로, 스마트플레이스에 등록한 업체 정보를 바탕으로 쉽고 빠르게 광고를 생성할 수 있다.

㉡ 오프라인 가게를 알리고 싶은 지역 소상공인이 쉽게 집행할 수 있는 광고 상품이다.

㉢ 네이버의 뉴스/블로그 콘텐츠 서비스 페이지에 업체명, 업체 이미지, 위치, 설명 문구 등이 노출된다.

㉣ 광고시스템에서 광고 노출을 원하는 지역을 읍면동(법정동) 단위로 최대 5개까지 선택할 수 있다.

㉤ 정보가 노출된 횟수만큼 광고비를 지불하는 방식이다.

⑦ 클릭초이스플러스

㉠ 업종별로 모바일에 최적화된 광고 UI를 제공하는 광고 상품으로, 부가정보, 미리보기 화면 등을 통해 모바일 사용자에게 업체 및 상품 정보를 효과적으로 전달할 수 있다.

㉡ 클릭초이스플러스는 펜션, 포토스튜디오, 파티·이벤트 기획, 유아용품 대여의 4개 업종에서 서비스를 제공하고 있다.

㉢ 네이버 모바일 통합검색 페이지의 해당 업종 영역에 최대 5개 노출되고 '더보기' 링크를 통해 추가 노출된다.

ⓔ 광고주의 업체로 연결되는 클릭영역(전화 걸기, 홈페이지, 가격표 등)은 클릭당 과금으로, 그 외 영역은 과금되지 않는다.

> **참고** 클릭초이스플러스 특징
>
> ㉠ **모바일 환경에 최적화된 광고 UI** : 클릭하기 쉬운 전화걸기 버튼, 한눈에 알아보기 좋은 부가정보 아이콘 등 작은 모바일 환경에서 확인하기 좋은 UI를 제공한다.
> ㉡ **미리보기 화면 제공** : 기본정보+지도보기 화면으로 보다 많은 정보를 제공한다. 모바일 환경에 맞게 좌우 클릭 이동이 가능하여 이용자가 자연스럽고 편하게 광고를 확인할 수 있다.
> ㉢ **업종에 맞춤화된 광고 UI** : 업종별로 필요한 정보를 효과적으로 제공할 수 있도록 테스트를 거쳐 만들어진 업종별 맞춤형 UI를 제공한다.

⑧ 클릭초이스상품광고

　ㄱ 사이트가 아닌 상품 단위로 광고하는 광고상품으로, 상품정보를 전달하기에 최적화된 UI와 기능들을 제공한다.

　ㄴ 클릭초이스상품광고는 패션의류, 패션잡화, 주얼리 관련 카테고리의 상품 대상으로 광고가 가능하다.

　ㄷ 네이버 모바일 통합검색 페이지 상단 영역에 최대 9개, 네이버 PC 통합검색 페이지 우측 상단 영역에 최대 8개가 노출되며 '더보기' 링크를 통해 추가 노출이 가능하다.

　ㄹ 클릭이 일어난 횟수에 따라 비용을 지불하는 CPC 방식으로, 광고주의 업체로 연결되는 '상세보기' 버튼을 클릭할 경우에만 과금된다.

> **참고** 클릭초이스상품광고 구성
>
> ㉠ **통합검색/더 보기 화면** : 기본 이미지, 가격 정보
> ㉡ **미리보기 화면** : 업체명, 네이버 페이/톡톡 여부, 상품 이미지(최대 4장), 상품명, 상세보기 버튼
> ㉢ **몰 홈 화면** : 업체 대표 이미지, 업체명, 업체 홍보문구, 상품 이미지, 상품명, 상품 가격

(2) 카카오 검색광고 상품

키워드광고	한 번의 광고 등록으로 주요 포털 검색 및 제휴 매체와 각종 모바일 앱에도 광고가 노출되어 폭넓은 마케팅이 가능한 광고 상품이다.
브랜드광고	브랜드 키워드 또는 브랜드와 연관성이 높은 키워드 검색시, 통합검색 결과 최상단에 노출되는 정보성 콘텐츠 상품이다.

① 키워드광고

　ㄱ 주요 검색의 최상단인 프리미엄 링크 영역에 동시 노출되며, 키워드 검색으로 사용자의 의도를 파악하여 광고를 통해 원하는 정보를 전달 할 수 있다.

　ㄴ 변경된 키워드 광고 관리자센터에서는 좀 더 쉽고 직관적인 사용자 인터페이스가 가능하며, 다차원 보고서 제공으로 상세한 지표 분석이 가능하다.

ⓒ 프리미엄링크

유형	내용
PC검색 매체	PC검색 포털 Daum, Nate 등 주요 포털 사이트에 노출되며 통합검색결과 최상단(프리미엄링크 영역)에 최대 10개의 광고를 노출한다(경우에 따라 예외가 있을 수 있음). 수요가 많은 키워드는 와이드링크 영역으로 최대 5개까지 추가로 노출된다.
모바일 검색 매체	Daum, Nate, Bing 등의 제휴된 모바일 웹 및 앱에서 모바일 검색 결과, 프리미엄링크 영역에 최대 6개까지 노출된다.
PC콘텐츠 매체	Daum PC서비스(뉴스, 카페 등)와 제휴 매체의 PC 지면에 콘텐츠의 연관도에 따라 노출되며, 텍스트 및 확장소재 썸네일 이미지가 결합된 배너형태로 노출된다(단 확장소재 미등록 시 텍스트만 노출). Daum 메인 및 내부 지면, 카페, 뉴스 및 카카오톡 등의 카카오 내부 지면 및 언론사, 커뮤니티 등의 카카오와 제휴를 맺고 있는 외부 지면에 노출된다.
모바일콘텐츠 매체	Daum 모바일서비스(Daum 모바일 앱/웹, 카카오톡# 탭 등)와 제휴 매체의 모바일 지면에 콘텐츠의 연관도에 따라 노출되며, 텍스트 및 확장소재 썸네일 이미지가 결합된 배너형태로 노출된다(단 확장소재 미등록 시 텍스트만 노출). Daum 메인 및 내부 지면, 카페, 뉴스 및 카카오톡 등의 카카오 내부 지면 및 언론사, 커뮤니티 등의 카카오와 제휴를 맺고 있는 외부 지면에 노출된다.

ⓔ 과금방식 : 이용자가 광고를 클릭하여 사이트에 방문하는 경우에만 과금되는 CPC(Cost Per Click)의 광고 상품으로, 클릭 당 단가는 키워드별 입찰가, 광고 진행 과정에서 얻은 품질 지수 등을 반영하여 실시간으로 결정된다.

ⓜ 확장소재

유형	내용
추가제목형	제목문구 아래 설명 형태로 부가적인 마케팅 메시지를 전달할 수 있다.
부가링크형	주요 상품 또는 핵심 페이지 경로를 부가링크 형태로 제공해 잠재고객의 즉각적 유입을 유도할 수 있다.
가격테이블형	사이트 진입 전 주요 상품의 가격정보를 제시해 구매 가능성이 있는 사용자의 유입을 높일 수 있다.
썸네일이미지형	이미지 형태의 소재를 추가로 노출해 시각적 주목도를 높이고, 클릭률 향상을 기대할 수 있다.
멀티썸네일형	3개의 이미지를 노출해 상품과 서비스 정보를 시각적으로 더욱 풍부하게 전달할 수 있다.
말머리형	할인, 이벤트 등 말머리 형태의 소재로 차별화된 브랜드 정보를 제공할 수 있다.
계산하기형	보험/대출 업종에 한해 계산하기 버튼을 제공해 주는 형태로, 보험료/한도/이자 등을 바로 확인할 수 있는 페이지로 연결한다.
전화번호형	전화번호 아이콘 클릭 시 설정한 연락처로 바로 연결할 수 있다.
톡채널형	카카오톡 채널 연결 시 사용자에게 지속적인 마케팅 메시지를 제공할 수 있는 채널 구독을 유도할 수 있다.

확장소재

㉠ 키워드광고의 기본 소재에 이미지, 가격 등을 추가로 노출하며, Daum 모바일 앱/웹, PC 검색결과와 카카오톡 #(샵)탭 등에 노출된다.
㉡ 여러 확장소재가 함께 노출되는 확장소재 믹스타입으로도 사용자의 이목을 끌 수 있으며, 풍부한 정보로 주목도 높게 보여주는 확장소재를 통해 광고 효과 상승을 기대할 수 있다.

② 브랜드검색광고

㉠ 브랜드에 대한 '정보탐색'의 목적이 있는 유저에게 이미지/동영상/텍스트 등을 이용하여 브랜딩할 수 있으며, 카카오톡 채널 영역 등을 이용하여 보다 다양하고, 효과적으로 구성할 수 있다.

㉡ 노출영역

노출영역	내용
PC 브랜드 검색 광고	브랜드 키워드 검색 시 Daum 통합검색 결과 최상단에 노출되는 정보성 콘텐츠 상품으로, 브랜드에 대한 '정보탐색'의 목적이 있는 오디언스에게 이미지/동영상/텍스트 등을 이용하여 브랜딩 할 수 있는 상품이다.
모바일 브랜드 검색 광고	모바일 브랜드검색을 통해 모바일 인터렉션을 만들 수 있고, 모바일 액션까지 가능하다.

㉢ 과금방식 : 노출 영역, 소재 형태, 구간별 쿼리수에 따라 비용이 달라진다. 쿼리수는 [광고그룹 생성 〉 키워드 설정] 단계에서 등록된 키워드 수의 전월 검색수가 기준이 된다.

(3) 구글 검색광고 상품

① 광고 게재 순위는 최대 CPC 입찰가와 품질평가점수에 따라 결정된다.
② 클릭이 일어난 횟수에 따라 비용을 지불하는 CPC 방식으로 검색 후 사용자가 링크를 클릭하였을 시 과금된다.
③ 노출 위치는 검색결과의 상단, 측면, 하단이며, 상단에는 최대 4개까지만 게재가 가능하다.
④ 광고 게재 영역 구분

㉠ 검색 네트워크 : 키워드와 관련된 용어 검색 시, 구글 검색 결과 옆 및 구글 사이트에 게재한다.
㉡ 디스플레이 네트워크 : 관련성이 높은 고객이 인터넷에서 사이트, 동영상, 앱을 탐색할 때 광고를 게재하여 도달 범위를 넓힐 수 있다.

참고 구글 키워드 검색 단계

구글에서 관련 키워드 검색
사용자는 광고주의 제품 및 서비스, 또는 이와 관련된 정보 검색

↓

잠재 고객에게 광고 노출
해당 정보 및 키워드를 검색하는 고객들에게 노출

↓

광고주의 비즈니스로 고객 연결
신규고객의 가능성이 높은 사용자를 사이트로 유도

1 검색광고 관리 전략

(1) 캠페인 관리

① 네이버

㉠ "모든 캠페인"에서 등록한 캠페인 현황을 제공한다.

㉡ 설정

기본 설정	on/off, 상태, 캠페인 이름, 캠페인 유형, 노출 수, 클릭 수, 평균 클릭비용, 총비용
사용자설정	• 일반정보(캠페인 유형, 상태, 기간, 하루예산, 예산분배, 광고 그룹 수, 키워드 수) • 성과지표(노출 수, 클릭 수, 클릭률, 평균클릭비용, 총비용, 전환수, 전환율, 전환매출액, 광고수익률, 전환당비용, 동영상 조회 수) • 기타(캠페인 ID, 등록 시작, 수정시작)

㉢ "상세데이터"에서 캠페인 단위 광고의 성과를 제공한다.

• PC 및 모바일 구분 버튼을 통해 캠페인별 디바이스 성과 확인이 가능하다.

• 요일, 시간대, 지역, 검색 및 콘텐츠 매체를 구분하여 볼 수 있다.

㉣ "선택한 캠페인 관리"에서 기간변경, 예산 변경, 자동 규칙 만들기가 가능하다.

㉤ 캠페인 하루 예산 설정 시 예산 조기 소진 예상 시점에 광고가 자동 중단된다. 예산 조기 소진으로 인한 광고 중단을 방지하기 위해 예산 균등 배분 체크가 가능하다.

㉥ 개별 캠페인 진입 시 성과그래프를 제공하며, 캠페인 정보에서 캠페인 수정이 가능하다.

> **Q 참고** 자동 규칙
> 캠페인, 광고 그룹 등의 대상에 입력된 조건 달성 시 알림, OFF, 입찰가 변경 등의 작업을 수행해 준다.

② 카카오

㉠ "대시보드"에서 모든 캠페인 현황 확인이 가능하고, 기본지표(노출수, 클릭수, 비용, 클릭률) 성과 그래프를 제공한다.

㉡ 캠페인, on/off, 상태, 비즈채널, 일 예산 노출수, 클릭수, 비용, 클릭률, 기간 확인이 가능하다.

ⓒ "기본정보"에서 번호, 유형, 비즈채널, 픽셀&SDK, 일 예산을 확인할 수 있고, "운영정보"에서 광고그룹, 키워드, 소재의 상태를 확인할 수 있다.

> 🔍 **참고** 브랜드 검색광고 캠페인
>
> ㉠ 캠페인명, on/off, 상태, 노출수, 클릭수, 클릭률 확인이 가능하다.
> ㉡ "캠페인 정보"에서 캠페인명, 광고상품을 확인할 수 있다.
> ㉢ 광고그룹, 키워드, 소재의 개수를 확인할 수 있다.

③ 구글

ㄱ Google Ads에서 검색캠페인 선택 시 캠페인명, 예산, 상태, 유형, 클릭 수, 노출 수, 클릭률, 평균 CPC, 전환당비용, 전환율 등 기본 지표를 제공한다.

ㄴ 분류 기준 아이콘을 눌러 개별성과의 확인이 가능하다.

ㄷ 실적, 전환수, 기여 분석, 경쟁 통계, Google 애널리틱스, 통화 세부정보의 성과 그래프 확인이 가능하다.

> 🔍 **참고** 입찰통계
>
> | 노출 점유율 | 광고주가 참가한 입찰에서 실제로 얼마나 노출이 발생했는지 보여주는 비율 |
> |---|---|
> | 중복율 | 광고주의 광고가 노출될 때 또 다른 광고주의 광고에는 얼마나 자주 노출이 발생했는지를 보여주는 빈도 |
> | 높은 게재순위 비율 | 동시에 노출이 발생했을 때 다른 광고주의 광고가 자신의 광고보다 더 높은 순위에 게재되는 빈도 |
> | 페이지 상단 게재율 | 광고주의 광고가 검색 결과의 페이지 상단에 게재되는 빈도 |
> | 페이지 상단 게재율(절대값) | 검색 절대 상단 노출 수 비율. 노출 수 중에서 자연 검색 결과 위에 첫 번째 광고로 게재되는 비율 |
> | 경쟁 광고보다 높은 순위를 얻은 노출 비율 | 입찰에서 다른 광고주의 광고에 비해 얼마나 자주 더 높은 순위로 게재되는지, 또는 다른 광고주의 광고가 게재되지 않을 때 자신의 광고만 게재되는 빈도 |

(2) 그룹관리

① 네이버

ㄱ 그룹 목록에서 on/off, 상태, 광고그룹 이름, 기본 입찰가, 채널 정보, 노출 수, 클릭 수, 클릭률, 평균 클릭비용, 총비용 지표를 제공한다.

ㄴ 개별 그룹에서 입찰가 변경, 매체 변경, 예산 변경, PC 및 모바일 입찰가중치 변경, 소재 노출 방식 변경이 가능하다.

ㄷ 개별 광고 그룹에서 성과 그래프, 광고그룹 정보, 키워드 리스트를 확인할 수 있다. 키워드, 키워드 확장 beta, 소재, 확장 소재 4개의 탭으로 구성되어 있다. 추가로, '+타겟팅 탭 추가'를 통하여 요일/시간대, 지역, 성별, 연령대에 따라 타겟팅을 할 수 있다. 타겟별 입찰가중치설정이 가능하다.

참고　광고 그룹 상태 확인

광고 그룹 상태	설명	노출 가능 상태가 되기 위해 가능한 조치
중지 : 비즈채널 검토 중	비즈채널 검토 전 또는 검토가 진행 중인 상태	비즈머니가 충전되어 있는지 확인
중지 : 비즈채널 노출 제한	광고가이드에 부합하지 않아 노출에 제한된 상태	노출제한 사유 확인 후 증빙서류 제출 또는 가이드에 따라 비즈채널 수정 후 재검토 요청
중지 : 광고 그룹 OFF	광고 그룹 OFF 상태	ON 상태로 변경
중지 : 광고 그룹 예산 도달	설정한 그룹 하루 예산 초과로 중지된 상태	하루 예산을 변경 또는 제한없음으로 변경
중지 : 캠페인 OFF	상위 캠페인 OFF 상태	캠페인 ON 상태로 변경
중지 : 캠페인 기간 외	상위 캠페인 광고노출 기간 종료	캠페인 종료날짜 재설정
중지 : 캠페인 예산 도달	상위 캠페인 하루 예산 초과	캠페인의 하루 예산 변경 또는 제한없음으로 변경
일부 노출 가능 : PC	PC 매체만 노출 가능한 상태	비즈채널 모바일 노출 제한 경우 가이드에 따라 수정 후 재검토 요청
일부 노출 가능 : 모바일	모바일 매체만 노출 가능한 상태	비즈채널 PC노출 제한 경우 가이드에 따라 수정 후 재검토 요청
노출가능	광고노출 가능한 상태	

② 카카오

　㉠ 그룹 목록에서 광고그룹 이름, on/off, 상태, 기본 입찰가, 일 예산, 노출수, 클릭수, 비용, 클릭률, 기간을 확인할 수 있으며, 그룹 리스트는 가나다 순으로 정렬되어 있다.

　㉡ 개별 그룹에서 입찰가와 랜딩 URL을 변경할 수 있다.

　㉢ 키워드를 복사하여 원하는 광고그룹에 복사할 수 있다.

참고　브랜드 검색광고 그룹

㉠ 광고그룹명, ON / OFF, 상태, 디바이스, 탬플릿, 계약정보, 노출수, 클릭수, 클릭률 등을 확인할 수 있다.
㉡ 연결 계약정보를 확인할 수 있다.

③ 구글

　㉠ 그룹 목록에서 광고 그룹 이름, 상태, 타겟 CPA, 전환수, 전환당 비용, 광고그룹 유형, 클릭수, 노출수, 클릭률, 평균 CPC, 비용, 전환율을 확인할 수 있다.

　㉡ 개별 그룹에서 복사, 잘라내기, 붙여넣기, 사용설정, 일시정지, 삭제가 가능하며, 광고 로테이션 변경, 추적 템플릿 변경, 맞춤 매개변수 변경, 타겟팅 확장 설정 변경, 자동 규칙 만들기가 가능하다.

(3) 키워드 관리

① 입찰관리

    ㉠ 키워드 입찰관리 방법은 선택키워드 입찰가 변경과 자동입찰 기능이 있다.

    ㉡ 선택키워드 입찰가 변경

- 네이버는 광고그룹에서 입찰가 변경(최소 70원~10만 원)이 가능하다.
- 네이버는 입찰가 일괄변경과 개별변경이 가능하다.
- 네이버는 최소 노출 입찰가, 중간 입찰가, ○○위 평균 입찰가를 제공한다.
- 카카오는 키워드 별 예상 실적을 참고하여 입찰가를 변경한다.
- 카카오는 입찰가 일괄변경과 개별변경이 가능하다.
- 카카오는 순위별 평균입찰가를 설정할 수 있다.
- 구글은 키워드 선택 후 최대 CPC 입찰가 변경이 가능하다.

    ㉢ 자동입찰 기능

- 구글은 목표를 달성하기 위하여 자동으로 입찰가를 설정할 수 있다.
- 구글은 캠페인 유형에 맞춘 여러 입찰 전략을 제공한다.
- **구글 자동입찰 기능**

타깃 CPA	설정한 타깃 전환 당 비용 수준에서 전환수를 최대한 늘릴 수 있도록 Google Ads에서 입찰가를 자동으로 설정(현재는 전환 수 최대화로 바뀜)
타깃 광고 투자수익 (ROAS)	설정한 타깃 ROAS 내에서 전환 가치를 최대한 높일 수 있도록 Google Ads에서 입찰가를 자동으로 설정(현재는 전환 가치 극대화로 바뀜)
클릭 수 최대화	예산 내에서 클릭 수를 최대한 높일 수 있도록 Google Ads에서 입찰가를 자동으로 설정
전환 수 최대화	예산 내에서 최대한 많은 전환이 발생하도록 Google Ads에서 입찰가를 자동으로 설정
전환 가치 극대화	예산 내에서 전환 가치를 최대한 높이도록 Google Ads에서 입찰가를 자동으로 설정
타깃 노출 점유율	선택한 검색 페이지 영역에 내 광고가 게재될 가능성이 높아지도록 Google Ads에서 입찰가를 자동으로 설정

② 키워드 발굴

    ㉠ 검색광고 시스템을 통한 키워드 발굴 : 네이버는 키워드 도구, 카카오는 키워드 플래너, 구글은 키워드 플래너를 통해 연관검색어를 제공한다.

참고 연관검색어

연관검색어는 검색의 의도를 파악하여 보다 나은 검색어를 제안 · 제공하는 검색어로, 편리와 편의를 제공하는 서비스이다. 매체별로 네이버는 자동완성어와 연관검색어, 카카오는 제안 검색어와 추천검색어, 구글은 관련검색어를 제공한다.

ⓛ 대표키워드와 세부키워드
- 대표 키워드 : 업종을 대표하는 키워드로 잠재고객들이 쉽게 검색하여 광고를 많이 노출시킬 수 있는 장점이 있으나, 클릭당 비용이 높고, 지출이 높을 수 있다는 단점이 있다.
- 세부 키워드 : 수식어나 지역명 등의 수식어를 포함한 키워드로, 저렴한 입찰가로 광고를 노출시킬 수 있다는 장점이 있으나 검색 수는 낮다는 단점이 있다.

③ 키워드 확장
- ㉠ 직접적으로 키워드를 등록하지 않아도 기존의 등록 키워드나 유사 키워드에 광고를 노출하는 것을 말한다.
- ㉡ 네이버와 카카오는 광고그룹 단위에서 확장 기능으로 사용이 가능하다. 광고 노출을 원하지 않는 키워드는 제외 키워드 등록을 통해 노출은 제한할 수 있다.
- ㉢ 구글은 일치검색, 구문검색, 제외어 검색으로 지정하지 않으면 기본적으로 확장검색 유형으로 설정된다.

④ 키워드 복사
- ㉠ 네이버는 키워드를 이동할 수 없으나 복사는 가능하다. 단, 품질지수는 복사되지 않고, 복사 후 광고성과에 따라 재산정된다.
- ㉡ 카카오는 키워드를 복사할 수 있다. 키워드입찰가와 랜딩 URL 모두 복사되며, 추가 설정을 통해 OFF 상태로 복사할 수 있다.
- ㉢ 구글은 키워드를 복사할 수 있다. 입찰가와 최종 URL까지 복사할 수 있다.

(4) 소재 관리

네이버	성과기반 노출, 동일 비중 노출(광고 그룹 당 5개까지 등록 가능)
카카오	이미지, 가격 등 추가노출, 성과 우선 노출(광고 그룹 당 20개까지 등록 가능)
구글	광고 순환게재(광고 그룹 당 텍스트 광고 50개까지 등록 가능)

① 키워드 삽입과 대체 키워드
- ㉠ 키워드가 삽입된 소재는 키워드에 볼드처리가 되어 주목도를 상승시킨다.
- ㉡ 키워드 삽입은 제목에는 1회, 설명에는 2회만 사용할 수 있으며, 키워드 삽입 시 대체 키워드를 필수로 입력해야 한다.
- ㉢ 대체 키워드는 키워드 삽입 시 소재 전체 글자수가 초과 또는 미달의 경우 노출되는 키워드로, 검색 키워드를 대신해서 노출되는 단어로 광고그룹에 등록한 키워드를 대표하는 단어를 사용하는 것이 좋다.

Q 참고 키워드 삽입

네이버	{키워드:대체 키워드}
카카오	〈키워드:대체 키워드〉
구글	{KeyWord:대체 키워드}

② 확장소재

㉠ 네이버

- 전화번호, 위치정보, 네이버 예약, 계산, 추가제목, 홍보문구, 서브링크, 가격링크, 파워링크, 이미지, 이미지형 서브링크, 플레이스 정보, 홍보영상, 블로그 리뷰 등이 있다.
- 캠페인 또는 광고 그룹 단위로 등록할 수 있다.
- 고급 옵션을 통해 확장 소재가 노출될 요일과 시간대 및 기간 등을 설정할 수 있다.

㉡ 카카오

- 키워드광고의 기본 소재에 이미지, 가격 등을 추가로 노출하며, Daum 모바일 앱/웹, PC 검색 결과와 카카오톡 #(샵)탭 등에 노출된다.
- 여러 확장소재가 함께 노출되는 확장소재 믹스타입으로도 사용자의 이목을 끌 수 있으며, 풍부한 정보로 주목도를 높이는 확장소재를 통해 광고 효과 상승을 기대할 수 있다.
- 유형

유형	내용
추가제목형	제목문구 아래 설명 형태로 부가적인 마케팅 메시지를 전달할 수 있다.
부가링크형	주요 상품 또는 핵심 페이지 경로를 부가링크 형태로 제공해 잠재고객의 즉각적 유입을 유도할 수 있다.
가격테이블형	사이트 진입 전 주요 상품의 가격정보를 제시해 구매 가능성이 있는 사용자의 유입을 높일 수 있다.
썸네일이미지형	이미지 형태의 소재를 추가로 노출해 시각적 주목도를 높이고, 클릭률 향상을 기대할 수 있다.
멀티썸네일형	3개의 이미지를 노출해 상품과 서비스 정보를 시각적으로 더욱 풍부하게 전달할 수 있다.
말머리형	할인, 이벤트 등 말머리 형태의 소재로 차별화된 브랜드 정보를 제공할 수 있다.
계산하기형	보험/대출 업종에 한해 계산하기 버튼을 제공해 주는 형태로, 보험료/한도/이자 등을 바로 확인할 수 있는 페이지로 연결한다.
톡채널형	카카오톡 채널 연결 시 사용자에게 지속적인 마케팅 메세지를 제공할 수 있는 채널 구독을 유도할 수 있다.

ⓒ 구글

목표	광고 확장 유형
사업장에서 구매하도록 유도	콜 아웃 광고 확장, 위치 광고 확장, 제휴사 위치 광고 확장
고객 문의 유도	전화번호 광고 확장, 메시지 광고 확장
웹 사이트에서 고객 전환 유도	사이트 링크 광고 확장, 콜 아웃 광고 확장, 구조화된 스니펫 광고 확장, 가격 광고 확장
앱 다운로드 유도	앱 광고 확장

③ URL

　　㉠ 표시 URL은 광고소재에서의 URL로, 사이트 내 모든 페이지에서 공통으로 확인되는 URL이다. 즉, 최상위 도메인을 말한다.

　　㉡ 연결 URL은 광고소재에서의 URL로, 광고를 클릭 했을 때 도달하는 페이지의 URL이다. 즉, 랜딩페이지의 URL을 말하고, 네이버와 구글은 키워드와 소재에 연결 URL을 설정할 수 있다.

> **참고**　효율적인 광고 소재
> • 사용자의 요구 및 혜택 등에 초점을 맞춘 광고 메시지를 작성한다.
> • 구체적인 클릭유도 문안을 사용하는 것이 좋으며 이벤트 진행 중인 경우 마감시한을 넣으면 더더욱 효과가 높다.
> • 사용자에게 뻔한 질문을 하지 말고 직접적인 답을 주는 게 더욱 효과적이다.
> • 사용자가 찾는 정보가 있음을 강조해서 보여줘야 한다. 직접 대응하는 표현을 통해 사용자가 찾는 것을 보유하고 있음을 알려야 한다.
> • 광고 소재를 복수로 등록해 실적이 우수한 소재를 지속적으로 발굴해야 한다.
> • 광고 소재에 최상급 표현, 불법의 소지가 있는 단어, 비속어, 선정적 표현, 입증되지 않은 수상 내역, 의미 없이 과도하게 사용된 특수 문자는 사용이 불가능하다.

(5) 비즈채널 및 광고대상 관리

① 네이버

　　㉠ 비즈채널은 웹 사이트, 전화번호, 쇼핑몰, 위치정보, 네이버 예약 등 잠재적인 고객에게 상품 정보를 전달하고 판매하기 위한 모든 채널을 의미한다.(이 경우 광고 집행을 위해 캠페인 유형에 맞는 비즈채널을 반드시 등록해야 한다.)

　　㉡ 비즈채널은 확장소재의 구성요소로도 활용이 가능하다.(비즈채널 등록 후 확장소재 탭에서 노출 여부의 선택이 가능하다.)

　　㉢ 비즈채널 추가는 (도구 〉 비즈채널 관리) 메뉴에서 채널 추가 버튼을 통해 추가할 수 있다.

　　㉣ 회원제로 운영되는 사이트/성인사이트의 경우 테스트 계정을 입력하여 내부 콘텐츠를 확인할 수 있도록 해야 한다.

　　㉤ 웹 사이트의 채널 정보에 노출되는 이미지는 비즈채널 등록 시에 자동으로 캡쳐 되어 수집되

며 이후 일정 주기로 자동으로 캡쳐 된다.(해당 이미지는 광고 더 보기 영역, 쇼핑몰 키워드 검색결과의 미리보기 등에서 사용된다.)

ⓑ 쇼핑검색광고를 집행하기 위해서는 쇼핑몰 채널을 추가해야 한다.

ⓢ 파워콘텐츠 광고를 집행하기 위해서는 콘텐츠 채널을 추가해야 한다.(콘텐츠, 비즈채널은 포스트, 블로그, 카페만 가능하다.)

ⓞ 비즈채널은 모든 유형을 합쳐 계정 당 총 1,000개까지 추가 가능하다.(단, 전화번호 유형 중 통화추적번호는 최대 50개, 네이버 톡톡 유형은 최대 5개까지만 추가할 수 있다.)

ⓩ 웹 사이트 채널을 삭제하면 캠페인에 포함된 광고 그룹과 그 안의 키워드 및 소재, 확장소재 전체가 삭제되며 복구가 불가능하다.(전화번호, 위치정보 비즈채널일 경우에 삭제할 경우 해당 채널을 사용한 확장소재는 삭제되지만 광고 그룹은 삭제되지 않는다.)

② 다음 카카오

ⓐ 계정 〉 도구 〉 비즈채널 관리에서 등록 및 수정이 가능하다.

ⓑ 광고시작을 위해서는 반드시 입력해야 하는 광고 대상은 웹 사이트이다.(부가적으로 카카오톡 채널, 전화번호, 카카오페이 뱃지 등이 있다.)

> **참고** 카카오 키워드광고 등록

유형	등록 가능 개수
캠페인	광고계정 당 최대 1,000개
광고그룹	캠페인 당 1,000개
키워드	광고그룹 당 1,000개
소재	광고그룹 당 20개

(6) 광고노출전략 관리

① 네이버

ⓐ 캠페인 단위에서 기간 변경과 예산 변경이 가능하다.

ⓑ 고급옵션에서 시작 및 종료를 설정해 원하는 날짜에 광고 노출이 가능하다.

ⓒ 광고그룹 단위에서 하루 예산, 지역, 요일 및 시간대, 콘텐츠 매체, PC 및 모바일 입찰가중치, 소재노출 관리를 할 수 있다.

② 카카오

㉠ 노출기준인 검색어 연관성과 입찰가를 적정하게 맞춘다.

㉡ 여러 개의 확장소재를 등록할 경우 광고 효율을 위해 조합된 요소로 우선순위를 갖고 노출되니, 특정한 확장요소 노출이 필요할 시 조합하여 노출되는 구성요소를 확인한다.

㉢ 맞춤보고서를 통하여 광고의 결과에 대한 내용을 파악하고 분석할 수 있다.

③ 구글

㉠ 캠페인 단위에서 네트워크와 위치, 언어, 예산, 시작일 및 종료일 설정을 통해 노출 전략의 설정이 가능하다.

(7) 광고품질 관리

① 네이버

㉠ 네이버 광고의 품질을 측정한 측정치를 품질지수라고 하며, 품질이 높을수록(6~7) 비용이 감소하고, 광고순위가 높아진다.

㉡ 1~2는 광고 품질이 좋지 않음, 3~5는 보통의 품질, 6~7은 높은 품질을 의미한다.

㉢ 7단계 막대 모양으로, 최초 등록 시 같은 키워드가 노출되고 있는 광고 평균에 근접한 값으로 4단계 품질지수를 부여 받으며, 24시간 내 품질 측정되어 품질지수가 적용된다.

② 카카오

㉠ 카카오 광고의 품질을 측정한 측정치를 품질지수라고 하며, 품질이 높을수록(6~7) 비용이 감소하고, 광고순위가 높아진다.

㉡ 1은 최초 혹은 성과가 극히 나쁨, 2~3은 각별한 주의, 4~5는 보통수준, 6~7은 좋은 품질을 의미한다.

㉢ 7단계 막대 모양으로, 최초 등록 시에 0단계의 품질지수를 부여 받는다.

③ 구글
  ㉠ 구글 광고의 품질을 측정한 측정치를 품질평가점수라고 하며, 품질이 높을수록(9~10) 비용이 감소하고, 광고순위가 높아진다.
  ㉡ 예상클릭률, 광고관련성, 방문페이지 만족도를 통해 키워드별로 1~10점으로 측정한다.
  ㉢ 등록 시 10점 중 0점으로 시작하여 실적 데이터가 누적되면 변한다.

2 무효클릭 관리

(1) 무효클릭의 개념
① 사용자가 의도하지 않은 클릭이나 악성 소프트웨어로부터 발생한 클릭 즉, 검색광고 본래의 취지에 맞지 않은 무의미한 클릭을 의미한다.
② Google 시스템은 광고에 발생한 각 클릭을 면밀히 검사하여 무효 클릭 및 노출을 파악하고 계정 데이터에서 삭제한다.
③ 무효 클릭으로 확인되면 무효 클릭에 대해 비용이 청구되지 않도록 보고서와 결제 금액에서 해당 클릭을 자동으로 필터링한다.
④ 자동 감지 시스템에서 잡아내지 못한 무효 클릭이 있을 경우 해당 클릭에 대해 크레딧을 받을 수 있다.
⑤ 네이버, 카카오, 구글은 사전 및 사후 모니터링을 진행한다.
⑥ 필터링 로직과 필터링 결과는 악용할 가능성이 있어 공개하지 않는다.
⑦ 광고비의 소진, 품질지수의 상승 등 특정인의 이익을 위해 행해지는 인위적 클릭과 각종 소프트웨어, 로봇 또는 자동화된 도구에 의해 발생하는 클릭과 더블클릭 등의 무의미한 클릭을 말한다.

(2) 매체별 무효클릭 관리
① 네이버
  ㉠ 무효클릭이 의심될 경우에는 IP 주소, 키워드, 클릭일시, 광고주 URL 정보를 포함한 클릭로그를 클린센터로 접수해 조사의뢰 할 수 있다.
  ㉡ 도구 〉 광고노출제한 관리에서 광고가 노출되지 않기를 희망하는 IP 주소를 등록해 광고노출을 제한할 수 있다.
  ㉢ 광고노출제한 IP는 최대 600개, 유동 IP는 마지막 네 번째 자리에 와일드카드를 활용해 차단할 수 있다.

　　　㉣ 사이트 방문자 IP는 호스팅 업체 또는 별도의 로그분석 시스템을 통해 확인이 가능하다.

② **카카오**

　　　㉠ 무효클릭이 의심될 경우에는 의심 키워드, 클릭일, 의심 IP 정보를 포함한 클릭로그를 카카오 고객센터 문의접수 또는 상담 챗봇으로 문의가 가능하다.

　　　㉡ 광고가 노출되지 않기를 희망하는 IP나 사이트가 있을 경우 노출제한 설정메뉴에서 IP와 사이트를 등록해 특정 IP 및 사이트에서 광고가 노출되지 않도록 제한할 수 있다.

　　　㉢ 계정 〉 도구 〉 광고노출 제한에서 IP 최대 500개까지 등록이 가능하다.

　　　㉣ 유동 IP는 마지막 네 번째 자리에 와일드카드를 이용해 차단이 가능하다.

③ **구글**

　　　㉠ 무효클릭이 확인되면 해당 클릭에 대해서는 비용이 청구되지 않도록 보고서 및 결제금액에서 자동으로 해당 클릭이 필터링 된다.

　　　㉡ 자동 감지 시스템에서 잡아내지 못한 무효클릭이 있을 경우 해당 클릭에 대해 크레딧을 받을 수 있으며, 이를 무효 활동 조정 크레딧이라고 한다.

예상문제

SEARCH ADVERTISING MARKETERS

▓ 객관식 문제

01 검색광고 개념에 관한 설명으로 적절하지 않은 것은?

① 검색 결과에 광고를 노출하여 잠재고객의 유입을 유도하는 광고이다.
② 키워드 광고, SEM, SA, Paid search라고도 한다.
③ 양질의 검색 결과를 제공하기 위해 검수의 과정을 거치지 않는다.
④ 이용자의 능동적인 검색활동을 통해 노출되며, 정확한 타기팅이 가능하다.

정답 ③

해설 검색광고의 개념은 다음과 같다.
ㄱ 검색 결과에 광고를 노출하여 잠재고객의 유입을 유도하는 광고이다.
ㄴ 네이버, 카카오, 구글 등의 검색엔진을 통해 노출하는 광고를 의미한다.
ㄷ 이용자의 능동적인 검색활동을 통해 노출되며, 정확한 타기팅이 가능하다.
ㄹ 양질의 검색 결과를 제공하기 위해 검수의 과정을 거친다.
ㅁ 키워드 광고, SEM, SA, Paid search라고도 한다.

02 검색광고의 이점에 대한 설명으로 적절하지 않은 것은?

① 정확한 타기팅이 가능하다.
② 노출 순위는 최대클릭비용 외에 광고품질에 따라 달라진다.
③ 광고운영시스템을 통해 탄력적으로 운영할 수 있다.
④ 광고 효과를 추후에 일괄적으로 확인할 수 있다.

정답 ④

해설 검색광고의 장점은 다음과 같다.
ㄱ 정확한 타기팅이 가능하다.
ㄴ 광고 효과를 즉시 확인할 수 있다.
ㄷ 광고운영시스템을 통해 탄력적으로 운영할 수 있다.
ㄹ 종량제 광고(CPC 광고)로 효율적으로 운영할 수 있다.
ㅁ 노출 순위는 최대클릭비용 외에 광고품질에 따라 달라진다.

03 검색광고의 단점으로 바르지 않은 것은?

① 후기 브랜드를 알리는 광고로는 적합하지 않다.
② 부정클릭 발생을 방지하기 어렵다.
③ 검색광고 경쟁이 심화될 수 있다.
④ 관리 리소스가 많이 투여된다.

정답 ①

해설 검색광고의 단점은 다음과 같다.
ㄱ 관리 리소스가 많이 투여된다.
ㄴ 검색광고 경쟁이 심화될 수 있다.
ㄷ 부정클릭 발생을 방지하기 어렵다 .
ㄹ 초기 브랜드를 알리는 광고로는 적합하지 않다.

04 클릭률이란?

① 클릭 수 대비 전환수 비율
② 광고비 대비 수익률
③ 노출 수 대비 클릭 수 비율
④ 전환 당 비용

정답 ③

해설 클릭률(CTR)은 노출 수 대비 클릭 수 비율을 의미한다.

05 ROAS(Return On Ad Spend)란?

① 투자 대비 이익률
② 클릭 수 대비 전환수 비율
③ 광고비 대비 수익률
④ 광고를 통해 사이트로 유입 후 특정 전환을 취하는 것

정답 ③

해설 ROAS(Return On Ad Spend)는 광고비 대비 수익률을 의미한다.

06 컨버젼(Conversion)이란?

① 광고비 대비 수익률
② 광고를 통해 사이트로 유입 후 특정 전환을 취하는 것
③ 노출 수 대비 클릭 수 비율
④ 투자 대비 이익률

정답 ②

해설 컨버젼(Conversion)은 광고를 통해 사이트로 유입 후 특정 전환을 취하는 것을 의미한다.

07 CPC(Cost per click)는 무엇인가?

① 중복되지 않은 방문자 수치로 순 방문자 수
② 방문자가 사이트에 들어와서 체류한 시간
③ 클릭이 발생할 때마다 비용을 지불하는 종량제 광고 방식
④ 방문자가 둘러본 페이지 수

정답 ③

해설 CPC(Cost per click)는 클릭이 발생할 때마다 비용을 지불하는 종량제 광고 방식을 의미한다.

08 시즈널 키워드란 무엇을 의미하는가?

① 검색 결과에 노출되는 메시지
② 노출 순위를 결정하는 지수
③ 검색결과에 노출되는 제목과 설명
④ 특정 시기에 따라 조회 수와 광고 효과가 급증하는 키워드

정답 ④

해설 시즈널 키워드는 특정 시기나 계절에 따라 조회 수와 광고 효과가 급증하는 키워드를 의미한다.

09 KPI(Key Performance Indicators)란?

① 수치로 표현 가능한 광고의 목표
② 1,000회 노출 당 비용
③ 검색 결과에 노출되는 메시지
④ 방문자가 사이트에 들어와서 체류한 시간

정답 ①

해설 KPI(Key Performance Indicators)는 수치로 표현 가능한 광고의 목표, 핵심성과지표를 의미한다.

10 CPM(Cost per mile)이란?

① 업종을 대표하는 키워드
② 방문자가 둘러본 페이지 수
③ 노출 순위를 결정하는 지수
④ 1,000회 노출 당 비용

정답 ④

해설 CPM(Cost per mile)는 1,000회 노출 당 비용. 주로 배너광고에 쓰인다.

11 광고의 목표로 옳지 않은 것은?

① 행동 지향적이어야 한다.
② 높은 가격을 형성해야 한다.
③ 측정 가능한 것이어야 한다.
④ 달성 가능한 기간을 명시해야 한다.

정답 ②

해설 광고목표는 다음과 같다.
　ⓐ 구체적이고 명확해야 한다.
　ⓑ 측정 가능한 것이어야 한다.
　ⓒ 행동 지향적이어야 한다.
　ⓓ 달성 가능한 기간을 명시해야 한다.

12 기업들이 회사에서 충당 가능한 수준의 촉진 비용을 책정하는 것을 무엇이라고 하는가?

① 가용예산활용법
② 경쟁자기준법
③ 매출액비율법
④ 목표 및 과업기준법

정답 ①

해설 가용예산활용법은 기업들이 회사에서 충당 가능한 수준의 촉진비용을 책정하는 것을 말한다. 즉, 회사의 자금 사정상 급박한 다른 상황에 비용을 모두 예산으로 책정한 후에 나머지를 촉진비용으로 정

하는 방법을 말한다. 이 방식은 보통 제한된 자금을 소지한 기업에서 촉진을 위해 많은 비용을 투하하지 않으려는 의도로 사용되는 경우가 많다. 그러므로 이 방법은 매출액이 고려되지 않으므로 매출액에 대한 촉진의 효과는 기대할 수 없으며, 일정 산출기준에 의해 촉진예산이 정해지는 것이 아니고, 매년 회사의 자금사정에 따라 달라지는 것이므로 장기간의 마케팅 계획수립에 있어서는 부적합하다.

13 현재 또는 예상되는 매출액의 일정비율을 사용하거나 아니면 제품의 판매가격의 일정 비율을 촉진예산으로 산정하는 방법을 무엇이라고 하는가?

① 경쟁자기준법
② 목표 및 과업기준법
③ 매출액비율법
④ 가용예산활용법

정답 ③

해설 매출액비율법은 현재 또는 예상되는 매출액의 일정비율을 사용하거나 아니면 제품의 판매가격의 일정 비율을 촉진예산으로 산정하는 방법을 말한다. 이 방법은 기업들이 많이 사용하는 방법이다.

14 자사의 촉진예산을 타사의 촉진예산에 맞추는 방식은?

① 목표 및 과업기준법
② 경쟁자기준법
③ 매출액비율법
④ 가용예산활용법

정답 ②

해설 경쟁자기준법은 자사의 촉진예산을 타사의 촉진예산에 맞추는 방식으로서, 보통 산업평균에 근거하여 촉진예산을 책정하는 방식을 말한다. 그래서 이 방

식은 타사의 상황이 자사가 처한 상황과 다를 시에는 오히려 자사에는 비합리적인 방식이 될 수 있다.

15 가장 논리적인 촉진예산 방식으로서, 자사는 촉진활동을 통하여 자사가 얻고자 하는 것이 무엇인지에 따라 예산을 책정하는 방식을 무엇이라고 하는가?

① 매출액비율법
② 가용예산활용법
③ 목표 및 과업기준법
④ 경쟁자기준법

정답 ③

해설 목표 및 과업기준법은 가장 논리적인 촉진예산 방식으로서, 자사는 촉진활동을 통하여 자사가 얻고자 하는 것이 무엇인지에 따라 예산을 책정하는 방식을 말한다. 이때 마케팅 관리자는 특정한 목표를 정의하고, 이렇게 정의한 목표를 달성키 위해 수행해야 할 과업이 무엇인지를 결정하고, 해당 과업을 수행하기 위해 필요한 비용을 산정하여 예산을 책정하는 과정을 거친다.

16 광고의 역할이 아닌 것은?

① 문화적 역할　　② 교육적 역할
③ 경제적 역할　　④ 정치적 역할

정답 ④

해설 광고의 역할은 다음과 같다.
ㄱ **마케팅 역할** : 광고는 마케팅 목표를 달성하기 위한 하나의 수단으로 기능을 한다. 광고의 마케팅 기능은 광고가 제품 또는 서비스를 식별하게끔 하고 타사의 제품이나 서비스와의 차별화를 가져오게 하며, 제품 또는 서비스의 특징에 대한 정보제공 및 소비자들로 하여금 신제품의 사용을 유발하거나 재사용을 권유하게 하는 것을 말한다.

ㄴ **커뮤니케이션 역할** : 광고는 수용자 즉, 소비자들이 저렴하게 다양한 정보를 얻을 수 있도록 내용을 전달하는 것이다.
ㄷ **경제적 역할** : 광고는 경제적 측면에서 보면, 생산과 소비를 연결시키는 기능을 한다. 광고는 각 제품의 판매를 돕는 역할을 하지만, 사회 전체의 입장에서 보았을 때, 광고란 상품화된 자본 일반의 실현을 보장하는 경제적 가치로서의 기능을 수행한다.
ㄹ **사회적 역할** : 언론기관의 중요한 유지수단이면서, 자금원의 역할을 수행한다. 동시에 공익에 기여하는 바도 크다.
ㅁ **문화적 역할** : 사회에서 어떤 이념이던지 그것이 해당 사회를 지배하는 이념으로 자리 잡고 있다면, 광고 또한 그 이념을 광고 메시지로 사용함으로써, 옹호하고, 그에 관련된 각종 가치관 또는 제도 등에 활력을 불어넣어 주게 된다.
ㅂ **교육적 역할** : 일반적으로 광고는 많은 소비자들에게 제품에 대한 각종 정보를 제공하고, 좀 더 나은 방향으로 나아갈 수 있도록 하는 지침서의 역할을 한다.

17 효율적인 광고 소재에 대한 내용으로 옳지 않은 것은?

① 사용자에게 뻔한 질문을 하지 말고 간접적인 답을 주는 게 더욱 효과적이다.
② 광고 소재를 복수로 등록해 실적이 우수한 소재를 지속적으로 발굴해야 한다.
③ 사용자의 요구 및 혜택 등에 초점을 맞춘 광고 메시지를 작성한다.
④ 사용자가 찾는 정보가 있음을 강조해서 보여줘야 한다.

정답 ①

해설 사용자에게 뻔한 질문을 하지 말고 직접적인 답을 주는 게 더욱 효과적이다.

18 무효클릭에 관한 내용으로 바르지 않은 것은?

① 검색광고 본래의 취지에 맞는 의미 있는 클릭이다.

② 무효클릭으로 확인되면 무효클릭에 대해 비용이 청구되지 않도록 보고서와 결제 금액에서 해당 클릭을 자동으로 필터링한다.

③ 자동 감지 시스템에서 잡아내지 못한 무효클릭이 있을 경우 해당 클릭에 대해 크레딧을 받을 수 있다.

④ 필터링 로직과 필터링 결과는 악용할 가능성이 있어 공개하지 않는다.

정답 ①

해설 무효클릭은 사용자가 의도하지 않은 클릭이나 악성 소프트웨어로부터 발생한 클릭 즉, 검색광고 본래의 취지에 맞지 않은 무의미한 클릭을 의미한다.

19 광고에 대한 내용으로 옳지 않은 것은?

① 일정, 위치 등의 통제가 가능하다.

② 제품을 널리 알린다.

③ 비용을 지불하지 않는다.

④ 라디오 광고, 온라인 광고 등이 있다.

정답 ③

해설 광고는 광고주가 비용을 지불하고 사람이 아닌 각종 매체를 통하여 자사의 제품을 널리 알리는 촉진활동이다. 정리하면, 광고란 특정 광고주가 아이디어, 상품 또는 서비스를 촉진하기 위해서 유료의 형태로 제시하는 비인적인 매체를 통한 촉진방법이다. 이를 마케팅관리의 입장에서 보면, 광고는 해당 시장에서 경쟁우위를 확보하거나 또는 확보된 경쟁우위를 오랜 기간 동안 유지하기 위한 전략적 도구가 된다고 할 수 있다.

20 다음 중 카카오 검색광고와 관련이 가장 적은 것은?

① 키워드광고

② 클릭초이스플러스

③ 브랜드광고

④ 카카오 계정

정답 ②

해설 클릭초이스플러스는 네이버 검색광고의 한 유형이다.

21 다음 중 관리시스템이 다른 네이버 검색광고는?

① 사이트 검색광고

② 쇼핑 검색광고

③ 지역소상공인 광고

④ 클릭초이스상품광고

정답 ④

해설 클릭초이스플러스, 클릭초이스상품광고는 구 광고관리시스템에서 관리하고, 일부 업종에서만 집행이 가능한 상품광고이다.

22 네이버 검색광고의 광고주 가입 가능 개수는 몇 개인가?

① 사업자 최대 2개, 개인 최대 2개 생성 가능

② 사업자 최대 2개, 개인 최대 5개 생성 가능

③ 사업자 최대 5개, 개인 최대 2개 생성 가능

④ 사업자 최대 5개, 개인 최대 5개 생성 가능

정답 ③

해설 네이버 검색광고의 광고주 가입은 사업자 최대 5개, 개인 최대 2개까지 생성이 가능하다.

part
02

검색광고 실무 활용

23 네이버의 캠페인에 대한 설명으로 가장 적절하지 않은 것은?

① 마케팅 활동에 대한 목적을 기준으로 묶어서 관리하는 광고 전략 단위이다.
② 3개의 유형(파워링크, 쇼핑 검색, 파워콘텐츠)이 존재한다.
③ 캠페인 등록 후 유형 변경이 불가하다.
④ 광고 집행을 위해서는 캠페인에 맞는 비즈채널이 반드시 등록되어야 한다.

정답 ②
해설 네이버 캠페인은 5개의 유형(파워링크, 쇼핑 검색, 파워콘텐츠, 브랜드 검색, 플레이스)이 존재한다.

24 카카오 키워드 광고에 대한 설명으로 가장 적절한 것은?

① 선지불 정액제의 광고주 시스템이다.
② 광고관리, 보고서, 도구, 설정으로 구분되어 있다.
③ 광고대상은 웹사이트뿐이고, 구조는 캠페인〉광고그룹〉광고이다.
④ Daum, Nate, Bing, Kakao Talk 등 주요 포털 동시노출이 가능하며, 그 외 매체에는 광고노출이 불가능하다.

정답 ②
해설 카카오 키워드 광고는 클릭당 과금하는 CPC 방식으로 운영할 수 있는 광고주 시스템이다. Daum, Nate, Bing, Kakao Talk 등 주요 포털 동시노출이 가능하며, 그 외 제휴매체에도 광고노출이 가능하며, 광고관리, 보고서, 도구, 설정으로 구분되어 있다.

25 카카오 캠페인에 대한 설명으로 가장 적절하지 않은 것은?

① 캠페인마다 노출기간, 요일, 시간 지정이 가능하다.
② 캠페인과 그룹에서 사용할 광고예산을 지정한다.
③ 키워드광고, 브랜드 검색광고가 존재한다.
④ PC 검색 포털, 모바일 검색, PC 콘텐츠, 모바일 콘텐츠 영역 노출여부를 선택할 수 없다.

정답 ④
해설 카카오는 캠페인마다 노출기간, 요일, 시간 지정이 가능하다. 키워드광고, 브랜드 검색광고가 존재하며, 캠페인과 그룹에서 사용할 광고예산을 지정한다. 그룹에서는 설정변경을 통해 그룹에 소속된 모든 키워드와 광고소재를 관리할 수 있으며, PC 검색 포털, 모바일 검색, PC 콘텐츠, 모바일 콘텐츠 영역의 노출여부 선택이 가능하다.

26 네이버 등록 시스템에 대한 설명으로 가장 적절하지 않은 것은?

① 네이버 키워드도구를 이용하여 관련성 높은 키워드를 조회하고, 추가할 수 있다.
② 키워드는 광고 그룹 단위에서 확장이 가능하며, 별도의 제외 키워드 등록이 가능하다.
③ 입찰가는 희망순위, 직접입력으로 키워드 입찰가 설정이 가능하며, 희망순위 및 한도액을 설정해 자동입찰 진행이 가능하다.
④ 그룹 생성단계에서 기본 입찰가와 하루 예산 설정이 가능하고, 그룹 고급옵션에서 광고 노출 매체, 소재노출방식 설정이 가능하다.

정답 ③

해설 사이트 검색광고(파워링크), 쇼핑검색광고, 콘텐츠 검색광고(파워콘텐츠), 클릭초이스플러스, 클릭초이스상품광고가 경매(입찰)방식으로 구매 가능하며, 입찰가 설정이 필요하다. 입찰가는 최소 70원(쇼핑검색광고 50원)~최대 10만 원이다.

27 네이버 캠페인 만들기에 대한 설명으로 가장 적절하지 않은 것은?

① 예산 초과로 인한 중지를 방지하기 위해 예산 균등 배분 체크가 가능하다.

② 광고 목적에 따른 캠페인 유형(일반 광고시스템관리 유형, 구 광고시스템관리 유형)을 선택한다.

③ 캠페인 이름과 하루예산 기재한다. 예산이 초과될 것 같은 시점에서 캠페인의 상태가 중지로 전환된다.

④ 광고그룹의 이름 및 URL, 기본 입찰가, 하루예산을 설정하며, 키워드별 입찰가를 설정하지 않은 경우 모든 키워드는 최고 입찰가가 적용된다.

정답 ④

해설 네이버 캠페인 만들기는 광고 목적에 따른 캠페인 유형(일반 광고시스템관리 유형, 구 광고시스템관리 유형)을 선택한다. 캠페인 이름과 하루예산 기재한다. 예산이 초과될 것 같은 시점에서 캠페인의 상태가 중지로 전환된다. 예산 초과로 인한 중지를 방지하기 위해 예산 균등 배분 체크가 가능하다. 네이버 광고그룹 만들기는 광고그룹의 이름 및 URL, 기본 입찰가, 하루예산을 설정한다. 키워드별 입찰가를 설정하지 않은 경우 모든 키워드는 기본 입찰가가 적용된다. 이후에 기본입찰가 수정이 가능하다.

28 카카오의 캠페인 등록에 대한 설명으로 가장 적절하지 않은 것은?

① 비즈채널을 선택하여야만 캠페인 생성이 가능하다.

② 캠페인 이름은 최대 50자까지 입력이 가능하다.

③ 고급옵션을 통하여 일 예산, 전환추적, 추적 URL 설정이 가능하다.

④ 광고가 노출될 매체 유형과 디바이스 설정이 가능하다.

정답 ④

해설 카카오의 캠페인 등록은 비즈채널을 선택하여야만 캠페인 생성이 가능하다. 캠페인 이름은 최대 50자까지 입력이 가능하고, 고급옵션을 통하여 일 예산, 전환추적, 추적 URL 설정이 가능하다. 광고가 노출될 매체 유형과 디바이스 설정은 광고그룹 설정이다.

29 구글의 등록 프로세스에 대한 설명으로 가장 적절하지 않은 것은?

① 캠페인 목표 또는 유형 선택 후 캠페인 설정을 진행한다.

② 검색 네트워크/디스플레이 네트워크 게재 여부 선택 후 캠페인 이름 작성이 가능하다.

③ 동적 검색광고 설정 시 광고 제목/페이지 웹 사이트 콘텐츠를 이용하여 자동 설정된다.

④ 고객이 사용하는 언어로 게재 위치 제한, 광고 게재 위치 제한이 가능하다.

정답 ②

해설 구글은 캠페인 목표 또는 유형 선택 후 캠페인 설정을 진행한다. 캠페인 이름 작성 후 검색 네트워크/디스플레이 네트워크 게재 여부 선택이 가능하다. 동적 검색광고 설정 시 광고 제목/페이지 웹 사이트 콘텐츠를 이용하여 자동 설정되며, 고객이 사용하는 언어로 게재 위치 제한, 광고 게재 위치 제한이 가능할 뿐 아니라 고객이 사용하는 언어로 게재 위치 제한, 광고 게재 위치 제한이 가능하다.

30 매체별 광고검수에 대한 설명으로 가장 적절하지 않은 것은?

① 네이버는 비즈채널 검수 후 소재와 키워드 검토가 진행된다.

② 네이버는 신규 등록뿐만 아니라 게재 중인 광고도 다시 검수할 수 있다.

③ 카카오는 광고소재, 키워드 등을 포함한 모든 광고의 구성요소가 검토대상이다.

④ 구글은 영업일 기준 1시간 이내 검토를 완료한다.

정답 ④

해설 네이버는 비즈채널 검수 후 소재와 키워드 검토가 진행된다. 광고소재, 키워드 등을 포함한 모든 광고의 구성요소가 검토대상이며, 신규 등록뿐만 아니라 게재 중인 광고도 다시 검수할 수 있다. 카카오와 구글 역시 광고소재, 키워드 등을 포함한 모든 광고의 구성요소가 검토대상이며, 신규 등록뿐만 아니라 게재 중인 광고도 다시 검수할 수 있다. 구글은 영업일 기준 1일 내 검토를 완료한다.

31 네이버에서 광고의 일부 또는 전체가 제한 받을 경우가 아닌 것은?

① 통신판매업신고, 의료기관 개설신고 등 업종별 인/허가를 받지 않거나 또는 등록/신고 없이 광고하는 경우

② 단란주점, 룸살롱, 가라오케 등의 유흥업소 사이트 및 해당 업소의 직업정보 제공 사이트

③ 검수를 받은 사이트와 다른 사이트로 광고를 연결하는 경우

④ 등록한 사이트와 관련성이 높은 키워드로 광고하는 경우

정답 ④

해설 네이버에서 광고의 일부 또는 전체 제한하는 경우는 다음과 같다.

ㄱ 통신판매업신고, 의료기관 개설신고 등 업종별 인/허가를 받지 않거나 또는 등록/신고 없이 광고하는 경우

ㄴ 검수를 받은 사이트와 다른 사이트로 광고를 연결하는 경우

ㄷ 이용자의 동의없이 Active-X 등을 설치하는 등의 방법으로 이용자의 웹서비스 이용을 방해하는 경우

ㄹ 사이트가 접속되지 않거나 완성되지 않은 경우

ㅁ 등록한 사이트와 관련성이 낮은 키워드/광고소재로 광고하는 경우

ㅂ 단란주점, 룸살롱, 가라오케 등의 유흥업소 사이트 및 해당 업소의 직업정보 제공 사이트

32 네이버 검색광고에 대한 설명으로 가장 적절하지 않은 것은?

① 사이트 검색광고(파워링크 유형)는 네이버 통합검색 및 네이버 내/외부 페이지의 검색 결과에 노출되는 검색광고 상품이다.

② 콘텐츠검색광고(파워콘텐츠 유형)는 이용자에게 신뢰성 있는 정보를 제공하고, 광고주에게는 효과적인 브랜딩 기회와 전환 성과를 제공하는 콘텐츠 마케팅 상품이다.

③ 지역소상공인광고(플레이스 유형)는 네이버 콘텐츠 서비스를 이용하는 내 지역 사용자에게 노출하는 배너 광고이다.

④ 클릭초이스플러스는 광고 노출영역을 네이버 쇼핑으로 확장하고, 구매자에게는 추가 혜택을 제공하는 상품 단위의 이미지형 검색광고 상품이다.

정답 ④

해설 클릭초이스플러스는 업종별로 모바일에 최적화된 광고 UI를 제공하는 광고 상품이다. 클릭초이스상품광고는 사이트가 아닌 상품 단위로 광고하는 광고상품이다. 쇼핑검색광고(쇼핑검색 유형)는 광고 노출영역을 네이버 쇼핑으로 확장하고, 구매자에게는 추가 혜택을 제공하는 상품 단위의 이미지형 검색광고 상품이다. 브랜드 검색(CPM)은 브랜드 키워드 또는 브랜드와 관련성 높은 키워드를 검색할 경우, 해당 브랜드의 내용을 다양한 이미지와 함께 통합검색 결과의 최상단에 노출하는 콘텐츠 검색형 광고 상품이다.

33 다음의 특징을 가진 네이버 검색광고의 종류(유형)는?

> • 모바일 환경에 최적화된 광고 UI
> • 미리보기 화면 제공
> • 업종에 맞춤화된 광고 UI

① 쇼핑검색광고
② 지역소상공인광고
③ 클릭초이스플러스
④ 플레이스광고

정답 ③

해설 클릭초이스플러스는 모바일 환경에 최적화된 광고 UI로 클릭하기 쉬운 전화걸기 버튼, 한눈에 알아보기 좋은 부가정보 아이콘 등 작은 모바일 환경에서 확인하기 좋은 UI를 제공한다. 미리보기 화면 제공하며, 기본정보+지도보기 화면으로 보다 많은 정보를 제공한다. 모바일 환경에 맞게 좌우 클릭 이동이 가능하여 이용자가 자연스럽고 편하게 광고를 확인할 수 있다. 업종에 맞춤화된 광고 UI로 업종별로 필요한 정보를 효과적으로 제공할 수 있도록 테스트를 거쳐 만들어진 업종별 맞춤형 UI를 제공한다.

34 매체별 캠페인 관리에 대한 설명으로 가장 적절하지 않은 것은?

① 네이버는 "모든 캠페인"에서 등록한 캠페인 현황을 제공하며, "상세데이터"에서 캠페인 단위 광고의 성과를 제공한다.
② 카카오는 "광고계정"에서 모든 캠페인 현황 확인이 가능하고, 노출수, 클릭수, 성과그래프를 제공한다.
③ 구글은 "캠페인 관리"에서 기간변경, 예산 변경, 자동 규칙 만들기, 삭제가 가능하다.
④ 구글은 Google Ads에서 검색캠페인 선택 시 캠페인명, 예산, 상태, 유형, 클릭 수, 노출 수, 클릭률, 평균 CPC, 전환당비용, 전환율 등 기본 지표를 제공한다.

정답 ③

해설 네이버는 "캠페인 관리"에서 기간변경, 예산 변경, 자동 규칙 만들기, 삭제가 가능하다.

35 매체별 그룹 관리에 대한 설명으로 가장 적절하지 않은 것은?

① 네이버는 그룹 목록에서 그룹 기본 입찰가, 채널 정보, 노출 수, 클릭 수, 클릭률, 평균 클릭비용, 총비용 지표를 제공한다.
② 카카오는 개별 그룹에서 입찰가와 랜딩 URL을 변경할 수 있으며, 키워드를 복사하여 원하는 광고그룹에 복사할 수 있다.
③ 카카오는 그룹 목록에서 광고그룹 이름, on/off, 상태, 기본 입찰가, 일 예산, 노출수, 클릭수, 비용, 클릭률, 기간을 확인할 수 있으며, 그룹 리스트는 가나다 순으로 정렬되어 있다.

④ 구글은 개별 그룹에서 입찰가 변경, 매체 변경, 예산 변경, PC 및 모바일 입찰가중치 변경, 소재 노출 방식 변경, 다른 캠페인으로 복사, 삭제 등이 가능하다.

정답 ④

해설 네이버는 개별 그룹에서 입찰가 변경, 매체 변경, 예산 변경, PC 및 모바일 입찰가중치 변경, 소재 노출 방식 변경, 다른 캠페인으로 복사, 삭제 등이 가능하다. 구글은 개별 그룹에서 복사, 잘라내기, 붙여넣기, 사용설정, 일시정지, 삭제가 가능하며, 광고 로테이션 변경, 추적 템플릿 변경, 맞춤 매개변수 변경, 타기팅 확장 설정 변경, 자동 규칙 만들기가 가능하다.

36 매체별 키워드 관리에 대한 설명으로 가장 적절하지 않은 것은?

① 네이버는 광고그룹에서 입찰가 변경이 가능하며, 입찰가 일괄변경만 가능하다.

② 카카오는 직접입력으로 키워드 입찰가 설정이 가능하며, 순위별 평균 입찰가를 제공한다.

③ 구글은 캠페인 유형에 맞춘 여러 입찰 전략을 제공한다.

④ 구글은 키워드 선택 후 최대 CPC 입찰가 변경이 가능하다.

정답 ①

해설 네이버는 광고그룹에서 입찰가 변경(최소 70원~10만 원)이 가능하며, 입찰가 일괄변경과 개별변경이 가능하다. 네이버는 최소 노출 입찰가, 중간 입찰가, ○○위 평균 입찰가를 제공한다.

37 매체별 소재 관리에 대한 설명으로 가장 적절하지 않은 것은?

① 네이버는 성과기반 노출, 동일 비중 노출 방식이 있으며, 광고 그룹 당 5개까지 등록이 가능하다.

② 카카오는 랜덤 노출, 동일 비중 노출 방식이 있으며, 광고 그룹 당 10개까지 등록이 가능하다.

③ 구글은 광고 순환게재이며, 광고 그룹 당 텍스트 광고 50개까지 등록이 가능하다.

④ 키워드 삽입은 제목에는 1회, 설명에는 2회만 사용할 수 있으며, 키워드 삽입 시 대체 키워드를 필수로 입력해야 한다.

정답 ②

해설 카카오는 믹스 우선 노출, 성과 우선 노출 방식이 있으며, 광고 그룹 당 20개까지 등록이 가능하다.

38 매체별 비즈채널 및 광고대상 관리에 대한 설명으로 가장 적절하지 않은 것은?

① 비즈채널은 웹 사이트, 전화번호, 쇼핑몰, 위치정보, 네이버 예약 등 잠재적인 고객에게 상품 정보를 전달하고 판매하기 위한 모든 채널을 의미한다.

② 웹 사이트의 채널 정보에 노출되는 이미지는 비즈채널 등록 시에는 자동으로 캡처되어 수집되지만 이후에는 일정 주기로 직접 업로드 해주어야 한다.

③ 비즈채널은 모든 유형을 합쳐 계정 당 총 1,000개까지 추가 가능하지만, 전화번호 유형 중 통화추적번호는 최대 50개, 네이버 톡톡 유형은 최대 5개까지만 추가할 수 있다.

④ 다음 카카오는 도구 〉 비즈채널 관리에서 등록 및 수정이 가능하며, 광고시작을 위해서는 반드시 입력해야 하는 광고 대상은 웹 사이트이다.

정답 ②

해설 웹 사이트의 채널 정보에 노출되는 이미지는 비즈채널 등록 시에 자동으로 캡처되어 수집되며 이후 일정 주기로 자동으로 캡처된다.

39 매체별 광고노출전략 관리에 대한 설명으로 가장 적절하지 않은 것은?

① 네이버는 광고그룹 단위에서 하루 예산, 지역, 요일 및 시간대, 콘텐츠 매체, PC 및 모바일 입찰가중치, 소재노출 관리를 할 수 있다.

② 네이버는 캠페인 단위에서 기간 변경과 예산 변경이 가능하며, 고급옵션에서 시작 및 종료를 설정해 원하는 날짜에 광고노출이 가능하다.

③ 카카오는 노출기준인 입찰가와 소재노출 방식을 적정하게 맞춘다.

④ 구글은 캠페인 단위에서 네트워크와 위치, 언어, 예산, 시작일 및 종료일 설정을 통해 노출 전략의 설정이 가능하다.

정답 ③

해설 카카오는 노출기준인 검색어 연관성과 입찰가를 적정하게 맞춘다. 여러 개의 확장소재를 등록할 경우 광고 효율을 위해 조합된 요소로 우선순위를 갖고 노출되니, 특정한 확장요소 노출이 필요할 시 조합하여 노출되는 구성요소를 확인한다. 맞춤보고서를 통하여 광고의 결과에 대한 내용을 파악하고 분석할 수 있다.

40 매체별 무효클릭 관리에 대한 설명으로 가장 적절하지 않은 것은?

① 네이버는 도구 〉 광고노출제한 관리에서 광고가 노출되지 않기를 희망하는 IP 주소를 등록해 광고노출을 제한할 수 있다.

② 카카오는 도구 〉 광고노출 제한에서 IP 최대 500개까지 등록이 가능하다.

③ 구글은 자동 감지 시스템에서 잡아내지 못한 무효클릭이 있을 경우 해당 클릭에 대해 크레딧을 받을 수 있으며, 이를 무효 활동 조정 크레딧이라고 한다.

④ 무효클릭이 의심될 경우 네이버는 의심 키워드, 클릭일, 의심 IP 정보를 포함한 클릭로그를 고객센터 문의접수 또는 상담 챗봇으로 문의가 가능하고, 카카오는 IP 주소, 키워드, 클릭일시, 광고주 URL 정보를 포함한 클릭로그를 클린센터로 접수해 조사의뢰 할 수 있다.

정답 ④

해설 무효클릭이 의심될 경우 네이버는 IP 주소, 키워드, 클릭일시, 광고주 URL 정보를 포함한 클릭로그를 클린센터로 접수해 조사의뢰 할 수 있다. 카카오는 의심 키워드, 클릭일, 의심 IP 정보를 포함한 클릭로그를 카카오 고객센터 문의접수 또는 상담 챗봇으로 문의가 가능하다.

▦ 단답식 문제

01 네이버, 카카오, 구글 등의 검색엔진을 통해 노출하는 광고를 무엇이라고 하는가?

정답 검색광고

해설 검색광고는 검색 결과에 광고를 노출하여 잠재고객의 유입을 유도하는 광고를 의미한다.

02 클릭 수 대비 전환 수 비율은?

정답 전환율

해설 전환율(CVR)은 클릭 수 대비 전환 수 비율을 의미한다.

03 광고비 대비 수익률은?

정답 ROAS

해설 ROAS(Return On Ad Spend)는 광고비 대비 수익률을 의미한다.

04 사이트로 유입 후 특정 전환을 취하는 것은?

정답 컨버전

해설 컨버전(Conversion)은 광고를 통해 사이트로 유입 후 특정 전환을 취하는 것을 의미한다.

05 클릭이 발생할 때마다 비용을 지불하는 것은?

정답 CPC

해설 CPC(Cost per click)는 클릭이 발생할 때마다 비용을 지불하는 종량제 광고 방식을 의미한다.

06 1,000회 노출 당 비용을 의미하는 것은?

정답 CPM

해설 CPM(Cost per mile)은 1,000회 노출 당 비용, 주로 배너광고에 쓰인다.

07 보통 제한된 자금을 소지한 기업에서 촉진을 위해 많은 비용을 투하하지 않으려는 의도로 사용되는 예산설정방법은?

정답 가용예산활용법

해설 가용예산활용법은 매출액이 고려되지 않으므로 매출액에 대한 촉진의 효과는 기대할 수 없으며, 일정 산출기준에 의해 촉진예산이 정해지는 것이 아니고, 매년 회사의 자금사정에 따라 달라지는 것이므로 장기간의 마케팅 계획수립에 있어서는 부적합하다.

08 타사의 상황이 자사가 처한 상황과 다를 시에는 오히려 자사에는 비합리적인 방식이 될 수 있는 예산설정방법은?

정답 경쟁자기준법

해설 경쟁자기준법은 자사의 촉진예산을 타사의 촉진예산에 맞추는 방식으로서, 보통 산업평균에 근거하여 촉진예산을 책정하는 방식이며, 타사의 상황이 자사가 처한 상황과 다를 시에는 오히려 자사에는 비합리적인 방식이 될 수 있다.

09 마케팅 관리자는 특정한 목표를 정의하고, 이렇게 정의한 목표를 달성키 위해 수행해야 할 과업이 무엇인지를 결정하고, 해당 과업을 수행하기 위해 필요한 비용을 산정하여 예산을 책정하는 과정을 거치는 예산설정방법은?

정답 목표 및 과업기준법

해설 목표 및 과업기준법은 가장 논리적인 촉진예산 방식으로서, 자사는 촉진활동을 통하여 자사가 얻고자 하는 것이 무엇인지에 따라 예산을 책정하는 방식을 말한다. 특히 이 방식은 마케팅 관리자는 특정한 목표를 정의하고, 이렇게 정의한 목표를 달성키 위해 수행해야 할 과업이 무엇인지를 결정하고, 해당 과업을 수행하기 위해 필요한 비용을 산정하여 예산을 책정하는 과정을 거친다.

10 광고 그룹 생성 단계에서 기본 입찰가, 하루 예산 설정이 가능한 검색광고 매체는?

정답 네이버

해설 네이버는 광고 목적에 따라 캠페인 유형 선택, 캠페인 이름 및 예산 등록 후 광고 노출기간의 선택이 가능하고, 광고 그룹 생성 단계에서 기본 입찰가, 하루 예산 설정이 가능하다.

11 카카오에서 제공하는 전환추적 서비스로, 최적의 잠재고객을 파악하고, 광고에서 발생한 회원가입과 구매 등의 전환을 확인할 수 있는 스크립트 도구는 무엇인가?

정답 픽셀&SDK

> **해설** 픽셀&SDK는 카카오에서 제공하는 전환추적 서비스로 최적의 잠재고객을 파악하고, 광고에서 발생한 회원가입과 구매 등의 전환을 확인할 수 있는 스크립트 도구이다. 내 홈페이지나 모바일 앱 그리고 카카오 서비스와 연동하여, 설치 가이드에 정의된 사용자의 다양한 행태 정보를 파악하고 카카오모먼트와 키워드광고의 성과를 측정할 수 있다. 타기팅을 고도화하고, 전환 목적의 캠페인을 운영할 수 있다.

12 카카오 검색광고의 종류 두 가지는 무엇인가?

> **정답** 키워드광고, 브랜드 검색광고
> **해설** 카카오 검색광고의 종류는 키워드광고와 브랜드 검색광고이다.

13 설정한 타깃 전환 당 비용 수준에서 전환수를 최대한 늘릴 수 있도록 하는 것은?

> **정답** 타깃 CPA
> **해설** 타깃 CPA는 설정한 타깃 전환 당 비용 수준에서 전환수를 최대한 늘릴 수 있도록 Google Ads에서 입찰가를 자동으로 설정한다.

14 예산 내에서 전환 가치를 최대한 높이도록 하는 것은?

> **정답** 전환 가치 최대화
> **해설** 전환 가치 최대화는 예산 내에서 최대한 많은 전환이 발생하도록 Google Ads에서 입찰가를 자동으로 설정하는 것이다.

15 확장소재의 구성요소로도 활용할 수 있으며, 웹사이트, 쇼핑몰, 전화번호, 위치정보, 네이버 예약 등 잠재적 고객에게 상품 정보를 전달하고 판매하기 위한 모든 채널은?

> **정답** 비즈채널
> **해설** 비즈채널이란 웹사이트, 쇼핑몰, 전화번호, 위치정보, 네이버 예약 등 잠재적 고객에게 상품 정보를 전달하고 판매하기 위한 모든 채널을 의미한다. 광고 집행을 하기 위해서는 캠페인 유형에 맞는 비즈채널을 반드시 등록해야 한다. 비즈채널은 확장소재의 구성요소로도 활용할 수 있으며, 비즈채널 등록 후 확장소재 탭에서 노출 여부를 선택할 수 있다.

16 네이버의 소재노출방식 두 가지는?

> **정답** 성과기반노출, 동일비중노출
>
> **해설** 네이버의 소재노출방식은 성과기반노출과 동일비중노출이다. 성과기반 노출은 성과에 따른 노출로 성과가 우수한 소재가 우선적으로 노출되는 것을 말한다. 동일비중노출은 동일한 비중으로 소재를 노출하는 방식을 의미한다.

17 사용자가 의도하지 않은 클릭이나 악성 소프트웨어로부터 발생한 클릭을 무엇이라고 하는가?

> **정답** 무효클릭
>
> **해설** 무효클릭은 사용자가 의도하지 않은 클릭이나 악성 소프트웨어로부터 발생한 클릭 즉, 검색광고 본래의 취지에 맞지 않은 무의미한 클릭을 의미한다.

18 캠페인 활동에 대한 개별 실행 방법 설정이 가능한 것은?

> **정답** 광고 그룹
>
> **해설** 광고 그룹은 캠페인 활동에 대한 개별 실행 방법 설정이 가능하며 웹 사이트, 매체, 지역, 노출 요일과 시간대, 하루 예산, 입찰가 설정이 가능하고 키워드 확장 기능을 통해 자동 광고 노출 등이 가능하다.

19 구글은 영업일 기준 몇 일 내에 검토를 완료하는가?

> **정답** 1일
>
> **해설** 구글은 광고 검수 시 영업일 기준 1일 내 검토를 완료한다.

20 구글은 품질 평가지수 키워드별로 몇 점으로 보고하는가?

> **정답** 1~10점
>
> **해설** 구글은 품질 평가지수 키워드별로 1~10점으로 보고(예상클릭률, 광고관련성, 방문페이지 만족도로 결정)한다.

OX문제

제1장_ 검색광고의 이해

01 검색광고는 정확한 타기팅이 불가능하다.　　　　　　　　정답 ✕

　해설 검색광고는 정확한 타기팅이 가능하다.

02 검색광고는 검색 결과에 광고를 노출하여 잠재고객의 유입을 유도하는 광고를 의미한다.　정답 ○

　해설 검색광고는 네이버, 카카오, 구글 등의 검색엔진을 통해 노출하는 광고를 의미한다.

03 광고검색 노출 순위는 동일하다.　　　　　　　　　　　정답 ✕

　해설 광고검색 노출 순위는 최대클릭비용 외에 광고품질에 따라 달라진다.

04 클릭률은 클릭 수 대비 전환 수 비율이다.　　　　　　　　정답 ✕

　해설 클릭률은 노출 수 대비 클릭 수 비율이다.

05 ROI는 클릭 수 대비 전환수 비율이다.　　　　　　　　　정답 ✕

　해설 ROI(Return On Investment)는 투자 대비 이익률이다.

06 CPA는 광고비 대비 수익률이다.　　　　　　　　　　　정답 ✕

　해설 CPA(Cost Per Action)는 전환 당 비용이다.

07 ROAS는 투자 대비 이익률이다.　　　　　　　　　　　정답 ✕

　해설 ROAS(Return On Ad Spend)는 광고비 대비 수익률이다.

08 KPI는 1,000회 노출 당 비용, 주로 배너광고에 쓰인다.　　정답 ✕

　해설 KPI는(Key Performance Indicators)는 수치로 표현 가능한 광고의 목표, 핵심성과지표이다.

09 세부 키워드는 특정 시기나 계절에 따라 조회 수와 광고 효과가 급증하는 키워드이다.　정답 ✕

　해설 세부 키워드는 대표 키워드의 하위 개념이다.

OX문제

제2장_ 검색광고 기획

01 검색광고는 개발자의 검색활동에 의해 광고가 노출된다.　　　　　정답 ✕

　해설 검색광고는 사용자의 검색활동에 의해 광고가 노출된다.

02 일반적으로 광고 프로그램을 만들기 위해 마케팅 관리자가 해야 할 일 중에서 가장 먼저 수행하여야 할 부분은 광고예산의 설정이다.　　　　　정답 ✕

　해설 일반적으로 광고 프로그램을 만들기 위해 마케팅 관리자가 해야 할 일 중에서 가장 먼저 수행하여야 할 부분은 광고목표의 설정이다.

03 가용예산 활용법이란 현재 또는 예상되는 매출액의 일정비율을 사용하거나 아니면 제품의 판매가격의 일정 비율을 촉진예산으로 산정하는 방법을 말한다.　　　　　정답 ✕

　해설 가용예산 활용법은 기업들이 회사에서 충당 가능한 수준의 촉진비용을 책정하는 것을 말한다.

04 매출액 비율법은 자사의 촉진예산을 타사의 촉진예산에 맞추는 방식이다.　　　　　정답 ✕

　해설 매출액 비율법은 현재 또는 예상되는 매출액의 일정비율을 사용하거나 제품의 판매가격의 일정 비율을 촉진예산으로 산정하는 방법을 말한다. 이 방법은 기업들이 많이 사용하는 방법이다.

05 경쟁자 기준법은 자사의 촉진예산을 타사의 촉진예산에 맞추는 방식이다.　　　　　정답 ◯

　해설 경쟁자 기준법은 자사의 촉진예산을 타사의 촉진예산에 맞추는 방식으로서, 보통 산업평균에 근거하여 촉진예산을 책정하는 방식을 말한다. 그래서 이 방식은 타사의 상황이 자사가 처한 상황과 다를 시에는 오히려 자사에는 비합리적인 방식이 될 수 있다.

06 목표 및 과업 기준법은 가장 논리적인 촉진예산 방법이다.　　　　　정답 ◯

　해설 목표 및 과업기준법은 가장 논리적인 촉진예산 방식으로서, 자사는 촉진활동을 통하여 자사가 얻고자 하는 것이 무엇인지에 따라 예산을 책정하는 방식을 말한다. 이 때 마케팅 관리자는 특정한 목표를 정의하고, 이렇게 정의한 목표를 달성키 위해 수행해야 할 과업이 무엇인지를 결정하고, 해당 과업을 수행하기 위해 필요한 비용을 산정하여 예산을 책정하는 과정을 거친다.

OX문제

제3장_ 검색광고 등록

01 네이버는 하루 예산 설정이 가능하다. 정답 O

> **해설** 네이버는 광고 그룹 생성 단계에서 기본 입찰가, 하루 예산의 설정이 가능하다.

02 네이버는 입찰가 변경이 불가능하다. 정답 X

> **해설** 네이버는 입찰가 변경이 가능(최소 70원~10만 원)하다.

03 네이버는 캠페인 단위 광고의 성과 확인이 가능하다. 정답 O

> **해설** 네이버는 상세데이터 버튼을 눌러 캠페인 단위 광고의 성과 확인이 가능하다.

04 네이버는 회원제 사이트의 경우 테스트 계정의 아이디, 비밀번호를 따로 등록해야 한다. 정답 X

> **해설** 네이버는 회원제 사이트의 경우 테스트 계정의 아이디 및 비밀번호를 함께 등록하여야 한다.

05 다음 카카오는 키워드 입찰가 설정이 가능하다. 정답 O

> **해설** 다음 카카오는 직접입력으로 키워드 입찰가 설정이 가능하다.

06 구글은 지역/관심 보이는 사용자 타기팅이 가능하다. 정답 O

> **해설** 구글은 지역/관심 보이는 사용자 타기팅이 가능하다.

07 구글은 게재 위치 제한이 가능하다. 정답 O

> **해설** 구글은 고객이 사용하는 언어로 게재 위치 제한이 가능하다.

08 구글은 품질 평가점수는 키워드별로 1~5점으로 보고한다. 정답 X

> **해설** 구글은 품질 평가점수는 키워드별로 1~10점으로 보고한다.

09 구글은 등록 시 5점 중 1점으로 시작하여 실적 데이터가 누적되면 변한다. 정답 X

> **해설** 구글은 등록 시 10점 중 0점으로 시작하여 실적 데이터가 누적되면 변한다.

OX문제

제4장 _ 검색광고 운용

01 캠페인 관리에서 네이버는 기간변경이 가능하다. 정답 O

> 해설 캠페인 관리에서 네이버는 기간변경, 예산 변경, 자동 규칙 만들기가 가능하다.

02 그룹 관리에서 네이버는 총비용 지표를 제공하지 못한다. 정답 ×

> 해설 그룹 관리에서 네이버는 그룹 기본 입찰가, 채널 정보, 노출 수, 클릭 수, 클릭률, 평균 클릭비용, 총비용 지표를 제공한다.

03 그룹 관리에서 네이버는 키워드 품질지수가 복사된다. 정답 ×

> 해설 그룹 관리에서 네이버는 다른 캠페인으로 복사되지만 키워드의 품질지수는 복사되지 않는다.

04 그룹 관리에서 카카오는 자동입찰 설정이 불가능하다. 정답 O

> 해설 카카오 키워드 광고는 자동입찰 설정이 불가능하다.

05 그룹 관리에서 구글은 그래프로 나타낼 지표를 선택해 조회기간 동안의 성과 추이를 한 눈에 볼 수 있다. 정답 O

> 해설 그룹 관리에서 구글은 광고 그룹 메뉴를 클릭하면 캠페인과 동일한 형태의 성과 그래프가 제공되며 그래프로 나타낼 지표를 선택해 조회기간 동안의 성과 추이를 한 눈에 볼 수 있다.

06 소재관리에서 네이버는 요일과 시간대 및 기간 등을 설정할 수 있다. 정답 O

> 해설 소재관리에서 네이버는 고급 옵션을 통해 확장 소재가 노출될 요일과 시간대 및 기간 등을 설정할 수 있다.

07 비즈채널 및 광고대상 관리에서 네이버는 광고 집행을 위해 캠페인 유형에 맞는 비즈채널을 반드시 등록해야 한다. 정답 O

> 해설 비즈채널 및 광고대상 관리에서 비즈채널은 웹 사이트, 전화번호, 쇼핑몰, 위치정보, 네이버 예약 등 잠재적인 고객에게 상품정보를 전달하고 판매하기 위한 모든 채널을 의미하는데 네이버의 경우 광고 집행을 위해 캠페인 유형에 맞는 비즈채널을 반드시 등록해야 한다.

핵심요약

SEARCH ADVERTISING MARKETERS

제1장 _ 검색광고의 이해

검색광고의 개념

㉠ 검색 결과에 광고를 노출하여 잠재고객의 유입을 유도하는 광고이다.

㉡ 네이버, 카카오, 구글 등의 검색엔진을 통해 노출하는 광고를 의미한다.

㉢ 이용자의 능동적인 검색활동을 통해 노출되며, 정확한 타기팅이 가능하다.

㉣ 양질의 검색 결과를 제공하기 위해 검수의 과정을 거친다.

㉤ 키워드 광고, SEM, SA, Paid search라고도 한다.

검색광고의 장점

㉠ 정확한 타기팅이 가능하다.

㉡ 광고 효과를 즉시 확인할 수 있다.

㉢ 광고운영시스템을 통해 탄력적으로 운영할 수 있다.

㉣ 종량제 광고(CPC 광고)로 효율적으로 운영할 수 있다.

㉤ 노출 순위는 최대클릭비용 외에 광고품질에 따라 달라진다.

검색광고의 단점

㉠ 관리 리소스가 많이 투여된다.

㉡ 검색광고 경쟁이 심화될 수 있다.

㉢ 부정클릭 발생을 방지하기 어렵다 .

㉣ 초기 브랜드를 알리는 광고로는 적합하지 않다.

검색광고의 매체노출효과

㉠ 클릭률(CTR) : 노출 수 대비 클릭 수 비율

㉡ 전환율(CVR) : 클릭 수 대비 전환수 비율

㉢ CPA(Cost Per Action) : 전환 당 비용

㉣ ROAS(Return On Ad Spend) : 광고비 대비 수익률

㉤ ROI(Return On Investment) : 투자 대비 이익률

㉥ 컨버전(Conversion) : 광고를 통해 사이트로 유입 후 특정 전환을 취하는 것

검색광고 용어

㉠ T&D : 검색결과에 노출되는 제목과 설명

㉡ 순위지수 : 노출 순위를 결정하는 지수

㉢ 품질지수 : 광고의 품질을 나타내는 지수

㉣ PV : 방문자가 둘러본 페이지 수

㉤ DT : 방문자가 사이트에 들어와서 체류한 시간

㉥ UV : 중복되지 않은 방문자 수치로 순 방문자 수

㉦ KPI(Key Performance Indicators) : 수치로 표현 가능한 광고의 목표, 핵심성과지표

㉧ CPM(Cost per mile) : 1,000회 노출 당 비용, 주로 배너광고에 쓰임

㉨ CPC(Cost per click) : 클릭이 발생할 때마다 비용을 지불하는 종량제 광고 방식

검색광고의 주요 키워드

㉠ 광고소재 : 검색 결과에 노출되는 메시지

㉡ 확장소재 : 일반 광고소재 외 전화번호, 위치정보, 홍보문구, 추가 링크

㉢ 세부 키워드 : 대표 키워드의 하위 개념

㉣ 대표 키워드 : 업종을 대표하는 키워드로 검색 수가 높고 경쟁이 치열함

㉤ 시즈널 키워드 : 특정 시기나 계절에 따라 조회 수와 광고 효과가 급증하는 키워드

㉥ 연결 URL : 광고 클릭 시 도달되는 랜딩 페이지의 URL

㉦ 표시 URL : 사이트 내 모든 페이지에서 공통으로 확인되는 URL

㉧ 직접전환 : 광고 클릭 이후 30분 내에 마지막 클릭으로 발생한 전환

㉨ 간접전환 : 광고클릭 이후 30분부터 전환 추적

기간 내에 발생한 전환(추적 기간은 7~20일)

제2장 _ 검색광고 기획

검색광고 기획 단계

㉠ 환경분석 : 현재의 시장 분위기나 경쟁 상황 등을 분석하고, 타깃을 분석하는 것을 말한다.
㉡ 목표설정 : 검색광고를 통하여 얻고자 하는 궁극적이고 구체적인 목표를 세우는 것을 말한다.
㉢ 매체전략 : 목표 달성을 위한 전략으로 크게는 검색광고 상품부터 작게는 키워드와 소재 등의 전략을 말한다.
㉣ 일정계획 : 검색광고의 노출 등을 포함한 일정에 대한 계획을 말한다.
㉤ 예산책정 : 목표를 달성하는데 있어 필요한 만큼의 예상을 정하는 것을 말한다.

광고목표

㉠ 구체적이고 명확해야 한다.
㉡ 측정 가능한 것이어야 한다.
㉢ 행동 지향적이어야 한다.
㉣ 달성 가능한 기간을 명시해야 한다.

예산설정방법

㉠ 가용예산 활용법 : 기업들이 회사에서 충당 가능한 수준의 촉진비용을 책정하는 것을 말한다.
㉡ 매출액 비율법 : 현재 또는 예상되는 매출액의 일정비율을 사용하거나 제품의 판매가격의 일정비율을 촉진예산으로 산정하는 방법을 말한다.
㉢ 경쟁자 기준법 : 자사의 촉진예산을 타사의 촉진예산에 맞추는 방식으로서, 보통 산업평균에 근거하여 촉진예산을 책정하는 방식을 말한다.
㉣ 목표 및 과업기준법 : 가장 논리적인 촉진예산 방식으로서, 자사가 촉진활동을 통하여 얻고자 하는 것이 무엇인지에 따라 예산을 책정하는 방식을 말한다.
㉤ 광고-판매 반응함수법 : 과거의 데이터를 통해 판매 반응함수가 존재할 경우 이익을 극대화할 수 있는 광고예산을 편성하는 방법이다.

매체믹스

㉠ 2가지 이상의 광고를 섞어 광고를 집행하는 것을 의미한다.
㉡ 매체믹스로 네이버, 구글, 카카오 등이 있다.
㉢ 상품믹스로 브랜드검색, 파워링크, 쇼핑검색광고 등이 있다.

네이버 운영시스템

㉠ 검색광고 종류 : 사이트 검색광고, 쇼핑 검색광고, 콘텐츠 검색광고, 브랜드 검색광고, 플레이스광고, 지역소상공인 광고, 클릭초이스플러스, 클릭초이스상품광고
㉡ 구조

구조	내용
캠페인	• 마케팅 활동에 대한 목적을 기준으로 묶어서 관리하는 광고 전략 단위이다. • 캠페인 등록 후 유형 변경이 불가하다. • 광고 집행을 위해서는 캠페인에 맞는 비즈채널이 반드시 등록되어야 한다.
광고 그룹	• 캠페인 활동에 대한 개별 실행 방법을 설정한다. • 기본 입찰가, 하루 예산, 광고 노출 매체, 소재노출방식, 콘텐츠 매체 전용 입찰가, PC 및 모바일 입찰가 가중치 설정이 가능하다.
키워드	• 광고그룹 입찰가와 별도로 키워드별 입찰가 지정이 가능하다. • 키워드 확장 기능을 통해 등록 키워드 및 유의 키워드의 자동 광고 노출이 가능하다.
소재	• 사용자에게 보이는 광고 요소를 말한다. • 소재 확장이 가능하다.

▥ 카카오 운영시스템

ㄱ 종류 : 키워드 광고, 브랜드 검색광고
ㄴ 광고대상 : 웹 사이트
ㄷ 구조

구조	내용
캠페인	• 캠페인을 등록한 후에는 유형 변경이 불가하다. • 캠페인 등록을 위해 캠페인에 맞는 비즈채널이 반드시 필요하다.
그룹	• 광고그룹은 캠페인에 소속된 전략 단위이다. • 광고 소재가 노출되는 과정에 직접적인 관련이 있는 전략을 설정할 수 있다.
키워드	• 키워드광고는 광고그룹 입찰가와 키워드별 입찰가 지정이 가능하다. • 브랜드 검색광고는 디바이스와 탬플릿 유형, 기간에 맞는 단가가 존재한다. • 키워드 확장을 통해 등록 키워드 및 유의 키워드의 자동 광고 노출이 가능하다.

ㄹ 광고시스템 기능 : 광고관리, 보고서, 도구, 설정

▥ 구글 운영시스템

ㄱ Google Ads를 통해 광고등록 및 운영이 가능하다.
ㄴ Google Ads 계정을 열면 가장 먼저 표시되는 것은 개요 페이지이다.
ㄷ 광고주가 달성하고자 하는 주요 목표(판매, 리드, 웹 사이트 트래픽)를 중심으로 캠페인을 생성한다.
ㄹ 구조

구조	내용
캠페인	• 캠페인 생성 단계에서 네트워크와 기기, 위치 및 언어, 입찰 및 예산, 광고 확장을 설정할 수 있다. • 판매, 리드, 웹 사이트 트래픽과 같은 목표 중심으로 캠페인을 생성한다.

광고 그룹	• 유사한 타깃을 공유한다. • 광고가 하나 이상 포함되어야 한다. • 유사 광고 및 키워드를 묶는다.
광고	• 동일 광고그룹에 속하는 하나 이상의 광고 • 광고소재

제3장 _ 검색광고 등록

▥ 네이버 등록 시스템

ㄱ 캠페인 등록 : 캠페인 유형 선택 → 캠페인 이름 및 예산 등록 → 비즈채널 선택
ㄴ 그룹설정 : 그룹 생성단계에서 기본 입찰가와 하루 예산 설정이 가능하고, 그룹 고급옵션에서 광고 노출 매체, 소재노출방식 설정이 가능하다. 콘텐츠 매체 전용 입찰가, PC 및 모바일 입찰가 가중치 설정이 가능하다.
ㄷ 키워드 선택 및 발굴 : 광고 그룹 단위에서 확장이 가능하며, 별도의 제외 키워드 등록이 가능하다. 네이버 키워드도구를 이용하여 관련성 높은 키워드를 조회하고, 추가할 수 있다.
ㄹ 경매(입찰)방식 구매 : 사이트 검색광고(파워링크), 쇼핑검색광고, 콘텐츠 검색광고(파워콘텐츠), 클릭초이스플러스, 클릭초이스상품광고가 경매(입찰)방식으로 구매 가능하며, 입찰가 설정이 필요하다.

▥ 카카오 등록 시스템

ㄱ 캠페인 등록 : 비즈채널 선택 → 캠페인 이름 설정 → 고급 옵션 설정
ㄴ 그룹설정 : 광고가 노출될 매체 유형과 디바이스를 설정한다. 기본입찰가와 일 예산을 설정하고, 고급옵션에서 입찰가중치, 집행기간과 요일/시간을 설정한다.

ⓒ 키워드 : 키워드 등록이 가능하며, 키워드 제안을 통하여 연관 키워드를 찾을 수 있다. 키워드 입찰 금액을 입력하여 설정할 수 있고, 순위별 평균 입찰가를 설정할 수 있다. 또는 광고그룹 내 입찰가를 선택할 수 있다.

구글 등록 시스템

ⓐ 캠페인 생성 : 캠페인의 유형과 목표를 선택하고, 캠페인의 이름을 선택한다. 광고주가 달성하고자 하는 주요 목표(판매, 리드, 웹 사이트 트래픽)를 중심으로 캠페인을 생성하므로, 목표의 개수가 캠페인의 개수이다. 캠페인의 이름 선택 후 네트워크, 타기팅 및 잠재고객, 예산 및 입찰, 광고확장을 설정할 수 있다.

ⓑ 그룹 설정 : 여러 개의 그룹을 생성할 수 있지만, 광고그룹에는 하나 이상의 광고가 있어야 하며, 광고그룹에 포함된 모든 광고와 키워드는 유사한 타깃인 것이 좋다.

ⓒ 키워드 선택 및 발굴 : 구글 키워드 플래너를 이용하여 관련성 높은 키워드를 조회하고, 추가할 수 있다. 일치검색, 구문검색, 제외어검색 유형으로 미지정시 기본적으로 확장검색 유형으로 설정된다.

ⓓ 입찰관리 : 입찰가, 광고품질, 광고 순위 기준, 사용자의 검색 환경설정, 광고 확장 및 기타 광고 형식의 예상되는 영향을 종합하여, 광고순위가 정해진다. 캠페인 유형에 맞춘 여러 입찰 전략을 제공한다.

네이버 광고검수와 품질지수

ⓐ 비즈채널 검수
- 업종별 등록 조건 충족이 필요하다.
- 비즈채널 검수 후 소재와 키워드 검토가 진행된다.
- 회원제 사이트의 경우 테스트 계정의 아이디 및 비밀번호를 함께 등록하여야 한다.

ⓑ 광고검수
- 광고소재, 키워드 등을 포함한 모든 광고의 구성요소가 검토대상이다.

- 신규 등록뿐만 아니라 게재 중인 광고도 다시 검수할 수 있다.

ⓒ 품질지수
- 네이버 광고의 품질을 측정한 측정치를 품질지수라고 한다.
- 7단계 막대 모양으로, 최초 등록 시 같은 키워드가 노출되고 있는 광고 평균에 근접한 값으로 4단계 품질지수를 부여 받으며, 24시간 내 품질 측정되어 품질지수가 적용된다.

카카오 광고검수와 품질지수

ⓐ 광고검수
- 광고소재, 키워드 등을 포함한 모든 광고의 구성요소가 검토대상이다.
- 신규 등록뿐만 아니라 게재 중인 광고도 다시 검수할 수 있다.

ⓑ 품질지수
- 카카오 광고의 품질을 측정한 측정치를 품질지수라고 한다.
- 7단계 막대 모양으로, 최초 등록 시에 0단계의 품질지수를 부여 받는다.

구글 광고검수와 품질지수

ⓐ 광고검수
- 광고소재, 키워드 등을 포함한 모든 광고의 구성요소가 검토대상이다.
- 신규 등록뿐만 아니라 게재 중인 광고도 다시 검수할 수 있다.
- 영업일 기준 1일 내 검토를 완료한다.

ⓑ 품질평가점수
- 구글 광고의 품질을 측정한 측정치를 품질평가점수라고 한다.
- 품질 평가점수는 키워드별로 1~10점으로 측정한다(예상클릭률, 광고관련성, 방문페이지 만족도로 결정).
- 등록 시 10점 중 0점으로 시작하여 실적 데이터가 누적되면 변한다.

네이버 검색광고 상품

사이트 검색광고(파워링크 유형)	네이버 통합검색 및 네이버 내/외부 페이지의 검색 결과에 노출되는 검색광고 상품이다.
쇼핑검색광고 (쇼핑검색 유형)	광고 노출영역을 네이버 쇼핑으로 확장하고, 구매자에게는 추가 혜택을 제공하는 상품 단위의 이미지형 검색광고 상품이다.
콘텐츠검색광고(파워콘텐츠 유형)	이용자에게 신뢰성 있는 정보를 제공하고, 광고주에게는 효과적인 브랜딩 기회와 전환 성과를 제공하는 콘텐츠 마케팅 상품이다.
브랜드 검색 (CPM)	브랜드 키워드 또는 브랜드와 관련성 높은 키워드를 검색할 경우, 해당 브랜드의 내용을 다양한 이미지와 함께 통합검색 결과의 최상단에 노출하는 콘텐츠 검색형 광고 상품이다.
플레이스광고 (플레이스 유형)	네이버에서 원하는 장소를 찾는 이용자에게 나의 가게를 적극적으로 알릴 수 있는 네이티브 형태의 검색광고이다.
지역소상공인광고(플레이스 유형)	네이버 콘텐츠 서비스를 이용하는 내 지역 사용자에게 노출하는 배너광고이다.
클릭초이스 플러스	업종별로 모바일에 최적화된 광고 UI를 제공하는 광고 상품이다.
클릭초이스 상품광고	사이트가 아닌 상품 단위로 광고하는 광고상품이다.

카카오 검색광고

키워드 광고	한 번의 광고 등록으로 주요 포털 검색 및 제휴 매체와 각종 모바일 앱에도 광고가 노출되어 폭넓은 마케팅이 가능한 광고 상품이다.
브랜드 광고	브랜드 키워드 또는 브랜드와 연관성이 높은 키워드 검색시, 통합검색 결과 최상단에 노출되는 정보성 콘텐츠 상품이다.

구글 검색광고 상품

㉠ 광고 게재 순위는 최대 CPC 입찰가와 품질평가 점수에 따라 결정된다.

㉡ 노출 위치는 검색결과의 상단, 측면, 하단이며, 상단에는 최대 4개까지만 게재가 가능하다.

㉢ 광고 게재 영역 구분

검색 네트워크	키워드와 관련된 용어 검색 시, 구글 검색 결과 옆 및 구글 사이트에 게재한다.
디스플레이 네트워크	관련성이 높은 고객이 인터넷에서 사이트, 동영상, 앱을 탐색할 때 광고를 게재하여 도달 범위를 넓힐 수 있다.

제4장 _ 검색광고 운용

캠페인 관리

㉠ 네이버
- "모든 캠페인"에서 등록한 캠페인 현황을 제공한다.
- 설정

기본 설정	on/off, 상태, 캠페인 이름, 캠페인 유형, 노출 수, 클릭 수, 평균 클릭비용, 총비용
사용자 설정	• 일반정보(캠페인 유형, 상태, 기간, 하루예산, 예산분배, 광고 그룹 수, 키워드 수) • 성과지표(노출 수, 클릭 수, 클릭률, 평균클릭비용, 총비용, 전환수, 전환율, 전환매출액, 광고수익률, 전환당비용, 동영상 조회 수) • 기타(캠페인 ID, 등록 시작, 수정시작)

- "상세데이터"에서 캠페인 단위 광고의 성과를 제공한다.
- "선택한 캠페인 관리"에서 기간변경, 예산 변

경, 자동 규칙 만들기가 가능하다.

ⓒ 카카오
- "광고계정"에서 모든 캠페인 현황 확인이 가능하고, 기본지표(노출수, 클릭수, 비용, 클릭률) 성과 그래프를 제공한다.
- 캠페인, on/off, 상태, 비즈채널, 일 예산, 노출수, 클릭수, 비용, 클릭률, 기간 확인이 가능하다.
- "기본정보"에서 번호, 유형, 비즈채널, 픽셀&SDK, 일 예산을 확인할 수 있고, "운영정보"에서 광고그룹, 키워드, 소재의 상태를 확인할 수 있다.

ⓒ 구글
- Google Ads에서 검색캠페인 선택 시 캠페인 명, 예산, 상태, 유형, 클릭 수, 노출 수, 클릭률, 평균 CPC, 전환당비용, 전환율 등 기본 지표를 제공한다.
- 분류 기준 아이콘을 눌러 개별성과의 확인이 가능하다.

그룹관리

㉠ 네이버
- 그룹 목록에서 그룹 기본 입찰가, 채널 정보, 노출 수, 클릭 수, 클릭률, 평균 클릭비용, 총비용 지표를 제공한다.
- 개별 그룹에서 입찰가 변경, 매체 변경, 예산 변경, PC 및 모바일 입찰가중치 변경, 소재 노출 방식 변경, 다른 캠페인으로 복사, 삭제 등이 가능하다. "다른 캠페인으로 복사"의 경우 키워드의 품질지수는 복사되지 않고, 복사 후 광고성과에 따라 재산정된다.

ⓒ 카카오
- 그룹 목록에서 광고그룹 이름, on/off, 상태, 기본 입찰가, 일 예산, 노출수, 클릭수, 비용, 클릭률, 기간을 확인할 수 있으며, 그룹 리스트는 가나다 순으로 정렬되어 있다.
- 개별 그룹에서 입찰가와 랜딩 URL을 변경할 수 있다.
- 키워드를 복사하여 원하는 광고그룹에 복사할 수 있다.

ⓒ 구글
- 그룹 목록에서 광고 그룹 이름, 상태, 타겟 CPA, 전환수, 전환당 비용, 광고그룹 유형, 클릭수, 노출수, 클릭률, 평균 CPC, 비용, 전환율을 확인할 수 있다.
- 개별 그룹에서 복사, 잘라내기, 붙여넣기, 사용 설정, 일시정지, 삭제가 가능하며, 광고 로테이션 견경, 추적 템플릿 변경, 맞춤 매개변수 변경, 타겟팅 확장 설정 변경, 자동 규칙 만들기가 가능하다.

입찰 관리

㉠ 선택키워드 입찰가 변경
- 네이버는 광고그룹에서 입찰가 변경(최소 70원~10만 원)이 가능하다.
- 네이버는 입찰가 일괄변경과 개별변경이 가능하다.
- 네이버는 최소 노출 입찰가, 중간 입찰가, ○○위 평균 입찰가를 제공한다.
- 카카오는 키워드 별 예상 실적을 참고하여 입찰가를 변경한다.
- 카카오는 입찰가 일괄변경과 개별변경이 가능하다.
- 구글은 키워드 선택 후 최대 CPC 입찰가 변경이 가능하다.

ⓒ 자동입찰 기능
- 구글은 목표를 달성하기 위하여 자동으로 입찰가를 설정할 수 있다.
- 구글은 캠페인 유형에 맞춘 여러 입찰 전략을 제공한다.
- 구글 자동입찰 기능

타깃 CPA	설정한 타깃 전환 당 비용 수준에서 전환수를 최대한 늘릴 수 있도록 Google Ads에서 입찰가를 자동으로 설정
타깃 광고 투자수익 (ROAS)	설정한 타깃 ROAS 내에서 전환 가치를 최대한 높일 수 있도록 Google Ads에서 입찰가를 자동으로 설정

클릭 수 최대화	예산 내에서 클릭 수를 최대한 높일 수 있도록 Google Ads에서 입찰가를 자동으로 설정
전환 수 최대화	예산 내에서 최대한 많은 전환이 발생하도록 Google Ads에서 입찰가를 자동으로 설정
전환 가치 극대화	예산 내에서 전환 가치를 최대한 높이도록 Google Ads에서 입찰가를 자동으로 설정
타깃 노출 점유율	선택한 검색 페이지 영역에 내 광고가 게재될 가능성이 높아지도록 Google Ads에서 입찰가를 자동으로 설정

키워드 발굴

㉠ 검색광고 시스템을 통한 키워드 발굴 : 네이버는 키워드 도구, 카카오는 키워드 플래너, 구글은 키워드 플래너를 통해 연관검색어를 제공한다.
㉡ 대표키워드와 세부키워드

대표 키워드	업종을 대표하는 키워드로 잠재고객들이 쉽게 검색하여 광고를 많이 노출시킬 수 있는 장점이 있으나. 클릭당 비용이 높고, 지출이 높을 수 있다는 단점이 있다.
세부 키워드	수식어나 지역명 등의 수식어를 포함한 키워드로, 저렴한 입찰가로 광고를 노출시킬 수 있다는 장점이 있으나 검색 수는 낮다는 단점이 있다.

키워드 확장

㉠ 직접적으로 키워드를 등록하지 않아도 기존의 등록 키워드나 유사 키워드에 광고를 노출하는 것을 말한다.
㉡ 네이버와 카카오는 광고그룹 단위에서 확장 기능으로 사용이 가능하다. 광고 노출을 원하지 않는 키워드는 제외 키워드 등록을 통해 노출은 제한할 수 있다.
㉢ 구글은 일치검색, 구문검색, 제외어 검색으로 지정하지 않으면 기본적으로 확장검색 유형으로 설정된다.

키워드 이동 및 복사

㉠ 네이버는 키워드를 이동할 수 없으나 복사는 가능하다. 단, 품질지수는 복사되지 않고, 복사 후 광고성과에 따라 재산정된다.
㉡ 카카오는 키워드를 복사할 수 있다.
㉢ 구글은 키워드를 복사할 수 있다. 입찰가와 최종 URL까지 복사할 수 있다.

소재 관리

네이버	성과기반 노출, 동일 비중 노출(광고 그룹당 5개까지 등록 가능)
카카오	이미지, 가격 등 추가노출, 성과 우선 노출(광고 그룹당 20개까지 등록 가능)
구글	광고 순환게재(광고 그룹당 텍스트 광고 50개까지 등록 가능)

확장소재

㉠ 네이버
• 캠페인 또는 광고 그룹 단위로 등록할 수 있다.
• 고급 옵션을 통해 확장 소재가 노출될 요일과 시간대 및 기간 등을 설정할 수 있다.
㉡ 카카오
• 키워드광고의 기본 소재에 이미지, 가격 등을 추가로 노출하며, Daum 모바일 앱/웹, PC 검색결과와 카카오톡 #(샵)탭 등에 노출된다.
• 여러 확장소재가 함께 노출되는 확장소재 믹스타입으로도 사용자의 이목을 끌 수 있으며, 풍부한 정보로 주목도를 높이는 확장소재를 통해 광고 효과 상승을 기대할 수 있다.
㉢ 구글

목표	광고 확장 유형
사업장에서 구매 하도록 유도	콜 아웃 광고 확장, 위치 광고 확장, 제휴사 위치 광고 확장

고객 문의 유도	전화번호 광고 확장, 메시지 광고 확장
웹 사이트에서 고객 전환 유도	사이트 링크 광고 확장, 콜아웃 광고 확장, 구조화된 스니펫 광고 확장, 가격 광고 확장
앱 다운로드 유도	앱 광고 확장

URL

ⓐ 표시 URL은 광고소재에서의 URL로, 사이트 내 모든 페이지에서 공통으로 확인되는 URL이다. 즉, 최상위 도메인을 말한다.

ⓑ 연결 URL은 광고소재에서의 URL로, 광고를 클릭 했을 때 도달하는 페이지의 URL이다. 즉, 랜딩페이지의 URL을 말하고, 네이버와 구글은 키워드와 소재에 연결 URL을 설정할 수 있다.

비즈채널 및 광고대상 관리

ⓐ 네이버
- 비즈채널은 웹 사이트, 전화번호, 쇼핑몰, 위치정보, 네이버 예약 등 잠재적인 고객에게 상품정보를 전달하고 판매하기 위한 모든 채널을 의미한다. 이 경우 광고 집행을 위해 캠페인 유형에 맞는 비즈채널을 반드시 등록해야 한다.
- 비즈채널 추가는 도구 〉 비즈채널 관리 메뉴에서 채널 추가 버튼을 통해 추가할 수 있다.
- 비즈채널은 모든 유형을 합쳐 계정 당 총 1,000개까지 추가 가능하다. 단, 전화번호 유형 중 통화추적번호는 최대 50개, 네이버 톡톡 유형은 최대 5개까지만 추가할 수 있다.
- 웹 사이트 채널을 삭제하면 캠페인에 포함된 광고 그룹과 그 안의 키워드 및 소재, 확장소재전체가 삭제되며 복구가 불가능하다. 전화번호, 위치정보 비즈채널일 경우에 삭제할 경우 해당 채널을 사용한 확장소재는 삭제되지만 광고 그룹은 삭제되지 않는다.

ⓑ 다음 카카오
- 계정 〉 도구 〉 비즈채널 관리에서 등록 및 수정

이 가능하다.
- 광고시작을 위해서는 반드시 입력해야 하는 광고 대상은 웹 사이트이다. 부가적으로 카카오톡 채널, 전화번호, 카카오페이 뱃지 등이 있다.
- 카카오 검색광고에서 광고 대상은 1개 계정 당 최대 1,000개까지 등록이 가능하다.

광고노출전략 관리

ⓐ 네이버
- 캠페인 단위에서 기간 변경과 계산 변경이 가능하다.
- 고급옵션에서 시작 및 종료를 설정해 원하는 날짜에 광고 노출이 가능하다.
- 광고그룹 단위에서 하루 예산, 콘텐츠 매체, PC 및 모바일 입찰가중치, 소재노출 관리를 할 수 있다.

ⓑ 카카오
- 노출기준인 검색어 연관성과 입찰가를 적정하게 맞춘다.
- 여러 개의 확장소재를 등록할 경우 광고 효율을 위해 조합된 요소로 우선순위를 갖고 노출되니, 특정한 확장요소 노출이 필요할 시 조합하여 노출되는 구성요소를 확인한다.
- 맞춤보고서를 통하여 광고의 결과에 대한 내용을 파악하고 분석할 수 있다.

ⓒ 구글 : 캠페인 단위에서 네트워크와 위치, 언어, 예산, 시작일 및 종료일 설정을 통해 노출 전략의 설정이 가능하다.

광고품질 관리

ⓐ 네이버
- 네이버 광고의 품질을 측정한 측정치를 품질지수라고 하며, 품질이 높을수록(6~7) 비용이 감소하고, 광고순위가 높아진다.
- 7단계 막대 모양으로, 최초 등록 시 같은 키워드가 노출되고 있는 광고 평균에 근접한 값으로 4단계 품질지수를 부여 받으며, 24시간 내 품질 측정되어 품질지수가 적용된다.

ⓒ 카카오
- 카카오 광고의 품질을 측정한 측정치를 품질 지수라고 하며, 품질이 높을수록(6~7) 비용이 감소하고, 광고순위가 높아진다.
- 7단계 막대 모양으로, 최초 등록 시에 0단계의 품질지수를 부여 받는다.

ⓒ 구글
- 구글 광고의 품질을 측정한 측정치를 품질평가점수라고 하며, 품질이 높을수록(9~10) 비용이 감소하고, 광고순위가 높아진다.
- 예상클릭률, 광고관련성, 방문페이지 만족도를 통해 키워드별로 1~10점으로 측정한다.
- 등록 시 10점 중 0점으로 시작하여 실적 데이터가 누적되면 변한다.

효율적인 광고 소재

ⓐ 사용자의 요구 및 혜택 등에 초점을 맞춘 광고 메시지를 작성한다.
ⓑ 구체적인 클릭유도 문안을 사용하는 것이 좋으며 이벤트 진행 중인 경우 마감시한을 넣으면 더더욱 효과가 높다.
ⓒ 사용자에게 뻔한 질문을 하지 말고 직접적인 답을 주는 게 더욱 효과적이다.
ⓓ 사용자가 찾는 정보가 있음을 강조해서 보여줘야 한다. 직접 대응하는 표현을 통해 사용자가 찾는 것을 보유하고 있음을 알려야 한다.
ⓔ 광고 소재를 복수로 등록해 실적이 우수한 소재를 지속적으로 발굴해야 한다.
ⓕ 광고 소재에 최상급 표현, 불법의 소지가 있는 단어, 비속어, 선정적 표현, 입증되지 않은 수상 내역, 의미 없이 과도하게 사용된 특수 문자는 사용이 불가능하다.

무효클릭

ⓐ 사용자가 의도하지 않은 클릭이나 악성 소프트웨어로부터 발생한 클릭 즉, 검색광고 본래의 취지에 맞지 않은 무의미한 클릭을 의미한다.
ⓑ Google 시스템은 광고에 발생한 각 클릭을 면밀히 검사하여 무효 클릭 및 노출을 파악하고 계

정 데이터에서 삭제한다.
ⓒ 무효 클릭으로 확인되면 무효 클릭에 대해 비용이 청구되지 않도록 보고서와 결제 금액에서 해당 클릭을 자동으로 필터링한다.
ⓓ 자동 감지 시스템에서 잡아내지 못한 무효 클릭이 있을 경우 해당 클릭에 대해 크레딧을 받을 수 있다.
ⓔ 네이버, 카카오, 구글은 사전 및 사후 모니터링을 진행한다.
ⓕ 필터링 로직과 필터링 결과는 악용할 가능성이 있어 공개하지 않는다.
ⓖ 광고비의 소진, 품질지수의 상승 등 특정인의 이익을 위해 행해지는 인위적 클릭과 각종 소프트웨어, 로봇 & 자동화된 도구에 의해 발생하는 클릭과 더블클릭 등의 무의미한 클릭을 말한다.

PART 3

검색광고
활용 전략

Search Advertising Marketers

제 1 장 검색광고 효과분석을 위한 이해

SEARCH ADVERTISING MARKETERS

1 검색광고 효과분석의 이해

(1) 사용자 행동단계와 효과측정

① 사용자 행동단계

㉠ 노출, 클릭, 구매의 단계를 거친다.

㉡ 효과측정

일반적인 소비자 행동	인지	방문	구매
검색광고 소비자 행동	노출	클릭	구매
단계별 효과 측정	CPI	CPC	CPS

(2) 검색광고 효과를 분석해야 하는 이유

① 날마다 달라지는 키워드의 양과 질

㉠ 사용자들이 검색하는 키워드는 일정한 것이 아니라 그날의 상황에 따라 바뀌게 되기 때문에 키워드 선택 시에 고려해야 한다.

㉡ 긍정적 관심으로 인한 인기검색어의 경우에는 주차별 인기검색어가 달라지며 새로운 검색어가 등장하는 것을 확인 가능하다.

㉢ 긍정적 관심으로 인한 검색량의 증가는 많은 전환기회를 주는 반면에 사고 또는 자연재해 등의 부정적 관심으로 인한 검색량의 증가는 광고의 노출 및 클릭의 증가, 이는 곧 비용만을 소진하고 전환을 발생시키지 않아 손해로 이어지는 결과를 초래하기도 한다.

㉣ 하루 하루 효과분석을 통해 키워드의 변화를 감지하고 이에 대해 빠르게 대응해야만 불필요한 광고비의 소진을 막고 더욱 많은 전환의 기회를 확보할 수 있다.

② 실시간 광고 분석 가능

㉠ 검색광고 시스템을 통해 광고 분석을 할 수 있기 때문에 실시간으로 효과분석이 가능하다.

ⓛ 어떤 매체에서 더 효율적이며 어떤 키워드가 효율적인지를 실시간으로 보고 분석하여 가장 알맞은 방법으로 최적화시켜야 한다.

ⓒ 노출 수, 클릭 수, 총 비용 등의 지표 및 전환지표 추이를 파악해 목표 및 예산에 맞는 탄력적인 운영이 가능하며 일부 예산 도달로 인해 중단된 그룹 또는 캠페인도 빠르게 대응이 가능하다.

③ 다양한 광고상품의 존재

ⓐ 매체가 다양해지며 광고상품도 굉장히 다양해졌다.

ⓛ 한 가지의 광고만이 아니라 상품에 따라 다양한 종류의 광고를 믹스하여 진행 후 최적화를 유지시켜야 한다.

ⓒ 디바이스에서의 광고상품 차이도 존재한다. PC에서는 파워링크가 최상단에 노출되고 있지만 모바일에서는 파워콘텐츠가 최상단에 노출되는 경우가 있는데 검색사용자의 편의를 위한 동적 노출 기능으로 항상 고정되어 있지는 않다. 갑자기 파워콘텐츠가 상위에 노출되어 파워링크의 성과가 급감하기도 하고 또는 반대의 경우가 발생하기도 한다.

ⓔ 검색광고는 실시간 입찰방식으로 광고가 노출되므로 많은 시간을 투자해 세심하게 운영할 필요가 있는데 네이버의 타임보드와 같이 정해진 시간에 고정 노출되는 상품과는 다르게 검색광고는 시간을 투자한 만큼 성과가 개선되는 경향을 지니기 때문이다.

> **참고** 검색광고 관리의 팁
> ⓐ 매일 매일 키워드의 양과 질 등이 다르므로 효과분석이 자주 필요하다.
> ⓛ 키워드 광고에서 상당히 많은 키워드 및 다양한 광고상품이 존재하기 때문에 효과분석을 통해 키워드 및 광고상품을 최적화해야 한다.
> ⓒ 키워드 광고 상품은 각각의 매체사별로 광고 분석을 하기 때문에 여러 시스템이 구비되어 있어 이에 대해 실시간으로 효과분석이 가능하다.

(3) 검색광고 효과분석을 위한 사전 이해

① 검색광고 효과 분석은 광고 집행 프로세스의 마지막 단계이면서 동시에 시작의 단계이다.

② 초기 수립한 광고목표를 기반으로 평가에서 끝나기만 하면 실질적인 효과분석을 하는 의미가 없다.

③ 검색광고 효과분석을 통해 끝없이 개선하고 성장을 이끌어내는 것이야말로 검색광고 마케터의 역량이다.

④ 검색광고는 타 광고와는 다르게 명확한 성과측정이 가능하며 실시간으로 운영되는 시스템으로 추후 사후관리를 통해 광고성과를 크게 개선시키는 것이 가능하다.

> **⊕ 참고** 효과분석을 위한 목표설정
>
> ㉠ 구체적이고 명확해야 한다.
>   **예** 클릭 수 10,000회, 전환율 5% 등
> ㉡ 측정 가능한 것이어야 한다.
>   **예** 클릭당 비용 500원, 전환당 비용 1000원 등

② 검색광고 효과분석

(1) 단계별 효과분석 방법

구분	노출 수 (회)	클릭 수 (회)	구매 수 (회)	광고비(원)	CPC(원)	CTR(%)	CVR(%)
A	5,000	800	40	200,000	200,000/800 =250	800/5,000×100 =16	40/800×100 =5
B	20,000	2,500	600	300,000	300,000/2,500 =120	2,500/20,000×100 =12.5	600/2,500×100 =24
C	100,000	9,000	1,800	4,000,000	4,000,000/100,000 =40	9,000/100,000×100 =90	1,800/9,000×100 =20

① 노출 당 비용=총 광고비/노출 수(낮을수록 좋음)

　㉠ 노출 당 광고비를 의미하며, 광고비당 노출의 정도가 어느 정도인지를 분석하는 방법이다.

　㉡ 동일한 광고비에 비해 노출수가 많은 것이 더 높은 효과가 있는 광고이며, 이 방법은 CPT(노출시간에 따라 광고비용이 정해지는 상품) 상품에서 효과적으로 사용할 수 있다.

② CPC(클릭 당 비용)=총 광고비/클릭 수(낮을수록 좋음)

　㉠ 광고를 통해 한 사람의 사용자가 사이트를 방문하는데 투여되는 비용을 말한다.

　㉡ 클릭 당 비용이 낮을수록 또는 동일 광고비용으로 클릭률이 높을수록 광고효과가 높음을 알 수 있다.

③ CPS=총 광고비용/구매 건 수(낮을수록 좋음)

　㉠ 광고를 통해 사용자가 광고주의 사이트를 방문하여 최종적으로 상품 및 서비스를 구매하는 비용을 의미한다.

　㉡ 구매건당 비용이 낮을수록 효율적으로 광고가 집행되고 있음을 알 수 있다.

④ 클릭률(CTR)=클릭 수/노출 수×100(높을수록 좋음)

⑤ 전환율(CVR)=전환 수/클릭 수×100(높을수록 좋음)

(2) 광고비용 대비 효과 분석

구분	광고비	매출액	이익률	ROI	ROAS
A	1,106,793원	11,718,997원	20%	(11,718,997×0.2)/1,106,793 =212%	11,718,997/1,106,793×100 =1059%
B	365,274원	1,144,682원	70%	(1,144,682×0.7)/365,274×100 =219%	1,144,682/365,274×100 =313%
C	462,099원	2,659,540원	60%	(2,659,540×0.6)/462,099×100 =345%	2,659,540/462,099×100 =576%

① 투자수익률 분석(ROI, return on investment)

　㉠ ROI=광고를 통한 수익/광고비×100

　㉡ 투자수익률은 가장 널리 사용되는 측정기준 중 하나이며 이는 키워드 광고를 통해 발생하는 이익을 광고비로 나누어 계산하면 되며 ROI가 100% 이상이면 광고 집행의 효과가 있다고 봐도 된다.

　㉢ 전체수익과 매출을 가지고 ROI를 계산하기도 하지만 각 키워드별 ROI를 계산하여 확인할 수 있다.

② 광고를 통한 매출분석(ROAS, Return on advertising spend)

　㉠ 사용한 광고비를 통해서 직접적으로 발생하는 매출액의 크기를 의미한다.

　㉡ ROAS=광고를 통한 매출/광고비×100

(3) 기초적 광고효과분석의 흐름

광고			매출	
광고비	클릭 수	구매전환수	총매출	총이익
5,000,000	10,000	500	35,000,000	15,000,000

① 구매전환율(CVR)=전환 수/클릭 수×100=500/10,000×100=5%

② ROI=광고를 통한 수익/광고비×100=15,000,000/5,000,000×100=300%

③ ROAS=광고를 통한 매출/광고비×100=35,000,000/5,000,000×100=700%

④ 클릭 당 비용(CPC)=총 광고비/클릭 수=5,000,000/10,000=500원

⑤ 구매전환 당 비용(CPS)=총 광고비/전환수=5,000,000/500=10,000원

클릭	클릭 당 비용(CPC)	총 광고비/클릭 수	낮을수록 좋음
	클릭율(CTR)	클릭 수/노출 수×100	높을수록 좋음
구매	전환율(CVR)	전환 수/클릭 수×100	
	전환 당 비용(CPA)	총 광고비/전환수	낮을수록 좋음
투자수익률	ROI	광고를 통한 수익/광고비×100	총이익
	ROAS	광고를 통한 매출/광고비×100	총매출

(4) 광고효과분석 정리

① 용어 및 산식

용어	의미	산식
CPC	Cost Per Click	총 광고비용/클릭수(클릭수=방문수)
CPS	Cost Per Sales	총 광고비용/구매건수(구매건수=클릭수×구매전환율)
CVR	Click ConVersion Rate	구매건수/클릭수(=구매전환율=전환율)
CPA	Cost Per Action	총 광고비용/전환수(전환수=구매건수=구매전환수)
CTR	Click Through Ratio	클릭수/노출횟수(=클릭률)
ROI	Return On Investment	광고를 통한 수익/총 광고비용
ROAS	Return On Advertising Spend	전환매출/총 광고비용(전환매출=전환수×물품단가)

② 광고효과분석 예시

노출수	클릭수	전환수	광고비	물품단가
A	B	C	D	E

㉠ CTR=B/A×100

㉡ CVR=C/B×100

㉢ ROAS=C×E/D×100(이외의 조건이 없을 경우)

㉣ ROI=(C×E−D)/D×100(이외의 조건이 없을 경우)

㉤ CPC=D/B

㉥ CPS=D/C(일반적으로 CPA와 동일하다 간주)

제 **2** 장

실제 검색광고효과 분석

SEARCH ADVERTISING MARKETERS

1 광고효과 분석

(1) 기본정보의 분석

각 광고매체별 로그분석 솔루션을 설치하지 않게 되면 광고매체에서는 기본정보 밖에 확인이 안 된다.
㉘ 노출 수, 클릭 수, 클릭비용, 클릭률, 총비용, 평균노출순위 등

(2) 광고 조사의 역할

① 문제해결 방향 및 대안의 발견
② 광고와 연관된 문제의 발견 및 명확화
③ 광고 매체 선택 및 활용방안의 수립
④ 대안별 평가 및 최적안의 도출
⑤ 광고 효과에 대한 평가 및 개선 방안의 도출
⑥ 최적의 크리에이티브의 창출

(3) 광고효과 조사의 필요성

① 판매촉진의 과다한 비용
② 경쟁 제품과의 차별성 약화
③ 경쟁 기업의 수준에 따른 가격조정
④ 판매인력 비용의 증가
⑤ 고비용 저효율의 광고 집행
⑥ 판매고 증가를 위한 고비용 서비스 제공

part
03

검색광고 활용 전략

(4) 광고효과 조사의 어려움

① 광고조사에 많은 조사시간 및 비용 등이 소요됨

② 광고효과와 다른 요인의 효과를 분리하여 측정하기 어려움

③ 광고효과 측정이 제작노력을 방해함

④ 광고 제작자가 캠페인의 결과에 대한 책임 회피

⑤ 측정 방법의 타당성 및 조사결과의 신뢰성 문제

(5) 광고효과 조사의 목적

① **사전조사의 목적** : 광고 집행 실패의 사전 방지, 대안의 객관적 평가, 효과적이고 효율적인 광고활동 계획의 수립

② **사후조사의 목적** : 광고 목표의 달성정도의 파악, 광고 수입의 계량화, 차기 캠페인을 위한 기반 마련

③ **매체조사의 목적** : 소비자의 광고 노출량 측정, 타겟 적합매체의 선정, 과학적 매체 계획의 수립

(6) 로그분석

① 웹 사이트 등을 방문한 유저들의 데이터를 수집해 분석하는 도구를 의미한다.

② 네이버, 다음 카카오, 구글 검색광고에서도 무료로 로그분석을 지원하고 있다.

③ 로그분석의 예로 구글의 애널리틱스, 에이스카운터, 비즈스프링의 로거 등이 있다.

④ 매체에서 제공하는 로그분석을 활용할 시에 별도의 엑셀 작업 없이 그룹, 캠페인, 키워드별 전환 성과를 보고서와 함께 볼 수 있다.

⑤ 로그분석이 가능하기 위해서는 웹 사이트 등에 전환추적 스크립트의 삽입이 필요하며 자가 설치 및 대행 설치도 가능하다.

🔍 **참고** 네이버 검색광고에서 제공하는 프리미엄 로그분석에서 확인 가능한 항목

전환수	전환 유형별로 나타난 전환 개수의 합
직접전환수	광고클릭 이후 30분 이내에 전환이 나타난 경우
간접전환수	광고클릭 이후 30분부터 전환이 나타난 경우, 전환 추적 기간은 7~20일 사이의 기간으로 직접 설정이 가능
전환율	• 전환수/광고클릭 수 → 광고로부터 유입된 광고클릭 수에 비해 얼마나 전환이 발생되었는지를 비율로 표현한 것 • 전환수를 기준으로 광고 효율을 측정하는 지표 중 하나
전환매출액	각 전환별 전환가치(또는 매출)의 합
간접전환매출액	간접 전환으로 인한 전환 매출액의 합

직접전환매출액	직접 전환으로 인한 전환 매출액의 합
전환 당 비용	광고비/전환수, 전환 1회당 사용한 평균 광고비
방문 당 평균 체류시간	체류시간/방문 수, 사용자가 사이트 방문 1회 당 머문 시간
방문 당 평균 페이지 뷰	페이지 뷰/방문 수, 사용자가 사이트 방문 1회 당 살펴본 페이지 수
전환수(네이버 페이)	사용자들이 검색광고를 통해 사이트에 방문해 네이버 페이로 결제한 경우의 전환 수. 총 전환수보다 항상 작다.
전환매출액(네이버 페이)	네이버 페이를 통해 발생한 전환 매출액의 합계
광고수익률	• 전환매출액/총 비용. 단위 광고 비용 당 전환 매출액 • 사용한 광고비용에 대해 어느 정도의 매출이 발생하였는지를 비율로 나타낸 것 • 전환매출액을 기준으로 광고 효율을 측정하는 지표 중 하나

part
03

검색광고 활용 전략

제3장 사후관리

SEARCH ADVERTISING MARKETERS

1 사후관리

(1) 개요

① 키워드 사후관리 또는 랜딩페이지 관리로 구분이 가능하다.

② 키워드 사후관리를 통해 광고를 끊임없이 최적화하고 랜딩페이지 관리를 통해 힘들게 방문한 고객들이 이탈되지 않고 전환으로 연결이 가능하도록 사후관리를 철저히 해야 한다.

(2) 키워드 사후관리

① 성과 향상을 위해 고려해야 할 지표는 CTR, CVR이다.

② CTR은 광고가 노출된 횟수 대비 클릭을 받은 비율을 의미한다.

③ CVR은 클릭을 통해서 방문한 고객이 전환행동을 한 비율을 의미한다.

④ CTR, CVR이 모두 높은 경우

    ㉠ 최적의 광고 컨디션이다.

    ㉡ 키워드 및 소재 랜딩페이지 모두 매력적일 때 가능하다.

    ㉢ 이미 효과가 검증된 고효율 키워드를 기반으로 연관/세부 키워드를 확장하는 전략을 사용하거나 또는 시즌/이슈 키워드를 확장하는 것도 좋은 방법이다.

⑤ CTR은 높고, CVR은 낮은 경우

    ㉠ 노출순위 및 소재 등은 매력적이지만 실제적으로는 사이트에 방문해서 전환 행동이 발생하지 않은 상태를 의미한다.

    ㉡ 원하는 것이 없거나 콘텐츠가 충분하지 않은 경우 타 사이트를 이탈할 가능성이 높아진다.

⑥ CTR, CVR이 모두 낮은 경우

    ㉠ 키워드 및 광고 소재가 모두 적합한지를 사전에 점검한 후에 광고 중단을 고려해야 한다.

    ㉡ 키워드는 여러 가지 이유로 언제나 변화가능성이 있으므로 주기적인 효과분석 및 필터링 과정은 필수적이다.

⑦ CTR은 낮고, CVR은 높은 경우

ㄱ 클릭율은 낮지만 일단 방문한 고객은 높은 확률로 전환이 이루어지는 경우이다.

ㄴ 이 같은 경우에 광고소재의 매력도가 낮은지, 키워드 입찰순위가 현저히 낮아 충분한 클릭을 받지 못하고 있는지를 점검해야 한다.

2 랜딩페이지 관리

(1) 랜딩페이지

① 광고를 통해 방문하게 되는 페이지를 의미한다.

② 랜딩페이지가 메인페이지가 될 수 있으며, 카테고리나 제품 상세 페이지, 이벤트 페이지가 될 수도 있다.

(2) 랜딩페이지의 중요성

① 광고를 클릭해 방문한 페이지에서 찾고자 했던 제품 및 콘텐츠 등이 없는 경우 고객들은 쉽게 포기하고 타 페이지를 사용한다.

② 1명의 방문자를 웹 사이트로 유입시키기까지 많은 노력 및 비용을 투하했다 하더라도 랜딩페이지에서 이탈해버리면 아무 소용이 없게 된다.

(3) 반송률

① 랜딩 페이지 효과를 객관적으로 분석하기 위해 광고를 통한 전환 데이터 외에도 로그분석의 여러 가지 지표를 참조할 수 있다.(통상적으로 페이지 뷰, 체류시간, 반송률 등이 대표적이다.)

② 반송률은 방문자 수 대비 반송 수의 비율 데이터를 의미한다. 즉, 반송 수/방문 수×100

③ 사이트에 방문한 후에 페이지 이동 없이 바로 이탈한 경우를 반송이라고 한다.(반송률이 높다는 것은 그 만큼 해당 랜딩페이지가 고객들에게는 효과적이지 않다는 것이다.)

(4) 광고 극대화를 위한 랜딩페이지 구성요소

① 랜딩페이지는 키워드가 포함되어야 한다.

② 특별한 판매조건이나 구매 결정을 바로 내릴 수 있는 혜택이 포함되어 있는 것이 효과적이다.

③ 특정한 타깃이나 시즈널 이슈 등 세부적인 니즈에 따라 페이지를 별도로 구성한다.

④ 상품이나 서비스의 장점에 대한 증거를 제시하는 것이 좋다.

part
03

검색광고 활용 전략

⑤ 상품이나 서비스의 상세 설명은 있어야 한다.

⑥ 다양한 디바이스 환경을 고려해야 한다.

⑦ 상품구매 및 서비스 예약 등과 같은 행동을 즉각적으로 할 수 있게 하는 요소가 꼭 들어가야 한다.

⑧ 예상되는 고객들의 특성을 파악해 랜딩페이지를 디자인하는 것이 좋다.

참고 랜딩페이지 최적화 작업 점검 항목

㉠ 소비자가 무엇을 해야 할지 안내하듯 명확하게 나타내어야 한다.

㉡ 카피라이팅은 명확하고, 급박해야 한다.

㉢ 소비자가 원하는 정보를 최상단에 위치시켜야 한다.

㉣ 사진과 글꼴, 색상은 브랜드의 서비스와 상품을 가장 잘 나타낼 수 있도록 해야 한다.

㉤ 고객 DB 확보가 목표라면 '신청하기', '구독하기', '상담하기' 등의 명확한 입력란을 설정해야 한다.

㉥ 즉각적인 구매행동 유발이 목표라면, 랜딩페이지를 통해 긴급하고 급박한 메시지를 걸어둔 후 구매 페이지로 이동하는 링크를 삽입한다.

제4장

예상문제

SEARCH ADVERTISING MARKETERS

▦ 객관식 문제

01 다음 중 네이버/카카오 매체 리포트에서 기본적으로 파악할 수 있는 지표로 옳은 것은?

① CTR ② CPA

③ ROI ④ ROAS

정답 ①

해설 매체 리포트에서 확인할 수 있는 정보로는 광고비용, 클릭 수, 노출 수, 클릭률(CTR), 방문 당 광고비용(CPC) 등이 있다.

02 동일한 클릭 수에 비해 전환수가 많은 것이 높은 효과가 있는 광고분석 방법은?

① CPC ② CTR

③ CVR ④ CPS

정답 ③

해설 전환율(CVR)=전환수/클릭 수×100이며, 전환수 당 클릭 수의 정도가 어느 정도인지를 분석하는 방법이다. 전환율은 높을수록 효과적인 광고이다.

03 광고를 통해 한 사람의 사용자가 사이트를 방문하는데 투여되는 비용은?

① CPC ② CPS

③ CVR ④ CTR

정답 ①

해설 CPC(클릭 당 비용)=총 광고비/클릭 수이며, 광고를 통해 한 사람의 사용자가 사이트를 방문하는데 투여되는 비용을 말하며, 클릭 당 비용이 낮을수록 또는 동일 광고비용으로 클릭률이 높을수록 광고효과가 높음을 알 수 있다.

클릭	클릭 당 비용(CPC)	총 광고비/클릭 수	낮을수록 좋음
	클릭율 (CTR)	클릭 수/노출 수×100	높을수록 좋음

04 광고를 통해 사용자가 광고주의 사이트를 방문하여 최종적으로 상품 및 서비스를 구매하는 비용은?

① CVR ② CTR

③ CPS ④ CPC

정답 ③

해설 CPS=총 광고비용/구매건수이며, 광고를 통해 사용자가 광고주의 사이트를 방문하여 최종적으로 상품 및 서비스를 구매하는 비용을 의미하며, 구매건당 비용이 낮을수록 효율적으로 광고가 집행되고 있음을 알 수 있다.

05 로그분석에 대한 설명으로 바르지 않은 것은?

① 웹 사이트 등을 방문한 유저들의 데이터를 수집해 분석하는 도구를 의미한다.

② 네이버, 다음 카카오, 구글 검색광고에서는 유료로 로그분석을 지원하고 있다.

③ 별도의 엑셀 작업 없이 그룹, 캠페인, 키워드별 전환성과를 보고서와 함께 볼 수 있다.

④ 웹 사이트 등에 전환추적 스크립트의 삽입이 필요하다.

정답 ②

해설 로그분석은 다음과 같은 특징을 지닌다.
ㄱ 웹 사이트 등을 방문한 유저들의 데이터를 수집해 분석하는 도구를 의미한다.
ㄴ 네이버, 다음 카카오, 구글 검색광고에서도 무료로 로그분석을 지원하고 있다.
ㄷ 로그분석의 예로 구글의 애널리틱스, 에이스카운터, 비즈스프링의 로거 등이 있다.
ㄹ 매체에서 제공하는 로그 분석을 활용할 시에 별도의 엑셀 작업 없이 그룹, 캠페인, 키워드별 전환성과를 보고서와 함께 볼 수 있다.
ㅁ 로그분석이 가능하기 위해서는 웹 사이트 등에 전환추적 스크립트의 삽입이 필요하며 자가설치 및 대행설치도 가능하다.

06 검색광고 효과분석에 대한 설명으로 적절하지 않은 것은?

① 검색광고는 타 광고와는 다르게 명확한 성과측정이 불가능하다.

② 검색광고 효과 분석은 광고 집행 프로세스의 마지막 단계이면서 동시에 시작의 단계이다.

③ 검색광고 효과분석을 통해 끝없이 개선하고 성장을 이끌어내는 것이야말로 검색광고 마케터의 역량이다.

④ 초기 수립한 광고목표를 기반으로 평가에서 끝나기만 하며 실질적인 효과분석을 하는 의미가 없다.

정답 ①

해설 검색광고는 타 광고와는 다르게 명확한 성과측정이 가능하며 실시간으로 운영되는 시스템으로 추후 사후관리를 통해 광고성과를 크게 개선시키는 것이 가능하다.

07 광고 조사의 역할로 바르지 않은 것은?

① 대안별 평가 및 최적안의 도출

② 최적의 크리에이티브의 창출

③ 문제해결 방향 및 대안의 발견

④ 광고와 연관되지 않은 문제의 발견 및 명확화

정답 ④

해설 광고조사의 역할은 다음과 같다.
ㄱ 문제해결 방향 및 대안의 발견
ㄴ 광고와 연관된 문제의 발견 및 명확화
ㄷ 광고 매체 선택 및 활용방안의 수립
ㄹ 대안별 평가 및 최적안의 도출
ㅁ 광고 효과에 대한 평가 및 개선 방안의 도출
ㅂ 최적의 크리에이티브의 창출

08 광고효과 조사의 필요성으로 바르지 않은 것은?

① 판매촉진의 과다한 비용

② 고비용 저효율의 광고 집행

③ 경쟁 제품과의 차별성 약화

④ 판매인력 비용의 감소

정답 ④

해설 광고효과 조사의 필요성은 다음과 같다.
ㄱ 판매촉진의 과다한 비용
ㄴ 경쟁 제품과의 차별성 약화
ㄷ 경쟁 기업의 수준에 따른 가격조정
ㄹ 판매인력 비용의 증가
ㅁ 고비용 저효율의 광고 집행
ㅂ 판매고 증가를 위한 고비용 서비스 제공

09 다음 중 광고효과 조사의 어려움이 아닌 것은?

① 광고효과와 다른 요인의 효과를 분리하여 측정하기 용이함

② 측정 방법의 타당성 및 조사결과의 신뢰

성 문제

③ 광고 제작자가 캠페인의 결과에 대한 책임 회피

④ 광고효과 측정이 제작노력을 방해함

정답 ①

해설 광고효과 조사의 어려움은 다음과 같다.
㉠ 광고조사에 많은 조사시간 및 비용 등이 소요됨
㉡ 광고효과와 다른 요인의 효과를 분리하여 측정하기 어려움
㉢ 광고효과 측정이 제작노력을 방해함
㉣ 광고 제작자가 캠페인의 결과에 대한 책임 회피
㉤ 측정 방법의 타당성 및 조사결과의 신뢰성 문제

10 아래의 내용은 광고 효과 조사의 목적 중 무엇에 해당하는가?

- 광고 집행 실패의 사전 방지
- 대안의 객관적 평가
- 효과적이고 효율적인 광고활동 계획의 수립

① 매체조사의 목적
② 사전조사의 목적
③ 사후조사의 목적
④ 피드백조사의 목적

정답 ②

해설 사전조사의 목적은 다음과 같다.
㉠ 광고 집행 실패의 사전 방지
㉡ 대안의 객관적 평가
㉢ 효과적이고 효율적인 광고활동 계획의 수립

11 아래의 내용은 광고 효과 조사의 목적 중 무엇에 해당하는가?

- 광고 목표의 달성정도의 파악
- 광고 수입의 계량화
- 차기 캠페인을 위한 기반 마련

① 매체조사의 목적
② 기술조사의 목적
③ 사후조사의 목적
④ 사전조사의 목적

정답 ③

해설 사후조사의 목적은 다음과 같다.
㉠ 광고 목표의 달성정도의 파악
㉡ 광고 수입의 계량화
㉢ 차기 캠페인을 위한 기반 마련

12 아래의 내용은 광고 효과 조사의 목적 중 무엇에 해당하는가?

- 소비자의 광고 노출량 측정
- 타겟 적합매체의 선정
- 과학적 매체 계획의 수립

① 매체조사의 목적
② 사전조사의 목적
③ 사후조사의 목적
④ 통제조사의 목적

정답 ①

해설 매체조사의 목적은 다음과 같다.
㉠ 소비자의 광고 노출량 측정
㉡ 타겟 적합매체의 선정
㉢ 과학적 매체 계획의 수립

13 키워드 및 소재, 랜딩페이지 모두 매력적일 때 가능한 것은?

① CTR은 낮고, CVR은 높은 경우
② CTR은 높고, CVR은 낮은 경우
③ CTR, CVR이 모두 낮은 경우
④ CTR, CVR이 모두 높은 경우

정답 ④

해설 CTR, CVR이 모두 높은 경우는 최적의 광고 컨디션

을 유지하는 것이다. 주로 키워드 및 소재, 랜딩페이지 모두 매력적일 때 가능하며, 이미 효과가 검증된 고효율 키워드를 기반으로 연관/세부 키워드를 확장하는 전략을 사용하거나 또는 시즌/이슈 키워드를 확장하는 것도 좋은 방법이다.

14 노출순위 및 소재 등은 매력적이지만 실제적으로는 사이트에 방문해서 전환 행동이 발생하지 않은 상태를 의미하는 것은?

① CTR, CVR이 모두 높은 경우
② CTR, CVR이 모두 낮은 경우
③ CTR은 높고, CVR은 낮은 경우
④ CTR은 낮고, CVR은 높은 경우

정답 ③

해설 CTR은 높고, CVR은 낮은 경우는 노출순위 및 소재 등은 매력적이지만 실제적으로는 사이트에 방문해서 전환 행동이 발생하지 않은 상태를 의미하는데 원하는 것이 없거나 콘텐츠가 충분하지 않은 경우 타 사이트를 이탈할 가능성이 높아진다.

15 키워드 및 광고 소재가 모두 적합한지를 사전에 점검한 후에 광고 중단을 고려해야 하는 것은?

① CTR은 높고, CVR은 낮은 경우
② CTR, CVR이 모두 낮은 경우
③ CTR은 낮고, CVR은 높은 경우
④ CTR, CVR이 모두 높은 경우

정답 ②

해설 CTR, CVR이 모두 낮은 경우는 키워드 및 광고 소재가 모두 적합한지를 사전에 점검한 후에 광고 중단을 고려해야 하며, 키워드는 여러 가지 이유로 언제나 변화가능성이 있으므로 주기적인 효과분석 및 필터링 과정은 필수적이다.

16 클릭율은 낮지만 일단 방문한 고객은 높은 확률로 전환이 이루어지는 경우는?

① CTR은 낮고, CVR은 높은 경우
② CTR은 높고, CVR은 낮은 경우
③ CTR, CVR이 모두 높은 경우
④ CTR, CVR이 모두 낮은 경우

정답 ①

해설 CTR은 낮고, CVR은 높은 경우는 클릭율은 낮지만 일단 방문한 고객은 높은 확률로 전환이 이루어지는 경우인데, 이 같은 경우에 광고소재의 매력도가 낮은지, 키워드 입찰순위가 현저히 낮아 충분한 클릭을 받지 못하고 있는지를 점검해야 한다.

17 광고 극대화를 위한 랜딩페이지 구성요소에 대한 내용으로 바르지 않은 것은?

① 랜딩페이지는 키워드가 포함되어야 한다.
② 구매 결정을 추후에 내릴 수 있는 혜택이 포함되어 있는 것이 효과적이다.
③ 다양한 디바이스 환경을 고려해야 한다.
④ 상품이나 서비스의 장점에 대한 증거를 제시하는 것이 좋다.

정답 ②

해설 광고 극대화를 위한 랜딩페이지 구성요소에 대한 내용으로는 다음과 같다.
　㉠ 랜딩페이지는 키워드가 포함되어야 한다.
　㉡ 특별한 판매조건이나 구매 결정을 바로 내릴 수 있는 혜택이 포함되어 있는 것이 효과적이다.
　㉢ 특정한 타깃이나 시즈널 이슈 등 세부적인 니즈에 따라 페이지를 별도로 구성한다.
　㉣ 상품이나 서비스의 장점에 대한 증거를 제시하는 것이 좋다.
　㉤ 상품이나 서비스의 상세 설명은 있어야 한다.
　㉥ 다양한 디바이스 환경을 고려해야 한다.
　㉦ 상품구매 및 서비스 예약 등과 같은 행동을 즉각적으로 할 수 있게 하는 요소가 꼭 들어가야 한다.
　㉧ 예상되는 고객들의 특성을 파악해 랜딩페이지를 디자인하는 것이 좋다.

18 랜딩페이지 최적화 작업 점검 항목에 대한 내용으로 적절하지 않은 것은?

① 소비자가 원하는 정보를 최하단에 위치시켜야 한다.
② 카피라이팅은 명확하고, 급박해야 한다.
③ 소비자가 무엇을 해야 할지 안내하듯 명확하게 나타내어야 한다.
④ 사진과 글꼴, 색상은 브랜드의 서비스와 상품을 가장 잘 나타낼 수 있도록 해야 한다.

정답 ①

해설 랜딩페이지 최적화 작업 점검 항목은 다음과 같다.
　ⓐ 소비자가 무엇을 해야 할지 안내하듯 명확하게 나타내어야 한다.
　ⓑ 카피라이팅은 명확하고, 급박해야 한다.
　ⓒ 소비자가 원하는 정보를 최상단에 위치시켜야 한다.
　ⓓ 사진과 글꼴, 색상은 브랜드의 서비스와 상품을 가장 잘 나타낼 수 있도록 해야 한다.
　ⓔ 고객 DB 확보가 목표라면 '신청하기', '구독하기', '상담하기' 등의 명확한 입력란을 설정해야 한다.
　ⓕ 즉각적인 구매행동 유발이 목표라면, 랜딩페이지를 통해 긴급하고 급박한 메시지를 걸어둔 후 구매 페이지로 이동하는 링크를 삽입한다.

19 다음 중 네이버 검색광고에서 제공하는 프리미엄 로그분석에서 확인 가능한 항목이 아닌 것은?

① 직접전환 수
② 목표 매출액
③ 간접전환매출액
④ 방문당 평균페이지뷰

정답 ②

해설 네이버 검색광고에서 제공하는 프리미엄 로그분석에서 확인 가능한 항목은 전환 수, 직접전환 수, 간접전환 수, 전환율, 전환매출액, 간접전환매출액, 직접전환매출액, 전환 당 비율, 방문 당 평균 체류시간, 방문 당 평균 페이지 뷰, 전환 수(네이버 페이), 전환매출액(네이버 페이), 광고수익률이다.

20 반송과 반송률에 대한 설명으로 가장 적절하지 않은 것은?

① 반송이란 사이트 방문 후 페이지 이동 없이 바로 이탈한 경우를 의미한다.
② 반송률이란 방문자 수 대비 반송수의 비율 데이터를 의미한다.
③ 반송률은 랜딩페이지의 객관적 분석을 위하여 사용되기도 한다.
④ 반송률이 높다는 것은 랜딩페이지보다 검색키워드에 문제가 있다는 것을 의미한다.

정답 ④

해설 사이트에 방문한 후에 페이지 이동 없이 바로 이탈한 경우를 반송이라고 한다. 반송률이 높다는 것은 그 만큼 해당 랜딩페이지가 고객들에게는 효과적이지 않다는 것이다. 반송률이 높다는 것은 검색키워드보다 랜딩페이지에 문제가 있다는 것을 의미할 수 있다.

21 다음 광고 결과 데이터를 통해 얻을 수 있는 값으로 바르게 짝지어진 것은?

방문 수	클릭률	광고비
5,000회	5%	1,000,000원

물품단가	CPA	
5,000원	2,500원	

① 노출 수는 250,000회이다.
② 전환 수는 500회이다.
③ CPC는 200원이다.
④ ROAS는 250%이다.

정답 ③

해설 방문 수가 5,000회이고, 클릭률이 5%이므로, 노출 수는 100,000회이다. CPA는 '광고비/전환수'이므로 전환수는 400회이다. 전환수가 400회이므로 ROAS는 '수익/광고비×100'이므로 200%가 되고, 전환율은 8%이다. CPS는 '광고비/구매건수'이므로 2,500원이 되고, CPC는 '광고비/클릭수'이므로 200원이 된다.

22 다음의 조건을 통해 얻어진 CPS와 ROAS의 값으로 가장 적절한 것은?

> • 광고비 : 200,000원
> • 광고를 통한 방문수 : 1,600명
> • 구매전환율 : 5%
> • 물품단가 : 7,500원

① CPS : 2,000원, ROAS : 150%

② CPS : 2,000원, ROAS : 300%

③ CPS : 2,500원, ROAS : 150%

④ CPS : 2,500원, ROAS : 300%

정답 ④

해설 광고를 통한 방문수가 1,600명이고 구매전환율이 5%이므로, 구매건수는 80건이다. 따라서 CPS는 '광고비/구매건수'이므로, 2,500원이다. 구매건수는 80건이고, 물품단가가 7,500원이므로, ROAS는 300%이다.

23 다음 광고 결과 데이터를 통해 판매품의 CPC와 물품단가로 가장 적절한 것은?

방문수	구매전환율	광고비	ROAS
35,000회	4%	2,100,000원	150%

① CPC : 60원, 물품단가 : 2,250원

② CPC : 60원, 물품단가 : 2,500원

③ CPC : 70원, 물품단가 : 2,250원

④ CPC : 70원, 물품단가 : 2,500원

정답 ①

해설 방문수가 35,000회이고 광고비가 2,100,000원이므로, CPC는 60원이다. 방문수가 35,000회이고 구매전환율이 4%이므로, 구매건수는 1,400회이다. ROAS는 '수익/광고비×100'이므로, 수익은 3,150,000원이다. 따라서 판매품의 물품단가는 2,250원이다.

24 다음의 주어진 광고실적을 보고 CTR이 가장 높은 것으로 가장 적절한 것은?

구분	노출 수 (회)	클릭 수 (회)	전환 수 (회)	광고비 (원)
A	2,000	300	100	250,000
B	16,000	2,500	600	2,000,000
C	35,000	4,900	1,800	4,000,000
D	72,000	9,000	2,000	9,000,000

① A

② B

③ C

④ D

정답 ②

해설 클릭률(CTR)은 '클릭 수/노출 수×100'이므로, A는 15%, B는 15.625%, C는 14%, D는 12.5%이다. 따라서 CVR이 가장 높은 것은 B이다.

25 다음 광고 결과 데이터를 통해 얻을 수 있는 값으로 바르지 않은 것은?

노출 수	클릭 수	광고비
600,000회	15,000회	4,500,000원

전환 수	전환매출액	
1,350회	7,200,000원	

① 클릭률은 2.5%이다.

② 전환율은 9%이다.

③ 클릭 당 비용은 3,000원이다.

④ ROAS는 160%이다.

정답 ③

해설 노출 수가 600,000회이고, 클릭 수가 15,000회이므로 클릭률은 2.5%이다. 전환율은 '전환 수/클릭 수×100'이므로, 9%이다. 클릭 당 비용(CPC)은 '광고비/클릭 수'이므로, 300원이다. ROAS는 '수익/광고비×100'이므로, 160%이다.

■ 단답식 문제

01 다음 표와 같이 검색광고의 집행결과가 도출되었다면 전환 당 비용은 얼마인가? (소수점 절삭)

키워드	CPC	전환율
수치	5,700원	2.26%

정답 252,212원

해설 총 광고비=100명(임의로 정한 클릭 수)×5,700원(CPC)=570,000원이 되며, 전환수=100명(임의로 정한 클릭 수)×2.26%(전환율)=2.26명이 된다. 전환 당 비용은 570,000원(광고비)/2.26명(전환수)=252,212원이 된다.

02 구매전환율이 10%이고, 매출이익이 2만 원인 경우 최대 허용 CPC는 얼마인가?

정답 2,000원

해설 다른 데이터가 주어지고 있지 않기 때문에 클릭 수를 100명으로 임의로 기준을 잡고 계산을 하면 된다.
구매건수=100명(임의기준 클릭 수)×10%(구매전환율)=10건이며, 총매출=20,000원(매출이익)×10건(구매건수)=200,000원이 되고, 최대허용 CPC=200,000원(총매출)/100명(임의기준 클릭 수)=2,000원이 된다.

03 검색광고를 운영하는 데 150만 원의 광고비를 1,500%의 ROAS를 얻었다고 한다면, 광고를 통해 발생한 전환매출은 얼마인가?

정답 22,500,000원

해설 1,500%의 ROAS가 있으므로 이는 광고비의 15배가 총매출이 됨을 의미한다. 그러므로 전환매출=1,500,000원(광고비)×15=22,500,000원이 된다.

04 광고를 통해 한 사람의 사용자가 사이트를 방문하는데 투여되는 비용을 무엇이라고 하는가?

정답 CPC

해설 CPC(클릭 당 비용)=총 광고비/클릭 수이다. 광고를 통해 한 사람의 사용자가 사이트를 방문하는데 투여되는 비용을 말하며 클릭 당 비용이 낮을수록 또는 동일 광고비용으로 클릭률이 높을수록 광고효과가 높음을 알 수 있다.

05 광고를 통해 사용자가 최종적으로 상품 및 서비스를 구매하는 비용을 무엇이라고 하는가?

정답 CPS

해설 CPS=총 광고비용/구매건수이다. 광고를 통해 사용자가 광고주의 사이트를 방문하여 최종적으로 상품 및 서비스를 구매하는 비용을 의미하며 구매건당 비용이 낮을수록 효율적으로 광고가 집행되고 있음을 알 수 있다.

06 사용한 광고비를 통해서 직접적으로 발생하는 매출액의 크기를 무엇이라고 하는가?

정답 ROAS

해설 광고를 통한 매출분석(ROAS, Return on advertising spend)은 광고를 통한 매출/광고비×100로 나타내며 사용한 광고비를 통해서 직접적으로 발생하는 매출액의 크기를 의미한다.

07 웹 사이트 등을 방문한 유저들의 데이터를 수집해 분석하는 도구를 무엇이라고 하는가?

정답 로그분석

해설 로그분석은 웹 사이트 등을 방문한 유저들의 데이터를 수집해 분석하는 도구를 의미하며, 네이버, 다음 카카오, 구글 검색광고에서도 무료로 로그분석을 지원하고 있다. 이에는 구글의 애널리틱스, 에이스카운터, 비즈스프링의 로거 등이 있으며 매체에서 제공하는 로그 분석을 활용할 시에 별도의 엑셀 작업 없이 그룹, 캠페인, 키워드별 전환성과를 보고서와 함께 볼 수 있다. 또한, 로그분석이 가능하기 위해서는 웹 사이트 등에 전환추적 스크립트의 삽입이 필요하며 자가 설치 및 대행설치도 가능하다.

08 광고조사의 목적 3가지는 무엇인가?

정답 사전조사의 목적, 사후조사의 목적, 매체조사의 목적

해설 사전조사의 목적에는 광고 집행 실패의 사전 방지, 대안의 객관적 평가, 효과적이고 효율적인 광고활동 계획의 수립 등이 있다. 사후조사의 목적에는 광고 목표의 달성정도의 파악, 광고 수입의 계량화, 차기 캠페인을 위한 기반 마련 등이 있으며, 매체조사의 목적에는 소비자의 광고 노출량 측정, 타겟 적합매체의 선정, 과학적 매체 계획의 수립 등이 있다.

09 광고 효과분석 이후의 사후관리 두 가지는 무엇인가?

정답 키워드 사후관리, 랜딩페이지 관리

해설 광고 효과분석 이후의 사후관리는 키워드 사후관리, 랜딩페이지 관리로 구분이 가능하다. 키워드 사후관리를 통해 광고를 끊임없이 최적화하고 랜딩페이지 관리를 통해 힘들게 방문한 고객들이 이탈되지 않고 전환으로 연결이 가능하도록 사후관리를 철저히 해야 한다.

10 다음의 ①, ②가 의미하고 있는 용어는 무엇인가?

> ① 키워드 사후관리에서 성과 향상을 위해 고려해야 할 지표
> ② 사이트에 방문한 후에 페이지 이동 없이 바로 이탈한 경우

정답 ① CVR, CTR ② 반송

해설 키워드 사후관리에서 성과 향상을 위해 고려해야 할 지표는 CVR과 CTR이다. 사이트에 방문한 후에 페이지 이동 없이 바로 이탈한 경우를 반송이라 한다.

11 최적의 광고 컨디션일 때는 어떠한 경우인가?

정답 CTR, CVR이 모두 높은 경우

해설 CTR, CVR이 모두 높은 경우는 키워드 및 소재 랜딩페이지 모두 매력적일 때 가능하며, 이런 경우 이미 효과가 검증된 고효율 키워드를 기반으로 연관/세부 키워드를 확장하거나 시즌/이슈 키워드를 확장하는 전략을 사용한다.

12 광고 소재가 적합한지를 사전에 점검한 후에 광고 중단을 고려해야 하는 경우는?

정답 CTR, CVR이 모두 낮은 경우

해설 CTR, CVR이 모두 낮은 경우는 키워드 및 광고 소재가 모두 적합한지를 사전에 점검한 후에 광고 중단을 고려해야 하는데, 키워드는 여러 가지 이유로 언제나 변화가능성이 있으므로 주기적인 효과분석 및 필터링 과정은 필수적이다.

13 일단 방문한 고객은 높은 확률로 전환이 이루어지는 것은 어떠한 경우인가?

정답 CTR은 낮고, CVR은 높은 경우

해설 CTR은 낮고, CVR은 높은 경우는 클릭율은 낮지만 일단 방문한 고객은 높은 확률로 전환이 이루어지는 경우인데, 이 같은 경우에 광고소재의 매력도가 낮은지, 키워드 입찰순위가 현저히 낮아 충분한 클릭을 받지 못하고 있는지를 점검해야 한다.

14 광고를 통해 방문하게 되는 페이지를 무엇이라고 하는가?

정답 랜딩페이지

해설 랜딩페이지는 광고를 통해 방문하게 되는 페이지를 의미하는데, 랜딩페이지가 메인페이지가 될 수 있으며, 카테고리나 제품 상세 페이지, 이벤트 페이지가 될 수도 있다.

15 방문자 수 대비 반송 수의 비율 데이터를 무엇이라고 하는가?

정답 반송률

해설 반송률은 반송 수/방문 수×100이다. 반송률이 높다는 것은 그만큼 해당 랜딩페이지가 고객들에게는 효과적이지 않다는 것이다.

part
03

검색광고 활용 전략

OX문제

제1장_ 검색광고 효과분석을 위한 이해

01 검색광고 효과는 날마다 키워드의 양과 질이 다르다.　　　　　　　　　　　정답 ○

해설 사용자들이 검색하는 키워드는 일정한 것이 아니라 그날의 상황에 따라 바뀌게 되기 때문에 키워드 선택 시에 고려해야 한다.

02 검색광고 효과는 실시간 광고 분석이 불가능하다.　　　　　　　　　　　　정답 ×

해설 검색광고 효과는 검색광고 시스템을 통해 광고 분석을 할 수 있기 때문에 실시간으로 효과분석이 가능하다.

03 검색광고는 실시간 입찰방식으로 광고가 노출되지 않는다.　　　　　　　　　정답 ×

해설 검색광고는 실시간 입찰방식으로 광고가 노출되므로 많은 시간을 투자해 세심하게 운영할 필요가 있는데 네이버의 타임보드와 같이 정해진 시간에 고정 노출되는 상품과는 다르게 검색광고는 시간을 투자한 만큼 성과가 개선되는 경향을 지니기 때문이다.

04 CPS는 광고를 통해 한 사람의 사용자가 사이트를 방문하는데 투여되는 비용이다.　　정답 ×

해설 CPS(총 광고비용/구매건수)는 광고를 통해 사용자가 광고주의 사이트를 방문하여 최종적으로 상품 및 서비스를 구매하는 비용을 의미한다.

05 CPC는 광고를 통해 한 사람의 사용자가 사이트를 방문하는데 투여되는 비용을 말한다.　정답 ○

해설 CPC(총 광고비/클릭 수)는 광고를 통해 한 사람의 사용자가 사이트를 방문하는데 투여되는 비용을 의미하며, 클릭 당 비용이 낮을수록 또는 동일 광고비용으로 클릭률이 높을수록 광고효과가 높음을 알 수 있다.

06 ROI가 100% 이상이면 광고 집행의 효과가 있다고 볼 수 있다.　　　　　　　정답 ○

해설 ROI(광고를 통한 수익/광고비×100)는 가장 널리 사용되는 측정기준 중 하나이며 이는 키워드 광고를 통해 발생하는 이익을 광고비로 나누어 계산하면 되며 ROI가 100% 이상이면 광고 집행의 효과가 있다고 볼 수 있다.

OX문제

제2장_ 실제 검색광고효과 분석

01 광고 집행 실패의 사전 방지는 광고 효과 조사의 목적 중 사전조사의 목적에 해당한다. 정답 O

해설 사전조사의 목적에는 광고 집행 실패의 사전 방지, 대안의 객관적 평가, 효과적이고 효율적인 광고활동 계획의 수립 등이 해당한다.

02 로그분석 솔루션을 설치하지 않더라도 광고매체에서는 상세정보의 확인이 가능하다. 정답 X

해설 각 광고매체별 로그분석 솔루션을 설치하지 않게 되면 광고매체에서는 기본정보 밖에 확인이 안 된다.

03 간접전환 수는 광고클릭 이후 30분부터 전환이 나타난 경우이다. 정답 O

해설 간접전환 수는 광고클릭 이후 30분부터 전환이 나타난 경우, 전환 추적 기간은 7~20일 사이의 기간으로 직접 설정이 가능하다.

04 전환매출액은 광고비/전환수, 전환 1회당 사용한 평균 광고비이다. 정답 X

해설 전환매출액은 각 전환별 전환가치(또는 매출)의 합을 의미한다.

05 광고 수입의 계량화는 사후조사의 목적에 해당한다. 정답 O

해설 사후조사의 목적으로는 광고 목표의 달성정도의 파악, 광고 수입의 계량화, 차기 캠페인을 위한 기반 마련 등이 있다.

06 간접전환매출액은 직접 전환으로 인한 전환매출액의 합이다. 정답 X

해설 간접전환매출액은 간접 전환으로 인한 전환 매출액의 합을 의미한다.

07 소비자의 광고 노출량 측정은 매체조사의 목적에 해당한다. 정답 O

해설 매체조사의 목적으로는 소비자의 광고 노출량 측정, 타겟 적합매체의 선정, 과학적 매체 계획의 수립 등이 있다.

08 광고수익률은 전환매출액/총비용, 단위 광고 비용 당 전환매출액이다. 정답 O

해설 광고수익률은 전환매출액/총비용, 단위 광고 비용 당 전환매출액으로, 사용한 광고비용에 대해 어느 정도의 매출이 발생하였는지를 비율로 나타낸 것을 의미한다.

OX문제

제3장_ 사후관리

01 키워드 사후관리를 통해 고객들이 이탈되지 않고 전환으로 연결이 가능하도록 사후관리를 철저히 해야 한다. 　　　　　　　　　　　　　　　　　　　　　　　　　　　　　　**정답** O

　　해설 키워드 사후관리를 통해 광고를 끊임없이 최적화하고 랜딩페이지 관리를 통해 힘들게 방문한 고객들이 이탈되지 않고 전환으로 연결이 가능하도록 사후관리를 철저히 해야 한다.

02 성과 향상을 위해 고려해야 할 지표는 CTR 뿐이다. 　　　　　　　　　　**정답** ×

　　해설 성과 향상을 위해 고려해야 할 지표는 CTR, CVR이다.

03 CTR은 클릭을 통해서 방문한 고객이 전환행동을 한 비율을 의미한다. 　　　**정답** ×

　　해설 CTR은 광고가 노출된 횟수 대비 클릭을 받은 비율을 의미한다.

04 CVR은 광고가 노출된 횟수 대비 클릭을 받은 비율을 의미한다. 　　　　　**정답** ×

　　해설 CVR은 클릭을 통해서 방문한 고객이 전환행동을 한 비율을 의미한다.

05 CTR, CVR이 모두 높은 경우에 광고 중단을 고려해야 한다. 　　　　　　　**정답** ×

　　해설 CTR, CVR이 모두 높은 경우에 최적의 광고 컨디션이다.

06 CTR은 낮고, CVR이 높은 경우는 노출순위 및 소재 등은 매력적이지만 실제적으로는 사이트에 방문해서 전환 행동이 발생하지 않은 상태이다. 　　　　　　　　　　　　　**정답** ×

　　해설 CTR은 낮고, CVR이 높은 경우는 클릭율은 낮지만 일단 방문한 고객은 높은 확률로 전환이 이루어지는 경우이다.

07 CTR은 높고, CVR은 낮은 경우는 노출순위 및 소재 등은 매력적이지만 실제적으로는 사이트에 방문해서 전환 행동이 발생하지 않은 상태이다. 　　　　　　　　　　　　　**정답** O

　　해설 CTR은 높고, CVR은 낮은 경우에는 원하는 것이 없거나 콘텐츠가 충분하지 않은 경우 타 사이트를 이탈할 가능성이 높아진다.

08 랜딩페이지는 광고를 통해 방문하게 되는 페이지이다. 　　　　　　　　　**정답** O

　　해설 랜딩페이지는 광고를 통해 방문하게 되는 페이지를 의미하며, 랜딩페이지가 메인페이지가 될 수 있으며, 카테고리나 제품 상세 페이지, 이벤트 페이지가 될 수도 있다.

핵심요약

SEARCH ADVERTISING MARKETERS

제1장 _ 검색광고 효과분석을 위한 이해

사용자 행동단계와 효과측정

㉠ 사용자 행동단계 : 노출, 클릭, 구매의 단계를 거친다.

㉡ 효과측정

일반적인 소비자 행동	인지	방문	구매
검색광고 소비자 행동	노출	클릭	구매
단계별 효과 측정	CPI	CPC	CPS

광고효과 분석

㉠ 노출 당 비용=총 광고비/노출 수

㉡ CPC(클릭 당 비용)=총 광고비/클릭 수

㉢ CPS=총 광고비용/구매건수

㉣ 클릭률(CTR)=클릭 수/노출 수×100

광고비용 대비 효과 분석

㉠ ROI=광고를 통한 수익/광고비×100

㉡ ROAS=광고를 통한 매출/광고비×100

광고효과분석 관련 공식

㉠ 구매전환율(CVR)=전환수/클릭 수×100

㉡ ROI=광고를 통한 수익/광고비×100

㉢ ROAS=광고를 통한 매출/광고비×100

㉣ 클릭 당 비용(CPC)=총 광고비/클릭 수

㉤ 구매전환 당 비용(CPS)=총 광고비/전환수

로그분석

㉠ 웹 사이트 등을 방문한 유저들의 데이터를 수집해 분석하는 도구를 의미한다.

㉡ 네이버, 다음 카카오, 구글 검색광고에서도 무료로 로그분석을 지원하고 있다.

㉢ 로그분석의 예로 구글의 애널리틱스, 에이스카운터, 비즈스프링의 로거 등이 있다.

㉣ 매체에서 제공하는 로그 분석을 활용할 시에 별도의 엑셀 작업 없이 그룹, 캠페인, 키워드별 전환성과를 보고서와 함께 볼 수 있다.

㉤ 로그분석이 가능하기 위해서는 웹 사이트 등에 전환추적 스크립트의 삽입이 필요하며 자가 설치 및 대행설치도 가능하다.

검색광고 효과분석을 위한 사전 이해

㉠ 검색광고 효과 분석은 광고 집행 프로세스의 마지막 단계이면서 동시에 시작의 단계이다.

㉡ 초기 수립한 광고목표를 기반으로 평가에서 끝나기만 하면 실질적인 효과분석을 하는 의미가 없다.

㉢ 검색광고 효과분석을 통해 끝없이 개선하고 성장을 이끌어내는 것이야말로 검색광고 마케터의 역량이다.

㉣ 검색광고는 타 광고와는 다르게 명확한 성과측정이 가능하며 실시간으로 운영되는 시스템으로 추후 사후관리를 통해 광고성과를 크게 개선시키는 것이 가능하다.

제2장 _ 실제 검색광고효과 분석

광고 조사의 역할

㉠ 문제해결 방향 및 대안의 발견

　　ⓒ 광고와 연관된 문제의 발견 및 명확화
　　ⓒ 광고 매체 선택 및 활용방안의 수립
　　ⓔ 대안별 평가 및 최적안의 도출
　　ⓜ 광고 효과에 대한 평가 및 개선 방안의 도출
　　ⓗ 최적의 크리에이티브의 창출

광고효과 조사의 필요성
　　㉠ 판매촉진의 과다한 비용
　　ⓒ 경쟁 제품과의 차별성 약화
　　ⓒ 경쟁 기업의 수준에 따른 가격조정
　　ⓔ 판매인력 비용의 증가
　　ⓜ 고비용 저효율의 광고 집행
　　ⓗ 판매고 증가를 위한 고비용 서비스 제공

광고효과 조사의 목적
　　㉠ 사전조사의 목적 : 광고 집행 실패의 사전 방지, 대안의 객관적 평가, 효과적이고 효율적인 광고 활동 계획의 수립
　　ⓒ 사후조사의 목적 : 광고 목표의 달성정도의 파악, 광고 수입의 계량화, 차기 캠페인을 위한 기반 마련
　　ⓒ 매체조사의 목적 : 소비자의 광고 노출량 측정, 타겟 적합매체의 선정, 과학적 매체 계획의 수립

제3장 _ 사후관리

CTR, CVR이 모두 높은 경우
　　㉠ 최적의 광고 컨디션이다.
　　ⓒ 키워드 및 소재 랜딩페이지 모두 매력적일 때 가능하다.
　　ⓒ 이미 효과가 검증된 고효율 키워드를 기반으로 연관/세부 키워드를 확장하는 전략을 사용하거나 또는 시즌/이슈 키워드를 확장하는 것도 좋은 방법이다.

CTR은 높고, CVR은 낮은 경우
　　㉠ 노출순위 및 소재 등은 매력적이지만 실제적으로는 사이트에 방문해서 전환 행동이 발생하지 않은 상태를 의미한다.
　　ⓒ 원하는 것이 없거나 콘텐츠가 충분하지 않은 경우 타 사이트를 이탈할 가능성이 높아진다.

CTR, CVR이 모두 낮은 경우
　　㉠ 키워드 및 광고 소재가 모두 적합한지를 사전에 점검한 후에 광고 중단을 고려해야 한다.
　　ⓒ 키워드는 여러 가지 이유로 언제나 변화가능성이 있으므로 주기적인 효과분석 및 필터링 과정은 필수적이다.

CTR은 낮고, CVR은 높은 경우
　　㉠ 클릭율은 낮지만 일단 방문한 고객은 높은 확률로 전환이 이루어지는 경우이다.
　　ⓒ 이 같은 경우에 광고소재의 매력도가 낮은지, 키워드 입찰순위가 현저히 낮아 충분한 클릭을 받지 못하고 있는지를 점검해야 한다.

광고 극대화를 위한 랜딩페이지 구성요소
　　㉠ 랜딩페이지는 키워드가 포함되어야 한다.
　　ⓒ 특별한 판매조건이나 구매 결정을 바로 내릴 수 있는 혜택이 포함되어 있는 것이 효과적이다.
　　ⓒ 특정한 타깃이나 시즈널 이슈 등 세부적인 니즈에 따라 페이지를 별도로 구성한다.
　　ⓔ 상품이나 서비스의 장점에 대한 증거를 제시하는 것이 좋다.
　　ⓜ 상품이나 서비스의 상세 설명은 있어야 한다.
　　ⓗ 다양한 디바이스 환경을 고려해야 한다.
　　㉦ 상품구매 및 서비스 예약 등과 같은 행동을 즉각적으로 할 수 있게 하는 요소가 꼭 들어가야 한다.
　　㉧ 예상되는 고객들의 특성을 파악해 랜딩페이지를 디자인하는 것이 좋다.

광고 효과 분석

용어	의미	산식
CPC	Cost Per Click	총 광고비용/클릭 수 (클릭 수=방문 수)
CPS	Cost Per Sales	총 광고비용/구매건수 (구매건수=클릭 수×구매전환율)
CVR	ConVersion Rate	구매건수/클릭 수 ×100(=구매전환율=전환율)
CPA	Cost Per Action	총 광고비용/전환수 (전환수=구매건수=구매전환수)
CTR	Click Through Ratio	클릭 수/노출 수×100 (=클릭률)
ROI	Return On Investment	광고를 통한 수익/총 광고비용×100
ROAS	Return On Advertising Spend	전환매출/총 광고비용×100(전환매출=전환수×물품단가)

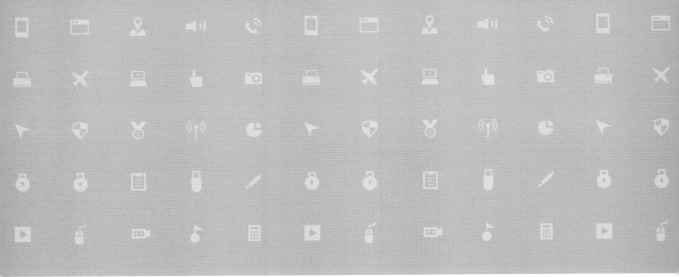

Search Advertising Marketers

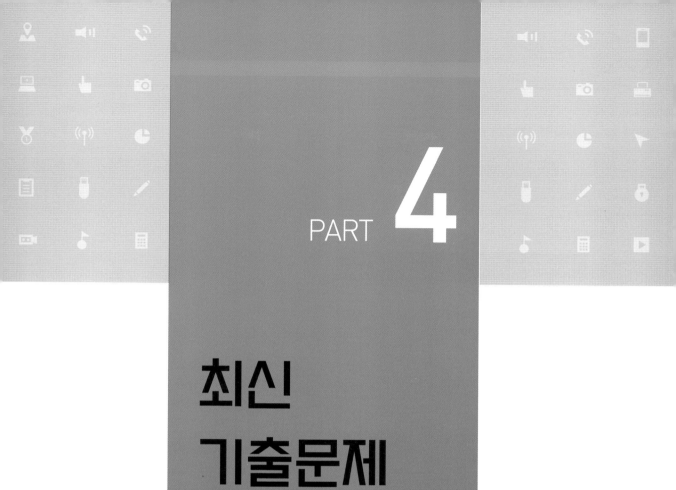

PART 4

최신
기출문제

Search Advertising Marketers

2003 회

2020년 12월 12일

기출문제

객관식 : 1번 ~ 40번
단답식 : 41번 ~ 60번
시험시간 90분

객관식 : 40문제 × 1.5점 = 60점 / 단답식 : 20문제 × 2.0점 = 40점

정답 및 해설 206p

▓ 객관식 문제

01 다음 중 소셜 미디어의 유형으로 가장 적절하지 않은 것은?

① 블로그
② 웹 브라우저
③ 소셜 네트워크
④ 유튜브

02 다음 중 온라인 포털에 대한 설명으로 가장 적절하지 않은 것은?

① 인터넷 사용자가 인터넷을 사용할 때 관문 역할을 하는 웹사이트를 지칭한다.
② 인터넷 이용자를 유입할 수 있는 킬러 서비스를 제공하여 많은 트래픽이 발생한다.
③ 유료 콘텐츠가 온라인 포털 수익의 대부분이며 광고 수익은 아직 미미하다.
④ 포털은 이용자에게 콘텐츠, 커머스, 이메일, 커뮤니티 등 다양한 서비스를 제공한다.

03 다음 설명에서 (괄호)에 들어갈 알맞은 용어는 무엇인가?

> (   )은(는) 브랜드가 생산에 주도적으로 참여한 콘텐츠의 스토리에 소비자에게 전달하고자 하는 브랜드의 핵심 메시지가 녹아 들어가 있으며 동시에 유용한 정보와 재미를 소비자에게 제공한다.

① 버즈 콘텐츠
② 브랜디드 콘텐츠
③ 유료 콘텐츠
④ 인-앱 콘텐츠

04 다음 중 제품 제작 과정에 직접 참여하거나 브랜드에 대한 다양한 의견과 정보를 제안하는 능동형 참여형 소비자를 지칭하는 용어로 알맞은 것은?

① 애드슈머(Adsumer)
② 프로슈머(Prosumer)
③ 디지털 노마드(Digital Nomad)
④ 블랙 컨슈머(Black Consumer)

05 다음 중 온라인 구전(eWOM: Electronic Word of Mouth)에 대한 설명으로 틀린 것은?

① 온라인 구전은 네트워크 분석을 통해 구전의 확산경로와 의견 선도자를 파악할 수 있다.
② 기업의 입장에서 소비자의 의견을 청취하는 채널로 활용할 수 있다.
③ 온라인 쇼핑몰에서 구매 후 소비자가 작성하는 사용 후기도 온라인 구전의 한 유형으로 볼 수 있다.
④ SNS, 블로그, 온라인 게시판을 통해 확산되기 때문에 일반적으로 정보에 대한 신뢰도는 매우 낮다.

06 다음 중 모바일 광고의 특징에 대한 설명으로 가장 적절하지 않은 것은?

① 시간과 공간의 물리적 제약을 극복하여 높은 광고 메시지 도달을 보인다.
② 모바일 기기의 특성상 위치기반 지역 광고나 개인 맞춤형 광고로 진화하고 있다.
③ 즉각적 반응성으로 빠른 구매 연결이 가능하다.
④ ROI를 향상시키기 위한 광고 노출의 극대화가 필수적이다.

07 다음 중 광고효과 분석 후 성과개선을 위해 취해야 할 행동으로 가장 적절하지 않은 것은?

① CTR이 낮은 키워드는 광고 소재 및 확장 소재를 변경한다.
② CVR이 높은 키워드를 중심으로 키워드를 확장한다.
③ ROAS가 높은 키워드는 입찰가를 낮추거나 시간 설정을 하여 광고 노출수를 줄인다.
④ CVR이 낮은 키워드는 랜딩페이지 및 페이지뷰, 체류시간을 체크한다.

08 다음 중 검색광고와 관련된 설명으로 가장 알맞은 것은 무엇인가?

① CPS가 낮을수록 광고 효과가 좋다.
② CPC가 높을수록 CPS는 낮아진다.
③ CVR이 낮을수록 광고 효과가 좋다.
④ ROAS가 높을수록 CPC가 높다.

09 광고실적이 다음과 같을 때 CVR이 가장 높은 그룹은 무엇인가?

그룹	클릭수	클릭율	전환수	광고 수익률
A 그룹	2,500	3%	20	800%
B 그룹	6,000	6%	30	450%
C 그룹	8,000	8%	80	130%
D 그룹	11,000	11%	100	950%

① C 그룹
② D 그룹
③ A 그룹
④ B 그룹

10 다음 중 로그 분석에 대한 설명으로 옳지 않은 것은?

① 네이버, 카카오, 구글 검색광고에서 무료로 로그 분석을 지원하고 있다.
② 로그 분석은 웹사이트를 방문한 유저의 데이터를 수집하여 분석하는 도구이다.
③ 매체사에서 제공하는 로그분석을 사용할 경우 별도의 엑셀 작업 없이 키워드별 전환 성과를 볼 수 있다.
④ 로그 분석이 가능하기 위해서는 웹사이트에 전환 추적 스크립트 삽입이 필요하며 대행설치만 가능하다.

11 광고 결과가 아래와 같을 때, 다음 중 CPC와 ROAS가 바르게 연결된 것은?

- 광고비 : 20,000,000원
- 광고를 통한 방문수 : 16,000명
- 물품 단가 : 50,000원
- 광고를 통해 판매된 물품 수 : 300개
- 이익률 : 40%

part
04
최신 기출문제

① CPC=1,250원, ROAS=30%

② CPC=400원, ROAS=75%

③ CPC=1,250원, ROAS=75%

④ CPC=400원, ROAS=30%

12 다음 중 네이버 검색광고 상품이 아닌 것은?

① 브랜드 검색　　② 프리미엄링크

③ 파워콘텐츠　　④ 쇼핑검색광고

13 다음에서 설명하는 용어로 적절하지 않은 것은?

① CPC는 검색광고를 통해 웹사이트로 방문하는데 투여된 비용이다.

② CTR은 검색광고가 노출된 횟수 대비 클릭이 발생한 비율을 말한다.

③ ROAS는 광고비 대비 매출액을 말한다.

④ CVR은 검색광고를 통해 전환을 달성하는데 투여된 비용을 말한다.

14 다음 중 네이버/카카오 매체리포트에서 기본적으로 파악할 수 있는 지표로 틀린 것은?

① ROI　　　　② 노출 수

③ CTR　　　　④ 클릭비용

15 다음 광고 결과 데이터를 통해 얻을 수 있는 것으로 바르게 짝지어진 것은?

방문 수	클릭률	광고비	물품단가	전환수
17,500	2%	7,000,000	35,000	700

① 노출 수=875,000, CVR=2%

② CVR=4%, ROAS=350%

③ 전환매출=24,500,000, CVR=2%

④ 노출 수=437,500, ROAS=500%

16 다음 중 광고 성과를 상승시키기 위한 랜딩페이지 운영 방법으로 적절하지 않은 것은?

① 키워드 검색량이 감소하면 랜딩페이지를 변경하거나 개선한다.

② CVR이 낮을 때 랜딩페이지를 변경하거나 개선한다.

③ 특정한 타깃이나 시즈널 이슈 등 고객의 니즈에 따라 페이지를 별도 구성한다.

④ 랜딩페이지에 키워드가 포함되어야 한다.

17 다음 중 클릭률을 높이기 위한 방법으로 적절하지 않은 것은?

① 광고의 노출 순위가 낮은 경우 입찰가를 높여 광고 노출 순위를 높인다.

② 메인 페이지보다 카테고리 페이지, 상품 페이지로 랜딩 페이지를 수정한다.

③ 다양한 확장소재를 활용한다.

④ 연령, 성별 등 타깃의 특성을 이해한 광고 소재를 사용한다.

18 다음 중 검색광고 효과분석 후 사후관리로 가장 알맞은 것은?

① CTR과 CVR이 모두 높을 때는 키워드OFF 나 방문 수를 줄이는 작업을 진행한다.

② CTR은 높지만 CVR이 낮을 때는 광고소 재를 변경하거나 확장소재는 변경한다.

③ CTR은 낮고 CVR은 높을 때 키워드 입찰 순위가 낮아 충분한 클릭을 받지 못하고 있는지 체크한다.

④ CTR과 CVR 모두 낮을 때는 키워드를 확 장하거나 입찰가를 높여 방문수를 늘린다.

19 다음 중 검색광고에 대한 설명으로 틀린 것은?

① 검색광고는 양질의 검색 결과를 제공하기 위해 검수과정을 거친다.

② 검색광고는 키워드광고, DA(Display Ad) 라고도 한다.

③ 검색광고는 네이버, 카카오, 구글 등의 검색엔진을 통해 노출된다.

④ 검색광고는 정확한 키워드 타기팅이 가능 한 광고이다.

20 다음 중 키워드 차원의 효과분석 후 사후관 리로 적절하지 않은 것은?

① CVR이 낮은 키워드는 랜딩페이지를 개 선하거나 교체한다.

② 광고비용을 많이 소진하고 전환이 없는 키 워드는 입찰가를 낮추거나 OFF 시킨다.

③ CTR이 낮은 키워드는 랜딩페이지를 개선 하거나 교체한다.

④ CTR과 CVR이 모두 높을때는 연관키워 드와 세부 키워드를 확장한다.

21 다음에서 설명하는 것으로 가장 알맞은 것은?

① CVR이 높아질수록 CPA는 낮아진다.

② 노출 수가 올라가면 CTR이 높아진다.

③ CPC가 올라가면 ROAS도 올라간다.

④ CTR과 CVR이 높아질수록 광고효과는 떨어진다.

22 다음 중 검색광고 특징에 대한 설명으로 틀 린 것은?

① 정확한 키워드 타기팅이 가능하다.

② 클릭당 과금 광고도 있어 효율적으로 운 영할 수 있다.

③ 노출 순위는 최대클릭비용 외에 광고기간 에 따라 달라진다.

④ 종량제 광고의 경우 광고운영시스템을 통 해 on/off, 예산조정 등 탄력적으로 운영 할 수 있다.

23 다음 중 검색광고의 주요 용어에 대한 설명 으로 틀린 것은?

① KPI : 핵심성과지표, 수치로 표현 가능한 광고의 목표를 말한다.

② 시즈널키워드 : 업종을 대표하는 키워드 로 검색 수가 높고 경쟁이 치열하다.

③ 세부키워드 : 대표키워드의 하위 개념으 로 구체적인 서비스명이나 제품명, 지역 명, 수식어를 조합하여 사용하기도 한다.

④ T&D : 검색결과에 노출되는 제목과 설명 에 해당한다.

24 다음 중 광고목표 수립 시 고려해야 할 사항으로 가장 적절하지 않은 것은?

① 광고목표는 구체적이고 명확해야 한다.
② 광고목표는 측정 가능한 것이어야 한다.
③ 광고목표는 현실적이어야 한다.
④ 광고목표는 언제든 달성할 수 있도록 기간을 정하지 않는다.

25 다음 중 네이버 운영시스템에 대한 설명으로 틀린 것은?

① 네이버 검색광고는 사이트검색광고, 쇼핑검색광고, 콘텐츠검색광고, 브랜드검색광고, 지역소상공인광고, 클릭초이스플러스, 클릭초이스상품광고가 있다.
② 클릭초이스플러스와 클릭초이스상품광고는 일부 업종에서만 집행할 수 있다.
③ 네이버 검색광고주 계정은 사업자의 경우 최대 2개, 개인은 검색광고ID와 네이버ID로 가입을 통해 총 5개까지 생성할 수 있다.
④ 키워드 확장 기능을 통해 해당 광고그룹의 등록 키워드와 유사한 키워드 광고를 노출할 수도 있다.

26 다음 중 아래 내용이 설명하는 알맞은 예산 설정 방법은 무엇인가?

> – 광고목표를 달성하기 위한 광고비를 추정하여 예산을 편성하는 방법이다.
> – 처음 광고를 집행한다면 일평균 웹사이트 클릭 수의 목표를 설정하고 사용하려는 키워드의 평균 클릭 비용을 곱하면 대략적인 광고비를 추정할 수 있다.

> – 광고를 집행한 이력이 있다면 과거의 광고비, 클릭 비용, 클릭 수, 전환성과 데이터를 기반으로 목표에 따라 예산을 추정할 수 있다.
> – 이 방법은 예산설정 방법 중 가장 논리적인 광고 예산 편성방법으로 쓰인다.

① 광고-판매 반응함수법
② 매출액 비율법
③ 목표과업법
④ 가용예산법

27 다음 중 네이버 검색광고 소재에 대한 설명으로 알맞은 것은?

① 소재는 사용자(검색이용자)에게 보이는 광고 요소이다.
② 파워링크 소재는 사업자번호, 상품정보, 즉 상품 이미지, 가격정보, 상품명 등을 말한다.
③ 네이버 확장 소재 유형으로는 전화번호, 네이버 예약, 카카오톡, 위치정보 등이 있다.
④ 등록한 확장소재는 모든 매체에 광고 노출 시 함께 노출된다.

28 다음 중 네이버 검색광고에 대한 설명으로 알맞은 것은?

① 네이버 광고시스템은 '광고시스템'과 '구 광고관리시스템'으로 나눠져 있다.
② 캠페인 하루 예산은 한 번 클릭당 지불 가능한 금액을 기재하는 것이다.

③ 예산 균등배분에 체크하면, 광고는 늘 노출된다.

④ 캠페인 고급옵션에서는 광고 노출 기간 및 요일/시간대를 설정할 수 있다.

29 다음 네이버 검색광고 등록 프로세스 중 '광고 만들기'에 대한 설명으로 알맞은 것은?

① 광고 만들기에서 키워드를 추가하면 등록 프로세스가 완료된다.

② 키워드를 직접 입력할 수도 있고, 연관키워드를 추가할 수도 있다.

③ 추가 실적 예상하기 기준은 키워드별 입찰가 기준으로 산출된다.

④ 그룹에서 설정한 URL을 소재 표시URL에서 수정할 수 있다.

30 다음 중 네이버 검색광고 입찰에 대한 설명으로 틀린 것은?

① 키워드 입찰가는 입찰가 변경 기능을 활용하거나 직접 입찰가를 입력하여 설정할 수 있다.

② 입찰가 변경 기능은 입찰가 일괄 변경, 입찰가 개별 변경 기능을 사용하여 변경할 수 있다.

③ 최근 1주간 순위별 입찰가의 평균 값을 조회할 수 있다.

④ 순위별 평균 입찰가는 PC/모바일을 나눠서 조회할 수 있다.

31 다음 중 검색광고 상품에 대한 설명으로 틀린 것은?

① 네이버 사이트검색광고는 이용자가 많이 찾지 않는 일부 키워드의 경우 비즈 사이트가 제외될 수 있다.

② 네이버 브랜드검색광고는 네이버 통합검색 결과에 1개 광고가 단독 노출된다.

③ 네이버 클릭초이스상품광고는 노출을 원치 않는 키워드를 제외 키워드 설정을 통해 제외할 수 있다.

④ 구글 검색광고는 최대 3개의 광고만 검색 결과 상단에 게재될 수 있다.

32 다음 중 광고소재 작성에 대한 설명으로 틀린 것은?

① 광고소재는 사용자가 검색 후 최초로 만나는 상품이나 서비스에 대한 정보이다.

② 소재는 타업체와의 차별성이 최대한 잘 드러나도록 장점과 혜택을 작성하는 것이 좋다.

③ 소재는 자유롭게 작성할 수 있고, 등록 후 바로 노출된다.

④ 키워드를 소재에 포함하는 것이 유입효과에 일반적으로 좋다.

part
04

최신 기출문제

33 다음 중 효율적인 광고소재 작성 방법으로 틀린 것은?

① 사용자의 요구와 혜택에 초점을 맞춘 메시지를 작성한다.
② 이벤트를 진행 중일 경우 마감시한을 넣으면 더욱 효과가 높다.
③ 검색어에 직접 대응하는 표현을 통해 사용자가 찾는 것을 보유하고 있음을 알려야 한다.
④ 최상급표현이나 특수문자 등을 사용하여 주목도를 높이고 클릭을 유도한다.

34 다음 중 검색광고 시스템 URL에 대한 설명으로 틀린 것은?

① 최상위 도메인, 사이트 내 모든 페이지에서 공통으로 확인되는 URL을 표시URL이라고 한다.
② 랜딩페이지, 광고를 클릭했을 때 도달하는 페이지의 URL을 연결URL이라고 한다.
③ 광고 클릭 후 광고에서 본 내용과 관련 없는 페이지로 연결되면 사용자가 이탈할 가능성이 커진다.
④ 연결URL은 표시URL 사이트 내의 페이지가 아니어도 되고, 동일 사업자의 다른 사이트(도메인)로 연결되어도 된다.

35 다음 중 네이버 검색광고 등록기준에 대한 설명으로 틀린 것은?

① 유흥업소 사이트 및 해당 업소의 직업정보 제공 사이트는 성인인증 등의 청소년 보호조치를 취할 경우 광고가 가능하다.
② 담배, 주류는 온라인 판매가 제한되는 상품이므로 광고가 불가하다.
③ 파워콘텐츠는 소재 내 구매한 '키워드'가 포함되어 있거나 '키워드'의 핵심 단어가 포함되어 있어야 광고가 가능하다.
④ 사이트가 접속되지 않거나 완성되지 않은 경우 광고가 불가하다.

36 다음 중 네이버 검색광고에 대한 설명으로 가장 알맞은 것은?

① 광고로 등록하는 모든 사이트의 테스트 계정을 입력하여 내부 콘텐츠를 확인할 수 있도록 해야 한다.
② 쇼핑검색광고 쇼핑몰 상품형을 집행하기 위해서는 네이버쇼핑에 입점 된 쇼핑몰이 있어야 한다.
③ 지역소상공인(플레이스) 광고는 블로그, 포스트, 카페만 가능하다.
④ 웹사이트 채널을 등록한 경우, 별도의 쇼핑몰 채널을 추가하지 않아도 쇼핑검색광고가 가능하다.

37 다음 중 네이버 광고시스템 '기본설정'에서 노출되는 지표로 틀린 것은?

① 상태　　② 전환수
③ 평균클릭비용　　④ 총비용

38 다음 중 카카오와 구글의 광고노출전략에 대한 설명으로 틀린 것은?

① 카카오는 노출 요일과 시간을 1시간 단위로 설정할 수 있다.

② 카카오는 노출영역을 선택할 수 있으나 세부 매체를 제외하는 기능은 없다.

③ 구글은 그룹에서 네트워크와 위치, 언어, 예산, 시작일 및 종료일 설정을 통해 노출전략을 설정할 수 있다.

④ 구글은 고객이 사용하는 언어를 타깃팅할 수 있다.

39 다음 중 광고품질 관리에 대한 설명으로 틀린 것은?

① 네이버, 카카오, 구글 검색광고 모두 광고의 품질을 측정한다.

② 품질이 높은 광고는 품질이 낮은 광고와 비교하여 더 낮은 비용으로 높은 순위에 노출될 수 있다.

③ 카카오는 최초로 사이트를 등록한 경우 품질이 4단계이다.

④ 구글의 품질평가점수는 1~10점으로 산정된다.

40 다음 중 구글 검색광고에 대한 설명으로 틀린 것은?

① 실적 목표에 맞게 입찰가를 자동으로 설정하는 자동입찰 기능이 있다.

② 키워드 플래너를 통해 연관키워드를 추천받을 수 있다.

③ 키워드 복사 시 입찰가, 최종 도착URL을 포함하여 복사할 수 있다.

④ 키워드와 소재에 최종 도착URL을 설정할 수 있으며 둘 다 설정했을 경우 소재에 입력한 URL이 우선 적용된다.

▦ 단답식 문제

41 다음의 설명에서 (괄호)에 공통으로 해당하는 용어는 무엇인가? (2점)

> – (   )은(는) 인터넷상에서 방대한 분량으로 흩어져 있는 자료 중 원하는 정보를 쉽게 찾을 수 있도록 도와주는 소프트웨어 또는 프로그램을 지칭한다.
> – (   )은(는) 일반적으로 인터넷에 존재하는 모든 웹사이트와 파일을 대상으로 정보를 검색하여 자료를 제공하는 소프트웨어 또는 프로그램을 의미한다.
> – 디렉토리 검색, 인덱스 검색, 통합 검색이 (   )의 종류에 해당한다.

42 다음의 설명에서 (이것)에 해당하는 알맞은 용어는 무엇인가? (2점)

> – (이것)은 소비자나 제3자가 정보를 생산하여 커뮤니케이션 하는 매체이다.
> – (이것)의 대표적인 예는 입소문, 제품에 대한 소비자의 블로그, 뉴스 기사, SNS 포스트이다.
> – (이것)은 SNS, 블로그, 모바일 등을 통해 다량의 브랜드 정보가 고객 사이에 구전되면서 생긴 매체이다.

43 다음에서 설명하는 디지털 광고시장의 구성 주체는 무엇인가? (2점)

> – 광고주의 입장에서 수많은 인터넷 매체사와 접촉하여 광고를 구매하고 집행을 관리하는 역할을 대신하여 수행하며, 매체사의 입장에서 광고 판매를 대행하고 더 많은 광고를 수주할 수 있는 기회를 제공한다.
> – 디지털 광고 시장에서 독자적으로 사전 효과 예측 및 매체안을 제시하고, 광고 소재 송출과 각 매체별 트래킹을 통해 광고 효과를 측정하고 비교하는 역할을 수행한다.

44 다음 중 아래 광고 데이터에서 노출수와 물품단가(객단가)는 각각 얼마인가? (부분점수 없음) (2점)

> – 광고를 통한 클릭 수 5,000건   – 클릭율 4%
> – 광고비 5,000,000원   – 전환율 5%
> – ROAS 450%

45 다음의 설명에서 검색광고용어인 (이것)은 무엇인가? (2점)

> – (이것)은 투자 대비 수익률(이익률)에 대한 영어 약자로 검색광고에서는 광고를 통해 발생한 수익을 광고비로 나눈 값이다.

46 다음은 네이버 검색광고에서 제공하는 프리미엄 로그분석의 항목 중 하나에 대한 설명이다. (괄호) 안에 들어갈 알맞은 용어는 무엇인가? (2점)

> (   )는 광고클릭 이후 30분 내에 마지막 클릭으로 전환이 일어난 경우의 전환수이다.

47 다음의 광고 사례에서 전환매출액은 얼마인가? (단위 누락시 0점) (2점)

클릭 수	광고비	전환율	전환수	ROAS
8,000회	6,400,000원	2.50%	200회	745%

48 다음 중 (괄호) 안에 들어갈 알맞은 용어는 무엇인가? (2점)

> – (   )는 광고를 통해 방문하게 되는 페이지를 말한다.
> – (   )를 어디로 연결했느냐에 따라서 전환율이 다를 수 있다.

49 다음 (괄호) 안에 들어갈 알맞은 용어는 무엇인가? (2점)

> 검색광고에서 (   )은 낮지만, 일단 방문한 고객은 높은 확률로 전환으로 이어지는 경우 우선 광고소재의 매력도가 낮은지, 키워드 입찰 순위가 현저히 낮아 충분한 클릭을 받지 못하고 있는지 점검해야 한다.

50 다음 ①, ②는 각각 무엇에 관한 설명인가? (부분점수 없음) (2점)

① 이것은 인터넷상에서 사용자가 홈페이지를 열어본 횟수, 사용자가 특정 사이트 내의 홈페이지를 클릭하여 열어 본 수치를 계량화한 것이다.

② 이것은 방문자 수 대비 반송수의 비율 데이터를 말한다.

51 다음 중 광고 결과가 아래와 같을 때 전환율과 ROAS는 각각 얼마인지 순서대로 작성하시오. (단위 누락시 0점, 부분점수 없음) (2점)

노출 수	클릭 수	전환수	광고비	매출액(수익)
2,000,000회	30,000회	600회	3,000,000원	12,000,000원

52 다음 (괄호) 안에 공통으로 들어갈 알맞은 단어는 무엇인가? (2점)

– (   )는 두 가지 이상의 광고를 섞어 집행하는 것을 말한다.
– 매체나 상품의 특성을 활용하여 보완하거나 시너지를 낼 수 있기 때문에 (   )는 검색광고 기획에 매우 주요한 단계이다.
– 검색광고에서 (   )는 네이버, 구글, 카카오 등의 (   )와, 브랜드 검색, 파워링크, 쇼핑검색광고와 같은 상품믹스로 나누어볼 수 있다.

53 다음의 (괄호) 안에 공통으로 들어갈 알맞은 용어는 무엇인가? (2점)

– (   )은 웹사이트, 쇼핑몰, 전화번호, 위치정보, 네이버 예약 등 고객에게 정보를 전달하고 판매하기 위한 모든 채널을 말한다.
– 광고를 집행하기 위해서는 캠페인 유형에 맞는 (   )이 반드시 등록되어야 한다.

54 다음에서 설명하는 (이것)은 무엇인가? (2점)

> – (이것)은 '키워드별 입찰가'가 설정된 키워드를 제외한 모든 키워드에 적용되는 입찰가이다.
> – (이것)은 광고 만들기 때 광고그룹에서 설정 가능하며, 이후에도 그룹 정보를 수정할 때 변경할 수 있다.
> – (이것)은 콘텐츠 매체 전용입찰가를 설정하지 않은 경우 해당 매체에 적용되는 입찰가이다. 직접 설정 또는 자동입찰 설정 중에 선택할 수 있다.

55 네이버 검색광고 등록시스템에서 아래에서 설명하는 (1)과 (2)에 해당하는 것을 각각 작성하시오. (부분점수 없음) (2점)

> (1) 최근 4주간 검색을 통해 노출된 광고 중에서 최하위에 노출되었던 광고의 입찰가 중 가장 큰 값
> (2) 최근 4주간 검색을 통해 노출된 모든 광고의 입찰가를 큰 순서대로 나열했을 때 중간에 위치한 값

56 다음에서 설명하는 (이것)에 해당하는 알맞은 용어는 무엇인가? (2점)

> – 네이버와 카카오에서 검색사용자와 광고주의 만족을 위해 광고 품질을 측정하여 (이것)으로 나타낸다.
> – (이것)이 높을수록 광고비용은 감소하고 노출순위는 상승하는 효과가 있다.
> – 네이버와 카카오의 (이것)은 7단계 막대 형태로 보여준다.
> – 네이버는 처음 키워드 등록 시 4단계의 (이것)을 부여 받는다.

part
04

최신 기출문제

57 다음의 설명에서 (이것)에 해당하는 알맞은 용어는 무엇인가? (2점)

> – 구글에서 특정 검색어에 대해 광고가 노출되지 않도록 하려면 해당 검색어를 광고그룹이나 캠페인에 (이것)으로 추가하여 노출을 제한할 수 있다.
> – 네이버 쇼핑검색광고도 노출을 원하지 않는 키워드를 (이것)에 등록 할 수 있다.

58 다음 중 네이버 캠페인 단위에서 변경(수정)할 수 있는 것을 모두 고르시오. (부분점수없음) (2점)

> 노출기간   노출요일   하루예산   예산균등배분   노출시간

59 다음 (괄호) 안에 공통으로 들어갈 알맞은 용어는 무엇인가? (2점)

> – 쇼핑검색광고는 쇼핑몰 상품형 광고와 (   ) 광고로 나뉜다.
> – (   ) 광고를 집행하려면 쇼핑 제조사 비즈채널을 등록해야 한다.
> – (   )는 광고 가능한 카테고리가 별도로 정해져 있으며 집행 가능한 광고주는 제품의 소유권을 가진 제조사/브랜드사, 국내 독점 유통권 계약자만 가능하다.

60 다음에서 설명하는 (이것)은 무엇인가? (2점)

> – 네이버 검색광고는 핵심적으로 관리하는 광고그룹이나 키워드, 소재, 확장소재를 관리 목적에 따라 (이것)으로 설정할 수 있다.
> – 광고그룹, 키워드, 소재, 확장소재 단위로 추가할 수 있다.
> – 서로 다른 캠페인이나 광고그룹에 속해 있지만 하나의 묶음에 추가하면 한 눈에 성과 지표를 확인할 수 있다.

2020년 9월 19일

2002회

기출문제

객관식 : 1번 ~ 40번
단답식 : 41번 ~ 60번
시험시간 90분

객관식 : 40문제 × 1.5점 = 60점 / 단답식 : 20문제 × 2.0점 = 40점

정답 및 해설 212p

part
04
최신 기출문제

▨ 객관식 문제

01 다음 중 구전 마케팅 유형(또는 종류)으로 가장 적절하지 않은 것은?

① 바이럴 마케팅 ② 버즈 마케팅
③ 콘텐츠 마케팅 ④ 커뮤니티 마케팅

02 다음에서 설명하는 개념으로 가장 알맞은 것은?

> 이것은 기업의 마케팅 전략 구축을 위한 중요한 행위로써 전체 소비자를 인구통계학적 변수, 심리학적 변수, 행동적 변수에 따라 몇 개의 소비자 집단으로 분류하는 것을 의미한다.

① 타깃팅 ② 포지셔닝
③ 시장세분화 ④ 시장기회 발견

03 다음 중 성공적인 디지털 마케팅을 위한 주요 요소로 가장 알맞은 것은?

① 코즈 마케팅 ② 매복 마케팅
③ 일방향 메시지 ④ 상호작용성

04 다음 중 디지털 광고의 차별적 특성으로 가장 적절하지 않은 것은?

① 트래킹의 용이성
② 정교한 타기팅
③ 광고 메시지 전달의 융통성
④ 전통 매체 광고보다 높은 신뢰도

05 다음 중 키워드광고 로그분석 보고서를 통하여 알 수 없는 것은?

① ROI ② 물품단가(객단가)
③ ROAS ④ CTR

06 다음 중 아래 표에서 산출한 데이터로 적절하지 않은 것은?

노출 수	1,250,000회
클릭 수	5,000회
광고비	5,750,000원
전환수	150회
전환 매출액	50,000,000원

① 클릭율이 0.40%이다.
② 클릭 당 비용이 1,150원이다.
③ ROAS가 870%이다.
④ 전환율은 0.3%이다.

07 다음 중 검색 사용자의 행동 프로세스로 가장 알맞은 것은?

① 노출 – 장바구니 – 구매
② 클릭 – 장바구니 – 노출
③ 노출 – 클릭 – 구매
④ 클릭 – 노출 – 구매

08 다음 중 검색광고에서 매일 효과 분석을 해야 하는 이유로 가장 적절하지 않은 것은?

① 다양한 검색광고 상품이 존재하기 때문이다.
② 계절, 요일, 날씨 등의 다양한 사유로 키워드 검색량은 계속 변하기 때문이다.
③ 일부 예산 도달로 인해 중단된 그룹이나 캠페인에 대응할 수 있다.
④ 검색광고는 일자별 성과만 확인할 수 있기 때문이다.

09 다음 중 네이버 검색광고에서 제공하는 프리미엄 로그 분석에서 확인이 불가능한 항목은 무엇인가?

① 방문 당 평균 체류시간
② 연령별 전환수
③ 전환 매출액
④ 직접 전환 매출액

10 다음 중 마케팅 용어에 대한 설명으로 틀린 것은?

① CPC는 Cost per Click의 약자이다.
② CTR은 Click Through Rate의 약자이다.
③ CPA는 Cost Per Advertising의 약자이다.
④ ROAS는 Return On Advertising Spend의 약자이다.

11 다음 중 키워드 차원의 효과분석에 대한 설명으로 적절하지 않은 것은?

① 클릭 고성과 키워드를 파악할 수 있다.
② 키워드마다 성과가 다르기 때문에 키워드 차원의 효과 분석을 진행해야 한다.
③ 키워드 차원의 효과 분석은 네이버와 카카오 검색광고만 가능하며 구글은 제공하지 않는다.
④ 전체 성과만으로는 고객이 구매하는데 기여한 키워드를 알 수 없기 때문이다.

12 다음 중 전환 매출액이 가장 높은 키워드는 무엇인가?

키워드	노출 수 (회)	클릭 수 (회)	광고비 (원)	광고수익률(%)
예쁜 가방	2,780	100	200,800	800%
여성 의류	15,900	620	310,000	450%
다이어트 보조제	62,400	900	1,350,000	130%
남성 의류	4,570	200	130,000	950%

건강식품	7,350	70	21,000	1,000%

① 건강식품　② 여성 의류
③ 다이어트 보조제　④ 예쁜 가방

13 다음 광고 결과 데이터를 통해 얻을 수 있는 CPC와 전환 매출액이 바르게 짝지어진 것은?

> 물품단가 : 50,000원
> 광고비 : 10,000,000원
> 방문 수 : 20,000명
> 전환수 : 1,000
> 이익률 : 50%

① CPC=500원, 전환매출액=50,000,000원
② CPC=250원, 전환매출액=50,000,000원
③ CPC=500원, 전환매출액=25,000,000원
④ CPC=250원, 전환매출액=25,000,000원

14 다음 중 광고의 클릭률이 낮고 전환율이 0%인 키워드에 대한 사후관리 방법으로 적절하지 않은 것은?

① 키워드 OFF를 고려하거나 입찰가를 낮춰 노출 수와 방문 수를 줄인다.
② 키워드의 랜딩페이지가 적합한지 점검한다.
③ 키워드의 광고소재와 확장소재가 적합한지 점검한다.
④ 입찰가를 높여 광고 노출 순위를 상향 조정 후 방문 수를 늘린다.

15 다음 중 랜딩페이지의 변경 고려 대상으로 틀린 것은?

① CPA가 낮으면 랜딩페이지를 변경한다.
② 이벤트를 진행하면 랜딩페이지를 변경한다.
③ 반송률이 높으면 랜딩페이지를 변경한다.
④ 체류시간이 낮으면 랜딩페이지를 변경한다.

16 아래 데이터 확인 후 9월 광고 운영을 위해 취해야 할 행동으로 가장 알맞은 것은?

날짜	7월	8월
평균 노출순위	2순위	5순위
CTR	1%	2%
CVR	3%	2%
ROI	500%	350%

① 평균 노출순위가 2순위에서 5순위가 되었으니 CPC를 낮추어 순위가 올라가도록 한다.
② CTR이 1%에서 2%가 되었으니 7월에 운영된 광고 소재로 변경한다.
③ CVR이 3%에서 2%가 되었으니 CVR 효율 상승을 위해 랜딩페이지에 이벤트를 추가한다.
④ ROI가 500%에서 350%로 효율이 상승하였으므로 8월과 같이 운영한다.

17 다음 설명 중 광고 사후관리로 가장 알맞은 것은?

① 반송률 수치가 낮아지면 효율이 나빠진 것이므로 랜딩페이지를 변경한다.
② CTR과 CVR이 높을 때는 시즌키워드나 연관키워드 등 키워드 확장을 하지 않는다.
③ CTR을 높이기 위해 랜딩페이지에 이벤트나 바로 구매로 연결될 혜택을 추가한다.
④ CPA가 낮으면 광고 효율이 좋은 것이니 연관 키워드, 세부키워드를 확장한다.

18 다음 중 키워드 광고의 성과를 높이기 위한 전략으로 가장 알맞은 것은?

① CPC가 낮은 키워드는 무조건 입찰가를 높인다.
② 반송률이 높은 랜딩페이지는 더 많은 유입을 받을 수 있도록 한다.
③ 특정한 타깃이나 시즈널 이슈 등 니즈에 따라 랜딩페이지를 별도 구성하는 것이 좋다.
④ 랜딩페이지가 이벤트 페이지일 때 확장 소재를 등록하지 않는 것이 좋다.

19 다음 중 검색광고의 단점으로 적절하지 않은 것은?

① 초기 브랜딩 광고로 적합하지 않다.
② 대형포털에서의 검색광고 입찰 경쟁이 심화될 수 있다.
③ 관리 리소스가 많이 투여된다.
④ 무효클릭으로 의심되는 IP는 광고가 노출되지 않도록 제한할 수 없다.

20 다음 중 카카오 키워드광고 운영시스템에 대한 설명으로 틀린 것은?

① 카카오 키워드광고를 통해, Daum, Nate, Bing, Kakao Talk 등 포털의 통합검색 영역에 광고를 노출할 수 있다.
② 광고대상은 웹 사이트만 가능하다.
③ 캠페인은 검색 네트워크, 콘텐츠 네트워크, 쇼핑플러스, 쇼핑윈도가 있다.
④ 캠페인마다 노출 기간, 노출 요일과 시간을 지정할 수 있다.

21 다음 중 디지털 비즈니스 모델의 필수 성공 요인으로 적절하지 않은 것은?

① 오프라인 매장의 확장과 직접 배송 시스템 구축
② 차별화된 콘텐츠와 서비스로 고객의 충성도 획득
③ 디지털 세대 고객의 관점과 경험에 초점을 맞춘 콘텐츠와 서비스
④ 새로운 아이디어와 기술로 선제적으로 시장 선점

22 다음 중 소셜 미디어의 특성으로 적절하지 않은 것은?

① 참여   ② 거래
③ 커뮤니티   ④ 연결

23 다음 광고노출 효과 중 '노출 수 대비 클릭 수 비율'을 의미하는 단어는 무엇인가?

① 클릭률   ② 전환율
③ 컨버전   ④ ROI

24 다음 중 검색광고 참여주체에 대한 설명으로 틀린 것은?

① 광고주는 검색엔진을 통해 자사의 광고 (웹 사이트 등)를 노출시키고자 하는 기업이다.
② 광고 대행사는 광고주를 위해 전문적으로 광고 전반을 대행한다.
③ 검색광고 서비스업체는 광고 기획부터 운영 등의 업무를 하며 그 대가로 대행 수수료를 받는다.
④ 포털 사이트는 검색페이지 지면을 제공하며 대표적으로 네이버, 구글, DAUM, 네이트, 줌, Bing 등이 있다.

25 다음 중 검색광고 기획 과정으로 틀린 것은?

① 웹 사이트의 제품이나 서비스를 이용할 사용자를 정의하고 이들의 특성을 파악하는 사용자 패턴분석을 한다.
② 경쟁사와의 비교분석을 통해 위협요인은 줄이고 기회요인을 발굴하여 경쟁에서 유리한 입지를 확보해야 한다.
③ 검색광고를 통해 달성하고자 하는 구체적인 목표를 수립한다.
④ 일반적으로 점유율이 높은 네이버에 광고를 집중하여 운영하는 것이, 많은 고객에게 광고가 도달되고 다양한 전환기회를 확보해 구매전환 등 광고효과를 배가시킨다.

26 다음 중 카카오 키워드광고 그룹에 대한 설명으로 틀린 것은?

① PC검색포털, 모바일검색, PC콘텐츠, 모바일 콘텐츠영역 노출여부를 선택할 수 있다.
② 확장검색 기능을 통해 등록한 키워드와 연관도가 있는 키워드 광고를 할 수 있다.
③ 그룹에서 사용할 광고예산 지정은 불가하다.
④ 그룹에서 광고 노출 기간 지정은 불가하다.

27 다음 중 구글 운영시스템에 대한 설명으로 틀린 것은?

① 구글 검색광고는 Google Ads를 통해 등록 및 운영이 가능하다.
② 달성하고자 하는 주요 목적(판매, 리드, 웹 사이트 트래픽)에 부합하는 목표를 중심으로 캠페인을 생성한다.
③ 캠페인에서 네트워크와 기기, 위치, 언어를 설정하고, 광고그룹에서 입찰, 예산, 광고확장을 설정한다.
④ 보고서는 이메일로 보내도록 예약이 가능하다.

part
04
최신 기출문제

28 다음 중 입찰관리에 대한 설명으로 가장 알맞은 것은?

① 네이버 사이트검색광고 클릭 당 광고비는 입찰가와 동일하게 과금된다.

② 카카오는 자동입찰 기능이 없다.

③ 구글은 입찰 시점의 경쟁 현황에 따라 매번 다른 결과가 제공될 수 있다.

④ 네이버 자동입찰은 희망순위와 한도액을 설정하여 진행된다.

29 다음 중 네이버 검색광고 기능으로 적절하지 않은 것은?

① 대량관리 기능을 통해 키워드와 소재 등을 편리하게 대량으로 등록할 수 있다.

② 키워드와 소재를 복사할 수 있다.

③ 캠페인과 광고그룹을 복사할 수 있다.

④ 광고그룹에서 입찰가를 변경할 수 있다.

30 다음 중 검색광고 등록 프로세스에 대한 설명으로 틀린 것은?

① 카카오 노출 기간은 최초 선택 시 오늘부터 1년으로 자동 설정되며, 기간 맞춤 설정이 가능하다.

② 카카오 소재 노출 방식은 랜덤 노출과 성과우선 노출을 선택할 수 있다.

③ 키워드 검색 유형 도달 범위는 일치검색 〉 구문검색 〉 변경 확장검색 〉 확장검색 순으로 좁아진다.

④ 네이버 검색광고는 비즈머니가 충전되지 않으면 검토가 진행되지 않는다.

31 다음 중 네이버 검색광고 그룹 만들기에 대한 설명으로 가장 알맞은 것은?

① 광고그룹 URL은 광고클릭 시 연결되는 페이지로 키워드와 연관도 있는 페이지로 설정한다.

② 고급옵션에서 매체별 노출여부를 직접 설정할 수 있다.

③ 광고를 노출할 지역을 설정할 수 있는데, 모바일은 지역 설정이 적용되지 않는다.

④ 소재 성과기반노출 방식은 그룹 내 소재가 최소 5개 이상 존재해야 동작한다.

32 다음 중 캠페인 및 그룹 설정에 대한 설명으로 틀린 것은?

① 카카오는 캠페인에서 일 예산, 노출 기간, 노출 요일/시간을 설정한다.

② 구글의 캠페인 목표는 판매, 리드, 웹 사이트 트래픽이 있다.

③ 네이버는 캠페인에서 유형과 이름, 예산, 고급 옵션에서 광고노출기간을 설정한다.

④ 네이버는 사전에 등록한 비즈채널이 없으면, 광고그룹에서 비즈채널을 등록할 수 없다.

33 다음 중 네이버 광고노출전략에 대한 설명으로 가장 알맞은 것은?

① 요일/시간대 설정에서 30분 단위로 ON/OFF할 수 있다.

② 매체 설정을 통해 광고 노출을 원하는 개별 블로그를 선택할 수 있다.

③ 지역은 시/군/구 단위가 최소 노출설정 단위이다.

④ 모바일 입찰가중치를 200%로 하면, PC 대비 모바일 광고 노출 수를 2배로 높이겠다는 뜻이다.

34 다음 중 키워드 확장에 대한 설명으로 틀린 것은?

① 네이버 키워드 확장으로 노출될 유의어는 중간 입찰가의 100%로 설정되며, 등록 키워드 입찰가를 초과하지 않는다.

② 네이버와 카카오는 광고그룹 단위에서 확장 기능을 사용할 수 있다.

③ 제외 키워드 등록을 통해 광고노출을 제한할 수 있다.

④ 구글 키워드는 기본적으로 일치검색 유형으로 설정된다.

35 다음에서 설명하는 내용 중 틀린 것은?

① 네이버의 경우 캠페인명을 클릭하면 해당 캠페인 하위에 등록된 그룹 목록을 조회할 수 있다.

② 카카오의 경우 개별 그룹에 진입하면 그룹의 품질을 나타내는 지표를 확인할 수 있다.

③ 구글의 경우 캠페인, 키워드, 광고, 광고그룹 수준으로 복사하기가 가능하다.

④ 네이버의 경우 키워드 복사 기능을 통해 품질 지수도 복사할 수 있다.

36 다음 중 카카오 검색광고에 대한 설명으로 틀린 것은?

① 캠페인 전략설정 버튼을 통해 캠페인명, 일 예산, 노출기간, 요일, 시간을 변경할 수 있다.

② 키워드는 다른 그룹으로 이동할 수 없고, 복사만 가능하다.

③ 소재 노출 방식은 랜덤 노출과 성과우선 노출 중 선택할 수 있다.

④ 그룹 소재에서 링크 URL을 통해서 랜딩 페이지 등록이 가능하다.

37 다음 중 무효클릭에 대한 설명으로 틀린 것은?

① 검색광고 본래의 취지에 맞지 않는 무의미한 클릭을 의미한다.

② 사전/사후 모니터링이 진행되며, 필터링 로직 및 결과는 공개하지 않는다.

③ 네이버는 노출제한 설정메뉴에서 IP와 사이트를 등록하여 광고가 노출되지 않도록 제한할 수 있다.

④ 구글은 자동 감지 시스템에서 잡아내지 못한 무효클릭에 대해 크레딧을 받을 수 있다.

38 다음 중 네이버 온라인광고 정책에 대한 설명으로 틀린 것은?

① 개인 회원으로 가입한 후 사업자등록을 한 경우, 정보변경을 통해 사업자 회원으로 전환할 수 없다.

② 회원가입은 원칙적으로 자신의 사이트를 광고하기 위한 목적으로 해야 한다.

③ 사업자 회원에서 개인 회원으로 계정 정보를 변경할 수 없다.

④ 세금계산서 수정 재발행은 분기마감 이후에 신청한 경우 원칙적으로 처리가 불가하다.

39 다음 중 광고 그룹 상태에 대한 설명 및 조치가 가장 적절한 것은?

① 비즈채널 노출제한일 경우, 사이트를 삭제하고 재등록하여 검토 받는다.

② 캠페인 예산 도달의 경우, 광고그룹 하루 예산을 변경하거나 제한 없음으로 변경한다.

③ 캠페인 기간 외인 경우, 광고그룹 요일 및 시간대를 재설정한다.

④ 노출 가능은 광고노출이 가능한 상태라는 것을 의미한다.

40 다음 중 광고 게재 제한 사유에 해당하지 않는 것은 무엇인가?

① 문신/반영구 시술 서비스를 제공하는 의료기관 사이트

② 온라인 도박 서비스를 제공하는 사이트

③ 이미테이션 제품 판매가 확인되는 사이트

④ 웹 하드 등록제에 따른 미등록 P2P 사이트

■ 단답식 문제

41 다음의 설명에서 (괄호)에 해당하는 공통된 용어는 무엇인가? (2점)

> 최근 기업들이 소셜미디어 또는 유튜브에서 다른 소비자에게 많은 영향을 미치는 (   )을(를) 적극 활용하는 마케팅 기법이다.
> (   )은(는) 수많은 팔로워들에게 영향을 미칠 수 있고 높은 신뢰도를 가지고 있기 때문에 제품에 대한 의견이나 평가가 소비자들에게 많은 영향력을 미친다.

42 다음에서 설명하는 디지털 광고의 한 형태(유형)는 무엇이라고 하는가? (2점)

> - 이 광고는 게재되는 웹페이지 또는 모바일 앱과 내용 면에서 잘 조화되고, 디자인 측면에서 적절하게 동화되며 플랫폼의 성격과 조화를 이루는 유료 광고이다.
> - 소비자의 광고 회피 현상을 피하고 사용자 도달을 극대화할 수 있는 새로운 온라인 광고 유형으로 급부상하고 있다.
> - 매력적인 콘텐츠를 제공하여 소비자의 긍정적 반응과 브랜드에 대한 우호적인 태도를 유도한다는 측면에서 콘텐츠 마케팅의 한 기법으로 사용된다.
> - 페이스북 뉴스 피드 광고, 트위터 프로모티드 트윗이 대표적인 사례이다.

43 다음 사례에서 CPA는 얼마인가? (2점, 단위 누락 시 0점)

광고비	광고를 통한 방문 수	전환율
5,000,000원	1,000회	5%

44 광고 효율 개선을 위해 랜딩페이지 2개로 A, B TEST를 진행하였다. A랜딩 페이지는 전환율이 3%, B랜딩 페이지는 전환율이 9% 나왔다. A랜딩 페이지와 B랜딩 페이지의 ROAS 차이는 몇 배인가? (CPC, 클릭 수, 광고비, 객단가 등 다른 조건은 모두 동일하다고 가정.) (2점)

45 광고를 통한 클릭 수 3,500명, 클릭 당 비용 450원, 클릭률 8%, ROAS 500%이다. 이 경우 노출 수는 얼마인가?(2점)

46 다음 광고 사례에서 CPS는 얼마인가? (2점)

CPC	클릭 수	광고비	전환수	전환매출액
800	10,000	8,000,000원	200	20,000,000

47 다음 중 (괄호) 안에 공통으로 들어갈 알맞은 용어는 무엇인가?

( )은 방문자 수 대비 반송수의 비율 데이터를 말한다.
( )이 높다는 것은 해당 랜딩페이지가 효과적이지 않다는 뜻이다.

48 광고성과 지표 중 다음 ①, ② 안에 각각 들어갈 용어는 무엇인가? (2점, 부분점수 없음)

(①)은 높지만 (②)이 낮을 때
광고의 노출 순위나 소재는 충분히 매력적이지만 실제 사이트에 방문하여 전환 행동이 발생하지 않는 상태를 말한다. 즉 랜딩페이지에 고객이 원하는 것을 찾지 못하였거나, 전환 단계에서 이탈 요소가 있다는 의미이며, 랜딩페이지를 개선하는 것이 우선이다.

49 다음 중 광고 연결 페이지와 키워드가 잘 세팅되어 전환율 효과가 가장 좋은 키워드는 무엇인가? (연결 페이지 컨디션은 모두 동일하다는 조건) (2점)

키워드	방문 수	클릭률	전환수
수영복	2,000	10%	500
롱패딩	2,000	25%	400
가디건	2,000	20%	300
원피스	2,000	5%	600

50 다음은 네이버 광고시스템 캠페인 유형에 대한 설명이다. 괄호 안에 적절한 유형명은 무엇인가? (2점)

> 캠페인은 마케팅 활동에 대한 목적을 기준으로 묶어서 관리하는 광고 전략 단위이다. 파워링크, 쇼핑검색, ( ), 브랜드검색, 플레이스 총 5가지 유형이 있으며, 캠페인 등록 후 유형 변경은 불가하다.

51 아래 내용이 설명하는 기능(메뉴)명은 무엇인가? (2점)

> 네이버 광고 키워드별 연간 월별 검색 수 추이와 디바이스별 검색량, 사용자 통계자료를 확인할 수 있다. 연관키워드를 조회하여 파워링크 캠페인의 새로운 키워드를 발굴/추가할 수 있다. 선택한 키워드의 월간 예상 실적을 볼 수 있다.

52 다음의 설명에서 (이것)에 해당하는 알맞은 용어는 무엇인가? (2점)

> – (이것)은 가상의 마켓 플레이스에서 재화와 서비스를 판매하는 비즈니스 모델을 일컫는 포괄적인 개념이다.
> – (이것)을 통해 물리적 상품과 서비스의 구매 편리성과 구매 안정성을 동시에 충족시킬 수 있다.
> – (이것)의 성공을 위해 신속하고 소비자 지향적인 물류체계 구축이 중요하다.
> – (이것)을 위해서 쿠팡, SSG.COM과 같은 기업이 배송에 막대한 투자를 하고 있는 것이 좋은 사례이다.

53 다음 검색광고에 대한 주요 용어 중 (괄호) 안에 들어갈 알맞은 용어를 차례대로 작성하시오. (2점, 부분점수 없음)

> • CPM : 1,000회 노출 당 비용을 말한다. 주로 정액제 광고에서 쓰인다.
> • ((1)) : 클릭이 발생할 때마다 비용을 지불하는 종량제광고 방식이다. 노출과 무관하게 클릭이 이루어질 때에만 과금된다.
> • 광고소재 : 검색 결과에 노출되는 메시지로 제목과 설명문구, URL, 다양한 ((2)) 등으로 구성된다.
> • ((2)) : 일반 광고소재 외 전화번호, 위치정보, 홍보문구, 추가링크 등을 말한다. 반드시 광고에 표시되지는 않는다.

54 네이버 검색광고 상품 중 '클릭 당 과금 입찰(경매) 방식'으로 구매할 수 없는 상품을 모두 작성하시오. (2점, 부분점수 없음)

55 다음은 네이버 검색광고 입찰가에 대한 설명이다. (1), (2), (3)에 들어갈 금액을 각각 작성하시오. (2점, 부분점수 없음)

> 입찰가는 최소 ((1))원부터(쇼핑검색광고는 ((2))원), 최대 ((3))원까지 설정할 수 있다.

56 다음에서 설명하는 (1)과 (2)에 해당하는 용어를 각각 작성하시오 (2점, 부분점수 없음)

> • 소재 제목과 설명에 ((1)) 버튼을 클릭하면 등록하고자 하는 키워드를 직접 입력하지 않아도 삽입이 가능하다.
> • 글자 수가 초과할 경우를 대비하여 ((2))를 입력해야 하며, ((2))는 등록하려는 키워드를 대신할 만한 키워드로 입력하는 것이 좋다.
> • 설명에 ((1)) 기능을 사용하면 광고노출 시 볼드 처리되어 주목도를 높일 수 있다.

57 각 매체별 광고그룹 당 등록이 가능한 최대 소재 개수를 순서대로 작성하시오. (2점, 부분점수 없음)

> – 네이버 파워링크 검색광고 : 광고 그룹 당 최대 (   )개
> – 카카오 검색광고 : 광고그룹당 최대 (   )개
> – 구글 검색광고 : 광고 그룹 당 텍스트 광고 (   )개

58 다음에서 설명하는 것은 무엇인가? (2점)

> '이것은 네이버 검색광고 광고주센터에 가입한 회원이 지정하는 다른 회원에게 회원계정에의 접근 및 관리 권한의 일부 또는 전부를 위탁하는 것을 말한다.'

59 다음은 카카오 광고대상에 관한 설명이다. 괄호 안에 가장 적절한 단어는 무엇인가? (2점)

> 카카오에서는 계정 〉 광고대상 관리에서 등록과 수정이 가능하다. 광고 시작을 위해 반드시 입력해야 하는 광고대상은 (   )이며, 부가적으로 전화번호, 카카오톡 채널, 카카오페이 뱃지가 있다.

60 다음 (괄호) 안에 공통적으로 들어갈 단어는 무엇인가? (2점)

> – 네이버 검색광고에서는 전화번호, 위치정보, 네이버 예약, 계산, 추가제목, 홍보문구, 서브링크, 가격링크, (   ), 이미지형 서브링크, 플레이스 정보, 홍보영상, 블로그 리뷰 유형이 있다.
> – 광고 성과 향상에 유의미한 기여를 하지 못했을 때는 광고에 노출되지 않을 수 있다.
> – 성인, 병/의원 업종의 광고에는 (   )가 노출되지 않는다.
> – 광고그룹 단위로 등록할 수 있다.

part
04

최신 기출문제

2020년 6월 13일

2022 회

기출문제

객관식 : 1번 ~ 40번
단답식 : 41번 ~ 60번
시험시간 90분

객관식 : 40문제 × 1.5점 = 60점 / 단답식 : 20문제 × 2.0점 = 40점

정답 및 해설 218p

▦ 객관식 문제

01 다음 중 광고비용 대비 효과분석에 대한 설명으로 틀린 것을 고르시오.

① 투자수익률을 ROI라고 하며, 광고를 통한 수익/광고비×100으로 계산한다.

② 광고비 100만원을 투자하여 발생한 수익이 500만원이라면, ROI는 500%이다.

③ ROAS는 광고비 대비 매출액을 말한다.

④ ROI는 낮을수록, ROAS는 높을수록 광고효과가 높다고 할 수 있다.

02 매체 별 로그 분석 시스템의 장점과 한계점에 대한 설명이 틀린 것을 고르시오.

① 별도의 엑셀 작업 없이 노출, 클릭, 비용 데이터와 전환 데이터를 한눈에 파악하기 용이하다.

② 광고 관리 플랫폼 내에서 성과 데이터를 손쉽게 확인하며 빠르게 성과 개선 작업을 할 수 있다.

③ 다매체를 운영하는 경우, 단일 통합 트래킹 툴을 사용하는 것보다 매체 별 전환 성과의 합산 데이터가 다소 과도하게 집계되어 보일 수 있다.

④ 이미 별도 로그분석 시스템을 사용 중이라면 매체 별 로그분석은 사용할 필요가 없다.

03 CTR과 CVR이 모두 높은 키워드에 대한 사후관리 방법으로 적합하지 않은 것을 고르시오.

① 가장 최적의 컨디션이므로 추가적인 작업을 진행할 필요가 전혀 없다.

② 이미 효과가 검증된 키워드이므로 유사한 의미의 세부 키워드를 확장하여 발굴한다.

③ 너무 많은 비용이 소진되어 비용 대비 효율이 낮지 않은지도 함께 점검한다.

④ 시즌 키워드나 이슈 키워드를 확장하는 것도 좋은 방법이다.

04 네이버 프리미엄 로그분석을 통해 매출을 추적할 수 없는 광고 상품을 고르시오.

① 파워링크   ② 쇼핑검색

③ 브랜드검색   ④ 파워콘텐츠

05 검색광고에서 매출 효과분석을 해야 하는 이유가 아닌 것을 고르시오.

① 같은 키워드라도 매일 키워드의 성과가 달라진다.

② 당일 실시간 성과 데이터는 의미있게 활용되기 어렵다.

③ 다양한 광고 상품 별 성과가 다르기 때문에 가장 효과적인 상품 MIX를 찾아야 한다.

④ 디바이스 별, 키워드 별로 모두 성과가 다르게 나타난다.

06 키워드 차원의 효과 분석의 방법으로서 적절하지 않은 것을 고르시오.

① 클릭률이 높지만 전환률이 낮은 키워드는 키워드−광고문구−랜딩페이지 간 관련성을 점검한다.

② 고성과 키워드는 유사한 키워드들을 다양하게 확장하는 것이 좋다.

③ 고성과 키워드는 무조건 1순위 전략을 고수하면 효과적이다.

④ 평균 노출 순위가 너무 낮다면 현재 데이터를 기준으로 성과를 판단하는 것에는 한계가 있다.

07 네이버 검색광고에서 제공하는 프리미엄 로그 분석에 대한 설명으로 틀린 것을 고르시오.

① 웹 사이트에 전환추적 스크립트를 삽입해야만 확인할 수 있는 보고서이다.

② 보고서 〉 다차원 보고서 메뉴에서 확인할 수 있다.

③ 간접 전환수는 광고클릭 이후 30분부터 전환 추적 기간 내에 발생한 전환수로서, 전환 추적 기간은 30일 이내로 정해져 있다.

④ 매체사에서 제공하는 로그 분석을 사용하면 별도의 엑셀 작업 없이 간편하게 기본 데이터+전환 데이터를 분석할 수 있어 용이하다.

08 CTR은 낮고 CVR은 높은 키워드에 대한 설명으로 적절하지 못한 것을 고르시오.

① 일단 방문한 고객은 높은 전환률을 보이므로 많이 방문시키는 것이 중요한 키워드이다.

② 노출 순위를 높여 방문자 수를 확대한다.

③ 광고소재를 좀 더 클릭하고 싶을 만한 매력적인 요소를 더 해 개선한다.

④ 우선적으로 광고소재와 랜딩페이지를 모두 좀 더 개선해보는 것이 좋다.

09 광고 성과 극대화를 위한 랜딩페이지 전략으로 적합하지 않은 것을 고르시오.

① 웹 사이트의 전반적인 컨디션이 열악하여 전체적인 리뉴얼로 개선 기간이 너무 오래 걸린다면 별도의 광고 전용 랜딩페이지를 빠르게 제작하여 활용하는 것도 방법이다.

② 모바일에서 노출되는 광고는 반드시 모바일에 최적화 된 사이트로 연결되어야 효과적이다.

③ 특정한 시즈널 이슈를 담은 페이지는 시기별로 관리하기가 어려우므로 사용을 지양해야 한다.

④ 다양한 랜딩페이지 대안이 있는 경우 기획자의 감에 의한 선택보다는 AB Test를 통한 데이터에 근거한 선택을 하는 것이 좋다.

10 랜딩페이지의 성과를 분석하기 위해 파악해야 하는 지표로서 적절하지 않은 것을 고르시오.

① 반송률
② 방문 당 체류시간
③ 구매 전환률
④ 클릭률

11 CTR이 낮은 키워드를 개선시키기 위한 광고 문구 전략으로 적절하지 못한 것을 고르시오.

① 업종별로 고객이 더 민감하게 반응하는 요소를 고려하여 광고 소재를 사용하면 효과적이다.
② 광고문구보다는 광고 순위 관리에 더 집중하는 것이 가장 최우선이다.
③ 타깃의 특성을 이해한 광고 소재를 사용하면 효과적이다.
④ 다양한 확장 소재를 활용하면 클릭률을 향상시킬 수 있다.

12 매체 별로 지원하는 로그 분석 시스템에 대한 설명으로 틀린 것을 고르시오.

① 네이버 검색광고 : 도구 〉 프리미엄 로그 분석
② 카카오 검색광고 : 계정 〉 전환추적(CTS) 설정
③ 구글 검색광고 : 도구 및 설정 〉 전환, 애널리틱스
④ 매체 별 로그 분석은 유료 결제 후 이용할 수 있다.

13 전체적인 광고 효과 분석의 한계로서 맞는 것을 고르시오.

① 구체적인 개선안을 도출할 수 없다.
② 결과적인 목표 달성 여부를 명확히 알 수 있다.
③ 보다 빠르게 성과를 파악할 수 있다.
④ 키워드 개별 성과나 입찰 경쟁을 고려한 대안을 마련할 수 있다.

14 다음 중 랜딩페이지에 대한 설명으로 틀린 것을 고르시오.

① 광고를 통해 방문하게 되는 페이지를 말한다.
② 메인 페이지, 카테고리 페이지, 상품 상세 페이지, 이벤트 페이지 등 다양하게 선택할 수 있다.
③ 일반적으로 메인 페이지의 전환률이 가장 우수하다.
④ 구매전환률에 큰 영향을 주므로 광고 성과 향상을 위해 반드시 잘 관리해야 할 영역이다.

15 다음 중 검색광고의 특징에 대한 설명으로 옳은 것을 고르시오.

① 노출 순위는 최대 클릭비용으로 결정되어 누구나 상위노출을 할 수 있다.
② 클릭 당 과금되는 광고로 탄력적인 예산 운영이 가능하다.
③ 현재시간 기준의 실시간 성과측정이 가능하다.
④ 성별, 연령별, 지역별 타깃팅이 가능하다.

16 검색광고의 주요 용어에 대한 설명 중 틀린 것을 고르시오.

① CPC : 클릭이 발생할 때마다 비용을 지불하는 종량제광고 방식이다.

② 확장소재 : 일반 광고소재 외 전화번호, 위치정보, 홍보문구, 추가 링크 등을 말한다. 확장 소재는 반드시 광고에 표시된다.

③ 품질지수 : 게재된 광고의 품질을 나타내는 지수이다.

④ 순위지수 : 노출 순위를 결정하는 지수이다.

17 다음은 검색광고의 정의이다. 틀린 것을 고르시오.

① 네이버, 카카오, 구글 등의 검색엔진을 통해 기업의 웹 사이트 등을 노출시킬 수 있는 광고기법이다.

② 광고서비스업체에서는 양질의 검색 결과를 제공하기 위해 광고의 연관도와 콘텐츠, 업종별 등록 기준에 의거하여 검수한다.

③ 검색 광고는 이용자의 능동적인 검색 활동에 기반하여 노출되므로 정확한 타기팅이 불가능한 광고라고 할 수 있다.

④ 검색 광고는 키워드광고, SA(Search Ad) 등으로도 불리운다.

18 네이버는 통합검색의 '파워링크' 영역 외에 제휴를 맺고 있는 파트너 사이트에도 광고가 노출된다. 콘텐츠 파트너 사이트가 아닌 것을 고르시오.

① 뽐뿌   ② KBS미디어

③ 네이트   ④ 경향신문

19 구글 검색광고 운영시스템에 대한 설명이다. 맞는 것을 고르시오.

① 구글 검색광고는 Google Ads 보고서에서 볼 수 있으며, 이메일로 보내는 등의 기능은 없다.

② 광고주가 달성하고자 하는 주요 목적(검색 네트워크, 쇼핑 플러스, 스타일 포커스)에 부합하는 목표를 중심으로 캠페인을 생성한다.

③ 캠페인 생성 단계에서 네트워크와 기기, 위치 및 언어, 입찰 및 예산, 광고확장을 설정할 수 있다.

④ 광고그룹은 캠페인의 하위 단위로 쇼핑몰 상품형과 제품 카탈로그형으로 구분된다.

20 구글 광고시스템에 대한 설명이다. 틀린 것을 고르시오.

① 상세한 운영보고서는 개요 페이지에서 확인 가능하다.

② 도구 및 설정 탭에서 키워드 플래너를 통해 키워드에 대한 예상 실적을 확인할 수 있다.

③ 광고 미리보기 및 진단 도구를 통해 광고가 어떻게 게재되는지, 게재되지 않는 이유에 대해서 제공하고 있다.

④ 캠페인 단위에서 네트워크, 타기팅 및 잠재고객, 예산 및 입찰, 광고확장을 관리할 수 있다.

part
04

최신 기출문제

21 다음은 검색광고의 특징이다. 맞는 것을 고르시오.

① 검색광고는 불특정 다수를 대상으로 하는 메인 배너광고에 비하여 초기 브랜드를 알리는 광고로 적합하다.

② CPC 광고의 경우, 클릭 당 과금되는 시스템으로 광고 노출이 되었을 때 과금된다.

③ 광고 노출 순위는 최대 클릭비용에 광고 노출 기간을 반영하여 최종 노출 순위가 결정된다.

④ 광고 운영시스템을 통해 광고 ON/OFF, 노출 지면(매체), 입찰가, 예산 등을 탄력적으로 운영할 수 있다.

22 네이버, 카카오, 구글은 검색사용자와 광고주 모두의 만족도를 높이기 위해 광고 품질을 측정한다. 다음 중 틀린 것을 고르시오.

① 구글의 품질평가점수는 광고그룹 단위로 적용되며, 1~10점을 부여한다.

② 네이버 품질지수는 7단계로 분류되고 처음 등록 시 4단계를 부여받는다.

③ 카카오는 그룹 등록 시 1단계의 품질지수를 부여받는다.

④ 네이버와 카카오는 품질지수, 구글은 품질평가점수라고 한다.

23 다음은 카카오 검색광고 등록 프로세스이다. 맞는 것을 고르시오.

① 하나의 캠페인에 하나의 광고그룹이 포함된다.

② 캠페인 노출 기간은 최초 선택 시 오늘부터 1개월로 자동 설정되며 기간 맞춤 설정이 가능하다.

③ 광고그룹의 확장검색은 직접 등록하지 않은 키워드라도 등록된 키워드의 연관된 키워드에 해당 그룹의 광고를 자동으로 노출시키는 기능이다.

④ 등록 희망 키워드를 입력한 후, 하나의 그룹에 등록되어 있는 모든 키워드에 적용되는 기본 입찰가를 기재한다.

24 구글 검색광고 상품에 대한 설명이다. 맞는 것을 고르시오.

① 최대 3~5개의 광고만 검색 결과 상단에 게재될 수 있다.

② 광고 순위는 입찰가, 입찰 시 광고품질, 광고 순위 기준, 사용자 검색의 문맥, 광고 확장 및 다른 광고 형식의 예상 효과 등을 복합적으로 고려하여 계산된다.

③ 구글을 통해 광고를 게재할 수 있는 영역은 검색매체(구글), 콘텐츠매체(유튜브), SNS매체(페이스북)로 나뉜다.

④ 모바일 검색 결과에서는 최대 3개까지 광고가 게재된다.

25 구글 검색광고 등록 중 캠페인 설정에 대한 설명 중 틀린 것을 고르시오.

① 캠페인(광고) 목표(판매, 리드, 웹사이트 트래픽)를 선택하고, 캠페인 유형 중 '검색'을 선택한다.

② 설정 더 보기에서 시작일 및 종료일 설정이 가능하며 캠페인 URL옵션과 동적 검색광고 설정이 가능하다.

③ 타기팅 잠재고객에서 광고가 도달하려는 사용자를 선택할 수 있다.

④ 확장검색, 구문검색, 일치검색 등의 검색 유형을 선택할 수 있다.

26 광고기획 단계에서 경쟁사를 분석하는 방법으로 옳지 않은 것을 고르시오.

① 네이버 키워드 도구를 통해 경쟁사 브랜드 검색 수와 사용자 통계를 참고해 분석한다.

② 경쟁사에서 집행하고 있는 광고를 실시간 모니터링 해 자사 광고 전략에 즉각 반영할 수 있다.

③ 경쟁사의 설명 문안, 소재, 랜딩페이지를 모니터링해 자사의 차별화 전략을 계획할 수 있다.

④ 경쟁사의 브랜드검색 광고 모니터링을 통해 주요 이벤트나 주력상품을 파악할 수 있다.

27 다음은 세부 키워드에 대한 설명이다. 틀린 것을 고르시오.

① 잠재고객들이 쉽게 검색하는 키워드로 검색 수가 높아 광고를 많이 노출시킬 수 있는 장점이 있다.

② 비교적 저렴한 입찰가로 광고를 노출시킬 수 있는 장점이 있다.

③ 수식어나 지역명 등을 조합한 키워드이다.

④ 세부 타게팅 되어 메인 키워드 대비 CPC가 저렴한 경우가 많다.

28 다음은 네이버 사이트 검색광고 등록 기준에 대한 설명이다. 맞는 것을 고르시오.

① 담배, 의약품, 주류, 콘택트렌즈 등 온라인 판매가 제한되는 상품 또는 서비스를 제공하는 경우 광고가 제한될 수 있다.

② 사이트 내에 성인 콘텐츠가 있을 경우, 무조건 광고는 제한된다.

③ 사이트가 완성되지 않은 경우, 광고를 제한하지는 않고 1주일 정도 완성할 수 있는 시간을 준다.

④ 네이버 카페, 블로그, 포스트로만 광고 가능하며, 타 포털의 커뮤니티 사이트는 광고가 불가하다.

29 다음은 소재 관리에 대한 설명이다. 틀린 것을 고르시오.

① 네이버 사이트 검색광고의 경우, 광고그룹당 최대 5개까지 등록 가능하다.

② 카카오 검색광고는 광고그룹 당 최대 50개까지 등록 가능하다.

③ 효과적인 광고 소재는 클릭률을 높여주고 품질지수에도 긍정적인 영향을 미친다.

④ 네이버, 카카오, 구글 검색광고 모두 광고 소재에 키워드를 삽입하는 기능을 제공한다.

30 카카오와 구글의 그룹 및 키워드 관리에 대한 설명이다. 맞는 것을 고르시오.

① 카카오의 경우, 광고 그룹의 품질을 나타내는 지표는 확인할 수 없고 키워드 품질지수만 확인 가능하다.

part
04

최신 기출문제

② 카카오는 그룹 복사 기능이 있고, 구글은 없다.

③ 구글 검색광고는 직접입찰 외에도 순위 유지를 위한 자동입찰을 지원한다.

④ 구글은 특별히 일치검색, 구문검색, 제외 어검색 유형으로 지정하지 않으면 각 키 워드는 기본적으로 확장검색 유형으로 설 정된다.

31 광고노출 전략관리에 관한 설명으로 틀린 것을 고르시오.

① 네이버 검색광고는 지역 설정에서 광고를 노출시킬 지역을 설정하거나 제외할 수 있다.

② 구글 검색광고는 광고 미리보기 및 진단 도구를 통해 위치 및 언어, 기기에 따른 광고 노출 여부를 확인할 수 있다.

③ 카카오 검색광고는 PC포털, 모바일 검색, PC 콘텐츠, 모바일 콘텐츠를 선택할 수 있고 광고 그룹 전략설정에서 세부 지면 을 제외할 수 있다.

④ 카카오 검색광고는 캠페인 전략설정에서 노출 요일과 시간을 설정할 수 있다.

32 카카오 검색광고 등록 프로세스에 대한 설명으로 틀린 것을 고르시오.

① 캠페인등록−광고그룹등록−키워드 및 소 재등록 순서로 등록된다.

② 그룹 생성 시에 광고할 사이트를 선택해 야 하며 선택한 사이트는 전략에 따라 변 경 가능하다.

③ 광고문안노출 방식은 랜덤노출 방식과 성

과우선노출 방식으로 선택 가능하다.

④ 캠페인 생성 시 캠페인 일 예산, 노출 기 간, 노출 요일, 노출 시간을 설정할 수 있 다.

33 카카오 광고 등록 기준에 대한 설명으로 틀린 것을 고르시오.

① 사이트는 완성된 홈페이지여야 하며, 사 용자 환경과 무관하게 항상 접속이 가능 해야 한다.

② 콘텐츠가 충분하지 않을 경우 광고 집행 이 안될 수 있다.

③ 상호명, 주소, 연락처 등 소비자들이 알 수 있는 내용을 표시해야 한다.

④ 회원제 사이트를 등록할 경우 심사단계에 서는 ID와 패스워드는 필요 없다.

34 구글 검색광고에서 제공하는 자동입찰 기능이 아닌 것을 고르시오.

① 타깃 CPA   ② 타깃 ROAS

③ 전환수 최대화   ④ 입찰 최대화

35 다음 중 온라인 비즈니스 모델의 핵심 성공요인이 아닌 것을 고르시오.

① 직접 배송 시스템 구축

② 차별화된 콘텐츠와 서비스

③ 고객 관점과 고객 경험

④ 새로운 아이디어와 기술로 시장 선점

36 기업의 입장에서 SNS, 블로그, 모바일 등을 통해 다량의 브랜드 정보가 고객 사이에 구전되면서 생긴 미디어(Media, 매체)를 일컫는 용어를 고르시오.

① Paid media ② Owned media
③ Earned media ④ Multi media

37 제품 제작 과정에 직접 참여하거나 브랜드에 대한 다양한 의견과 정보를 제안하는 소비자를 지칭하는 용어를 고르시오.

① 프로슈머 ② 애드슈머
③ 세일슈머 ④ 블랙 컨슈머

38 다음 중 디지털 마케팅에 대한 설명으로 틀린 것을 고르시오.

① 디지털 시대의 소비자는 수동적이 아니라 능동적이다.
② TV 광고에 비해 불특정 다수에게 광고를 푸쉬(push)하는 것이 매우 쉽지만 비용이 비싸다.
③ 커뮤니케이션 전략의 핵심은 소비자 욕구이며 양방향 커뮤니케이션이 매우 중요하다.
④ 노출 수, 클릭 수, 클릭률, 전환 비용 등과 같은 데이터를 통해 마케팅 성과 분석이 용이하다.

39 다음 중 온라인 구전(EWOM : Electronic Word of Mouth)에 대한 설명으로 틀린 것을 고르시오.

① 온라인 구전은 네트워크 분석을 통해 구전의 확산 경로와 의견 선도자를 파악할 수 있다.
② 기업의 입장에서 소비자의 의견을 청취하는 채널로 활용할 수 있다.
③ 온라인 쇼핑몰에서 구매 후 소비자가 작성하는 사용 후기는 온라인 구전으로 보기 어렵다.
④ SNS, 블로그, 온라인 게시판을 통해 확산되며, 긍정적, 부정적, 중립적 의견을 분류해서 대응하는 것이 중요하다.

40 다음 중 디지털 광고의 효과 측정에 대한 설명으로 틀린 것을 고르시오.

① 기업의 웹페이지 방문 소비자의 유입 경로를 확인할 수 있다.
② 광고 노출, 클릭, CTR, CPC는 광고 성과 측정의 기본 지표이다.
③ 어떤 매체가 비용 대비 매출 성과가 우수한지 측정할 수 있다.
④ ROI를 향상시키기 위한 광고 노출의 극대화가 가장 우선적이다.

part
04
최신 기출문제

▦ 단답식 문제

41 다음은 네이버 프리미엄 로그분석에서 제공하는 데이터 항목에 대한 설명이다. (괄호)안에 들어갈 단어는 무엇인지 쓰시오. (2점)

> (   )은 광고 클릭 이후 30분부터 전환 추적 기간 내에 발생한 전환수입니다.
> 전환 추적 기간은 7~20일 사이의 기간으로 직접 설정할 수 있습니다.

42 네이버 검색 광고에서 제공하는 서비스로서, 웹 사이트에 방문한 유저의 구매전환, 매출 등의 데이터를 수집하여 분석하는 도구를 무엇이라고 하는지 쓰시오. (2점)

43 CTR은 낮고 CVR이 높은 키워드는 입찰 순위 점검과 함께 무엇을 우선적으로 개선해야 하는지 쓰시오. (2점)

44 사이트에 방문한 후 페이지 이동 없이 바로 이탈한 비율을 나타내는 용어로서, 랜딩페이지가 효과적인지 판단하는 지표로 활용되는 이것은 무엇인지 쓰시오. (2점)

45 다음 데이터 표를 보고 ROAS를 계산하시오. (2점)

광고비	노출 수	클릭 수	구매 수	매출액	이익
5,000,000	1,000,000	10,000	100	10,000,000	8,000,000

46 동일한 지면에서 노출 중인 키워드가 CTR이 낮을 경우, 광고 소재에 대한 점검 외에 무엇을 점검해야 하는지 쓰시오. (2점)

47 다음에 해당되는 2가지 데이터 지표는 무엇인지 쓰시오. (2점)

> 키워드 사후관리를 위해 키워드와 소재, 랜딩페이지가 매력적인지 판단하기 위해 일반적으로 2가지 데이터 지표를 축으로 키워드를 분류하여 개선 방안을 도출한다.
> 해당 지표는 클릭과 전환을 평가하기 위한 지표이다.

48 아래 내용이 설명하는 것을 쓰시오. (2점)

> • 검색광고 본래의 취지에 맞지 않는 무의미한 클릭
> • 특정인의 이익을 위하여 행해지는 인위적인 클릭
> • 자동화된 도구에 의하여 발생하는 클릭
> • 더블클릭 등으로 인하여 발생하는 무의미한 클릭

49 다음 설명 중 (괄호) 안에 공통으로 들어갈 단어는 무엇인지 쓰시오. (2점)

> 키워드 삽입 시 소재 전체 글자 수가 초과되는 경우, 사전에 등록한 (　　　)이 자동으로 노출된다. 따라서 (　　　)은 해당 광고그룹의 키워드를 대표할 만한 단어로 입력하는 것이 좋다.

50 다음은 검색광고 시스템 내 키워드를 발굴하는 메뉴이다. 각 메뉴명에 해당되는 매체는 무엇인지 쓰시오. (2점, 부분점수 없음)

ㄱ. 키워드 맞춤 제안	(1)
ㄴ. 키워드 도구	(2)
ㄷ. 키워드 플래너	(3)

51 아래 설명 중 (괄호) 안에 공통으로 들어갈 용어는 무엇인지 쓰시오. (2점)

> 네이버, 카카오가 검색사용자와 광고주 모두의 만족도를 높이기 위해 광고의 품질을 측정하는 것으로, (　　　)이 높을수록 광고비용은 감소하고 광고 게재순위는 상승하는 효과가 있다. 네이버와 카카오의 (　　　)은 7단계로 분류하여 막대의 형태로 보여준다.

52 다음은 네이버 검색광고 운영시스템이다. (괄호) 안에 적절한 답을 기재하시오. (2점, 부분점수 없음)

계정의 구조는 ((1)   ), ((2)   ), 키워드와 ((3)   )로 이루어져 있으며, 그 중
((1)   )은 마케팅 활동에 대한 목적을 기준으로 묶어서 관리하는 광고 전략 단위라고 할 수
있다.
((1)   ) 하위에는 ((2)   )이 있다.
((2)   )에서는 웹사이트, 매체, 노출 요일과 시간대, 하루예산, 입찰가 등을 설정할 수 있다.
((3)   )는 사용자에게 보이는 광고 요소이며, 확장될 수 있다(확장소재).

53 다음에서 설명하는 것은 무엇인지 쓰시오. (2점)

- 인터넷상에서 방대한 분량으로 흩어져 있는 자료 중 원하는 정보를 쉽게 찾을 수 있도록 도와주는 소프트웨어 또는 프로그램을 지칭한다.
- 일반적으로 인터넷에 존재하는 모든 웹사이트와 파일을 대상으로 정보를 검색하여 자료를 제공하는 소프트웨어 또는 프로그램을 의미한다.

54 다음에서 설명하는 것은 무엇인지 쓰시오. (2점)

- 기업의 마케팅 전략 구축을 위한 중요한 행위로써 전체 소비자를 선호, 취향, 문제 해결책의 유사성에 따라 몇 개의 소비자 집단으로 분류한다.
- 인구통계학적 변수, 심리학적 변수와 제품의 사용 성향, 빈도, 사용량과 같은 행동적 변수가 기업들의 소비자 집단 분류에 사용된다.

55 다음에서 설명하는 것은 무엇인지 쓰시오. (2점)

매체사들의 다양한 광고 인벤토리를 네트워크로 취합하여 광고를 송출하는 솔루션이며 다양한 광고 인벤토리를 광고주에게 판매하는 서비스를 제공한다.

56 다음은 어느 매체의 무효클릭에 관한 설명인지 적으시오. (2점)

- 계정 〉 노출제한 설정에서 IP 최대 500개, 사이트 최대 500개까지 등록할 수 있다.
- 유동IP는 마지막 네 번째 자리에 와일드카드(*)를 이용하여 차단할 수 있다.
- 무효클릭이 의심될 경우 클릭일, 의심키워드, 의심IP 정보를 포함한 클릭로그를 고객센터에 접수하거나 상담챗봇으로 문의할 수 있다.

57 다음에서 설명하는 것은 무엇인지 쓰시오. (2점)

카카오 검색광고의 문안노출 방식으로, 한 그룹에 2개 이상의 광고가 등록되어 있을 경우 광고 시스템에서 성과를 분석하여 성과가 좋은 소재를 더 많은 비중으로 노출하는 방식

58 다음은 광고소재 관리에 관한 설명이다. (괄호) 안에 들어갈 숫자를 순서대로 적으시오. (2점, 부분점수 없음)

- 네이버 검색광고는 광고그룹 당 최대 ((1)   )개까지 등록 가능하며 소재 노출 방식은 성과기반 노출과 동일 비중 노출 중 선택할 수 있다.
- 카카오 검색광고는 광고그룹 당 최대 ((2)   )개까지 등록 가능하며 소재 노출 방식은 랜덤노출과 성과우선노출 중 선택할 수 있다.
- 구글 검색광고는 광고그룹 당 텍스트 광고 ((3)   )개까지 등록 가능하며 캠페인 단위에서 광고 순환게재를 선택할 수 있다.

59 구글의 검색광고를 게재할 검색어를 지정하는 검색 유형은 보기와 같다. 광고 도달 범위가 큰 순서대로 나열하시오. (2점, 부분점수 없음)

① 구문검색	② 변형확장검색
③ 일치검색	④ 확장검색

(   ) 〉 (   ) 〉 (   ) 〉 (   )

60 다음의 설명에서 (괄호) 안에 공통으로 들어갈 단어는 무엇인지 쓰시오. (2점)

(   )은 웹사이트, 쇼핑몰, 전화번호, 위치정보, 네이버 예약 등 잠재적 고객에게 상품 정보를 전달하고 판매하기 위한 모든 채널을 말한다. 광고를 집행하기 위해서는 캠페인 유형에 맞는 (   )이 반드시 등록되어야 한다.

part
04

최신 기출문제

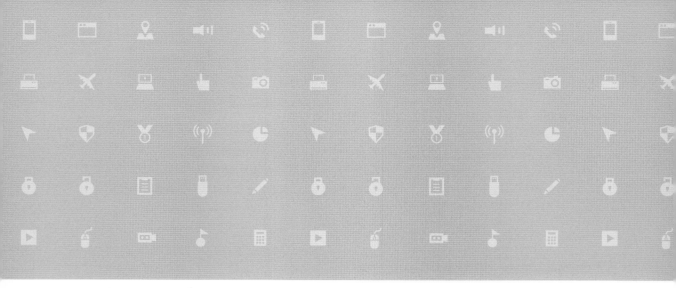

Search Advertising Marketers

PART 5

정답
및 해설

2020년 12월 12일 기출문제

2020년 9월 19일 기출문제

2020년 6월 13일 기출문제

빠른 정답찾기

2020년 12월 12일 기출문제

01 ②	02 ③	03 ②	04 ②	05 ④
06 ④	07 ③	08 ①	09 ①	10 ④
11 ③	12 ②	13 ④	14 ①	15 ②
16 ①	17 ②	18 ②	19 ②	20 ③
21 ①	22 ③	23 ②	24 ④	25 ①, ③
26 ③	27 ①	28 ①	29 ②	30 ③
31 ④	32 ③	33 ④	34 ④	35 ①
36 ②	37 ②	38 ③	39 ③	40 ④

41 검색엔진(또는 Search Engine, 포털, 포털사이트, 포털엔진)
42 획득 미디어(또는 Earned Media)
43 미디어 렙(또는 Media Rep, 디지털 미디어 렙)
44 노출수 : 125,000, 물품단가(객단가) : 90,000원
45 ROI
46 직접전환수
47 47,680,000원
48 랜딩페이지
49 CTR(또는 클릭률(율), 유입, 클릭)
50 ① 페이지뷰 or PV ② 반송률
51 (1) 전환율 2%, (2) ROAS 400%
52 매체믹스 (또는 미디어믹스)
53 비즈채널
54 기본 입찰가
55 (1) 최소노출입찰가, (2) 중간입찰가
56 품질지수(또는 광고주품질지수, 광고평가지수, 광고품질 평가지수, (지수=점수))
57 제외키워드
58 노출기간, 하루예산, 예산균등배분
59 제품 카탈로그
60 즐겨찾기

01   정답 ②

웹 브라우저는 웹 서버에서 이동하며 쌍방향으로 통신하고 HTML 문서나 파일을 출력하는 그래픽 사용자 인터페이스 기반의 응용 소프트웨어이다. 웹 브라우저는 대표적인 HTTP 사용자 에이전트의 하나이기도 하다. 주요 웹 브라우저로는 모질라 파이어폭스, 구글 크롬, 인터넷 익스플로러/마이크로소프트 엣지, 오페라, 사파리가 있다.

02   정답 ③

온라인 포털 수익의 대부분은 광고 수익이다.

03   정답 ②

브랜디드 콘텐츠란 다양한 문화적 요소와 브랜드 광고를 결합한 콘텐츠다. 제품 · 회사명 · 브랜드를 직접 노출하지 않지만 이를 문화 콘텐츠 속에 녹여 강력한 광고 효과를 내고 소비자의 공감과 흥미를 통해 자발적인 공유에 이르는 것이 목표다. 소비자의 콘텐츠 선택이 유튜브나 페이스북 등 SNS를 통한 입소문에 좌우되면서 직접적인 광고보다는 문화적으로 소비할 수 있는 브랜디드 콘텐츠를 매개로 한 접근이 더욱 큰 광고 효과를 보고 있다.

04   정답 ②

프로슈머는 1980년 엘빈 토플러가 〈제3의 물결〉에서 처음 사용한 용어로 생산자적 기능을 수행하는 소비자를 말한다. 소비자들이 자신들의 욕구를 충족시킬 수 있는 상품의 개발을 직접 요구하고 때로는 유통에도 직접 관여하는 마케팅을 말한다.

05   정답 ④

구전정보는 쌍방향 커뮤니케이션이라는 특성이 있고 정보 수신자에게 필요한 정보를 정확하게 제공할 수 있기 때문에 신뢰성이 높은 정보다.

06   정답 ④

ROI를 향상시키기 위해 광고 노출의 극대화가 필수적인 것은 아니다. 비용을 절감함으로써 이익을 증가시킬 수도 있다.

07   정답 ③

ROAS를 높이려면 광고의 실적에 따라 입찰가 조정을 높이거나 낮추어야 한다.

08 정답 ①

CPS는 총 광고비용을 구매건수로 나누어서 구하는데 이 값이 낮을수록 광고 효과가 좋다.

09 정답 ①

그룹	CVR (=전환수/클릭 수)
A 그룹	20/2,500=0.8%
B 그룹	30/6,000=0.5%
C 그룹	80/8,000=1%
D 그룹	100/11,000=0.91%

10 정답 ④

로그분석은 사이트에 방문한 사용자의 행태를 분석하는 서비스로 예를 들어, 광고를 통해 유입된 트래픽 중 실제로 제품 구매, 회원가입 등의 전환이 얼마나 발생하였는지에 대해 광고 효과를 측정하는 것을 말한다. 방문자수, 방문 경로, 웹 페이지별 방문 횟수, 시간별/요일별 방문 통계, 구매전환율 등의 다양한 정보를 얻을 수 있으며 '웹로그분석'이라고도 불린다.

11 정답 ③

CPC=20,000,000원/16,000명=1,250원
ROAS=(300개×50,000원)/20,000,000원=75%

12 정답 ②

네이버 검색광고는 국내 검색 시장에서 가장 높은 검색 점유율을 보이며 독보적인 위치를 차지하고 있는 네이버의 광고 상품으로서, 네이버내의 여러 다양한 페이지뿐 아니라, 네이버 외의 많은 제휴 파트너사에서도 검색결과가 노출되는 등 높은 광고 효과를 보이고 있어 인터넷에서 광고를 집행하고자 하는 많은 사업주들이 필수적으로 선택하고 있는 광고이다. 네이버의 주요 상품으로는 클릭초이스, 모바일 배너, 브랜드 검색 등이 있다.

13 정답 ④

CVR은 구매전환율을 의미하는 것으로 구매건수를 클릭 수로 나누어서 구한다.

14 정답 ①

투자수익률(ROI)은 가장 널리 사용되는 경영성과 측정기준 중의 하나로, 기업의 순이익을 투자액으로 나누어 구한다. 이 분석은 투자수익률이 경영성과의 종합척도가 된다는 관점에서 투자수익률을 결정하는 요인을 수익성과 회전율로 분해한 다음 각 결정요인의 세부항목에 대한 관리를 통하여 궁극적으로는 회사의 경영성과를 계획·통제하는 것을 목적으로 한다.

15 정답 ②

노출 수	2%=17,500/노출 수, 노출 수=875,000
CVR	전환율=700/17,500, CVR=4%
전환매출	전환매출=700×35,000=24,500,000
ROAS	ROAS=24,500,000/7,000,000 ROAS=350%

16 정답 ①

클릭률 감소 시 키워드, 광고 소재 및 키워드 입찰 순위 검토가 우선이 된다.

17 정답 ②

메인 페이지를 기준으로 랜딩페이지를 수정한다.

18 정답 ③

CTR은 클릭률을 의미하는 것으로 클릭 수를 노출횟수로 나누어서 구하고, CVR은 전환율을 의미하는 것으로 구매건수를 클릭 수로 나누어서 구한다. CTR은 낮고 CVR은 높을 때 키워드 입찰 순위가 낮아 충분한 클릭을 받지 못하고 있는지 체크한다.

19 정답 ②

검색(키워드) 광고는 인터넷 이용자가 검색 사이트를 통해 특정 키워드를 검색할 때, 검색 결과를 보여주는 페이지의 주요한 자리에 키워드와 밀접한 관련을 갖는 업체의 홈페이지를 노출하는 형태의 광고를 말한다. 반면, 디스플레이 광고는 사이트의 메인 및 서브페이지에 이미지를 노출하는 광고를 말한다.

part
05

정답 및 해설

20
정답 ③

클릭률 낮은 키워드의 경우, 키워드 입찰 순위 점검 또는 광고 소재 매력도 확인 과정이 진행되어야 한다. 랜딩페이지 개선 조치는 전환율을 높이기 위한 방법이다.

21
정답 ①

CVR과 CPA는 역의 관계에 있으므로 CVR인 전환율이 높아질수록 CPA는 낮아진다.

22
정답 ③

노출 순위는 최대클릭비용 외에 광고품질에 따라 달라진다.

23
정답 ②

시즈널키워드(SK, Seasonal Keyword)는 특정 시기나 계절에 따라 조회수와 광고효과가 급상승하는 키워드를 말한다. 예를 들어, 어린이날에는 장난감, 여름에는 에어컨 등의 키워드이다.

24
정답 ④

광고 목표는 누가(표적청중), 무엇을(청중의 구체적 반응), 언제까지(기간)에 대해 정확하게 서술해야 한다.

25
정답 ①, ③

네이버 검색광고 가입은 사업자의 경우 최대 5개, 개인은 네이버 검색광고 ID, 네이버 아이디 총 2개 가입이 가능하다.
참고로 네이버 검색광고 시스템은 '캠페인 생성 → 광고그룹 생성 → 키워드 및 소재 생성' 순으로 이루어진다.
① 2020년 기준 7개의 검색광고가 존재하였다.

26
정답 ③

목표과업법은 기업의 현재 시장 개입 수준과 앞으로의 마케팅 목표를 연관 지어 광고 예산을 결정하는 방법이다.

27
정답 ①

소재는 사용자에게 보이는 광고 요소로써, 다양하고 차별화된 확장 소재를 통해 검색광고를 통한 잠재고객의 관심과 흥미를 이끌어내며, 즉각적인 방문을 유도할 수 있다.

28
정답 ①

② 캠페인 하루예산이란 하루 동안 해당 캠페인에서 지불할 의사가 있는 최대 비용을 말한다.
③ 예산 균등배분이란 설정한 하루 예산에 맞추어 광고 노출을 조절하는 시스템으로 해당 사항을 클릭하면 예산에 맞게 광고비 지출이 가능하다.
④ 캠페인 고급옵션에서는 캠페인의 광고 노출 기간을 설정할 수 있으며 '오늘부터 종료일 없이 계속 노출, 시작 및 종료 날짜 설정' 두 가지 중 하나를 선택할 수 있다.

29
정답 ②

① 광고 만들기에서 〈키워드〉와 〈광고 소재〉를 추가해야 등록이 완료된다.
③ 추가 실적 예상하기를 통해 월 예상 클릭 수, 월 예상 비용을 확인할 수 있다. 실적 예상 기준은 그룹 기본 입찰가 기준으로 산출된다.
④ 소재 만들기에서 표시 URL은 수정할 수 없다.

30
정답 ③

〈OO위 평균 입찰가〉에 대한 내용이며 최근 1주간이 아니라 최근 4주간 해당 순위에 노출되었던 입찰가의 평균값을 조회할 수 있다.

31
정답 ④

구글 검색광고 상품은 검색결과 상단 또는 하단에 게재, 최대 4개만 상단에 게재 가능하다.

32
정답 ③

소재는 가이드에 맞게 작성되어야 하며 등록하고자 하는 소재가 가이드에 맞지 않는 경우 광고 노출이 제한될 수 있다.

33
정답 ④

광고 소재 작성 TIP
• 차별화된 이점 강조
• 가격, 프로모션 및 특별 혜택을 광고에 기재
• 1개 이상의 키워드를 광고에 포함
• 광고와 관련성 있는 방문 페이지 연결
• 복수의 광고소재를 등록하여 실적이 우수한 광고소재 발굴
• 확장소재 사용

34 정답 ④

연결 URL은 표시 URL 사이트 내 페이지여야 한다.

35 정답 ①

사이트 내에 성인 콘텐츠가 있는 경우 성인인증 등의 법령에 따른 청소년 보호조치를 취하면 일부 광고가 가능하지만, 유흥소 사이트(단란주점, 룸살롱, 가라오케 등) 및 해당 업소의 직업정보 제공 사이트, 성인 화상채팅 및 애인대행 서비스 제공 사이트, 브랜드 제품의 정보만을 제공하는 사이트, 총포-도검-화약류 등의 판매/정보제공 사이트, 각종 프로그램이나 파일을 제공하는 등의 공개자료실 사이트 등은 네이버에서 광고를 허용하지 않는다.

36 정답 ②

쇼핑검색광고 쇼핑몰 상품형은 이미지형 광고 상품으로 광고 시스템에서 네이버 쇼핑 계정을 인증하고, 쇼핑에 등록된 상품을 불러오는 방식으로 네이버 쇼핑입점이 필요하다.
지역소상공인 광고란 네이버 콘텐츠 서비스를 이용하는 내 지역 사용자에게 노출하는 배너 광고로 스마트플레이스에 등록한 업체 정보를 바탕으로 쉽고 빠르게 광고를 생성할 수 있다. 정보가 노출된 횟수만큼 광고비를 지불하는 지역 소상공인을 위한 노출 종량 상품이다.

37 정답 ②

매체 리포트에서 확인할 수 있는 정보 : 광고비용, 클릭 수, 노출 수, 클릭률(CTR), 방문 당 광고비용(CPC)

38 정답 ③

구글은 캠페인 단위에서 노출전략을 설정할 수 있다.

39 정답 ③

카카오는 최초로 사이트를 등록한 경우 품질이 0단계이다.

40 정답 ④

키워드에 입력한 URL이 우선 적용된다.

41 정답 검색엔진(또는 Search Engine, 포털, 포털사이트, 포털엔진)

검색엔진은 인터넷에서 자료를 쉽게 찾을 수 있게 도와주는 소프트웨어로 검색 엔진은 어떤 기준을 가지고 어떤 방식으로 자료를 찾아낼 것인지 조금씩 다르기 때문에 검색 결과 역시 차이를 보인다. 우리나라의 대표적 검색 엔진으로는 '다음(Daum)', '네이버(Naver)'가 있으며, 전 세계적으로 가장 많이 사용되는 검색 엔진으로는 '구글(Google)', 가장 오래된 검색 엔진으로는 '야후(Yahoo)'가 있다.

42 정답 획득 미디어(또는 Earned Media)

획득 미디어는 제3자에 의해 창작되고 소유되어 소비자로부터 신뢰와 평판을 획득할 수 있는 모든 종류의 퍼블리시티를 의미한다. 과거에는 브랜드 인지도를 높이기 위해 신문이나 잡지와 같은 매체를 통해 정보를 전달하는 PR 활동을 의미했지만, 최근에는 트위터, 페이스북, 인스타그램, 블로그, 유튜브, 그리고 기타 커뮤니티 내의 모든 온라인 대화를 포함하고 있다. 고객이 남기는 후기나, 커뮤니티의 게시물, 개인 크리에이터들의 자발적 리뷰 등도 언드 미디어 영역에 속한다.

43 정답 미디어 렙(또는 Media Rep, 디지털 미디어 렙)

미디어 렙은 방송사의 광고 시간을 광고주에게 배급하는 회사를 의미하는데 이러한 미디어 렙은 광고 대행을 통해 광고주로부터 일정량의 대행 수수료를 받게 된다. 또한, 미디어 렙은 광고 판매 대행 업무뿐만 아니라 광고주에게 광고 분석, 광고 기법 등의 매체 자료를 제공해 주는 역할을 수행한다.

44 정답 노출 수 : 125,000, 물품단가(객단가) : 90,000원

노출 수	4%=5,000/노출 수, 노출 수=125,000
전환수	5%=전환수/5,000, 전환수=250
객단가	450%=250×객단가÷5,000,000 객단가=90,000원

45 정답 ROI

투자수익률 분석(ROI, return on investment)은 가장 널리 사용되는 측정기준 중 하나이며 이는 키워드 광고를 통해 발생하는 이익을 광고비로 나누어 계산하면 되며 ROI가 100% 이상이면 광고 집행의 효과가 있다고 봐도 된다.

46 정답 직접전환수

전환이란, 광고를 통해 사이트로 유입된 방문객이 광고주가 원하는 특정 행동(상담신청, 회원가입, 상품구매, 장바구니담기 등)을 취하는 것을 말한다. 직접전환은 광고를 클릭하고 30분 이내에 전환이 일어난 경우를 뜻하며, 직접전환수는 직접 전환이 일어난 횟수를 의미한다.

47 정답 47,680,000원

전환매출액=6,400,000원×745%=47,680,000원

48 정답 랜딩페이지

랜딩페이지는 광고를 통해 방문하게 되는 페이지를 의미한다. 랜딩페이지가 메인페이지가 될 수 있으며, 카테고리나 제품 상세 페이지, 이벤트 페이지가 될 수도 있다.

49 정답 CTR(또는 클릭률(율), 유입, 클릭)

클릭률(CTR)=클릭 수/노출 수×100으로 나타내며 광고가 노출된 횟수 대비 클릭을 받은 비율을 의미한다.

50 정답 ① 페이지뷰 or PV ② 반송률

① 페이지뷰는 한 페이지가 사용자의 요청에 따라 표시되는 것 혹은 이러한 요청의 수를 세는 단위를 의미한다.
② 반송률은 방문자 수 대비 반송 수의 비율 데이터를 의미한다. 즉, 반송 수/방문 수×100으로 나타낸다.

51 정답 (1) 전환율 2%, (2) ROAS 400%

CVR=600회/30,000회=2%
ROAS=12,000,000원/3,000,000원=400%

52 정답 매체믹스 (또는 미디어믹스)

매체믹스는 여러 광고 매체를 섞어(Mix) 예상 견적을 파악하고, 광고 효과를 예측할 수 있도록 제공하는 견적서를 의미한다.

53 정답 비즈채널

비즈채널은 웹 사이트, 전화번호, 위치정보, 네이버 예약, 네이버 톡톡 등 사업자가 마련한 고객과의 접점을 의미한다. 광고 집행을 하기 위해서는 캠페인 유형에 맞는 비즈채널을 반드시 등록해야 한다. 또한 비즈채널은 확장 소재의 구성 요소로도 활용이 가능하다.

54 정답 기본 입찰가

기본입찰가는 광고 그룹에 속한 모든 키워드에 적용되는 입찰가로 키워드별 입찰가를 별도로 설정하지 않은 경우 기본 입찰가로 설정된다.

55 정답 (1) 최소노출입찰가, (2) 중간입찰가

(1) 최소노출입찰가는 과거 4주간 검색을 통해 노출된 광고 중에서 최하위에 노출되었던 광고의 입찰가 중 가장 큰 값을 의미한다.
예를 들어 과거 4주간 '꽃배달' 키워드로 3번의 검색을 통해서 총 12개의 광고 노출이 발생했다. 이때 최하위 입찰가는 검색1은 70원, 검색2는 150원, 검색3은 100원이다. 이 값 중 가장 큰 값이 150원이므로 '최소 노출 입찰가'는 150원이 된다.
(2) 중간입찰가는 최근 4주간 검색을 통해 노출된 모든 광고의 입찰가를 큰 순서대로 나열했을 때 중간에 위치한 값으로 중앙값(Median)이라는 통계적 방식으로 계산된 값을 의미한다. 중간 입찰가를 이용해 키워드들 간의 입찰가를 비교해볼 때 참고할 수 있는 정보이다.

56 정답 품질지수(또는 광고주품질지수, 광고평가지수, 광고품질 평가지수, (지수=점수))

품질지수는 '내 광고가 다른 광고와 비교해서 얼마나 검색 사용자의 의도와 요구를 충족하고 있는가'를 나타낸 것으로, 품질지수를 통해 내 광고의 상대적 '품질'을 확인할 수 있다. 또한 게재된 광고의 품질을 나타내는 지수로 클릭초이스 광고 노출 순위에 영향을 미친다.

57 정답 제외키워드

제외키워드는 특정 단어 또는 구문이 검색될 때 광고 게재를 차단하는 키워드 유형을 말하며, 해당 구문을 검색하는 사용자에게는 광고가 게재되지 않게 되는 것을 의미한다.
예를 들어 캠페인 또는 광고그룹의 제외 키워드로 '무료'를 추가하면 '무료'라는 단어가 포함된 모든 검색어에 대해 광고가 게재되지 않게 된다. 디스플레이 네트워크에서는 사이트 콘텐츠에 제외 키워드가 포함될 경우 해당 페이지에 광고가 게재될 가능성이 낮아지게 된다.

58

정답 노출기간, 하루예산, 예산균등배분

네이버 광고뿐만 아니라 거의 대부분의 디지털 광고 매체들은 캠페인이 가장 큰 단위라고 할 수 있는데, 캠페인에서는 하루예산을 설정 혹은 예산 제한없음을 설정할 수 있고, 이를 하루 예산에 맞게 시스템이 광고 노출을 조절할 수 있도록 설정할 수도 있다.

네이버 키워드 광고 캠페인 설정에서는 고급옵션도 설정할 수 있는데 시작 및 종료 날짜 설정도 가능하다. 또한, 추적기능을 사용할 수도 있는데 네이버 프리미엄 로그 분석을 사용하는 광고주라면 자동 추적URL 파라미터를 켜두게 됐을 때, 전환을 추적하여 전환값을 계정 내에서 볼 수 있게 해주는 기능도 있다.

59

정답 제품 카탈로그

제품 카탈로그는 판매를 목적으로 제작되는 페이지물 형태의 인쇄물을 의미한다. 회사 또는 단체를 홍보하기 위해 제작되는 브로슈어와는 구분된다. 홍보를 위한 브로슈어는 이미지 중심의 추상적 접근을 통해 느낌을 전달하는데 주력하는 반면 제품 카탈로그는 정확한 정보의 구체적, 사실적 표현이 상당히 중요하다.

60

정답 즐겨찾기

즐겨찾기는 웹 브라우저에서 사용자가 웹사이트의 URL를 등록하는 기능 또는 그렇게 등록한 URL의 목록을 의미한다. '즐겨찾기'는 인터넷 익스플로러에서 쓰이기 시작한 말이고, 구글 크롬, 파이어폭스 등의 웹 브라우저는 '북마크'라고도 한다. 즐겨찾기를 통해서 주소창에 일일이 URL를 입력하지 않고 바로 해당 링크를 클릭하는 것만으로도 사용자가 원하는 웹사이트에 바로 접속할 수 있다. 또한 URL이 기억 나지 않더라도 이전에 즐겨찾기에 추가를 해두었다면 다시 찾을 수 있다는 장점이 있다.

part
05

정답 및 해설

빠른 정답찾기

2020년 9월 19일 기출문제

01 ③	02 ③	03 ④	04 ④	05 ①
06 ④	07 ③	08 ④	09 ②	10 ③
11 ③	12 ③	13 ①	14 ④	15 ①
16 ④	17 ④	18 ④	19 ④	20 ③, ④
21 ①	22 ②	23 ①	24 ③	25 ④
26 ③, ④	27 ③	28 ②	28 ②, ③	29 ③	30 ③
31 ②	32 ①, ④	33 ②	34 ④	35 ④
36 ①, ③	37 ③	38 ①	39 ④	40 ①

41 의견 선도자(또는 인플루언서, Influencer)
42 네이티브 광고(또는 Native Ad, native advertising)
43 100,000원
44 3(또는 3배)
45 43,750
46 40,000원
47 반송률
48 ① CTR 또는 클릭률 ② CVR 또는 전환율
49 원피스
50 파워콘덴츠 (또는 파워콘텐츠)
51 키워드 도구
52 온라인 커머스(또는 온라인 이커머스, Online Commerce, e-Commerce)
53 (1) CPC (2) 확장소재
54 브랜드검색, 지역소상공인광고(플레이스)
55 (1) 70, (2) 50, (3) 10만
56 (1) 키워드삽입 (2) 대체키워드
57 5, 20, 50
58 권한설정(또는 권한부여)
59 웹 사이트(또는 사이트, url, 홈페이지)
60 파워링크 이미지

01   정답 ③

구전 마케팅은 제품, 서비스, 기업이미지 등을 마케팅하는 데 소비자의 입소문을 활용하는 것을 의미한다. 즉 대중매체 대신 소비자들의 입소문을 광고의 매체로 이용하는 것이다.
① 바이럴 마케팅은 입소문 마케팅의 일종으로, 바이러스가 전염되듯이 소비자들 사이에 소문을 타고 물건에 대한 홍보성 정보가 끊임없이 전달되도록 하는 마케팅 기법을 의미한다.
② 버즈 마케팅은 입소문 마케팅의 일종으로, 소비자가 마케팅 메시지를 조장하는 데 도움이 되는 상품이나 서비스를 스스로 전달하는 것을 말한다.
④ 커뮤니티 마케팅은 기업과 브랜드에 호감을 갖고 있는 목표고객들이 중심이 되어 커뮤니티를 형성하고 그 속에서의 상호 작용을 통해 신규 고객의 확보 및 고객생애가치를 향상시키는 마케팅 기법을 말한다.
정리하면, 입소문 마케팅은 바이럴 마케팅, 버즈 마케팅, 스토리텔링 마케팅, 커뮤니티 마케팅 등의 용어로 다양하게 쓰인다.

02   정답 ③

시장세분화 전략은 일반적으로 시장세분화의 개념이 도입되기 이전에는 소위 차별성이 없는 단일의 상품이나 서비스를 대량생산하여 대량 소비하도록 하는 이른바 비차별적 마케팅(undifferentiated marketing)활동 내지는 대량마케팅(mass marketing)이 지배적이었다. 하지만, 소비자들의 소득수준, 교육수준 등 생활 전반에 걸친 질적 향상으로 소비자들의 구매 욕구가 다양해지고, 따라서 개별기업들은 자사제품이나 서비스를 경쟁사와 차별화시키려고 노력하게 되어 소위 차별적 마케팅(differentiated marketing)활동을 전개하게 되고, 이를 위해서는 시장세분화가 불가피하게 되는 것이다. 이는 전체 시장을 하나의 시장으로 보지 않고, 소비자 특성의 차이 또는 기업의 마케팅 정책, 예를 들어 가격이나 제품에 대한 반응에 따라 전체시장을 몇 개의 공통된 특성을 가지는 세분시장으로 나누어서 마케팅을 차별화시키는 것을 말한다.

03   정답 ④

① 코즈 마케팅은 기업이나 브랜드를 사회가 추구하는 공익적 가치에 전략적으로 연계시켜, 경제적 이익과 공익을 동시에 추구하는 마케팅 방식이다.
② 매복마케팅은 올림픽이나 월드컵 같은 특정 행사의 공식 후원 업체가 아니면서도 매복을 하듯이 몰래 후원 업체라는 인상을 주어 고객에게 판촉을 하는 마케팅 전략을 말한다.
③ 일방향 메시지는 기업이 고객에게 취하는 일방적인 메시지이다.

④ 상호작용성은 기업과 고객이 서로 상호작용을 하면서 기업의 입장에서는 고객에게 피드백을 받고 고객은 피드백을 함으로써 기업으로부터 질 좋은 제품 및 서비스 등을 혜택으로 부여받게 되는 것이다.

04   정답 ④

디지털 광고의 특성

① **트래킹의 용이성** : 디지털 광고는 온라인 사이트 방문자 행동 추적, 기록 등이 용이하다는 특성을 지닌다. 온라인 사이트별 쿠키 분석을 통해 방문자들의 위치를 파악할 수 있으며, 방문시간과 방문횟수, 클릭한 링크 및 노출된 이미지, 사용한 검색 키워드 및 클릭한 광고 등의 파악이 가능하다.

② **정교한 타기팅** : 사용자 성별, 연령 등의 정보 기반 타기팅이 가능하며, 쿠키 파일을 활용하여 사용자들이 입력한 검색 키워드를 분석하여 검색어와 연관된 광고를 노출하는 콘텐츠 타기팅, 사용자 위치를 기반으로 한 지역 타기팅이 가능하다. 또한 온라인 사이트에 접속한 사람들을 추적해 타 온라인 사이트에 접속할 때 이전 온라인 사이트에서 보았던 광고를 다시 보여주는 리타깃팅이 가능하다.

③ **전달의 융통성** : 디지털 광고는 시공간의 제약이 없고 실시간으로 광고의 소재교체가 가능하다. 또한 텍스트, 이미지, 비디오 등의 여러 형태로 크리에이티브 구현이 가능하다.

④ **상호작용성** : 디지털 광고는 쌍방향 커뮤니케이션과 실시간 반응, 사용자 통제 등의 상호작용성 등을 기반으로 한 광고, 소비자, 광고주가 실시간으로 상호작용이 가능하다. 또한, 배너 광고노출–클릭–타깃 페이지로의 연결–상품 정보의 검색–상품 경험–구매정보의 공유 등 한 매체에서 여러 수용자 행위가 동시에 이루어지는 특성이 있다.

05   정답 ①

키워드광고 로그분석 보고서를 통해서 객단가, ROAS, CTR 등을 알 수 있다.

06   정답 ④

CTR	클릭율=5,000회/1,250,000원=0.4%
CPC	클릭 당 비용=5,750,000원/5,000회=1,150원
ROAS	ROAS=50,000,000원/5,750,000원=870%
CVR	전환율=150회/5,000회=3%

07   정답 ③

검색 사용자의 행동 프로세스는 '노출 – 클릭 – 구매'의 순으로 이루어진다.

08   정답 ④

① 검색광고는 실시간 입찰방식으로 광고가 노출되므로 많은 시간을 투자해 세심하게 운영할 필요가 있는데 네이버의 타임보드와 같이 정해진 시간에 고정 노출되는 상품과는 다르게 검색광고는 시간을 투자한 만큼 성과가 개선되는 경향을 지니기 때문이다.

② 사용자들이 검색하는 키워드는 일정한 것이 아니라 그날의 상황에 따라 바뀌게 되기 때문에 키워드 선택 시에 고려해야 한다.

③ 노출 수, 클릭 수, 총비용 등의 지표 및 전환지표 추이를 파악해 목표 및 예산에 맞는 탄력적인 운영이 가능하며 일부 예산 도달로 인해 중단된 그룹 또는 캠페인도 빠르게 대응이 가능하다.

09   정답 ②

네이버 검색광고에서 제공하는 프리미엄 로그 분석에서 확인이 가능한 항목으로는 전환 매출액, 직접 전환 매출액, 방문당 평균 체류시간 등이 있다.

10   정답 ③

① CPC는 Cost per Click의 약자이며, CPC(클릭 당 비용)=총 광고비/클릭 수로 나타낸다.

② CTR은 Click Through Rate의 약자이며, 클릭률(CTR)=클릭 수/노출 수×100으로 나타낸다.

③ CPA는 Cost Per Action의 약자이며, CPA(비용 대비 획득)=총 광고비/전환수로 나타낸다.

④ ROAS는 Return On Advertising Spend의 약자이며, ROAS(광고비용에 대한 회수)=광고를 통한 매출/광고비×100으로 나타낸다.

11   정답 ③

키워드 차원의 효과 분석은 구글도 제공한다.

12
정답 ③

키워드	전환매출액=노출 수×광고수익률
예쁜 가방	2,780×800%=22,240
여성 의류	15,900×450%=71,550
다이어트 보조제	62,400×130%=81,120
남성 의류	4,570×950%=43,415
건강식품	7,350×1,000%=73,500

13
정답 ①

CPC=10,000,000원/20,000명=500원
전환매출액=50,000원×1,000=50,000,000원

14
정답 ④

클릭률이 낮고 전환율이 0%인 경우, 키워드에 대해서는 입찰가를 낮추고 광고 노출 순위를 재조정한 후에 방문 수를 늘리도록 해야 한다.

15
정답 ①

CPA가 높으면 랜딩페이지를 변경해야 한다.

16
정답 ③

방문자가 최초로 엑세스하는 페이지인 랜딩페이지에 이벤트를 추가함으로써 구매전환율의 효율성을 높일 수 있다.

17
정답 ④

① 반송률이 높다는 것은 그 만큼 해당 랜딩페이지가 고객들에게는 효과적이지 않다는 것이다.
② CTR, CVR이 모두 높은 경우에는 이미 효과가 검증된 고효율 키워드를 기반으로 연관/세부 키워드를 확장하는 전략을 사용한다.

18
정답 ③

① CPC(클릭 당 비용)은 낮을수록 좋다.

② 반송률이 높다는 것은 그 만큼 해당 랜딩페이지가 고객들에게는 효과적이지 않다는 것이다.
④ 특별한 판매조건이나 구매 결정을 바로 내릴 수 있는 혜택이 포함되어 있는 것이 효과적이다.

19
정답 ④

무효클릭으로 의심되는 IP는 광고가 노출되지 않도록 제한할 수 있다.

20
정답 ③, ④

③ 캠페인은 키워드광고이다.
④ 광고그룹에서 노출 요일과 시간을 설정할 수 있다.

21
정답 ①

온라인 비즈니스 모델의 5대 성공요인
① **차별화된 콘텐츠 및 서비스** : 콘텐츠 과잉시대에 매력적이지 않은 콘텐츠 및 서비스는 소비자들에게 외면 받는다. 자사의 콘텐츠 및 서비스는 확실한 차별점을 지녀야 고객들을 붙잡을 수 있다. 이렇듯 고객을 이탈하지 않게 만드는 LOCK-IN 효과를 위해 필요한 요인이다.
② **지속적인 수익 창출** : 기업은 이윤을 기반으로 운영되므로 꾸준하게 수익을 창출할 수 있어야 한다.
③ **특허** : 온라인 비즈니스는 초기 비용이 비교적 적게 들어가므로 진입장벽이 낮다. 이는 경쟁이 치열해질 수밖에 없다. 특허는 자사의 상품에 독점적 위치를 제공하고 경쟁업체들에게는 엄청난 진입장벽이 된다.
④ **스피드로 기회의 선점** : 온라인 비즈니스는 기존 비즈니스에 비해 변화의 속도가 상당히 빠르다. 조금만 트렌드 파악을 게을리 했을 시 자사의 상품은 이미 지나간 상품으로 전락하게 된다. 시장에 진입하는 것 그리고 철수하는 것 모두 경쟁자보다 빨라야 한다.
⑤ **고객관점 및 고객경험** : 웹 사이트에서 잘 드러나는 것으로 판매자 및 관리자는 효율성을 따져 웹 사이트를 구성하는 것이 가장 바람직하다. 소비자 자신이 관심 있는 상품을 자동으로 추천해주고, 구매를 돕는 정보를 제공하며 빠른 구매가 이루어지도록 구성된 페이지를 선호한다.

22
정답 ②

소셜미디어의 특성
① **참여(Participation)** : 소셜 미디어는 관심 있는 모든 사람들의 기여와 피드백을 촉진하며 미디어와 오디언스의 개념을 불명확하게 한다.

② **공개(Openness)** : 대부분의 소셜 미디어는 피드백과 참여가 공개되어 있으며 투표, 피드백, 코멘트, 정보 공유를 촉진함으로써 콘텐츠 접근과 사용에 대한 장벽이 거의 없다.

③ **대화(Conversation)** : 전통적인 미디어가 'Broadcast'이고 콘텐츠가 일방적으로 오디언스에게 유통되는 반면 소셜 미디어는 쌍방향성을 띤다.

④ **커뮤니티(Community)** : 소셜 미디어는 빠르게 커뮤니티를 구성케 하고 커뮤니티로 하여금 공통의 관심사에 대해 이야기하게 한다.

⑤ **연결(Connectedness)** : 대부분의 소셜 미디어는 다양한 미디어의 조합이나 링크를 통한 연결상에서 번성한다.

23 　　　　　　　　　　　　　정답 ①

클릭률(CTR)=클릭 수/노출 수×100이다.

24 　　　　　　　　　　　　　정답 ③

대행수수료를 받는 것은 광고 대행사이다.

25 　　　　　　　　　　　　　정답 ④

점유율이 높다고 해서 어떤 하나의 광고매체에 집중하는 것은 바람직하지 않다.

26 　　　　　　　　　　　　정답 ③, ④

카카오 키워드광고 그룹에서는 기본입찰가와 일 예산을 설정하고, 고급옵션에서는 입찰가중치, 집행기간과 요일/시간을 설정할 수 있다. 하나의 광고그룹에 검색 매체 입찰가/콘텐츠 매체 입찰가를 다르게 설정할 수 있다.

27 　　　　　　　　　　　　　정답 ③

구글 운영시스템에서는 캠페인 생성 단계에서 네트워크와 기기, 위치 및 언어, 입찰 및 예산, 광고확장을 설정할 수 있다.

28 　　　　　　　　　　　　정답 ②, ③

① 네이버 사이트검색광고 클릭 당 광고비는 입찰가와 동일하게 과금되지 않는다.

④ 네이버 자동입찰은 키워드별로 설정하여 진행된다.

29 　　　　　　　　　　　　　정답 ③

네이버는 캠페인 내의 광고그룹을 복사할 수 있다.

30 　　　　　　　　　　　　정답 ②, ③

② 소재노출방식은 믹스 우선 노출과 성과 우선 노출이 있다.

③ 검색어 지정 범위는 확장 검색 〉 구문검색 〉 일치검색 순으로 좁아진다.

31 　　　　　　　　　　　　　정답 ②

네이버는 광고 그룹 만들 시에 광고 노출 매체, 소재노출방식, 콘텐츠 매체 전용 입찰가, PC 및 모바일 입찰가 가중치의 설정(고급 옵션) 등이 가능하다.

32 　　　　　　　　　　　　정답 ①, ④

① 카카오는 그룹에서 일 예산, 노출 기간, 노출 요일/시간을 설정한다.

④ 네이버는 사전에 등록한 비즈채널이 없으면, 등록이 불가하다. 새로운 비즈채널을 등록할 수 있다.

33 　　　　　　　　　　　　　정답 ②

네이버는 그룹 고급옵션을 통해 광고를 통한 노출을 원하는 개개의 블로그 선택이 가능하다.

34 　　　　　　　　　　　　　정답 ④

구글의 경우에는 일치검색, 구문검색, 제외어 검색 유형으로 미지정 시 기본적으로 확장검색 유형으로 설정된다.

35 　　　　　　　　　　　　　정답 ④

네이버는 다른 캠페인으로 복사되지만 키워드의 품질지수는 복사되지 않는다.

36 　　　　　　　　　　　　정답 ①, ③

① 캠페인 설정을 통해 일예산을 변경할 수 있다.

③ 소재노출방식은 믹스 우선 노출과 성과 우선 노출이 있다. 선택할 수 없다.

37 　　　　　　　　　　　　　정답 ③

네이버의 경우 도구 〉 광고노출제한 관리에서 광고가 노출되지 않기를 희망하는 IP 주소를 등록해 광고노출을 제한할 수 있다.

part
05

정답 및 해설

38
정답 ①

개인 회원으로 가입한 후 사업자등록을 한 경우, 정보변경을 통해 사업자 회원으로 전환할 수 있다.

39
정답 ④

① 노출 제한은 사이트 검토 결과, 등록 기준에 부합되지 않아 사이트 노출이 제한된 상태이다. 이 때에는 사이트 삭제가 아닌 등록 기준에 대해 검토해야 한다.

② 캠페인 예산도달 상태의 경우에 캠페인 목록에서 해당 캠페인을 선택한 뒤 예산 변경을 클릭한다.

③ 캠페인 기간 외의 경우 방문자 또는 사용자가 목록에 추가되는 시점에 대한 규칙을 설정한다.

40
정답 ①

고객들에게 피해를 입히거나 손해를 보게 하기 위한 목적의 경우 광고 게재 제한 사유에 해당한다.

41
정답 의견 선도자(또는 인플루언서, Influencer)

인플루언서는 인스타그램 · 유튜브 · 트위터 등 SNS에서 많은 팔로워 · 구독자를 가진 사용자나 포털사이트에서 영향력이 큰 블로그를 운영하는 파워블로거 등을 통칭한다.

42
정답 네이티브 광고(또는 Native Ad, native advertising)

배너 광고처럼 본 콘텐츠와 분리된 별도 자리에 존재하지 않고 해당 사이트의 주요 콘텐츠 형식과 비슷한 모양으로 제작해 노출하는 광고를 의미한다. 페이스북, 트위터 등 소셜네트워크서비스나 핀터레스트, 플립보드 등 큐레이션 사이트에서 게시물처럼 보이는 광고가 대표적인 네이티브 광고이다.

43
정답 100,000원

전환수=1,000회×5%=50
CPA=5,000,000원/50=100,000원

44
정답 3(또는 3배)

A랜딩 페이지와 B랜딩 페이지의 전환율 차이가 3배이므로, ROAS 차이도 3배가 난다.

45
정답 43,750

노출 수=3,500명/8%=43,750

46
정답 40,000원

CPS=8,000,000원/200=40,000원

47
정답 반송률

반송률은 방문자 수 대비 반송 수의 비율 데이터를 의미한다. 즉, 반송 수/방문 수×100으로 나타내며 사이트에 방문한 후에 페이지 이동 없이 바로 이탈한 경우를 반송이라고 한다.(반송률이 높다는 것은 그만큼 해당 랜딩페이지가 고객들에게는 효과적이지 않다는 것이다.)

48
정답 ① CTR 또는 클릭률 ② CVR 또는 전환율

CTR은 높고, CVR은 낮은 것은 노출순위 및 소재 등은 매력적이지만 실제적으로는 사이트에 방문해서 전환 행동이 발생하지 않은 상태를 의미한다. 이 같이 CTR은 높고, CVR은 낮은 경우에는 원하는 것이 없거나 콘텐츠가 충분하지 않은 경우 타 사이트를 이탈할 가능성이 높아진다.

49
정답 원피스

CVR이 가장 큰 키워드를 고르면 원피스이다.
수영복 CVR=500/2,000=0.25
롱패딩 CVR=400/2,000=0.2
가디건 CVR=300/2,000=0.15
원피스 CVR=600/2,000=0.3

50
정답 파워콘덴츠 (또는 파워콘텐츠)

검색에 활용된 새로운 개념의 콘텐츠 마케팅 상품인 파워콘텐츠는 광고주가 소비자 의도에 가장 부합하는 콘텐츠를 제공하여 브랜딩과 함께 직접적인 광고 효과를 가져갈 수 있는 상품이다.

51
정답 키워드 도구

키워드 도구는 연관키워드를 조회하여 파워링크 캠페인의 새로운 키워드를 발굴 및 추가할 수 있는 기능을 지닌다.

52
정답 온라인 커머스(또는 온라인 이커머스,
Online Commerce, e-Commerce)

온라인 커머스는 소셜 미디어와 온라인 미디어를 활용하는 전자 상거래의 일종이다. 온라인 커머스는 2005년 Y사의 장바구니 공유 서비스 사이트를 통하여 처음 소개되었으며, 2008년 미국 시카고에서 설립된 온라인 할인 쿠폰업체 G사가 공동 구매형 소셜 커머스의 비즈니스 모델을 처음 만들어 성공을 거둔 이후 본격적으로 알려지기 시작하였다. 이는 제품 정보 등에 대한 사용자의 평가나 공유 목록 같은 온라인 협업 쇼핑 도구의 집합을 설명하기 위해서였다.

53
정답 (1) CPC (2) 확장소재

(1) CPC(클릭 당 비용)=총 광고비/클릭 수이며, 광고를 통해 한 사람의 사용자가 사이트를 방문하는데 투여되는 비용을 의미한다. 클릭 당 비용이 낮을수록 또는 동일 광고비용으로 클릭률이 높을수록 광고효과가 높음을 알 수 있다.
(2) 확장소재는 소재의 제목, 설명, URL과 함께 노출되며, 확장 소재를 활용하면 고객과의 추가 연결 통로를 확보할 수 있다. 또한 확장 소재는 캠페인 또는 광고 그룹 단위로 만들 수 있다. 하지만 확장소재는 PC와 모바일 노출 매체와 광고성과에 따라 노출 유형과 형태가 다를 수 있다.

54
정답 브랜드검색, 지역소상공인광고(플레이스)

네이버 검색광고 상품 중 '클릭 당 과금 입찰(경매) 방식'으로 구매할 수 없는 상품은 브랜드검색, 지역소상공인광고(플레이스)이다.

55
정답 (1) 70, (2) 50, (3) 10만

네이버 검색광고 입찰가는 최소 70원부터(쇼핑검색광고는 50원), 최대 10만원까지 설정할 수 있다.

56
정답 (1) 키워드삽입 (2) 대체키워드

(1) 키워드 삽입을 사용하면 사용자가 이용하는 검색어에 따라 광고가 다르게 나타난다.
또한, 검색어에 가장 가까운 키워드가 자동으로 표시되도록 설정하면 검색에 대한 광고의 관련성이 더 높아진다.
(2) 대체 키워드는 키워드와 소재의 매칭 결과 소재의 최대입력 가능자 수를 초과할 때 대체 키워드가 소재에 대신 노출되는 것을 말한다.

57
정답 5, 20, 50

- 네이버 파워링크 검색광고 : 광고 그룹 당 최대 5개
- 카카오 검색광고 : 광고그룹 당 최대 20개
- 구글 검색광고 : 광고 그룹 당 텍스트 광고 50개

58
정답 권한설정(또는 권한부여)

사용자에게 신규 서비스를 제공할 수 있도록 네트워크를 설치하고 장비를 구비하는 따위의 절차를 의미하는데, 여기에 사용자를 위한 계정과 관련 접근 권한과 같은 일체의 자원을 제공하는 것도 포함됨을 의미한다.

59
정답 웹 사이트(또는 사이트, url, 홈페이지)

웹 사이트는 인터넷 프로토콜 기반의 네트워크에서 도메인 이름이나 IP 주소, 루트 경로만으로 이루어진 일반 URL을 통하여 보이는 웹 페이지(Web Page)들의 의미 있는 묶음을 의미한다. 웹 사이트는 인터넷이나 랜과 같은 네트워크를 통해 접속할 수 있는, 적어도 하나의 웹 서버 상에서 호스팅된다. 웹 페이지는 HTML/XHTML의 형식으로 표현되지만 일반적으로 순수 문자열로 쓰여진 문서이다. 웹 페이지는 HTTP를 통하여 접속되며 가끔씩은 HTTPS를 통한 암호화를 사용하여 웹 페이지 콘텐츠를 이용한 사람들에게 보안과 개인 정보 보호를 제공한다.
카카오에서는 계정 〉 도구 〉 비즈채널 관리에서 등록과 수정이 가능하다.

60
정답 파워링크 이미지

파워링크 이미지 확장 소재는 파워링크 이미지, 이미지형 서브 링크의 2가지 유형이 있는데 파워링크 이미지는 대부분의 업종에서 1개의 이미지로 광고노출이 가능한 반면에 이미지형 서브 링크는 정해진 업종에 하단 3개의 이미지가 노출된다는 차이점이 있다.

빠른 정답찾기

2020년 6월 13일 기출문제

01 ④	02 ④	03 ①	04 ④	05 ②
06 ③	07 ③	08 ④	09 ③	10 ④
11 ②	12 ②, ④	13 ①	14 ③	15 ②
16 ②	17 ③	18 ③	19 ③	20 ①
21 ④	22 ①, ③	23 ③	24 ②	25 ④
26 ②	27 ①	28 ①	29 ③	30 ④
31 ③, ④	32 ③, ④	33 ④	34 ④	35 ①
36 ③	37 ①	38 ②	39 ③	40 ④

41 간접 전환수(또는 간접전환)
42 프리미엄 로그분석
43 광고 소재
44 반송률
45 200%
46 노출 순위
47 CTR, CVR(CR) : 클릭율(률), 전환율(률)
48 무효클릭
49 대체키워드
50 (1) ×
　　(2) 네이버 (ㄴ. 키워드 도구)
　　(3) 카카오, 구글 (ㄷ. 키워드 플래너)
51 품질지수
52 (1) 캠페인 (2) 광고그룹 (3) 소재
53 검색엔진
54 시장세분화
55 애드 네트워크
56 카카오(kakao)
57 성과우선노출
58 (1) 5 (2) 20 (3) 50
59 확장검색 〉 구문검색 〉 일치검색
60 비즈채널

01　　정답 ④

ROI와 ROAS는 높을수록 광고 효과가 높다고 할 수 있다.

02　　정답 ④

별도 로그분석 시스템을 사용 중이라면 매체별 로그분석은 사용해야 한다.

03　　정답 ①

가장 최적의 컨디션이라 하더라도 추가적인 작업을 진행할 필요가 있다.

04　　정답 ④

네이버 프리미엄 로그분석을 통해 매출을 추적할 수 있는 광고 상품으로는 파워링크, 쇼핑검색, 브랜드 검색 등이 있다.

05　　정답 ②

당일 실시간 성과 데이터는 의미 있게 활용된다.

06　　정답 ③

고성과 키워드는 무조건적으로 1순위 전략을 고수한다고 해서 효과적이지는 않다.

07　　정답 ③

간접 전환수는 광고클릭 이후 30분부터 전환이 나타난 경우, 전환 추적 기간은 7~20일 사이의 기간으로 직접 설정이 가능하다.

08　　정답 ④

CTR은 낮고, CVR은 높은 경우에는 광고 소재의 매력도가 낮은지, 키워드 입찰 순위가 현저히 낮아 충분한 클릭을 받지 못하고 있는지를 점검해야 한다.

09　　정답 ③

특정한 시즈널 이슈를 담은 페이지는 시기별로 관리하기가 용이하므로 사용을 지향해야 한다.

10 정답 ④

랜딩페이지의 성과를 분석하기 위해 파악해야 하는 지표로는 반송률, 방문 당 체류시간, 구매전환율 등이 있다.

11 정답 ②

광고순위보다는 광고문구에 더 집중하는 것이 가장 최우선이다.

12 정답 ②, ④

② 카카오 검색광고 : 도구 〉 픽셀&SDK 연동 관리
④ 매체별 로그 분석은 무료로 이용이 가능하다.

13 정답 ①

전체적인 광고 효과 분석을 하게 되면 성과 파악이 느리며, 결과적인 목표달성 여부를 명확하게 파악하기 어려우며 입찰 경쟁을 고려한 대안을 마련하기가 어렵다.

14 정답 ③

랜딩페이지는 메인 페이지의 전환율이 가장 우수하지 않다. 비즈니스 타입 및 원하는 전환 목표에 따라 가장 효과적인 랜딩페이지 타입은 달라질 수 있기 때문이다.

15 정답 ②

① 노출 순위는 최대클릭비용 외에 광고품질에 따라 달라진다.
③ 현재 시간 기준이 아닌 어떠한 상황에서의 광고 효과를 즉시 확인할 수 있다.
④ 상황에 따른 정확한 타기팅이 가능하다.

16 정답 ②

광고 확장이 반드시 광고에 표시되지는 않는다.

17 정답 ③

검색광고는 고객 타겟이 명확하여 효율이 높다. 다시 말해 검색광고는 불특정 다수를 대상으로 광고를 노출하는 것이 아닌 광고주의 사이트와 관련된 특정 검색어에 관심이 있는 사용자에게 타기팅 되어 노출되기 때문에 타 광고 대비 효율적이다.

18 정답 ③

네이버의 콘텐츠 파트너 사이트로 네이트는 해당되지 않는다.

19 정답 ③

① Google Ads를 통해 광고등록 및 운영이 가능하다.
② 광고주가 달성하고자 하는 주요 목적(리드, 판매, 웹 사이트 트래픽 등)에 부합하는 목표를 중심으로 캠페인을 생성한다.
④ 광고그룹은 캠페인의 하위단위로 유사한 타깃을 공유하며, 광고가 하나 이상 포함되어야 하며, 유사광고 및 키워드 묶음이다.

20 정답 ①

구글 운영시스템의 경우 상세 운영보고서는 Google Ads 우측 상단에 보고서 탭에서 제공한다.

21 정답 ④

① 검색광고는 검색 결과에 광고를 노출하여 잠재고객의 유입을 유도하는 광고로 메인 배너광고에 알리는 광고로 적합하다.
② CPC광고는 광고를 클릭할 경우에만 과금되는 방식의 상품이다. 그러므로 노출이 되어도 클릭이 되지 않으면 광고비를 지불하지 않아도 되는 상품이다.
③ 노출 순위는 최대 클릭비용 외에 광고품질에 따라 달라진다.

22 정답 ①, ③

① 구글의 품질평가점수는 키워드별로 적용되며, 1~10점을 부여한다.
③ 카카오는 그룹 등록 시 0단계의 품질지수를 부여받는다.

23 정답 ③

① 하나의 캠페인에 다수의 광고 그룹이 포함된다.
② 노출기간 최초 선택 시 종료일 없음으로 자동 설정된다.
④ 직접 입력 방식과 순위별 평균 입찰가 설정이 가능하다.

24 정답 ②

①, ④ 검색결과 상단 또는 하단에 게재되며, 최대 4개만 상단에 게재할 수 있다.
③ 광고 게재 영역은 검색 네트워크, 디스플레이 네트워크로 구분한다.

25   정답 ④

구글의 경우 캠페인 생성 단계에서 네트워크와 기기, 위치 및 언어, 입찰 및 예산, 광고확장을 설정할 수 있다.

26   정답 ②

경쟁사에서 집행하고 있는 광고를 실시간 모니터링해 자사 광고 전략에 즉각 반영하는 것은 용이하지 않다.

27   정답 ①

잠재고객들이 쉽게 검색하여 광고를 많이 노출시킬 수 있는 것은 대표 키워드이며, 세부 키워드는 검색 수는 낮지만 저렴한 입찰가로 광고 노출시킬 수 있는 것이다.

28   정답 ①

② 사이트 내에 성인 콘텐츠가 있을 경우, 무조건 광고를 제한하는 것은 아니다.
③ 사이트가 완성되지 않은 경우 광고를 제한한다.
④ 타 포털의 커뮤니티 사이트 광고가 가능하다.

29   정답 ②

구글의 경우 광고 그룹 당 텍스트 광고 50개까지 등록 가능하다.

30   정답 ④

① 카카오는 그룹명, ON/OFF, 상태, 일 예산, 노출 수, 클릭 수, 총비용 등의 확인이 가능하다.
② 구글은 캠페인 → 키워드 → 광고 → 광고 그룹 수준으로 복사하기가 가능하다.
③ 입찰가 설정이 가능한 것은 네이버, 카카오이다.

31   정답 ③, ④

③ 카카오 검색광고는 PC포털, 모바일 검색, PC 콘텐츠, 모바일 콘텐츠를 선택할 수 있고 세부 지면을 제외할 수는 없다.
④ 카카오 검색광고는 광고그룹에서 노출 요일과 시간을 설정할 수 있다.

32   정답 ③, ④

③ 카카오 소재노출방식은 믹스 우선 노출과 성과 우선 노출 방식이 있다.
④ 캠페인 생성 시 캠페인 일 예산을 설정할 수 있다.

33   정답 ④

회원제 사이트를 등록할 경우 심사단계에서 ID와 패스워드가 필요하다.

34   정답 ④

구글 검색광고에서 제공하는 자동입찰 기능으로는 타깃 CPA, 타깃 ROAS, 전환수 최대화 등이 있다. 현재는 클릭 수 최대화, 전환 수 최대화, 전환 가치 극대화, 타깃 노출 점유율을 제공한다.

35   정답 ①

온라인 비즈니스 모델의 5대 성공요인
① **차별화된 콘텐츠 및 서비스** : 콘텐츠 과잉시대에 매력적이지 않은 콘텐츠 및 서비스는 소비자들에게 외면 받는다. 자사의 콘텐츠 및 서비스는 확실한 차별점을 지녀야 고객들을 붙잡을 수 있다. 이렇듯 고객을 이탈하지 않게 만드는 LOCK-IN 효과를 위해 필요한 요인이다.
② **지속적인 수익 창출** : 기업은 이윤을 기반으로 운영되므로 꾸준하게 수익을 창출할 수 있어야 한다.
③ **특허** : 온라인 비즈니스는 초기 비용이 비교적 적게 들어가므로 진입장벽이 낮다. 이는 경쟁이 치열해질 수밖에 없다. 특허는 자사의 상품에 독점적 위치를 제공하고 경쟁업체들에게는 엄청난 진입장벽이 된다.
④ **스피드로 기회의 선점** : 온라인 비즈니스는 기존 비즈니스에 비해 변화의 속도가 상당히 빠르다. 조금만 트렌드 파악을 게을리 했을 시 자사의 상품은 이미 지나간 상품으로 전락하게 된다. 시장에 진입하는 것 그리고 철수하는 것 모두 경쟁자보다 빨라야 한다.
⑤ **고객관점 및 고객경험** : 웹 사이트에서 잘 드러나는 것으로 판매자 및 관리자는 효율성을 따져 웹 사이트를 구성하는 것이 가장 바람직하다. 소비자 자신이 관심 있는 상품을 자동으로 추천해주고, 구매를 돕는 정보를 제공하며 빠른 구매가 이루어지도록 구성된 페이지를 선호한다.

36   정답 ③

Earned media는 온라인, SNS상의 댓글이나 반응, 기사 보도 등으로, 온라인의 '입'으로 통하며 제 3자가 스스로 정보를 발생시키기 때문에 평가 미디어라고 한다.

37 정답 ①

프로슈머는 생산자와 소비자의 역할을 동시에 하는 사람을 나타내는 말이다. 생산 소비자 또는 참여형 소비자라고도 한다. 1980년 미국 미래학자 앨빈 토플러(Alvin Tofler)가 프로슈머라는 용어를 만들었고, 당시 많은 테크놀로지 작가들이 널리 사용하였다. 기술혁신과 이용자 참여의 고조는 생산활동과 소비활동의 경계를 모호하게 해 소비자가 프로슈머가 되는 것을 의미한다.

38 정답 ②

디지털마케팅은 TV 광고에 비해 불특정 다수에게 광고를 푸쉬(push)하는 것이 쉽지 않지만 비용은 저렴하다.

39 정답 ③

온라인 쇼핑몰에서 구매 후 소비자가 작성하는 사용 후기는 온라인 구전에 해당한다.

40 정답 ④

ROI를 향상시키기 위한 광고 노출의 극대화가 가장 우선적이지는 않다.

41 정답 간접 전환수(또는 간접전환)

간접 전환수는 광고클릭 이후 30분부터 전환 추적 기간 내에 발생한 전환수를 의미한다.
전환 추적 기간은 7~20일 사이의 기간으로 직접 설정할 수 있다. 또한, 전환율은 전환수를 광고 클릭수로 나눈 값이다.

42 정답 프리미엄 로그분석

프리미엄 로그 분석은 네이버 검색광고에서 제공하는 무료로 제공하는 자동 추적(auto tracking) 기능을 의미한다. 로그분석을 활용하면 어떤 키워드로 들어온 사용자가 얼마나 사이트를 많이 보는지, 얼마나 오래 머무는지, 구매로 이어진 광고는 무엇이고 아닌 광고는 무엇인지 등 효과적인 광고와 효과가 적은 광고를 알아내고 광고 효율을 개선할 수 있다. 또한 어디서 사용자가 많이 유입되는지, 어떤 페이지를 많이 보는지, 어떤 페이지에서 사이트를 이탈하는지 등을 확인하여 사이트의 구체적인 현황을 파악할 수도 있다.

43 정답 광고 소재

광고 소재는 웹페이지, 앱 또는 기타 디지털 환경에서 사용자에게 게재되는 광고를 의미한다. 광고 소재는 사용자에게 게재되는 이미지, 오디오, 동영상 및 기타 형식이 될 수 있는데 광고를 게재하려면 광고 소재를 광고 항목에 추가해야 한다. 또한, 광고 소재는 광고 소재 라이브러리에 추가하여 나중에 광고 항목에 연결할 수도 있다. 이러한 광고 소재는 항상 광고주와 연결되어 있다.

44 정답 반송률

방문자가 웹 사이트에 방문 후 다른 페이지로 이동하지 않고 바로 이탈하는 경우를 반송(Bounce)이라고 하며 웹 사이트 유입 대비 반송의 비율을 반송률이라 한다.

45 정답 200%

ROAS=(10,000,000/5,000,000)×100=200%

46 정답 노출 순위

노출은 광고가 고객에게 보여지는 순간으로, 광고주의 상품과 고객이 첫 대면을 하고 커뮤니케이션 접점이 만들어지는 순간을 의미하며, 노출수는 노출이 발생한 횟수를 의미하며 노출 순위는 노출이 발생한 횟수에 순위를 매긴 것을 의미한다.

47 정답 CTR, CVR(CR) ; 클릭율(률), 전환율(률)

클릭률(CTR)은 광고를 본 사용자가 해당 광고를 클릭하는 빈도의 비율이다. 클릭률(CTR)을 사용하면 키워드와 광고, 무료 제품 목록의 실적을 파악할 수 있다. 또한 CTR은 광고가 클릭된 횟수를 광고가 게재된 횟수로 나눈 값이다. CTR이 높으면 광고와 목록이 사용자에게 유용하며 원하는 정보와 관련성이 높다는 것을 의미하며 CTR은 광고 순위의 구성요소인 키워드의 예상 CTR에도 영향을 주게 된다. 우수한 CTR 실적은 광고하는 제품 및 상품과 광고에 사용한 네트워크와 관련이 있다. 이렇게 CTR을 사용하여 실적이 우수한 광고, 목록, 키워드와 개선이 필요한 광고, 목록, 키워드를 파악할 수 있으며 키워드, 광고, 목록이 서로 밀접하게 관련되고 비즈니스와의 관련성이 높을수록 사용자가 키워드 문구로 검색한 후 광고나 목록을 클릭할 가능성도 높아지게 된다.

48
정답 무효클릭

무효클릭은 사용자가 의도하지 않은 클릭이나 악성 소프트웨어로부터 발생한 클릭 등, Google에서 불법으로 간주하는 광고 클릭을 의미한다. 무효클릭의 사례는 다음과 같다.

㉠ 광고비 소진, 품질지수 상승 등 특정인의 이익을 위하여 행해지는 인위적인 클릭

㉡ 각종 소프트웨어, 로봇 및 자동화된 도구에 의하여 발생하는 클릭

㉢ 더블 클릭 등으로 인하여 발생하는 무의미한 클릭

㉣ 그 이외의 검색이용자의 의도에 반하는 다양한 형태의 클릭

49
정답 대체키워드

대체 키워드는 소재 제목과 설명문구가 60자를 초과했을 때 문안 초과 없이 60자 이내로 광고를 노출할 수 있는 기능을 의미한다. 이러한 대체 키워드는 검색 키워드를 대신해서 노출되는 단어이므로, 광고그룹에 등록한 키워드를 대표하는 단어로 기재하는 것이 좋다.

50
정답 (1) ×

(2) 네이버 (ㄴ. 키워드 도구)

(3) 카카오, 구글 (ㄷ. 키워드 플래너)

검색광고 시스템 내 키워드를 발굴하기 위한 목적으로 카카오는 키워드 플래너, 네이버는 키워드 도구, 구글은 키워드 플래너를 제공하고 있다.

51
정답 품질지수

품질지수는 광고효과(클릭률), 키워드와 소재의 관련성, 키워드와 사이트의 관련성 등 광고 품질을 평가할 수 있는 다양한 요소를 반영하여 산정된다. 즉 '내 광고가 다른 광고와 비교해서 얼마나 검색 사용자의 의도와 요구를 충족하고 있는가'를 나타낸 것으로, 품질지수를 통해 내 광고의 상대적 '품질'을 확인할 수 있다. 특히, 네이버 광고에서는 품질지수를 7단계로 분류하여 막대의 형태로 보여 준다.

52
정답 (1) 캠페인 (2) 광고그룹 (3) 소재

(1) 캠페인은 통합 마케팅 커뮤니케이션(IMC)을 구성하는 단일 아이디어와 주제를 공유하는 일련의 광고 메시지이다. IMC는 사람들이 아이디어, 신념 및 개념을 하나의 대형 미디어 기반으로 그룹화 할 수 있는 플랫폼이다. 광고 캠페인은 특정 기간 동안 다양한 미디어 채널을 활용하고 식별된 잠재 고객을 대상으로 한다.

(2) 광고그룹은 광고할 사이트(홈페이지)를 연결하고, 기본 입찰가, 매체/지역 등의 광고 전략을 설정할 수 있는 광고 운영의 단위를 의미한다. 광고그룹에 [키워드/소재]를 등록하여 광고를 운영/관리하게 된다.

(3) 광고 소재는 웹페이지, 앱 또는 기타 디지털 환경에서 사용자에게 게재되는 광고이다. 광고 소재는 사용자에게 게재되는 이미지, 오디오, 동영상 및 기타 형식이 될 수 있다. 또한 광고를 게재하려면 광고 소재를 광고 항목에 추가해야 한다. 이러한 광고 소재는 항상 광고주와 연결되어 있다.

53
정답 검색엔진

검색 엔진은 컴퓨터 시스템에 저장된 정보를 찾아주는 것을 도와주도록 설계된 정보 검색 시스템이다. 이러한 검색 결과는 목록으로 표현되는 것이 보통인데, 검색 엔진을 사용하면 정보를 찾는데 필요한 시간을 최소화할 수 있다. 하지만 좋은 콘텐츠라 할지라도 검색결과에 노출이 잘 안되는 경우가 있는데, 이를 위해서 검색 엔진 최적화(SEO) 방법을 고려할 수 있다. 특히 가장 눈에 띄는 형태의 공용 검색 엔진으로는 웹 검색 엔진이 있으며 월드 와이드 웹에서 정보를 찾아준다. 검색엔진기업에는 네이버, 구글이 있다.

54
정답 시장세분화

시장세분화(market segmentation)는 소비자 수요를 종합적인 것으로 취급하는 것이 아니라, 시장은 상호 유사한 몇 개의 세분(segment)으로 구성되어 있다고 생각하여 각각의 세분시장에 가장 적합한 제품을 제공하려는 것이다. 이러한 세분화의 기준에는 인구학적, 지역적, 사회적, 심리적 방법 등이 있다. 세분화의 결과는 상호간에는 이질성이 극대화되어야 하고, 세분시장 내에서는 동질성이 극대화되어야 바람직하다. 또한 시장세분화를 하는 이유는 다음과 같다.

㉠ 소비자의 욕구를 더 세심하게 충족시킬 수 있다.

㉡ **기업 자원의 효용성을 높임** : 효과를 키울 수 있는 시장을 우선적으로 선택하여 집중적으로 사용할 수 있다.

㉢ **새로운 시장 기회를 발견** : 세분화하는 과정에서 예상하지 못했던 소비자 욕구를 발견할 수 있다.

㉣ **자사 제품 간 경쟁을 막을 수 있음** : 각 세분시장별 욕구에 따라 제품의 기능과 속성을 맞춰 대응하므로 불필요한 자사 제품 간의 경쟁을 방지할 수 있다.

55
정답 애드 네트워크

AD 네트워크는 인벤토리를 구매하는 광고주와 광고를 게시하려는 매체 사이에 있는 중개자를 의미한다. 다양하고 많은 매체들의 인벤토리를 구매하여, 광고의 종류나 발생조건

등의 기준으로 카테고리화 하여 광고주에게 판매한다. AD Network로 인해 더 이상 광고주와 매체들은 광고를 게시하기 위해서 일일이 서버 연동할 필요가 없어졌고, 이전의 광고 거래 형태보다 쉽게 다양한 매체의 인벤토리에 광고를 게시할 수 있게 되었다.

56   정답 카카오(kakao)

kakao의 무효클릭 방지를 위한 노력은 다음과 같다.

ⓐ **무효클릭 필터링** : Kakao에서는 광고효과의 정확성과 투명성을 증진시키기 위해서 과학적인 분석을 통해 무효클릭 필터링 로직을 고도화하고 있다. 광고에서 발생한 각 클릭을 면밀히 검사하여 무효클릭 사전 필터링 작업과 사후 필터링 작업을 통해 비용이 청구되지 않도록 보고서 및 비즈캐쉬 소진 내역에서 자동으로 필터링 된다.

ⓑ **무효클릭을 유발하는 행위에 대한 모니터링** : Kakao에서는 서비스 품질을 저하하는 행위에 대한 모니터링을 진행하고 있다. 조사 과정을 통해 고의적인 무효클릭 유발 행위로 확인 될 경우 Kakao광고 운영 정책에 따라 광고서비스 이용이 제한될 수 있다.

57   정답 성과우선노출

성과우선노출이란 등록된 소재 중에서 더욱 광고효과가 뛰어난 소재가 노출되는 방식을 의미한다. 예를 들어, 소재 A와 B 중에서 소재 A가 광고 효과가 더 뛰어나다면, A가 더 자주 노출되는 방식이다.

58   정답 (1) 5 (2) 20 (3) 50

(1) 네이버는 5개 유형(파워링크, 쇼핑 검색, 파워콘텐츠, 브랜드 검색, 플레이스)의 등록이 가능하다.

(2) 카카오는 광고그룹 당 최대 20개까지 등록 가능하며 소재 노출 방식은 믹스 우선 노출과 성과우선노출이 있다.

(3) 구글은 광고 순환게재(광고 그룹 당 텍스트 광고 50개까지 등록 가능)이다.

59   정답 확장검색 〉 구문검색 〉 일치검색

Google Ads에서 도달범위는 Google 서비스에서 확인되는 일정 지역 내 추정 사용자 수에 기초한다. 따라서 다음과 같은 다양한 요인으로 결정된다.

- 각 사용자가 사용하는 계정 수
- 지역의 단발성 방문자 수
- 각 사용자가 웹사이트에 머무는 시간
- 로그인한 사용자 수

- 도달범위 예상 통계에 포함되지 않는 검색 파트너 또는 Google 디스플레이 네트워크 방문 수

위의 내용을 기반으로 확장검색 〉 구문검색 〉 일치검색이 된다.

60   정답 비즈채널

비즈채널은 웹 사이트, 전화번호, 위치정보, 네이버 예약, 네이버 톡톡 등 사업자가 마련한 고객과의 접점을 의미한다. 광고 집행을 하기 위해서는 캠페인 유형에 맞는 비즈채널을 반드시 등록해야 한다. 또한 비즈채널은 확장 소재의 구성 요소로도 활용할 수 있다.

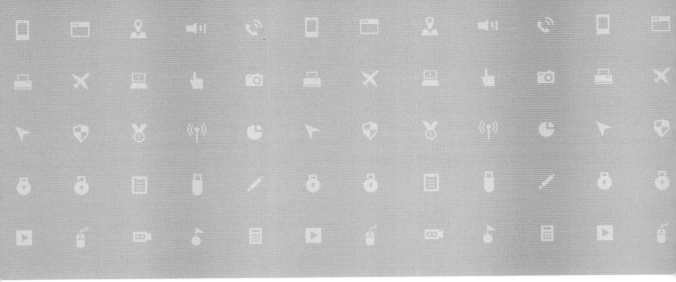

Search Advertising Marketers

부록

Search Advertising Marketers

▼ 네이버 검색광고 운영정책
SEARCH ADVERTISING MARKETERS

1 회원 가입

(1) 회원 가입

① 네이버 검색광고를 이용하시고자 하는 분은 네이버 검색광고센터에 방문하시어 검색광고회원(이하 "회원"이라고 함) 신규가입 절차를 거쳐 자유롭게 네이버 검색광고를 이용하실 수 있습니다.

② 이미 사업자 등록을 하신 분은 사업자 회원으로, 아직 사업자 등록을 마치지 못하신 분은 개인 회원(「민법」상 성년에 한함)으로 가입하실 수 있고, 개인 회원으로 가입을 하신 후 사업자 등록을 하신 경우에는 검색광고회원계정(이하 "회원계정"이라고 함) 정보변경을 통하여 사업자 회원으로 전환하실 수 있습니다.

③ 회원 가입은 원칙적으로 회원 자신의 사이트를 광고하기 위한 목적으로 하셔야 하고, 만약 "권한설정"에 따른 적법한 권한의 위탁 없이 다른 "광고주" 회원의 사이트를 광고하기 위해 사용하실 경우엔 네이버 검색광고 서비스의 이용이 제한되거나 거부될 수 있습니다.

(2) 회원 가입의 제한

네이버 검색광고는 안정적인 서비스 운영 및 검색 이용자의 보호를 위해 다음과 같은 경우에 회원 가입을 탈퇴 또는 직권 해지일로부터 6개월간 제한할 수 있습니다.

① 가입 신청자가 약관 및 광고운영정책 위반으로 직권 해지된 이력이 있는 경우

② 가입 신청자가 약관 및 광고운영정책 위반으로 이용정지된 상태에서 탈퇴한 이력이 있는 경우

③ 가입 신청자가 약관 및 광고운영정책을 중대하게 위반하는 행동을 한 후 자진하여 탈퇴한 이력이 있는 경우

2 회원계정의 권한설정

(1) 권한설정 및 권한종류

① 회원은 회원계정에 접속하여 회원이 지정하는 다른 회원에게 해당 회원의 회원계정에의 접근 및

관리 권한의 일부 또는 전부를 위탁하는 권한설정을 할 수 있습니다.

② 회원이 특정 회원에게 권한을 위탁한 상태에서, 해당 회원에게 다른 종류의 권한을 중복하여 위탁할 수 없습니다.

③ 권한설정을 통해 다른 회원에게 위탁할 수 있는 권한의 종류는 다음과 같이 구분됩니다.

권한 / 기능	광고관리	광고관리/세무	광고관리/로그분석	성과조회	성과조회/세무	성과조회/로그분석	광고관리/로그분석/세무	성과조회/로그분석/세무
광고정보 및 보고서 조회	O	O	O	O	O	O	O	O
대량 보고서 생성	O	O	O	X	X	X	O	X
광고관리 (등록/수정/삭제)	O	O	O	X	X	X	O	X
세금계산서 확인 및 출력	X	O	X	X	O	X	O	O
API 라이선스 관리	X	X	X	X	X	X	X	X
네이버 애널리틱스 신청	X	X	O	X	X	X	O	X
네이버 애널리틱스 보고서 조회	X	X	O	X	X	O	O	O

(2) 권한설정 방법

① 권한을 위탁할 회원의 아이디와 권한의 종류를 선택하여 권한설정을 요청하고, 권한을 위탁받을 회원이 수락(동의)하는 경우에 양 회원계정 간 권한설정이 됩니다.

② 권한설정의 처리 결과는 광고관리시스템을 통해 확인하실 수 있으며, 시스템상 처리 결과가 반영되는 데에는 수분에서 최대 20분가량의 시간이 소요될 수 있습니다.

(3) 권한설정 철회 방법

① 권한을 위탁한 회원이 권한설정 철회를 원하는 경우, 위탁한 권한을 철회할 회원의 아이디를 선택하여 철회를 요청하면 양 회원계정 간 권한설정은 철회됩니다.

② 권한을 위탁받은 회원이 권한설정 철회를 원하는 경우, 위탁받은 권한을 철회할 회원의 아이디를

선택하여 철회를 요청하면 양 회원계정 간 권한설정은 철회됩니다.

③ 권한설정 철회의 처리 결과는 광고관리시스템을 통해 확인하실 수 있으며, 시스템상 처리 결과가 반영되는 데에는 수분에서 최대 20분가량의 시간이 소요될 수 있습니다.

(4) 이용제한 또는 탈퇴 시의 권한설정 처리

① 권한설정을 이용 중인 회원이 이용정지 제재를 받은 경우, 해당 회원이 권한설정을 통해 위탁하거나 위탁받은 권한의 이용이 제한됩니다.

② 이용정지 제재 상태의 회원은 권한설정을 통해 해당 회원에게 권한을 위탁한 다른 회원의 회원계정 접근이 제한됩니다.

③ 이용정지 제재 상태의 회원으로부터 기존에 권한설정을 통해 권한을 위탁받은 다른 회원은 제재 상태 회원의 회원계정 접근이 제한됩니다.

④ 이용정지 제재에 따른 권한 이용의 제한 처리 결과는 광고관리시스템을 통해 확인하실 수 있으며, 시스템상 처리 결과가 반영되는 데에는 수분에서 최대 20분가량의 시간이 소요될 수 있습니다.

⑤ 권한설정을 이용 중인 회원이 회원탈퇴를 하거나 또는 직권해지 제재를 받은 경우, 권한설정을 통해 해당 회원이 위탁하였거나 또는 위탁받은 권한설정은 철회됩니다.

3 회원계정 정보변경과 세금계산서 수정 재발행

(1) 회원계정 정보변경

① 회원계정의 정보변경이 필요한 회원은 직접 네이버 검색광고센터에 접속하여 계정정보 변경을 신청하시거나 검색광고 [온라인 고객센터] 또는 광고영업 담당자를 통하여 변경을 요청하셔야 합니다.

② 다만, 사업자 회원에서 개인 회원으로 변경하시는 경우에는 네이버 검색광고센터에 접속하여 계정 정보를 변경하실 수 없습니다. 이 경우 원칙적으로 개인 회원의 정보로 새로운 회원계정을 생성하여야 합니다.

③ 회원계정의 정보변경이 완료된 계정에 등록된 사이트에 대해서는 사이트 검수를 실시하여 관련 법령, 약관, 검수기준, 이용안내 등에 부합하지 않는 경우 광고 게재를 제한할 수 있습니다.

④ 매월 첫 영업일로부터 3일 동안은 세금계산서 발행업무로 인하여 정보변경이 불가하며, 따라서 이 기간에 접수된 정보변경 요청은 세금계산서 발행업무 종료 후에 처리됩니다.

(2) 세금계산서 수정재발행

① 세금계산서의 수정재발행이 필요한 회원은 직접 네이버 검색광고센터에 접속하여 세금계산서의 수정재발행을 신청하시거나 검색광고 [온라인 고객센터] 또는 광고영업 담당자를 통하여 요청하셔야 합니다.

② 세금계산서의 수정재발행은 해당 분기에 발행된 세금계산서를 대상으로 해당 분기의 '분기 마감' 이전에 신청하셔야 하며, 해당 분기에 발행된 세금계산서를 대상으로 하지 않거나 해당 분기의 '분기 마감' 이후에 신청하신 경우에는 원칙적으로 처리가 불가합니다.

③ 회사는 매 분기마다 '분기 마감'에 앞서 회원에게 약관 제13조에 따른 방법으로 '분기 마감'을 통지합니다.

4 광고 게재

(1) 광고 게재

① 회원은 네이버 검색광고센터를 통해 관련 법령, 약관, 검수기준, 이용안내 등에 부합하는 검색광고 게재 신청을 하셔야 합니다.

② 회사는 회원이 게재를 신청한 검색광고의 키워드, 제목, 설명 등에 대해 일정한 방식으로 심사를 하여 게재 여부를 결정하고, 게재 여부에 대해 회원에게 약관 제13조에 따른 방법으로 통지합니다.

③ 회사가 회원의 광고 게재 신청을 승낙한 것이 해당 검색광고 또는 해당 검색광고의 대상이 된 사이트 등이 위법하지 않거나 약관, 검수기준, 이용안내 등에 적합함을 최종적으로 보증하거나 보장하는 것은 아니며, 따라서 광고 게재를 승낙한 이후에도 검색광고 또는 해당 검색광고의 대상이 된 사이트 등이 관련 법령 또는 약관, 검수기준 등을 위반하는 것이 확인될 경우 회원에게 수정을 요청하거나 광고게재 중단, 서비스 이용정지, 회원 직권 해지 등의 조치를 취할 수 있습니다.

(2) 광고 수정요청 및 재게재

① 회사는 검색광고 또는 해당 검색광고의 대상이 된 사이트 등이 관련 법령 또는 약관, 검수기준 등을 위반하는 것이 확인될 경우 회원에게 일정한 기간을 정하여 수정을 요청할 수 있습니다.

② 수정 요청을 받은 회원은 정해진 기간까지 검색광고 또는 해당 검색광고의 대상이 된 사이트 등이 관련 법령 또는 약관, 검수기준 등을 위반하지 않도록 수정을 해주셔야 하며, 수정하지 않으셔서 발생하는 불이익은 광고주님께서 부담하셔야 합니다.

③ 관련 법령 또는 약관, 검수기준 등을 위반하는 사유를 해소하신 회원은 네이버 검색광고센터를

통해 검색광고 게재신청을 하실 수 있으며, 회사는 해당 검색광고의 게재 여부에 대해 회원에게 약관 제13조에 따른 방법으로 통지합니다.

5 광고 게재제한

(1) 광고 게재제한 사유

① 회사에 법률적 또는 재산적 위험을 발생시키거나 발생시킬 우려가 있는 경우

    ㉠ 검색광고가 관련 법령을 위반하는 사이트로 연계됨으로써 회사가 민·형사적 책임을 부담할 가능성이 있는 경우

    ㉡ 검색광고가 관련 법령을 위반하는 회원의 영업행위 등에 연계됨으로써 회사가 민·형사적 책임을 부담할 가능성이 있는 경우

> **참고** 대표적 사례들
>
> - 온라인 도박 서비스 제공 확인시 광고게재제한
> - 이미테이션 제품 판매 확인시 광고게재제한
> - 웹하드등록제에 따른 미등록 P2P 사이트로 확인시 광고게재제한
> - 흥신소/심부름센터 사이트 내에서 개인사생활 조사 등의 서비스 제공 확인시 광고게재제한
> - 출장 안마/마사지 서비스 제공 확인시 광고게재제한 (성매매 연계 개연성)
> - 경마/경정/경륜 경주에 대한 예상정보 제공 확인시 광고게재제한 (불법 사설경주 운영 개연성)
> - 의료기관이 아닌데 문신/반영구 시술 서비스 제공이 확인되는 경우 광고게재제한

② 회사 및 광고매체의 명예·평판·신용이나 신뢰도를 훼손하거나 훼손할 우려가 있는 경우

    ㉠ 검색광고가 관련 법령을 위반하지는 않더라도 도의적으로 비난의 대상이 되거나 사회 일반의 정서에 반하는 회원의 영업행위에 연계됨으로써 회사의 명예·평판·신용·신뢰도가 훼손될 가능성이 있는 경우

    ㉡ 검색광고가 관련 법령을 위반하지는 않더라도 도의적으로 비난의 대상이 되거나 사회 일반의 정서에 반하는 광고주의 영업행위에 연계됨으로써 회사의 명예·평판·신용·신뢰도가 훼손될 가능성이 있는 경우

    ㉢ 검색광고가 관련 법령을 위반하지는 않더라도 도의적으로 비난의 대상이 되거나 사회 일반의 정서에 반하는 사이트에 연계됨으로써 광고매체의 명예·평판·신용·신뢰도가 훼손될 가능성이 있는 경우

    ㉣ 검색광고가 관련 법령을 위반하지는 않더라도 도의적으로 비난의 대상이 되거나 사회 일반의 정서에 반하는 회원의 영업행위에 연계됨으로써 광고매체의 명예·평판·신용·신뢰도가 훼

손될 가능성이 있는 경우

③ 서비스 또는 광고매체의 품질을 저하시키거나 저하시킬 우려가 있는 경우

　　㉠ 검색광고가 관련성이 지나치게 떨어지는 사이트에 연계됨으로써 검색광고 서비스의 품질을 떨어뜨릴 가능성이 있는 경우

　　㉡ 검색광고가 관련성이 지나치게 떨어지는 사이트에 연계됨으로써 광고매체의 서비스 품질을 떨어뜨릴 가능성이 있는 경우

　　㉢ 검색광고로 신청된 키워드 자체가 회원들의 사이트나 영업행위 등에 관련성 있게 연계될 가능성이 거의 없는 경우

④ 검색광고의 효과가 현저히 떨어지는 경우

　　㉠ 검색광고가 광고매체에서 노출되는 횟수가 지나치게 적은 경우

　　㉡ 검색광고가 광고매체에서 노출되기는 하나 광고매체 이용자의 클릭률이 지나치게 낮은 경우

　⑤ 광고매체의 운영 주체가 정당하고 합리적인 이유를 근거로 자신의 광고매체에서의 검색광고 게재 제한 등을 요청하는 경우

(2) 광고 게재제한 절차

① 회사는 광고매체의 요청에 의해 일정한 검색광고의 게재 제한 등을 하는 경우 회원에게 약관 제13조에 따른 방법으로 통지합니다.

② 광고매체의 요청에 의해 일정한 검색광고의 게재 제한 등을 하는 경우 원칙적으로 검색광고 게재 제한 등의 조치를 취하기 전에 회원에게 통지하며, 다만 광고매체가 긴급한 사정을 이유로 시급히 요청해 왔을 경우에는 부득이 게재 제한 등의 조치를 취한 후에 회원에게 통지할 수 있습니다.

6 이용제한

(1) 이용제한 조치

① 회사는 회원이 관련 법령 및 약관 또는 광고운영정책에 따른 의무를 위반하는 경우 검색광고 게재 신청 제한, 검색광고 게재 제한, 검색광고 서비스 이용 정지, 검색광고 이용계약 해지, 회원 직권 해지 등을 할 수 있습니다.

⊙ 검색광고 게재 제한 (광고에 대한 제한)

광고 제목 및 문안 등이 법령, 약관, 광고운영정책 및 검수기준에 부합하지 않는 광고에 대한 노출제한 조치를 의미함

> **참고** 대표적 사례들
> • 광고 제목 및 문안 등이 법령 등에 위배되거나 제3자 권리를 침해하는 경우
> • 검색어와 광고 랜딩페이지 간의 연관성이 적은 경우
> • 광고 제목 및 문안 상에 특수문자 기재 및 글자 수 제한 초과하는 경우

⊙ 검색광고 게재 신청 제한 (사이트에 대한 제한)

광고를 불허하는 업종의 사이트임이 확인되거나 해당 사이트가 약관, 광고운영정책, 검수기준 및 관련 법령에 부합하지 않는 경우, 해당 사이트에 대한 광고제한조치를 의미함

> **참고** 대표적 사례들
> • 사이트의 내용이나 운영 등이 법령 등에 위배되거나 제3자의 권리를 침해하는 경우
>   예 웹하드등록제 미등록 P2P 사이트, 불법 사행행위 관련 사이트, 최음제판매 사이트, 성매매 알선 사이트, 자위기구 판매(연계) 사이트, 사기행위 관련 사이트 등 해당 사이트가 약관(운영정책 및 검수 기준 포함) 위반 또는 불법적 사이트임이 확인된 경우 1회 적발 시 즉시 광고제한조치를 취함 (서비스 이용정지 조치 병행)
>   예 기타 법령위반 및 제3자침해 내용을 포함하는 경우
> • 불법 사이트는 아니나 약관, 광고운영정책 및 검수기준을 반복적으로 위반하는 사이트의 경우

⊙ 검색광고 서비스 이용정지 (회원계정에 대한 제한)

중대한 법령 위반 사실이 확인되거나 약관, 광고운영정책 및 검수기준의 위반이 지속적으로 확인되는 경우 등 일정 기간 서비스 이용을 제한해야 하는 경우의 서비스 이용정지조치를 의미함

> **참고** 대표적 사례들
> • 무효클릭 경고를 일정 수 이상 받은 경우
>   예 3회의 경고를 받은 경우 7일의 이용정지조치가 취해지며, 그 이후 추가로 적발되는 경우 1개월의 이용정지조치가 취해짐
> • 회원의 광고행위에서 중대한 법령 위반 사실이 확인되는 경우
>   예 웹하드등록제 미등록 P2P 사이트, 불법 사행행위 관련 사이트, 최음제판매 사이트, 성매매 알선 사이트, 자위기구 판매(연계) 사이트, 사기행위 관련 사이트 등 회원의 사이트가 불법적 사이트임이 확인된 경우(사이트 제한 조치 병행)
> • 회원이 허위정보를 기재하였거나 휴폐업자로 확인되는 경우
> • 사이트에 대한 광고제한조치를 받은 회원이 반복하여(추가로) 사이트 광고제한조치를 받은 경우

⊙ 검색광고 이용계약 해지 및 회원 직권해지

회원의 행위가 법령과 약관 및 운영정책의 심각한 위반 등에 해당하여 객관적으로 회사와 회원 사이의 신뢰관계의 회복이 어려운 정도의 현저한 것일 경우, 회사는 검색광고 이용계약을 해지하고 회원 지위를 박탈하는 행위를 할 수 있음

🔍 **참고** 대표적 사례들

- 회원의 사이트에서 회사의 서비스를 방해하는 어뷰징 프로그램 등을 배포하는 경우
  예 설치 시 네이버 페이지에 광고를 끼워 넣는 프로그램, 팝업을 띄우는 프로그램, 네이버 툴바 등을 무력화시키는 프로그램 등
- 무효클릭 행위를 반복적, 지속적으로 하는 경우

② 회사가 이용제한을 하는 경우 회원이 회사와 이용계약을 체결하여 이용하고 계시는 회사의 다른 서비스(지역광고, 지식쇼핑, 부동산 서비스 등)에 대하여도 이용을 제한하거나, 이용계약을 해지할 수 있습니다.

(2) 이용제한 절차

① 회사는 이용제한을 하는 경우 회원에게 약관 제13조에 따른 방법으로 통지합니다.

② 회사는 전항의 통지를 하는 경우 회원에게 원칙적으로 3 영업일 이상의 기간을 정하여 이의신청의 기회를 부여 하며, 다만 별도의 사전 이의신청 기회를 부여하지 않겠다는 뜻을 약관 제13조에 따른 방법으로 통지하였거나 회원의 관련 법령, 약관, 광고운영정책 등 위반행위가 중대하거나 고의적이라고 판단될 경우에는 이의신청 기회를 부여하지 않을 수 있습니다.

③ 회사는 정액제 검색광고에 대해 이용제한을 하는 경우 남은 계약기간만큼의 서비스 이용료를 비즈머니로 환급해 드립니다.

④ 이용제한 조치에 대하여 궁금한 점이나 이의가 있으신 회원은 검색광고 [온라인 고객센터] 또는 광고영업 담당자를 통하여 해당 내용을 문의하시거나 이의를 제기하실 수 있습니다.

⑤ 이용제한 조치와 관련된 회원의 문의 및 이의가 접수될 경우, 회사는 해당 내용을 검토하고 처리하며 약관 제13조의 방법에 따라 회원에게 그 결과를 통지합니다.

⑥ 이용제한 사유를 확인하고 해소한 회원은 검색광고 [온라인 고객센터] 또는 광고영업 담당자를 통해 이용제한 철회 요청을 하실 수 있으며, 회사는 해당 이용제한의 철회 여부를 검토하고 처리하며 약관 제13조의 방법에 따라 광고주님께 그 결과를 통지합니다.

7 회원 탈퇴

(1) 회원 탈퇴

① 회원은 언제든지 회사의 고객센터로 요청하거나 직접 네이버 검색광고센터에 접속하여 회원 계정의 탈퇴를 신청할 수 있으며, 회사는 관련 법령 등이 정하는 바에 따라 이를 즉시 처리합니다.

② 회원 계정의 탈퇴가 완료되는 경우, 관련 법령 및 개인정보처리방침에 따라 보유하는 정보를 제외한 모든 회원의 정보 및 회원이 검색광고 게재를 위해 등록한 키워드, 사이트, 제목, 설명 등의 데이터는 즉시 삭제됩니다.

③ 회원 계정의 탈퇴가 완료된 회원은 더 이상 네이버 검색광고센터 및 네이버 검색광고 서비스를 이용하실 수 없습니다.

(2) 회원 탈퇴와 재가입 제한

① 회원 탈퇴를 하신 경우 탈퇴한 계정 정보(사업자등록번호 등)로는 원칙적으로 탈퇴일로부터 30일간 다시 회원으로 가입하실 수 없습니다.

② 회사는 안정적인 서비스 운영 및 검색 이용자의 보호를 위해 다음의 경우 탈퇴 또는 직권 해지일로부터 6개월간 회원 가입을 제한할 수 있습니다.

ㄱ 약관 및 광고운영정책 위반으로 직권해지된 이력이 있는 경우

ㄴ 약관 및 광고운영정책 위반으로 이용정지된 상태에서 탈퇴한 이력이 있는 경우

ㄷ 약관 및 광고운영정책에 중대하게 어긋나는 행동을 한 후 자진하여 탈퇴한 이력이 있는 경우

8 광고문안과 권리보호

(1) 광고문안과 사이트의 연관성

① 제목, 설명 등에는 해당 사이트 내에서 확인되는 내용을 기재하는 것을 원칙으로 합니다.

② 제목에 기재된 광고주명, 사이트명, 수식어나 설명 등에 기재된 표현 등은 사이트 내에서 확인되는 한 원칙적으로 게재를 허용하며, 네이버 검색광고는 해당 회원에게 사용권한이 있는지에 대해 사전에 심사하지 않습니다.

③ 제목에 기재된 광고주명, 사이트명, 수식어나 설명 등에 기재된 표현 등이 사이트 내에서 확인되지 않을 경우 해당 광고의 게재를 중단할 수 있습니다.

(2) 상표권/서비스표권의 보호

① 회사는 상표권/서비스표권의 존재 여부 및 효력범위에 관하여 임의로 판단하지 않으며, 아울러 상표권/서비스표권을 사전에 보호하거나 대신 행사하지 않습니다.

② 상표권/서비스표권을 보유한 자는 자신의 권리가 침해되었을 경우 먼저 침해한 자를 상대로 광고 게재 중지요청, 권리침해에 해당하는 기재의 삭제요청 등의 권리행사를 해야 합니다.

③ 회사는 자신의 상표권/서비스표권이 침해되었음을 주장하면서 일정한 광고의 게재중단을 요청해 오는 경우, 해당 요청인에게 상표권/서비스표권의 침해를 소명할 수 있는 서류 등의 제출을 요청할 수 있습니다.

④ 회사는 요청인이 자신의 상표권/서비스표권의 침해를 소명하였을 경우, 요청인이 자신의 권리를 침해하고 있다고 지적한 회원에게 해당 광고의 게재 또는 해당 기재가 적법한 권리 또는 권한에 의해 행해졌다는 것을 소명할 수 있는 서류 등의 제출을 요청할 수 있습니다.

⑤ 회사는 요청인의 권리를 침해하고 있다고 지적된 회원이 해당 광고의 게재 또는 해당 기재가 적법한 권리 또는 권한에 의해 행하여진 것임을 소명하지 못했을 경우 해당 광고의 게재를 중단할 수 있으며, 만약 소명하였을 경우라면 임의로 해당 광고의 게재를 중단하는 대신 지체 없이 요청인에게 이러한 사정을 통지할 것입니다.

⑥ 회사는 특정 광고나 광고의 대상이 되는 영업이 타인의 상표권/서비스표권을 침해하거나 침해할 우려가 있다는 법원의 판결/결정/명령문, 기타 관련 국가기관의 유권해석 등이 제출되는 경우, 지체 없이 해당 광고의 게재를 중단할 수 있습니다.

(3) 기타 권리의 보호

회사는 광고 게재와 관련하여 상표권/서비스표권 이외의 권리에 대한 침해가 문제되는 경우에도 상표권/서비스표권에 대한 보호기준을 준용합니다.

(4) 부정경쟁행위의 금지

① 회사는 『부정경쟁방지 및 영업비밀의 보호에 관한 법률』상의 "부정경쟁행위"의 존재 여부 및 그 범위에 관하여 임의로 판단하지 않으며, 아울러 "부정경쟁행위"로부터 회원 등을 사전에 보호하거나 동 행위의 중단을 요청하지 않습니다.

② 회사는 일정한 회원의 광고 게재 등이 "부정경쟁행위"에 해당한다는 법원의 판결문, 기타 관련 국가기관의 유권해석 등이 제출되는 경우 지체 없이 해당 광고의 게재를 중단할 수 있습니다.

▼ 다음 검색 등록

SEARCH ADVERTISING MARKETERS

1 사이트 등록기준

(1) 기본 등록원칙

① 신청하는 사이트는 항상 접속이 가능해야 한다.

    ㉠ 특정 시간대에만 접속되거나 수시로 접속되지 않는 등 연결이 불량한 사이트는 등록되지 않는다.

    ㉡ 특정 브라우저 환경에서만 접속되는 사이트는 등록되지 않는다.

    ㉢ 등록 후 연결이 불량하다고 판단된 사이트는 삭제될 수 있다.

    ㉣ 삭제된 사이트는 복구되지 않으며, 다시 노출을 원할 경우 검색등록 절차에 따라 신규로 신청해야 한다.

> **🔍 참고**   사이트 검색+지역정보 서비스
>
> 사이트 검색 + 지역정보 서비스로 등록되기 위해서는 사이트 검색, 지역정보 각각의 가이드를 만족해야 한다.

② 언제든지 사이트 내용을 확인할 수 있어야 한다.

    ㉠ 특정 사용자만 볼 수 있도록 제한하거나 비공개 상태일 경우 등록되지 않는다.

    ㉡ 사이트에 노출되는 모든 정보(메뉴, 콘텐츠, 배너 등)가 검토 대상이 될 수 있다.

③ 완성된 사이트만 등록이 가능하다.

    ㉠ 일부 메뉴가 준비 중이거나 연결되지 않는 공사 중인 사이트는 등록되지 않는다.

    ㉡ 전반적으로 콘텐츠가 없거나 미비한 사이트는 등록되지 않는다.

    ㉢ 서비스 중단이 예고된 사이트는 등록되지 않는다.

    ㉣ 업데이트가 중단된 사이트는 등록되지 않는다.

④ 실제 사이트 내용과 맞지 않을 경우 등록되지 않는다.

    ㉠ 신청한 사이트 제목과 사이트상에서 확인되는 제목이 일치해야 한다.

    ㉡ 서류 제출 시 사이트 내 정보와 일치하지 않거나 불명확한 서류일 경우 등록되지 않는다.

⑤ 사이트의 메인 페이지만 등록이 가능하다.

    ㉠ 사이트 내 특정 항목이나 메뉴별 서브페이지는 등록되지 않는다.

    ㉡ 게시글 단위의 페이지 형태는 등록되지 않는다.

⑥ 사이트 등록 후 변경신청 없이 사이트 성격이 변경되면 삭제될 수 있다.

    ㉠ 정보성 사이트가 변경신청 없이 영리 목적의 사이트로 변경되는 경우 삭제될 수 있다.

ⓛ 정보성 사이트가 성인사이트로 변질되는 경우 삭제될 수 있다.

ⓒ Daum 검색등록 가이드에 따라 그 외 부적절하게 성격이 변경되는 경우 삭제될 수 있다.

ⓔ 성격이 변경되어 삭제된 사이트는 사이트를 수정하여 재신청하여도 등록이 거부될 수 있다.

⑦ 사이트와 카카오톡 채널 연결 시에는 소유자 확인이 필요하다.

ⓐ 카카오톡 채널이 없다면 신규가입 페이지(바로가기)에서 먼저 아이디를 신청해야 한다.

ⓑ 사이트 메인 화면에 카카오톡 채널이 노출되어야 한다.

⑧ 다수의 이용자가 방문하고 양질의 콘텐츠를 제공하는 사이트의 경우 Daum 검색에 의해 등록될 수 있다.

(2) 중복 사이트

① Daum 사이트 검색 서비스에 신규로 등록되는 사이트이어야 한다.

ⓐ Daum 사이트 검색에서 이미 서비스되고 있는 사이트는 등록 대상이 아니다.

ⓑ 등록된 사이트의 정보나 내용 수정은 변경신청 대상이다.

② 기존에 등록된 사이트와 중복이거나 전반적으로 동일한 내용을 다루고 있는 경우 등록되지 않는다.

ⓐ 동일한 업체를 여러 개의 사이트로 중복 신청한 경우 등록되지 않는다.

ⓑ 2개 이상의 다른 URL을 가지고 있는 사이트는 대표 URL 하나만 등록될 수 있다.

③ 다음에 해당되는 URL은 변경이 가능하지 않다.

ⓐ 이미 다른 사이트에서 사용되고 있는 URL로는 변경되지 않는다.

ⓑ 현재 정상적으로 서비스 중인 URL은 변경 및 삭제되지 않을 수 있다.

(3) 부적절한 콘텐츠 노출

① 비윤리적이거나 불법적인 내용이 확인되는 경우 또는 이로 오인할 수 있는 경우 등록되지 않는다.

② 특정 회사의 상표권 침해, 서비스 이용방해 등 권리침해가 우려되는 경우 등록되지 않는다.

③ 온라인 통신법 등 관련 법률에 위반되는 사이트일 경우 등록되지 않는다.

ⓐ 성인/음란/폭력/혐오

• 성인인증 절차 없이 음란물, 폭력물 등이 미성년자에게 노출된 사이트

• 청소년 보호법상 또는 청소년보호위원회가 심의 결정하여 고시한 청소년 유해 매체로 간주되는 사이트

• 그 외 청소년과 어린이에게 유해하다고 판단되는 사이트

ⓑ 저작권 위반

• 공식적인 제휴가 아닌 방송 프로그램이 주요 콘텐츠인 사이트

• 저작권이 있는 음악, 드라마, 애니메이션, 만화, 영화, 연극, 공연 등의 전체 동영상이나 파일,

대본 등을 게재 하거나 그 링크를 제공하는 사이트

- 저작권을 침해할 수 있는 불법 자료(상용프로그램, 크랙 등)를 제공하는 사이트
- 로고, 콘텐츠 무단 사용 등 저작권을 침해한 사이트

ⓒ 쇼핑몰

- 초기 화면 하단에 업체명, 주소, 연락처, 대표자명, 사업자등록번호, 통신판매업신고번호 등을 기재하지 않거나 허위로 기재한 사이트
- 수입건강식품, 상표권이 있는 상품/프로그램 등을 불법 유통하는 사이트
- 주류, 담배, 총포사, 도박, 카지노 등 전자거래 금지 품목을 온라인에서 직접 구매, 결제할 수 있는 사이트

ⓔ 기타

- 대부업 등록을 하지 않은 대출 사이트
- 자신을 추천인으로 하는 돈 벌기 목적의 개인 사이트
- 그 외 실정법에 위배되는 불법행위가 확인된 사이트

④ 영리를 목적으로 하는 사이트가 아래 가이드에 부적합할 경우 등록되지 않는다.(쇼핑몰, 일반 업체 모두 사이트 내 계좌번호 확인 시 사업자등록번호 필수 명시)

㉠ 쇼핑몰

- **사이트 명시 확인 항목 :** 업체명, 주소, 연락처, 대표자명, 사업자등록번호, 통신판매업신고번호(간이과세자인 경우 간이과세자 표기)
  - 영리를 목적으로 하는 모든 쇼핑몰은 전자상거래 소비자보호지침에 따라 쇼핑몰 메인화면 하단에 위 정보 필수 명시
  - 사업자등록번호, 통신판매업신고번호가 국세청, 공정거래위원회에서 조회되는 정보와 일치해야 등록 가능
- 대부분의 상품 가격이 기재되어 있지 않거나 0원으로 표시된 경우 등록 불가(단, 상품 가격정보가 '가격 문의'로 기재된 경우 등록 가능)
- 판매 상품 개수가 소수이거나 상품을 확인할 수 없는 경우 등록 불가
- 브랜드 정품이 아닌 의장도용 제품(이미테이션) 판매 여부 확인 시 등록 불가

㉡ 복권

- 국내 및 해외의 로또 구매대행 사이트는 등록 불가(단, 정보만을 제공하는 사이트는 등록 가능)
- 온라인 복권을 판매 또는 발매하는 사이트는 등록 불가

㉢ 경마/경륜/경정

- 마사회를 제외한 구매대행 사이트는 등록 불가(단, 정보만을 제공하는 사이트는 등록 가능)

㉣ 도박/카지노

- 국내 카지노는 문화체육관광부 장관의 허가를 받은 사이트만 등록 가능
- 사행성 도박 관련 사이트 등록 불가
- 사행성 도박 관련 정보를 제공하는 커뮤니티 사이트 등록 불가

⑩ 투자자문업/투자일임업

- 「자본시장과 금융투자업에 관한 법률」 제6조 제6항에 따른 투자자문, 동조 제7항의 규정에 따른 투자일임업에 대한 사이트는 다음 각 호의 하나라도 해당하는 경우 사이트 등록 불가
  - 일정 수익, 수익률의 실현 약속 또는 보장
  - 고객 또는 제3자가 당해 투자자문 회사를 추천하거나 보증하는 내용의 표시
- 유사투자자문업 사이트
  - 금융위원회 신고현황 조회(바로가기) 후 등록 가능

ⓑ 대부업

- 사이트 명시 확인 항목 : 업체명, 주소, 연락처(전화번호, 이메일), 대표자명, 사업자등록번호, 대부업(또는 대부중개업)등록번호, 대부이자율(연 이자율), 연체이자율, 수수료 유무, 그 외 추가비용이 있는 경우 해당 내용
  - [대부업의 등록 및 금융이용자 보호에 관한 법률] 제9조에 따라 대부업자 또는 대부중개업자 홈페이지에 모두 필수 명시
- 대부업등록번호를 사이트 하단에 명시해야 하며, 관할기관 조회 내용과 상이할 경우 등록 불가
  - 금융감독원 등록대부업체 통합조회(바로가기)에서 등록번호 및 업체명, 대표자명, 소재지 일치 여부 확인
- 2금융 대부업 사이트의 경우 아래 정보가 확인되어야 함
  - 여신금융협회 등록 대상 : 대출모집인 조회(바로가기) 후 등록번호 및 담당자, 업체명 일치 여부 확인
  - 상호저축은행중앙회 등록 대상 : 지역별 저축은행 조회(바로가기) 후 등록번호 및 담당자, 업체명 일치 여부 확인
  - 전국은행연합회 등록 대상 : 대출모집인 조회(바로가기) 후 등록번호 및 담당자, 업체명 일치 여부 확인
- 대출 중개 및 알선을 제공하는 사이트의 경우 대부업등록번호와 함께 대출중개업자라는 사실을 표시해야 함
- 대부업자가 아닌 대부업체 이용자로부터 중개 대가를 받는 것이 확인되면 등록 불가

ⓢ 채권추심/신용조사

- 사이트 명시 확인 항목 : 업체명, 주소, 연락처, 대표자명, 사업자등록번호, 채권추심업(신용정보업) 기획재정부 승인번호

ⓞ 금융

- 제도권 금융 사이트
  - 제1금융 : 국민은행, 하나은행 등 일반 은행
  - 제2금융 : 보험사, 증권사, 투자신탁회사, 여신금융회사(카드사, 캐피탈사, 할부금융사 외), 저축은행, 새마을금고, 단위농협 등 일반 은행을 제외한 금융기관과 여신전문 업체
  - 제1, 2금융 수탁법인 : 농협중앙회 및 전국은행연합회, 상호저축은행중앙회에 등록된 대출 사이트
  - 사이트 명시 확인 항목 : 업체명, 주소, 연락처
- 상호저축은행중앙회 등록 대출 사이트
  - 사이트 명시 확인 항목 : 업체명, 주소, 연락처, 사업자등록번호, 저축은행중앙회 등록번호
  - 저축은행중앙회 등록번호 및 사이트 정보가 상호저축은행중앙회 조회 내용과 동일해야 등록 가능
- 여신금융협회 등록 대출사이트
  - 사이트 명시 확인 항목 : 업체명, 주소, 연락처, 사업자등록번호, 여신금융협회 등록번호
  - 여신금융협회 등록번호 및 사이트 정보가 여신금융협회 조회 내용과 동일해야 등록 가능

ⓩ 주류/담배

- 사이트 명시 확인 항목 : 업체명, 주소, 연락처, 대표자명, 사업자등록번호, 통신판매업신고번호, 주류통신판매승인번호
- 주류, 담배(전자담배) 등 전자거래 금지 품목을 온라인에서 구매, 결제할 수 있는 쇼핑몰은 등록 불가(단, 전통주 면허를 가진 경우 등록 가능)
- 오프라인 매장을 운영하여 온라인으로 행하는 주류 매장 홍보 사이트는 등록 가능(단, 소비자들이 주류 상거래가 가능하다고 오인할 수 있는 항목(계좌번호, 주문 전화번호 등) 확인 시 등록 불가)
- 무니코틴 액상 및 기기만 판매하는 경우는 등록 가능하나 니코틴 액상 판매는 등록 불가

ⓧ 총포/도검/화약류

- 관할 지방경찰청에 신고된 업체에 한해 등록 가능

ⓚ 의료/병원

- 사이트 명시 확인 항목 : 병원명, 주소, 연락처
- 사이트 내 수술 전후 사진 게재 가능하나 혐오성 사진 및 동영상 확인될 경우 등록 불가

ⓣ 의약품 판매

- 전문의약품 또는 원료의약품의 제조, 수입, 판매 또는 유통에 관한 사이트 등록 불가(단, 의료기관을 대상으로 하는 경우 등록 가능)

- 의약품 정보제공 사이트는 등록 가능
  - ㉤ 의료기기 판매/홍보
    - 사이트 명시 확인 항목 : 업체명, 주소, 연락처, 대표자명, 사업자등록번호, 통신판매업신고번호
      - 의료기기 홍보 사이트 : 의료기기광고심의필번호
      - 의료기기 판매 사이트 : 의료기기광고심의필번호, 의료기기판매업신고번호
  - ㉥ 안경/콘택트렌즈 판매
    - 사이트 명시 확인 항목 : 업체명, 연락처, 대표자명, 사업자등록번호, 통신판매업신고번호
    - 시력교정용 콘택트렌즈/안경, 미용 목적 렌즈 판매 시 등록 불가
    - 시력교정용 콘택트렌즈/안경, 미용 목적 렌즈 정보제공 사이트는 '한국의료기기산업협회' 광고물 사전심의를 받고 심의필번호 기재 시 등록 가능
    - 패션 안경테, 선글라스 및 관리용품 판매 사이트는 등록 가능
- ⑤ 영리를 목적으로 하는 사이트의 부적합사유(추가)
  - ㉠ 건강기능식품 판매
    - 사이트 명시 확인 항목 : 업체명, 주소, 연락처, 대표자명, 사업자등록번호, 통신판매업신고번호, 건강기능식품 판매업영업신고번호 또는 건강기능식품 수입 및 판매업영업신고번호
  - ㉡ 학원
    - 일반 학원
      - 사이트 명시 확인 항목 : 학원명, 주소, 연락처, 사업자등록번호
    - 영업망 존재 학원, 영업사원 운영 사이트
      - 사이트 명시 확인 항목 : 학원명, 주소, 연락처, 영업사원명
      - 사이트 등록 시 사이트 제목에 영업사원명 기재
  - ㉢ 운전면허학원/운전면허학원 영업사원
    - 사이트 명시 확인 항목 : 학원명, 주소, 연락처, 자동차운전학원등록번호 5자리, 영업사원의 경우 영업사원명 기재
    - 학원명에서 '일반학원', '전문학원' 구분 필요
    - 도로연수, 운전연수, 운전 강습업체 혹은 운전연수 강사 개인 운영 사이트 등록 불가
  - ㉣ 영업사원
    - 자동차, 금융 영업사원 등 물품을 판매하거나 서비스를 제공하는 모든 영업사원 및 영업지점
      - 사이트 명시 확인 항목 : 업체명, 주소, 연락처, 사업자등록번호, 영업사원명
      - 사이트 등록 시 사이트 제목에 영업사원명 기재
  - ㉤ 부동산
    - 사이트 명시 확인 항목 : 업체명, 주소, 연락처, 대표자명, 중개사무소등록번호 또는 사업자등

록번호

ⓑ 부동산 유료컨설팅

- 사이트 명시 확인 항목 : 업체명, 주소, 연락처, 대표자명, 사업자등록번호

ⓐ 오토마우스(자동사냥)

- 불법행위 조장으로 오토마우스(자동사냥) 제품의 판매 또는 공유 시 등록 불가

ⓞ P2P/웹하드

- 성인 동영상, 저작권 침해 파일 같이 불법성이 확인되는 경우 등록 불가
- 전기통신사업법에 따른 '웹하드 등록제'에 등록되지 않은 사이트의 경우 등록 불가

ⓩ 문신

- 문신은 의료 행위이므로 의료인만 시술 가능
- 문신 시술 사이트
  - 건강보험심사평가원(바로가기)에서 의료기관 사실 여부 확인 후 등록 가능
  - 의료기관 개설허가번호 또는 의료기관 신고번호 필수 명시
- 문신 교육 사이트
  - 의료법인 사실 여부 확인 후 등록 가능(의료인을 대상으로 한 의료법인의 부대사업으로만 가능)
  - 의료법인 설립허가번호, 교육대상이 의료인임을 필수 명시
- 문신 시술 및 교육 사이트
  - 의료법인 설립허가번호, 교육대상이 의료인임을 필수 명시
- 문신 관련 정보제공 사이트의 경우 등록 가능
- 반영구, 영구화장 사이트도 문신 사이트와 동일 기준 적용(헤나는 적용되지 않음)

ⓩ 다단계

- 사이트 명시 확인 항목 : 업체명, 주소, 연락처, 사업자등록번호, 다단계판매업등록번호 필수 명시
- 다단계판매업 영업사원 사이트는 다단계판매원등록번호, 다단계판매업등록번호 필수 명시

ⓚ 흥신소/심부름센터

- 미행, 도청, 감청, 몰카 촬영, 채무자 소재파악, 불륜/간통현장 확인, 휴대전화 위치추적 등의 개인 사생활 뒷조사는 신용정보 이용 및 보호에 관한 법률 위반으로 등록 불가
- 채권회수, 공문서위조, 범죄와 관련된 돈이나 물품 운반, 예비군 훈련대행, 선거유권자 명단 판매 등은 불법으로 등록 불가

ⓣ 게임 아이템 거래 중개

- 게임 아이템, 머니, 캐릭터, 계정 등을 거래하는 사이트는 청소년 유해 매체물로 분류되어 등

록 불가

ⓟ 이사

- 사이트 명시 확인 항목 : 업체명, 주소, 연락처, 대표자명, 사업자등록번호
  - 국내 이사업체 : 화물자동차운송업 허가번호 또는 화물자동차운송주선업 허가번호
  - 해외 이사업체 : 국제물류주선업 등록번호
  - 국내+해외 이사업체 : 화물자동차운송업 허가번호 또는 화물자동차운송주선업 허가번호, 국제물류주선업 등록번호

ⓗ 구인/구직

- 사이트 명시 확인 항목 : 업체명, 주소, 연락처, 직업정보제공사업 신고번호
- 원어민 강사 구인/구직, 해외 인턴십 제공 사이트 동일 적용
- 과외 사이트는 직업의 영역을 벗어나는 대상으로, 직업정보제공신고가 필요없다는 관할지역의 허가가 있을 경우 관련번호 확인 불필요

㉮ 금연용품 판매

- 사이트 명시 확인 항목 : 업체명, 주소, 연락처, 대표자명, 사업자등록번호, 통신판매업신고번호
- 식품의약품안전처 금연보조제 등록 제품(바로가기)만 가능

㉯ 세무/회계사

- 사이트 명시 확인 항목 : 업체명, 주소, 연락처, 대표자명, 사업자등록번호
- 회계사는 세무 관련 업무 가능, 세무사는 회계 관련 업무 불가능

㉰ 경락/마사지

- 사이트 명시 확인 항목 : 업체명, 주소, 연락처, 대표자명, 사업자등록번호, 관련 자격증 번호, 영업신고번호

㉱ 주방용 오물분쇄/처리

- 음식물을 하수도로 직접 배출하는 방식의 기기는 환경부 인증을 받은 업체에 한해 등록 가능

(4) 이용자의 정보이용 활용을 저해하는 행위

① 과도한 홍보, 도배, 스팸성 내용이 확인되는 경우 등록되지 않는다.
  ㉠ 이슈 키워드 및 특정 키워드 등을 과도하게 반복 사용하는 경우 등록되지 않는다.
  ㉡ 단순 복사/붙여넣기 하여 짜깁기한 내용으로 판단되는 경우 등록되지 않는다.
  ㉢ 광고수익 목적을 위해서만 구축된 내용으로 판단되는 경우 등록되지 않는다.
  ㉣ 그 외 클릭을 유도하는 목적으로 판단되는 경우 등록되지 않는다.
② 의도적으로 다른 특정 사이트로의 연결을 유도하는 경우 등록되지 않는다.
  ㉠ 접속한 사이트가 아닌 다른 사이트로 자동 연결되는 경우 등록되지 않는다.

　　　　ⓒ 자체적인 콘텐츠 없이 다른 사이트로의 연결을 유도하는 링크만으로 이루어진 경우 등록되지
　　　　않는다.

　　③ 짧은 시간 내에 비정상적으로 사이트를 대량 신청하거나 그 외 어뷰징으로 의심되는 경우 등록되
　　　지 않는다.

　　④ 다음과 같이 검색 이용자에게 혼란을 줄 수 있다고 판단되는 경우에는 등록되지 않는다.

　　　　㉠ 특정 업체나 서비스의 공식 또는 본점 사이트와 동일한 구성이거나 동일 제목을 사용한 경우
　　　　등록되지 않는다.

　　　　ⓒ 그 외 특정 업체나 서비스의 공식 사이트로 오인할 수 있다고 판단되는 경우 등록되지 않는다.

2 지도/지역정보 등록기준

(1) 등록승인대상

　　① 국내에 위치한 영리 업체 및 비영리 업체정보가 이용자에게 위치 및 전화번호 정보로 의미가 있
　　　다고 판단되는 경우

　　② Daum 지도/지역정보에서 제공되는 양식에 맞게 정확한 내용을 입력한 경우(기본필수정보 : 업
　　　체명, 전화번호, 주소, 카테고리)

　　③ 전화번호, 업체명이 정확하고, 위치정보가 유의미한 경우

　　④ 기존 지도/지역정보와 중복되지 않는 경우

　　⑤ 등록보류조건에 해당되지 않는 경우

　　⑥ 성인인증이 필요한 성인업체정보, 광고성문구가 포함된 업체정보가 아닌 경우

　　⑦ 악의적인 도배의도가 없으며 충실한 장소정보를 제공한다고 판단되는 경우

(2) 등록보류대상

　　① 업체가 해외에 존재하는 경우

　　② 위치정보가 유의미하지 않고, 고정되거나 특정한 장소 없이 사업장 위치가 유동적으로 바뀌는 경우

　　③ 개인정보나 신상정보를 입력할 경우

　　④ 커뮤니티, 동호회 성격의 업체의 경우

　　⑤ 동일한 업체정보를 여러 개의 다른 전화번호로 할 경우

　　⑥ 보안문제, 유명브랜드, 타인의 상표권, 지적재산권을 침해하는 경우

　　⑦ 성인인증을 필요로 하거나, 청소년에게 유해하거나 음란한 정보 등을 게재하여 유해업소로 판단

되는 성인업체인 경우

⑧ 대부업체, 심부름센터는 사업자 등록증을 제출해야 함(지역심사 담당자)

⑨ 퀵서비스, 대리운전, 자동차영업소 영업사원이름, 개인운송 등 업체가 아닌 개인정보로 등록할 경우

⑩ 학원이나 프랜차이즈와 같이 분점/지점이 있을 경우에는 업체명에 정확한 분점/지점명을 기입하면 지점별로 등록가능

⑪ 업체명에 반복적으로 홍보성, 선정적, 서술적인 소개글 등의 문구가 들어간 경우

⑫ 기본정보가 충실히 기재되지 않은 경우(기본필수정보 : 업체명, 전화번호, 주소, 카테고리)

⑬ 현재 서비스중인 지도/지역정보와 중복되는 경우

⑭ 도박 등 사행성을 조장하는 업체인 경우

⑮ 다단계업체는 업체명, 주소, 연락처, 다단계판매업등록번호, 사업자등록번호를 제출해야 함.

⑯ 기타범죄 및 법률에 위반하는 위법행위를 조장하는 경우(불법 다단계업체 등)

⑰ 경락, 마사지, 안마업체 중 의료법에 의한 안마시술소(안마원)신고증명서를 제출하지 않은 경우

(3) 변경승인대상

① 전화번호나 업체명 변경요청 : 직접 전화로 확인하여 등록승인

② 이전으로 인해 주소만 변경된 경우 : 주소, 좌표만 수정

③ 홈페이지 주소가 있다면 홈페이지에 등록된 지점으로 확인되는 경우

(4) 변경보류대상

전화로 확인하였으나 변경요청 내용과 다른 경우

(5) 삭제승인대상

① 폐점 : 결번인지 혹은 변경된 전화번호인지 확인하여 삭제조치

② 홈페이지가 있는 경우, 홈페이지에서 확인되지 않는 지점이면 삭제

③ 성인업체로 확인되거나 광고성문구 포함된 업체정보, 악의적인 도배의도가 보이면 삭제

④ 단순히 검색되지 않기를 원하는 경우 : 검색등록을 통해 등록된 정보라면 신청자 정보를 비교하여 바로 삭제처리, 그 외의 경우라면 위와 같은 확인절차 필요

(6) 삭제보류대상

① 삭제요청인이 등록한 본인이 아닌 경우

② 전화를 걸어 확인해보니 현존하는 업체인 경우

3 블로그 RSS 서비스

(1) 블로그 RSS 등록기준

① Daum 블로그 검색 서비스에 신규로 등록되는 블로그이어야 한다.

⊙ Daum에서 제공하는 Daum블로그, tistory는 별도의 등록과정 없이 블로그 검색대상에 포함된다.

ⓛ 이미 검색대상에 포함된 경우는 등록 대상에서 제외된다.

② 블로그 검색 등록심사 후 적합한 블로그만 등록된다. 등록 이후 블로그 성격이 변경되면 삭제될 수 있다.

⊙ 블로그의 글 중 청소년유해, 과도한 광고, 중복, 저작권위배, 악성코드 첨부파일, 개인정보 노출 게시물

ⓛ 그 외 Daum 심사담당자가 내부 기준에 따라 부적절하게 사이트 성격이 변경되었다고 판단한 블로그

③ 검색 노출

⊙ 검색 등록이 완료되면 블로그 혹은 웹문서 검색에 노출된다.

4 작성기준

(1) 사이트 작성기준

① 기본 원칙

⊙ 사이트 검색은 Daum 검색등록 가이드에 따라 등록하고 있으며, 신청한 내용이 작성기준과 맞지 않을 경우 편집 또는 거부될 수 있다.

ⓛ 사이트 작성기준과 맞지 않는 항목은 등록 처리 이후 변경신청을 하더라도 반영되지 않는다.

참고 작성기준

① 공통정보는 아래의 작성기준을 따른다.
　㉠ 사이트 제목, URL, 설명문, 디렉토리 필드는 사이트 검색 작성기준을 따른다.
　㉡ 업체명, 주소, 대표전화 필드는 지역정보 서비스 작성기준을 따른다.
② 사이트 상세정보는 사이트 작성기준을 따른다.
③ 지역정보 상세정보는 지역정보 작성기준을 따른다.
④ 사이트와 지역정보에서 서비스되는 디렉토리명은 다를 수 있다.

② **사이트 제목**

　㉠ 홈페이지에서 확인할 수 있는 제목으로 입력한다.(홈페이지 상단 로고, 하단 copyright 부분, 회사 또는 사이트 소개, 타이틀(title) 등)

　㉡ 한글 표기를 원칙으로 한다.

　㉢ 띄어쓰기를 포함하여 26자 이내로 입력한다.

　㉣ 한글과 영어를 제외한 모든 언어(한자, 일본어 등)는 입력하지 않는다.

　㉤ '(주)', '(유)', '(재)', '(사)' 등의 괄호가 포함된 단어는 입력하지 않는다.

　㉥ 제목을 꾸미기 위한 특수문자나 기호는 입력하지 않으나, 그 외 의미가 있다고 판단되는 경우에는 반영될 수 있다.

　㉦ 유명 브랜드명, 사이트명의 상표권 침해 소지가 있는 단어는 입력하지 않는다.(Daum 문구점, Daum 쌀집 등)

　㉧ 최근 이슈가 되거나 보편적인 인기 키워드를 조합하여 검색에 유리하게 작용하려는 의도로 판단되는 제목은 반영되지 않는다.

　㉨ 그 외 일반명사 또는 검색빈도 수 및 조회 수가 높은 상업성 키워드는 반영되지 않는다.

　㉩ '홈페이지'의 동의어로 취급되는 단어는 입력하지 않는다.(홈페이지, 사이트, 홈피 등)

③ **URL**

　㉠ 페이지가 아닌 완전한 형태의 홈페이지 URL을 정확하게 입력한다.

　　예 http://www.daum.net/ (O)

　　　http://daum.net/ (X)

　　　http://www.daum.net (X)

　　　http://www.daum.net/index.html (X)

　㉡ URL에 포함되는 영문자는 소문자로 입력한다.

　　예 http://www.daum.net/ (O)

　　　HTTP://WWW.DAUM.NET (X)

　㉢ 한글로 된 URL과 영문 URL을 모두 가지고 있을 경우, 영문 URL을 우선해서 입력한다.

④ **설명문**

　㉠ 회사의 성격을 나타내는 키워드를 입력하며, 홈페이지에서 확인되지 않는 허위, 과장된 내용

은 입력하지 않는다.

ⓛ '설명'에는 사이트를 소개할 수 있는 핵심문장을 띄어쓰기 포함 45자 이내로 입력한다. '설명−지역'에는 오프라인 매장이나 업체의 위치정보를 띄어쓰기 포함 100자 이내로 입력한다. '설명−품목'에는 다루는 상품이나 서비스명, 그 외 키워드를 띄어쓰기 포함 100자 이내로 입력한다.

ⓒ 한글 맞춤법, 외래어 표기법에 따른 입력을 원칙으로 하며, 한글과 영어를 제외한 모든 언어 (한자, 일본어 등)는 입력하지 않는다.

ⓔ 꾸미기 위한 특수문자나 기호는 입력하지 않으나, 그 외 의미가 있다고 판단되는 경우에는 반영될 수 있다.

ⓜ 쉼표를 사용하여 키워드 단위로 입력하며, 문장으로 입력하지 않는다.

ⓗ 홍보, 마케팅, 이벤트성 문구나 형용사, 최상급 등의 수식어구, 그 외 주관적인 표현은 입력하지 않는다.

ⓢ 동일한 단어를 여러 번 반복하여 입력할 경우 반영되지 않을 수 있다.

ⓞ 변동 가능한 제품 가격, 할인율, 업체주소 및 전화번호 등의 수치정보는 입력하지 않는다.

ⓩ '홈페이지'의 동의어로 취급되는 단어는 입력하지 않는다.(홈페이지, 사이트, 홈피 등)

⑤ 디렉토리

ⓐ [디렉토리 선택] 버튼을 눌러 해당 업체가 속한 성격에 알맞은 디렉토리를 검색 후 선택하여 입력한다.

ⓑ 보다 나은 서비스를 위해 조정이 필요한 경우 별도의 통보 없이 적절한 디렉토리로 이동, 수정될 수 있다.

(2) 지도/지역정보 작성기준

① 업체명

ⓐ 사업자등록증상에 등록된 업체명이나 홈페이지에서 확인할 수 있는 이름으로 입력한다.

ⓑ 체인/지점/소속 장소명이 있는 경우에는 홈페이지에서 확인할 수 있는 장소명으로 입력한다.

ⓒ 가능한 한글명칭으로 표기하고, 영문과 병행될 경우 심사과정에서 한글업체명으로 수정될 수 있다. 특수문자나 한자 등은 사용할 수 없다.(단, 업체명에 '&' 이 포함된 경우는 확인 후 승인)

ⓓ 인명이 포함되는 경우 업체명과 병행되어야하며, 인명만으로 기입된 경우 등록승인되지 않는다.

ⓔ 업체명에 불필요한 설명문구 등이 포함되거나, 특수문자가 포함된 경우 혹은 글자수 제한을 초과할 경우 심사기준에 따라 수정될 수 있다.

② 주소

ⓐ 우편번호검색을 통해 동/읍/면/리 단위로 찾은 후에 해당되는 주소를 선택하면 시/구/동 단위는 자동입력된다.

ⓛ 상세주소란에 번지 등 나머지 주소를 기입한다. 상세주소가 기입되지 않는 경우 등록승인되지 않는다.

ⓒ 지도에 위치 표시를 통해 지도상에서 정확한 위치를 꼭 표시해야한다. 만약 위치가 정확하지 않다면 원하는 위치를 직접 선택해야 한다.

③ 대표이미지

ⓐ 파일형태는 JPG, GIF만 가능하며, 최대 4장까지 등록할 수 있다.

ⓑ 해당업체와 관련된 이미지만 대표이미지로 가능하며, 익스테리어나 인테리어 사진이 적절하다.

ⓒ 대표이미지로 등록되길 원하는 사진을 라디오버튼으로 선택해야 한다.

ⓓ 대표이미지 성격에 맞지 않으면 심사과정에서 임의로 삭제되거나 이동될 수 있다.

ⓔ 원본이미지의 해상도가 160(가로)×125(세로) 이하이거나 해상도가 떨어질 경우, 등록되지 않을 수 있다.

④ 찾아가는길

ⓐ 가까운 지하철역이 있는 경우, 지하철역을 기준으로 작성해야 한다.

　　예 지하철역 3호선 양재역 3번출구에서 서초구청 방면으로 도보 1분거리에 위치

ⓑ 홈페이지 내 약도, 찾아가는길 등 설명이 있는 페이지가 있다면 해당 페이지 URL을 입력해야 한다.

ⓒ 찾아가는길과 관련없는 내용일 경우 심사과정에서 편집되거나 삭제될 수 있다.

ⓓ Html 태그를 이용하거나, 특수문자(단, /.%,~,& 는 제외)들이 포함된 경우 혹은 광고성문구 등은 심사과정에서 수정/삭제될 수 있다.

⑤ 부가정보

ⓐ 회사 혹은 업체의 상세한 소개말이나, 상품정보 등 사업관련내용을 추가로 기입해야 한다.

ⓑ Html 태그를 이용하거나, 특수문자(단, /, %,~,& 는 제외)들이 포함된 경우 혹은 광고성 문구 등은 심사과정에서 수정/삭제될 수 있다.

⑥ 1인당 가격정보

ⓐ 1인당 부담하는 예상평균가격을 스크롤박스에서 선택해야 한다.

ⓑ 스크롤박스에 없는 가격대정보는 임의로 입력할 수 없다.

⑦ 메뉴 & 상품소개

ⓐ 상품명은 구체적인 이름 혹은 메뉴명으로 기입해야 한다.

ⓑ 해당 상품 혹은 메뉴의 이미지가 있는 경우 찾아보기를 통해 이미지를 등록해야 한다.(JPG, GIF 파일형태만 가능)

ⓒ 상품가격은 원단위이며, 콤마(,)없이 숫자만 기입해야 한다.

ⓓ 상품설명은 해당 제품에 대한 상세설명이 필요한 경우에만 텍스트로 기입해야 한다.

ⓜ 상품설명에 특수문자(단, /,%,~,& 는 제외)가 포함되거나, 성격에 맞지 않는 내용은 심사과정에서 수정/삭제될 수 있다.

ⓗ 2개 이상의 메뉴 등록을 원할 경우, 메뉴추가 버튼을 클릭하면 추가등록이 가능하다.

ⓢ 동일한 상품명이나 사이즈가 달라 가격정보가 다른 메뉴를 2개 이상 등록할 경우에는 메뉴추가를 하여 따로 등록해야 한다.

▼ 카카오 심사가이드

SEARCH ADVERTISING MARKETERS

1 집행기준

(1) 집행기준

① 광고주의 사이 및 광고주가 제작한 광고 소재를 검토하여 'Kakao 키워드광고 심사정책'에 맞지 않을 경우 수정을 요청할 수 있으며, 당사 정책에 따라 특정 광고주의 가입 요청 또는 특정 광고물의 게재 요청을 거절할 수 있다.

② 법정사전심의 대상인 광고는 해당기관의 사전심의를 받은 경우에만 광고집행이 가능하다.

③ 사회적인 이슈가 될 가능성이 있거나 이용자의 항의가 심할 경우, 집행 중인 광고라도 수정을 요청하거나 중단할 수 있다.

④ 원칙적으로 한글과 영어로 구성된 사이트만 광고할 수 있으며, 그 외의 언어로 구성된 사이트는 광고가 제한될 수 있다.

⑤ 카카오는 'Kakao 키워드광고 심사정책'에 따라 광고주, 광고 소재, 연결화면, 연결화면 자체의 유효성, 적합성, 연관성 등을 검수하고, 위배되는 내용이 있을 시에는 광고의 게재를 거부하거나 광고를 수정요청할 수 있다.

⑥ 카카오에서 제공하는 개별 서비스의 운영원칙/약관에 따라 특정 광고주의 가입 또는 특정 광고물의 게재가 제한될 수 있다.

(2) 광고심사

① 심사 대상

　㉠ 광고주가 등록한 비즈채널 사이트에 대한 심사를 진행한다.

　㉡ 광고주가 등록한 키워드, 광고 소재 및 랜딩URL을 통해 연결되는 화면에 대한 적합성 여부를 심사한다.

　㉢ 연결화면에서의 여러 행위들이 정상적으로 작동하고 있는지 여부를 심사한다.

② 심사 프로세스

　㉠ 광고심사는 광고주가 등록한 사이트와 키워드, 광고 소재가 Kakao 키워드광고 심사정책에 따라 노출이 가능한지 심사하는 과정이다.

ⓛ 입력한 정보와 실제 정보의 일치 여부, 업종별 서류 확인, 업종 확인, 사이트 판단, 기타 여러 운영정책에서 정하는 바를 심사하여 광고 가능 여부를 판단한다.

ⓒ 카카오는 등록한 키워드 및 광고 소재와 랜딩URL의 연관성, Kakao 키워드광고 심사정책의 부합 여부, 완성도, 기타 여러 운영정책에서 정하는 바를 심사하여 광고노출 여부를 판단한다.

ⓔ 심사는 광고의 최초 등록 시 및 광고 소재 수정 시 실시되며, 심사승인 이후에도 Kakao 키워드광고 심사정책 및 개별 서비스 운영원칙/약관에 따라 광고노출이 보류, 중단될 수 있다.

(3) 광고 금지 행위

① 다음 금지 행위가 확인되는 경우 당사 정책 및 기준, Kakao 키워드광고 심사정책 위반 여부와 상관 없이 광고에 대하여 임의 수정, 취소, 중단 등의 조치를 취할 수 있다.

　　ⓐ 카카오에서 제공하는 방식이 아닌, 다른 방식으로 서비스에 접속하여 이용하는 행위

　　ⓑ 노출/클릭과 같이 광고의 성과를 변경하거나 부정하게 생성시키는 경우

　　ⓒ 회사의 이익에 반하는 광고 등을 노출하여, 회사에 피해를 발생시키는 경우

　　ⓓ '카카오 키워드광고 심사정책', 개별 서비스 운영 원칙/약관, 관계 법령을 빈번하고 상습적으로 위반하는 경우

　　ⓔ 카카오의 정당한 광고수정 등에 응하지 않는 경우

　　ⓕ 고의적으로 Kakao 키워드광고 심사정책, 개별 서비스 운영원칙/약관, 관계 법령을 악용하는 경우

　　ⓖ 기타 카카오가 판단함에 있어 서비스의 이용을 방해하는 경우

② ①항의 내용이 확인되어 광고주의 이용 자격이 제한되는 경우 면책을 주장할 수 없으며, 집행된 기간에 상응한 환불, 보상 또는 광고기간의 제공을 요구할 수 없다.

2 키워드광고 서비스 보호

(1) 카카오 서비스 및 디자인 모방/침해 금지

① 카카오 서비스의 이미지를 손상시킬 수 있는 내용의 경우 광고집행이 불가하다.

② 카카오의 로고, 상표, 서비스명, 저작물 등을 무단으로 사용하는 경우 광고집행이 불가하다. (단, 카카오와 사전협의 후 사용한 경우에는 광고집행이 가능하다.)

③ 광고가 아닌 카카오 서비스 내용으로 오인될 가능성이 높은 내용은 광고집행이 불가하다.

(2) 업무방해

① 본인 또는 제3자를 광고하기 위해 카카오의 이용약관, 개별 서비스의 운영원칙/약관 등에 위반하는 행위를 하거나 이를 유도하는 경우에는 광고집행이 불가하다.

② 관련 법령, 카카오의 이용약관, 개별 서비스의 운영원칙/약관 등을 위반하여 카카오 서비스에 부당하게 영향을 주는 행위를 하거나 이를 유도하는 사이트는 광고집행이 불가하다.

3 인터넷/모바일 이용자의 사용성

(1) 인터넷/모바일 이용자 방해(광고집행이 불가)

① 이용자의 의도와 상관없이 사용자의 환경을 변화시키는 경우

② 사이트 또는 어플이 정상적으로 종료가 되지 않은 경우

③ 사이트를 종료하면 다른 인터넷 사이트로 연결하는 경우

④ 사이트 접속 시 Active X 등 기타 프로그램 유포를 통하여 팝업 광고 및 사이트로 연결되는 경우

⑤ 스파이웨어를 통한 개인정보의 수집, 사용자 디바이스에 대한 임의의 행위를 일으키는 경우

⑥ 사이트로부터 본래의 인터넷 사이트로 되돌아가기를 차단하는 경우

⑦ 특정 컴퓨터 또는 모바일 디바이스 환경에서(특정 프로그램을 설치해야)만 그 내용을 확인할 수 있는 경우

⑧ 인터넷 이용자의 동의 없이 바로가기를 생성하는 경우

⑨ 시각적 피로감을 유발할 수 있는 과도한 떨림 또는 점멸효과를 포함하는 경우

⑩ 시스템 또는 네트워크 문제나 오류가 있는 것처럼 표현한 경우

⑪ 과도한 트릭으로 인터넷 이용자가 혼란을 일으킬 수 있는 경우

⑫ 클릭을 유발하기 위한 허위 문구 및 기능을 사용하는 경우(마우스포인트, 사운드/플레이 제어 버튼 등)

⑬ 카카오 서비스의 접속 등 통상적인 서비스 이용을 방해하는 경우

⑭ 이용자의 개인정보를 강제로 수집하는 경우

(2) 인터넷/모바일 이용자 피해(광고집행 불가)

① 사이트의 관리/운영자와 연락이 되지 않는 등 상당한 기간 동안 정상적으로 운영되지 않는 사이트

② 신용카드 결제나 구매 안전 서비스에 의한 결제가 가능함에도 현금 결제만 유도/권유하는 사이트

③ 상당한 기간 내에 상품/서비스를 제공하지 않거나, 정당한 이유 없이 환불을 해주지 않는 사이트

④ 국가기관이나 한국소비자원, 서울특별시 전자상거래센터 및 이에 준하는 기관과 언론사에서 이용자에게 피해를 유발하고 있다고 판단하거나 보도한 사이트

  ㉠ 공정거래위원회 민원 다발 쇼핑몰 공개

  ㉡ 서울시 전자상거래센터 사기 사이트 공지/보도

⑤ 카카오 이용자로부터 피해 신고가 다수 접수된 업체 및 사이트

4 현행법 및 윤리 기준 준수

(1) 윤리기준

카카오 이용자가 제품이나 서비스에 대한 올바른 정보를 제공받지 못하여 합리적인 구매 행위를 하지 못할 뿐만 아니라, 구매 행위를 하지 않더라도 광고 자체의 내용을 잘못 받아들일 가능성이 있는 표현이 확인되는 경우 광고집행이 불가하다.

① [표시 · 광고의 공정화에 관한 법률] 제3조 및 동법 시행령 제3조에 따라 공정한 거래 질서를 해칠 우려가 있는 광고는 광고집행이 불가하다.

② Kakao 키워드광고 심사정책은 한국온라인광고협회의 [인터넷광고심의규정] 제6조에 따라 인간의 생명, 존엄성 및 문화의 존중을 위한 온라인광고 자율권고 규정을 준수하며 이를 위반하는 경우 광고집행이 불가하다.

③ 다음에 해당하는 콘텐츠/상품/서비스가 비즈채널, 광고 소재 또는 연결화면에서 확인되는 경우 광고집행이 불가하다.

(2) 현행법 및 주요 권고 사항

① 카카오 서비스 이용자의 안전과 정서를 해치는 광고로서 현행 법령에 위배되는 내용은 광고집행이 불가하다.

② 광고 사이트 및 실제로 판매하는 제품, 제공되는 서비스는 관련된 모든 법률과 규정을 준수해야 한다.

③ 정부기관 및 이에 준하는 협회/단체의 주요 권고사항에 의거하여 특정 광고를 제한할 수 있다.

④ 소송 등 재판에 계류 중인 사건 또는 국가기관에 의한 분쟁조정이 진행 중인 사건에 대한 일방적 주장이나 의견은 광고집행이 불가하다.

(3) 선정/음란 광고

① 과도한 신체의 노출이나 성적 수치심을 불러일으킬 수 있는 음란/선정적인 내용은 광고집행이 불가하다.

② 강간 등 성폭력 행위를 묘사하는 내용은 광고집행이 불가하다.

(4) 폭력/혐오/공포/비속 광고

① 과도한 폭력이나 공포스러운 표현을 통해 지나친 불안감을 조성할 수 있는 내용은 광고집행이 불가하다.

② 폭력, 범죄, 반사회적 행동을 조장하는 내용은 광고집행이 불가하다.

③ 혐오감을 불러 일으킬 수 있는 내용은 광고집행이 불가하다. (예 오물, 수술장면, 신체 부위 일부를 확대하는 경우 등)

④ 과도한 욕설, 비속어 및 저속한 언어를 사용하여 불쾌감을 주는 내용은 광고집행이 불가하다.

(5) 허위/과장 광고

① '허위/과장 광고'란 광고하는 내용과 제품, 서비스의 실제 내용이 다르거나 사실을 지나치게 부풀림으로써 소비자의 합리적인 선택을 방해하는 광고를 의미한다.

② 허위의 사실로서 사회적 혼란을 야기할 수 있는 내용은 광고집행이 불가하다.

③ 거짓되거나 확인되지 않은 내용을 사실인 것처럼 표현하는 내용은 광고집행이 불가하다.

④ 중요한 정보를 생략하거나, 부분적인 사실을 강조하여 사람들을 잘못 오인하게 할 수 있는 내용은 광고집행이 불가하다.

⑤ 광고주 및 캠페인 목적과 관련성이 낮은 내용을 통해 이용자를 유인하는 경우는 광고집행이 불가하다.

⑥ 인터넷 이용자가 실제 발생한 사실로 오인할 수 있도록 하는 표현은 광고집행이 불가하다.

(6) 기만적인 광고

① '기만적인 광고'란 소비자에게 알려야 하는 중요한 사실이나 정보를 은폐, 축소하는 등의 방법으로 표현하는 광고를 의미한다.

② 소비자가 반드시 알아야 할 정보 등 소비자의 구매 선택에 있어 중요한 사항에 관한 정보의 전부 또는 일부에 대하여, 소비자가 인식하지 못하도록 표기하거나, 아예 누락하여 표기하지 않은 경우 광고집행이 불가하다.

③ 소비자가 반드시 알아야 할 정보를 은폐 또는 누락하지 않고 표시하였으나 지나치게 생략된 설명

을 제공하는 방법으로 표시한 경우 광고집행이 불가하다.

④ 광고 내용이 사실과 다르거나, 이벤트가 종료된 후에도 계속해서 집행하는 경우는 허용되지 않다.

(7) 부당한 비교 광고

① '부당한 비교광고'란 비교 대상 및 기준을 명시하지 아니하거나 객관적인 근거 없이 자신 또는 자신의 상품, 용역을 다른 사업자(사업자 단체, 다른 사업자 등 포함)의 상품 등과 비교하여 우량 또는 유리하다고 표현하는 광고를 의미한다.

② 비교 표시 광고의 심사기준은 공정거래위원회 예규 제153호를 기준으로 심사하며, 해당 기준에 위배되는 경우 광고집행이 불가하다.

(8) 비방 광고

① '비방 광고'란 다른 사업자, 사업자 단체 또는 다른 사업자 등의 상품/용역에 관하여 객관적인 근거가 없는 내용으로 광고하거나, 불리한 사실만을 광고하여 비방하는 것을 의미한다.

② 사실유무와 관계없이 다른 업체의 제품을 비방하거나, 비방하는 것으로 의심되는 경우 광고집행이 불가하다.

(9) 추천/보증 광고

① 추천 · 보증 등을 포함하는 콘텐츠 사용하는 경우 공정거래위원회의 「추천 · 보증 등에 관한 표시 · 광고 심사지침」을 반드시 준수해야 한다.

② 추천 · 보증 등의 내용이 '경험적 사실'에 근거한 경우에는 당해 추천 · 보증인이 실제로 경험한 사실에 근거해야 한다.

③ 광고주와 추천 · 보증인 사이의 경제적 이해관계가 있는 경우 이를 명확하게 표시해야 한다.

④ 표시 문구(추천 · 보증 광고 표시, 광고주와의 고용 관계 및 경제적 이해 관계 표시)를 적절한 문자 크기, 색상 등을 사용하여 소비자들이 쉽게 인식할 수 있는 형태로 표현해야 한다.

⑤ 이외 내용은 '공정거래위원회'의 「추천 · 보증 등에 관한 표시 · 광고 심사지침」을 따른다.

(10) 타인 권리 침해

① 개인정보 유포 등 사생활의 비밀과 자유를 침해할 우려가 있는 내용은 광고할 수 없다.

② 지적 재산권(특허권/실용신안권/디자인권/상표권/저작권 등) 및 초상권 등 타인의 권리를 침해하는 경우 광고집행이 불가하다.

③ 다음의 경우 타인의 권리를 침해하는 광고로 판단한다.

　　　㉠ 해당 연예인과의 계약관계 또는 동의 없이 사진 또는 성명 등을 사이트 또는 광고 소재에 사용하는 경우

　　　㉡ 저작권자와의 계약관계 또는 동의 없이 방송, 영화 등 저작물의 캡쳐 이미지를 사이트 또는 광고소재에 사용하는 경우

　　　㉢ 저작물 콘텐츠의 무단 복제 및 컴퓨터 프로그램의 크랙(Crack) 등을 제공하거나 판매하는 경우

　　　㉣ 이용자의 행위 없이 자동으로 게임을 실행할 수 있도록 도와주는 오토마우스(오토플레이) 프로그램을 판매하거나 관련 정보를 공유하는 경우

　　　㉤ 위조상품(이미테이션)을 판매하는 경우

　　　㉥ 기타 타인의 권리를 침해하는 경우

　④ 화폐 도안을 무단으로 사용하는 행위는 [저작권법]에 의해 금지되며, 광고에 무단으로 사용될 경우에는 광고집행이 불가하다.

(11) 이용자(소비자)가 오인할 수 있는 표현

　① 성분, 재료, 함량, 규격, 효능 등에 있어 오인하게 하거나 기만하는 내용

　② 부분적으로 사실이지만 전체적으로 인터넷 이용자가 오인할 우려가 있는 내용

　③ 객관적으로 인정받지 못하거나 확인할 수 없는 최상급의 표현

　④ 난해한 전문용어 등을 사용하여 인터넷 이용자를 현혹하는 표현

　⑤ 제조국가 등에 있어서 인터넷 이용자가 오인할 우려가 있는 표현

(12) 보편적 사회정서 침해

　① 인간의 생명 및 존엄성을 경시하는 내용은 광고집행이 불가하다.

　② 공중도덕과 사회윤리에 위배되는 내용은 광고집행이 불가하다.

　③ 국가, 국기 또는 문화유적 등과 같은 공적 상징물을 부적절하게 사용하거나 모독하는 표현은 광고집행이 불가하다.

　④ 도박, 또는 지나친 사행심을 조장하는 내용은 광고집행이 불가하다.

　⑤ 미신숭배 등 비과학적인 생활 태도를 조장하거나 정당화하는 내용은 광고집행이 불가하다.

　⑥ 의학 또는 과학적으로 검증되지 않은 건강비법 또는 심령술은 광고집행이 불가하다.

　⑦ 성별/종교/장애/연령/사회신분/지역/직업 등을 차별하거나 이에 대한 편견을 조장하는 내용은 광고집행이 불가하다.

　⑧ 자살을 목적으로 하거나 이를 미화/방조하여 자살 충동을 일으킬 우려가 있는 내용은 광고집행이 불가하다.

　⑨ 범죄, 범죄인 또는 범죄단체 등을 미화하는 내용은 광고집행이 불가하다.

⑩ 용모 등 신체적 결함 및 약점 등을 조롱 또는 희화화하는 내용은 광고집행이 불가하다.

⑪ 다른 민족이나 다른 문화 등을 모독하거나 조롱하는 내용은 광고집행이 불가하다.

⑫ 사회 통념상 용납될 수 없는 과도한 비속어, 은어 등이 사용된 내용은 광고집행이 불가하다.

⑬ 저속/음란/선정적인 표현이 포함되거나 신체 부위를 언급하는 방법 등으로 성적 충동을 유발할 수 있는 내용은 광고집행이 불가하다.

⑭ 기타 보편적 사회정서를 침해하거나 사회적 혼란을 야기할 우려가 있는 내용은 광고집행이 불가하다.

(13) 청소년 보호

① [청소년 보호법]에 따라 '청소년 유해 매체물' 및 '청소년 유해 약물'로 고시된 사이트, 매체물은 청소년 유해 매체물의 표시방법 및 청소년접근제한조치(성인인증 절차)에 따라 연령 확인을 통하여 미성년자가 구매할 수 없어야 한다.

　㉠ 청소년유해매체물이란 여성가족부가 청소년에게 유해한 것으로 결정하여 고시한 사이트 및 매체물을 뜻한다. (청소년 보호법 제7조 및 제9조)

　㉡ 청소년 유해 매체물로 고시되지 않았다 하더라도 해당 사이트 접근 시 청소년접근제한조치(연령 확인 및 청소년 이용 불가 표시)가 확인되는 경우 청소년 유해 매체물로 판단하여 본 기준을 적용한다.

② 청소년 유해 매체물의 표시방법(방송통신위원회 고시 제2015-17호 참조)

　㉠ 청소년 유해 문구

　　• 정보통신망 이용촉진 및 정보보호 등에 관한 법률 및 청소년 보호법에 따라 19세 미만의 청소년이 이용할 수 없다.

　㉡ 청소년 유해로고

　　• 컬러 매체의 경우 적색 테두리의 원형 마크 안에 '19'라는 숫자를 백색 바탕에 흑색으로 표시

　　• 흑백 매체의 경우 흑색이 아닌 바탕에 흑색 테두리의 원형 마크 안에 '19'라는 숫자를 흑색으로 표시

③ 유해 로고와 유해 문구는 화면 전체의 1/3 이상의 크기로 상단에 표시해야 한다.

④ 일반 사이트로 연결되는 19세 미만 나가기 기능을 구비해야 한다.

⑤ 청소년 보호법 제17조 규정에 의한 상대방 연령 및 본인 여부 확인 기능을 구비해야 한다.

🔍 참고 브랜드검색광고 집행기준 및 제한사항

① 집행기준

㉠ 관련 법령 및 '브랜드검색 검수기준'에 부합하는 사이트만 광고할 수 있다.

㉡ kakao 브랜드검색 플랫폼의 광고주 정보와 광고 사이트 내 사업자 정보간 연관성이 확인되어야 한다.

㉢ 사이트는 등록 키워드와 광고 소재 관련 콘텐츠를 명확하게 반영해야 한다.

㉣ 광고 게재 이후라도 사이트 등록 기준 등에 부합하지 않을 경우, 게재중인 광고가 중단될 수 있다.

㉤ 이 외, 카카오가 규정한 현행법 및 윤리 기준 준수 위반 시 광고 불가하다.

② 등록불가 업종

㉠ 담배 및 주류 관련 업종 (순수 공익적 캠페인가능)

㉡ 도박, 카지노, 경마, 경륜, 경정, 카지노 등 기타 사행 행위 관련 업종

㉢ 채팅 및 미팅, 저작권 이슈가 있는 파일다운로드 사이트

㉣ 종료 관련 업종 (종교관련 물품 판매 및 행사고지 광고 집행 가능)

㉤ '청소년유해매체물' 또는 카카오가 청소년에게 유해하다 판단하는 콘텐츠 포함 업종(예 게임 아이템 거래사이트, 성인용품 관련 업종 등)

㉥ 다단계 관련 업종

㉦ 상기 사이트 외에도 내부 검토 등을 통해 브랜드 검색 광고에 부적합하다고 판단되는 경우 집행 불가

③ 등록불가 사이트

㉠ 접속되지 않거나 정상적으로 서비스되지 않는 사이트

㉡ 미완성 페이지 또는 정상적인 페이지라고 판단하기 어려운 사이트

㉢ 청소년 유해매체물 또는 카카오(주)가 청소년에게 유해하다 판단하는 콘텐츠가 확인되는 사이트

㉣ 현행 법령 등 위반 업체 사이트 및 현행 법령 위반 콘텐츠가 확인되는 사이트

㉤ 등록불가 업종 관련 콘텐츠가 확인되는 사이트

㉥ 기타 카카오(주)의 '검수기준'에 부합하지 않는 사이트

㉦ 상기 사이트 외에도 카카오(주)의 내부 검토 등을 통해 브랜드 검색 광고에 부적합하다고 판단되는 경우 집행 불가

④ 심사 검토

㉠ 브랜드검색광고를 통해 등록된 광고 소재는 모두 사전 심사를 거쳐야 하며, 심사를 받지 않은 소재는 노출이 불가하다.

㉡ 소재심사에서는 광고대상, 키워드, 소재를 구성하는 모든 요소(링크URL, 이미지, 텍스트 등) 브랜드검색 광고 심사가이드에 적합한지를 확인한다.

㉢ 소재 등록 후 심사 승인 까지 보통 영업일 기준 최대 2일 정도 소요되며, 카카오 내부 기준에 따라 광고 집행이 제한될 수 있다.

㉣ 소재 또는 키워드 검토가 진행되려면 광고대상 상태가 '운영중'이 되어야 심사가 진행된다.

▼ 개인정보보호법

제1조(목적)

이 법은 개인정보의 처리 및 보호에 관한 사항을 정함으로써 개인의 자유와 권리를 보호하고, 나아가 개인의 존엄과 가치를 구현함을 목적으로 한다.

제2조(정의)

① "개인정보"란 살아 있는 개인에 관한 정보

② "가명처리"란 개인정보의 일부를 삭제하거나 일부 또는 전부를 대체하는 등의 방법으로 추가 정보가 없이는 특정 개인을 알아볼 수 없도록 처리하는 것

③ "처리"란 개인정보의 수집, 생성, 연계, 연동, 기록, 저장, 보유, 가공, 편집, 검색, 출력, 정정(訂正), 복구, 이용, 제공, 공개, 파기(破棄), 그 밖에 이와 유사한 행위

④ "정보주체"란 처리되는 정보에 의하여 알아볼 수 있는 사람으로서 그 정보의 주체가 되는 사람

⑤ "개인정보파일"이란 개인정보를 쉽게 검색할 수 있도록 일정한 규칙에 따라 체계적으로 배열하거나 구성한 개인정보의 집합물

⑥ "개인정보처리자"란 업무를 목적으로 개인정보파일을 운용하기 위하여 스스로 또는 다른 사람을 통하여 개인정보를 처리하는 공공기관, 법인, 단체 및 개인

⑦ "영상정보처리기기"란 일정한 공간에 지속적으로 설치되어 사람 또는 사물의 영상 등을 촬영하거나 이를 유 · 무선망을 통하여 전송하는 장치

⑧ "과학적 연구"란 기술의 개발과 실증, 기초연구, 응용연구 및 민간 투자 연구 등 과학적 방법을 적용하는 연구

제3조(개인정보 보호 원칙)

① 개인정보처리자는 개인정보의 처리 목적을 명확하게 하여야 하고 그 목적에 필요한 범위에서 최소한의 개인정보만을 적법하고 정당하게 수집하여야 한다.

② 개인정보처리자는 개인정보의 처리 목적에 필요한 범위에서 적합하게 개인정보를 처리하여야 하며, 그 목적 외의 용도로 활용하여서는 아니 된다.

③ 개인정보처리자는 개인정보의 처리 목적에 필요한 범위에서 개인정보의 정확성, 완전성 및 최신성이 보장되도록 하여야 한다.

④ 개인정보처리자는 개인정보의 처리 방법 및 종류 등에 따라 정보주체의 권리가 침해받을 가능성과 그 위험 정도를 고려하여 개인정보를 안전하게 관리하여야 한다.

⑤ 개인정보처리자는 개인정보 처리방침 등 개인정보의 처리에 관한 사항을 공개하여야 하며, 열람청구권 등 정보주체의 권리를 보장하여야 한다.

⑥ 개인정보처리자는 정보주체의 사생활 침해를 최소화하는 방법으로 개인정보를 처리하여야 한다.

⑦ 개인정보처리자는 개인정보를 익명 또는 가명으로 처리하여도 개인정보 수집목적을 달성할 수 있는 경우 익명처리가 가능한 경우에는 익명에 의하여, 익명처리로 목적을 달성할 수 없는 경우에는 가명에 의하여 처리될 수 있도록 하여야 한다.

⑧ 개인정보처리자는 이 법 및 관계 법령에서 규정하고 있는 책임과 의무를 준수하고 실천함으로써 정보주체의 신뢰를 얻기 위하여 노력하여야 한다.

제4조(정보주체의 권리)

정보주체는 자신의 개인정보 처리와 관련하여 아래의 권리를 가진다.

① 개인정보의 처리에 관한 정보를 제공받을 권리

② 개인정보의 처리에 관한 동의 여부, 동의 범위 등을 선택하고 결정할 권리

③ 개인정보의 처리 여부를 확인하고 개인정보에 대하여 열람을 요구할 권리

④ 개인정보의 처리 정지, 정정·삭제 및 파기를 요구할 권리

⑤ 개인정보의 처리로 인하여 발생한 피해를 신속하고 공정한 절차에 따라 구제받을 권리

제7조의8(보호위원회의 소관 사무)

① 개인정보의 보호와 관련된 법령의 개선에 관한 사항

② 개인정보 보호와 관련된 정책·제도·계획 수립·집행에 관한 사항

③ 정보주체의 권리침해에 대한 조사 및 이에 따른 처분에 관한 사항

④ 개인정보의 처리와 관련한 고충처리·권리구제 및 개인정보에 관한 분쟁의 조정

⑤ 개인정보 보호를 위한 국제기구 및 외국의 개인정보 보호기구와의 교류·협력

⑥ 개인정보 보호에 관한 법령·정책·제도·실태 등의 조사·연구, 교육 및 홍보에 관한 사항

⑦ 개인정보 보호에 관한 기술개발의 지원·보급 및 전문 인력의 양성에 관한 사항

⑧ 이 법 및 다른 법령에 따라 보호위원회의 사무로 규정된 사항

제7조의9(보호위원회의 심의·의결 사항 등)

① 개인정보 침해요인 평가에 관한 사항

부록

② 기본계획 및 시행계획에 관한 사항

③ 개인정보 보호와 관련된 정책, 제도 및 법령의 개선에 관한 사항

④ 개인정보의 처리에 관한 공공기관 간의 의견조정에 관한 사항

⑤ 개인정보 보호에 관한 법령의 해석 · 운용에 관한 사항

⑥ 개인정보의 이용 · 제공에 관한 사항

⑦ 영향평가 결과에 관한 사항

⑧ 과징금 부과에 관한 사항

⑨ 의견제시 및 개선권고에 관한 사항

⑩ 시정조치 등에 관한 사항

⑪ 고발 및 징계권고에 관한 사항

⑫ 처리 결과의 공표에 관한 사항

⑬ 과태료 부과에 관한 사항

⑭ 소관 법령 및 보호위원회 규칙의 제정 · 개정 및 폐지에 관한 사항

⑮ 개인정보 보호와 관련하여 보호위원회의 위원장 또는 위원 2명 이상이 회의에 부치는 사항

⑯ 그 밖에 이 법 또는 다른 법령에 따라 보호위원회가 심의 · 의결하는 사항

제7조의11(위원의 제척 · 기피 · 회피)

① 위원 또는 그 배우자나 배우자였던 자가 해당 사안의 당사자가 되거나 그 사건에 관하여 공동의 권리자 또는 의무자의 관계에 있는 경우

② 위원이 해당 사안의 당사자와 친족이거나 친족이었던 경우

③ 위원이 해당 사안에 관하여 증언, 감정, 법률자문을 한 경우

④ 위원이 해당 사안에 관하여 당사자의 대리인으로서 관여하거나 관여하였던 경우

⑤ 위원이나 위원이 속한 공공기관 · 법인 또는 단체 등이 조언 등 지원을 하고 있는 자와 이해관계가 있는 경우

제7조의12(소위원회)

① 보호위원회는 효율적인 업무 수행을 위하여 개인정보 침해 정도가 경미하거나 유사 · 반복되는 사항 등을 심의 · 의결할 소위원회를 둘 수 있다.

② 소위원회는 3명의 위원으로 구성한다.

③ 소위원회가 심의 · 의결한 것은 보호위원회가 심의 · 의결한 것으로 본다.

④ 소위원회의 회의는 구성위원 전원의 출석과 출석위원 전원의 찬성으로 의결한다.

제9조(기본계획 포함 사항)

① 개인정보 보호의 기본목표와 추진방향

② 개인정보 보호와 관련된 제도 및 법령의 개선

③ 개인정보 침해 방지를 위한 대책

④ 개인정보 보호 자율규제의 활성화

⑤ 개인정보 보호 교육 · 홍보의 활성화

⑥ 개인정보 보호를 위한 전문 인력의 양성

⑦ 그 밖에 개인정보 보호를 위하여 필요한 사항

제13조(자율규제의 촉진 및 지원하기 위해 필요한 사항)

① 개인정보 보호에 관한 교육 · 홍보

② 개인정보 보호와 관련된 기관 · 단체의 육성 및 지원

③ 개인정보 보호 인증마크의 도입 · 시행 지원

④ 개인정보처리자의 자율적인 규약의 제정 · 시행 지원

⑤ 그 밖에 개인정보처리자의 자율적 개인정보 보호활동을 지원하기 위하여 필요한 사항

제15조(개인정보의 수집 · 이용)

① 정보주체의 동의를 받은 경우

② 법률에 특별한 규정이 있거나 법령상 의무를 준수하기 위하여 불가피한 경우

③ 공공기관이 법령 등에서 정하는 소관 업무의 수행을 위하여 불가피한 경우

④ 정보주체와의 계약의 체결 및 이행을 위하여 불가피하게 필요한 경우

⑤ 정보주체 또는 그 법정대리인이 의사표시를 할 수 없는 상태에 있거나 주소불명 등으로 사전 동의를 받을 수 없는 경우로서 명백히 정보주체 또는 제3자의 급박한 생명, 신체, 재산의 이익을 위하여 필요하다고 인정되는 경우

⑥ 개인정보처리자의 정당한 이익을 달성하기 위하여 필요한 경우로서 명백하게 정보주체의 권리보다 우선하는 경우. 이 경우 개인정보처리자의 정당한 이익과 상당한 관련이 있고 합리적인 범위를 초과하지 아니하는 경우에 한한다.

제21조(개인정보의 파기)

① 개인정보처리자는 보유기간의 경과, 개인정보의 처리 목적 달성 등 그 개인정보가 불필요하게 되었을 때에는 지체 없이 그 개인정보를 파기하여야 한다. 다만, 다른 법령에 따라 보존하여야 하는

경우에는 그러하지 아니하다.

② 개인정보처리자가 개인정보를 파기할 때에는 복구 또는 재생되지 아니하도록 조치하여야 한다.

③ 개인정보처리자가 단서에 따라 개인정보를 파기하지 아니하고 보존하여야 하는 경우에는 해당 개인정보 또는 개인정보파일을 다른 개인정보와 분리하여서 저장·관리하여야 한다.

④ 개인정보의 파기방법 및 절차 등에 필요한 사항은 대통령령으로 정한다.

제25조(영상정보처리기기의 설치·운영 제한)

① 법령에서 구체적으로 허용하고 있는 경우

② 범죄의 예방 및 수사를 위하여 필요한 경우

③ 시설안전 및 화재 예방을 위하여 필요한 경우

④ 교통단속을 위하여 필요한 경우

⑤ 교통정보의 수집·분석 및 제공을 위하여 필요한 경우

● 개인정보 보호책임자의 수행 업무

① 개인정보 보호 계획의 수립 및 시행

② 개인정보 처리 실태 및 관행의 정기적인 조사 및 개선

③ 개인정보 처리와 관련한 불만의 처리 및 피해 구제

④ 개인정보 유출 및 오용·남용 방지를 위한 내부통제시스템의 구축

⑤ 개인정보 보호 교육 계획의 수립 및 시행

⑥ 개인정보파일의 보호 및 관리·감독

⑦ 그 밖에 개인정보의 적절한 처리를 위하여 대통령령으로 정한 업무

● 개인정보파일의 등록 및 공개

① 개인정보파일의 명칭

② 개인정보파일의 운영 근거 및 목적

③ 개인정보파일에 기록되는 개인정보의 항목

④ 개인정보의 처리방법

⑤ 개인정보의 보유기간

⑥ 개인정보를 통상적 또는 반복적으로 제공하는 경우에는 그 제공받는 자

⑦ 그 밖에 대통령령으로 정하는 사항

● **개인정보 유출 통지**

① 유출된 개인정보의 항목

② 유출된 시점과 그 경위

③ 유출로 인하여 발생할 수 있는 피해를 최소화하기 위하여 정보주체가 할 수 있는 방법 등에 관한 정보

④ 개인정보처리자의 대응조치 및 피해 구제절차

⑤ 정보주체에게 피해가 발생한 경우 신고 등을 접수할 수 있는 담당부서 및 연락처

● **개인정보의 정정 · 삭제**

① 자신의 개인정보를 열람한 정보주체는 개인정보처리자에게 그 개인정보의 정정 또는 삭제를 요구할 수 있다. 다만, 다른 법령에서 그 개인정보가 수집 대상으로 명시되어 있는 경우에는 그 삭제를 요구할 수 없다.

② 개인정보처리자는 정보주체의 요구를 받았을 때에는 개인정보의 정정 또는 삭제에 관하여 다른 법령에 특별한 절차가 규정되어 있는 경우를 제외하고는 지체 없이 그 개인정보를 조사하여 정보주체의 요구에 따라 정정 · 삭제 등 필요한 조치를 한 후 그 결과를 정보주체에게 알려야 한다.

③ 개인정보처리자가 개인정보를 삭제할 때에는 복구 또는 재생되지 아니하도록 조치하여야 한다.

④ 개인정보처리자는 정보주체의 요구가 해당될 때에는 지체 없이 그 내용을 정보주체에게 알려야 한다.

⑤ 개인정보처리자는 조사를 할 때 필요하면 해당 정보주체에게 정정 · 삭제 요구사항의 확인에 필요한 증거자료를 제출하게 할 수 있다.

⑥ 정정 또는 삭제 요구, 통지 방법 및 절차 등에 필요한 사항은 대통령령으로 정한다.

● **법원의 배상액 책정 시 고려사항**

① 고의 또는 손해 발생의 우려를 인식한 정도

② 위반행위로 인하여 입은 피해 규모

③ 위법행위로 인하여 개인정보처리자가 취득한 경제적 이익

④ 위반행위에 따른 벌금 및 과징금

⑤ 위반행위의 기간 · 횟수 등

⑥ 개인정보처리자의 재산상태

⑦ 개인정보처리자가 정보주체의 개인정보 분실 · 도난 · 유출 후 해당 개인정보를 회수하기 위하여 노력한 정도

⑧ 개인정보처리자가 정보주체의 피해구제를 위하여 노력한 정도

▼ 온라인 광고 용어

SEARCH ADVERTISING MARKETERS

● 가상계좌

㉠ 네이버 키워드광고 광고비를 입금할 수 있는 개인별 고정 계좌번호를 말한다.

㉡ 네이버 키워드광고 가입시 광고주가 주거래 은행을 선택하면 광고주만의 고유한 계좌번호가 발급되는데 이를 가상계좌라 한다. 가상계좌에 광고비를 입금하면, 입금 내용이 광고주의 계정에 실시간으로 반영되어 입금 확인 시간을 단축시키고, 광고주의 계좌번호 유출 위험이 없다.

● 전환

㉠ 전환이란, 광고를 클릭하고 사이트에 들어온 사용자가 구매, 회원가입, 장바구니 등 광고주가 원하는 특정행위를 하는 것을 말한다.

㉡ '직접전환'이란 사용자가 광고를 클릭하고 30분 이내에 전환을 일으킨 경우이며, '간접전환'이란 광고를 클릭한 동일한 사용자에게서 15일 이내에 전환이 일어난 경우를 의미한다.

● 검색광고

검색 사용자가 관심 분야에 대해 검색을 하면, 검색 결과에 광고를 노출해, 광고주의 웹 사이트로의 연결을 유도하는 광고방식. 이때 검색사용자가 검색한 '키워드'를 광고주가 등록해 놓아야 노출이 가능하다.

● 검색 네트워크

㉠ 클릭 초이스의 광고 노출 영역에는 검색 네트워크 영역과 콘텐츠 네트워크 영역이 있다.

㉡ 검색 네트워크는 파워링크, 비즈사이트, SE검색, 모바일 검색, 파트너사 사이트 등에서 검색 결과로 노출되는 클릭 초이스 광고 영역을 의미하며, 콘텐츠 네트워크는 지식in과 블로그 페이지에 해당 페이지의 콘텐츠와 연관도가 높은 광고들이 노출되는 클릭 초이스 광고 영역을 의미한다.

● 검색 탭 광고

㉠ 네이버 클릭 초이스 노출 영역 중 하나이다.

㉡ 통합검색 탭 이외의 블로그, 지식in, 사이트, 카페 탭 등의 검색결과 상단 영역에 노출되는 광고를 검색 탭 광고라 한다. 클릭 초이스 그룹별 노출 전략 설정 시 검색탭 광고 노출 여부를 선택할 수 있다.

● 검수

　㉠ 광고주가 광고를 신규로 등록하거나 기존 광고를 수정한 경우 광고물에 법적, 사회적 이슈가 없고, 네이버
　　광고등록기준에 부합한지 검토하고 수정하는 과정이다.

　㉡ 키워드와 광고문안, 콘텐츠의 연관도를 확인하고, 검색사용자의 검색의도에 부합하는지, 사이트는 적법한지
　　등을 확인한다.(키워드광고)

　㉢ 플래시 광고 제작물이 폭력성, 과장광고 여부 등의 사회적 기준이나 폰트, 이미지 등의 디자인 기준에 부합
　　하는지 확인하는 과정이다.(디스플레이)

● 게재

　㉠ 등록한 광고가 검수 과정을 통과하여 검색 결과에 노출되는 것이다.(키워드광고)

　㉡ 광고의 소재가 될 플래시 제작물을 광고 시스템에 등록하여 노출을 준비하는 과정이다.(디스플레이)

● 경쟁현황

　㉠ 해당 키워드를 광고에 등록한 광고주 수이다.

　㉡ 예를 들어, "해외여행" 키워드를 등록한 광고주가 4명이라면, 해외여행 키워드의 경쟁현황은 4이다.

● 계정

　㉠ 네이버 키워드광고 집행의 최상위 단위이다.

　㉡ 광고주의 사업자번호 또는 주민번호를 기준으로 생성된 집합을 이르며, 계정의 하위 단위로는 사이트, 그룹,
　　키워드가 있다.

● 광고노출제한

　㉠ 광고를 노출하고 싶지 않은 IP 주소를 관리하는 기능이다.

　㉡ 광고주센터 내 [계정정보 〉 정보관리 〉 광고노출제한관리]에서 설정할 수 있다.

　㉢ 임의의 IP를 등록해 놓으면, 해당 IP 주소를 가진 PC의 검색결과에는 광고주의 광고가 노출되지 않는다.

● 광고 더 보기

　㉠ 네이버 클릭 초이스 노출 영역 중 하나이다.

　㉡ 파워링크와 비즈사이트 영역에 보여지는 광고 외에 더 많은 광고를 보기 원하는 검색사용자가 광고 영역 하
　　단 '더보기'를 클릭하면, 노출 순위 밖의 광고를 볼 수 있다. 광고 더보기 페이지에는 사이트 이미지, 부가정
　　보와 함께 최대 50개의 광고를 추가 노출한다.

　㉢ 광고 더보기 영역에 광고 노출 여부는 [그룹 노출 전략 설정]에서 선택할 수 있다.

● **광고문구**

㉠ 검색 결과에 나타나는 광고 형식이다.

㉡ '제목Title'+'설명문구Description'+'부가정보'+'URL'를 의미하며, 일반적으로 'T&D', '광고소재', '광고문안', '리스팅'이라고도 불린다.

● **광고효과보고서**

㉠ 네이버 키워드 광고의 노출 수, 클릭 수, 전환수, 광고비용 등 광고 성과를 확인할 수 있는 리포트를 말한다.

㉡ 기본보고서로는 클릭 초이스, 타임 초이스, 브랜드검색 상품별로 최근 90일의 광고 성과를 확인할 수 있고 맞춤보고서로는 원하는 기간의 클릭 초이스와 타임 초이스의 계정, 사이트, 그룹, 키워드 성과를 원하는 형식으로 받아볼 수 있다.

● **구매전환율 CVR, Conversion Rate**

광고를 클릭한 후 실제 구매 또는 회원가입, 장바구니담기 등 광고주가 원하는 특정행위로 이어지는 비율을 말한다.

● **낙찰**

㉠ 입찰제 광고 상품을 구매하기 위해 광고주는 본인이 지불할 수 있는 금액 입찰가를 산정하여 입찰에 참여한다. 이때 입찰가가 높은 순으로 광고를 구매할 수 있는 권리가 주어지며, 입찰에 참여한 결과 광고를 구매할 수 있는 상태를 말한다.

㉡ 네이버 키워드광고 타임 초이스의 경우, 입찰에 참여한 광고주 중 최대입찰가가 높은 순으로 1위 – 5위의 광고주가 낙찰된다.

● **낙찰가**

㉠ 입찰에 참여한 광고가 낙찰되었을 때, 낙찰 광고주가 광고 노출에 대해 지불하는 비용을 말한다.

㉡ [키워드광고 타임 초이스] 입찰시 광고주가 입력하는 최대입찰가는 노출 순위를 결정하기 위한 값이며, 낙찰가는 '다음 순위 광고주의 입찰액+최소 입찰 조정 단위'이다.

  ⑩ 1위 낙찰자의 입찰가가 1만 원이고, 2위 낙찰가의 입찰가가 8천 원이라면, 1위 낙찰가는 8천 원(차순위 입찰가)+1백 원(1만 원/100, 최소입찰조정단위)인 8천 1백 원이 된다.

● **노출 Impression**

광고가 사용자에게 보여지는 것을 말한다.

● 노출권(지식쇼핑)

지식쇼핑 쇼핑캐스트 발행 시 발행된 캐스트를 네이버 메인에 노출하기 위한 권리를 말한다.

● 노출 수

광고가 노출된 횟수를 말한다.

● 대표키워드 Head Keyword

동일 업종의 키워드를 그룹으로 묶었을 때, 포괄적인 의미를 갖는 키워드 또는 상위 카테고리 상에 있는 키워드를 말한다.

● 디스플레이광고 Display Ads

㉠ 브랜딩을 목적으로 그래픽 이미지나 동영상 형태로 메시지를 전달하는 광고 방식으로 배너광고로도 불린다.
㉡ 네이버 디스플레이광고는 네이버 메인화면의 타임보드, 롤링보드 영역을 비롯해 네이버, 한게임, 쥬니버의 다양한 페이지에 노출된다.

● 로그분석

㉠ 사이트에 방문한 사용자의 행태에 대한 정보를 추출하고 분석하는 서비스를 말한다.
㉡ 방문자 수, 방문 경로, 웹 페이지별 방문 횟수, 시간별/요일별 방문 통계, 구매전환율 등의 다양한 정보를 얻을 수 있으며, '웹 로그분석'이라고도 불린다. 네이버 키워드광고를 이용하는 광고주는 [계정정보 〉 정보관리 〉 웹 로그분석]에서 기본적인 로그분석을 무료로 제공받을 수 있다.
㉢ 랜딩페이지(landing page) : 인터넷 사용자가 광고를 클릭하고 광고주의 사이트에 방문했을 때 최초로 보게 되는 웹페이지를 말한다.

● 럭키투데이(지식쇼핑)

㉠ 하루 한 가지 상품을 특가로 제공하는 지식쇼핑 서비스를 말한다.
㉡ 네이버 메인의 럭키투데이 탭, 지식쇼핑 메인페이지 등의 노출영역을 통해 독점적인 마케팅 활동이 가능하다.

● 리치미디어 광고(디스플레이)

㉠ 비디오, 오디오, 사진, 애니메이션 등을 혼합한 멀티미디어 형식의 광고를 말한다.
㉡ 기존의 단순한 형태의 배너광고 보다 풍부한(rich) 정보를 담을 수 있는 매체(media)라는 뜻을 지닌다.

ⓒ 광고에 마우스를 가져가면 이미지가 변하고, 오디오가 실행되는 등 사용자의 참여를 유도하고, 광고를 역동
  적으로 만드는 기법이다.

ⓔ 네이버 디스플레이 광고 상품 중 타임보드, 롤링보드 등이 있다.

● **모바일 광고(키워드광고)**

ⓐ 네이버 클릭 초이스 노출 영역 중 하나이다.

ⓑ 클릭 초이스 그룹 노출 전략 설정 시 "파워링크 모바일"의 노출을 선택하면 모바일 네이버(m.search.naver.
  com)의 검색 결과에 광고가 노출된다.

● **무효클릭(키워드광고)**

ⓐ 불법적인 시스템에 의한 클릭 및 특정형태의 클릭 패턴을 분석하여 필터링 된 클릭을 말한다.

ⓑ 네이버 클린 클릭 초이스 센터에서는 지속적인 모니터링을 통해 무료클릭을 필터링 하고 있다.

● **문안저장소(키워드광고)**

ⓐ 기존에 사용했던 광고 문안을 저장해 두었다가, 광고를 새로 등록/수정할 때 저장해둔 문안을 불러와서 사
  용할 수 있도록 도움을 주는 기능을 말한다.

ⓑ [광고관리 〉 문안관리 〉 클릭 초이스 문안관리]에서 확인할 수 있다.

● **발행권(지식쇼핑)**

캐스트를 발행하기 위한 권리로, 쇼핑캐스트 광고를 진행하기 위해서는 필수적으로 발행권을 구매해야 한다.

● **베스트셀러(지식쇼핑)**

ⓐ [랭킹 샵 〉 베스트셀러 〉 전문쇼핑몰]페이지에 상품을 노출하는 지식쇼핑 광고를 말한다.

ⓑ 베스트셀러 페이지는 네이버 메인의 다양한 경로를 통해 사용자가 유입된다는 특징이 있으며, 베스트셀러
  상품을 구입하면 지식쇼핑 메인 페이지와 베스트셀러 페이지에 상품을 노출할 수 있다.

● **변환키워드(키워드광고)**

ⓐ '변환 키워드'로 지정된 키워드는 자주 검색되는 오타키워드로, 해당 키워드를 검색 시 정타키워드로 자동
  변환되어 검색 결과가 나타난다.

ⓑ 변환키워드로 지정된 오타 키워드는 광고주센터 내에서 속성마크[T]를 함께 표시하고 있다.

ⓒ 변환키워드를 구매한 경우, 검색 사용자가 '오타키워드 검색결과 보기'를 클릭했을 때에만 광고가 노출된다.

● 브랜드검색

브랜드 키워드 또는 브랜드와 연관성 높은 키워드로 검색했을 때, 통합검색 결과 페이지의 최상단 영역에 해당 브랜드의 내용을 다양한 이미지와 함께 표현할 수 있는 콘텐츠형 검색광고 상품을 말한다.

● 브랜드키워드(키워드광고)

㉠ 브랜드검색 광고상품이 최상단에 반영될 수 있는 키워드를 말한다.
㉡ 키워드광고는 브랜드검색 상품 하단에 게재된다.

● 비즈사이트(키워드광고)

㉠ 파워링크와 플러스링크 하단에 노출되는 클릭 초이스 CPC 상품의 영역 중 하나이다.
㉡ 비즈사이트 영역에서는 제목과 설명문구 외에 부가정보를 노출할 수 있다.

● 비즈쿠폰(키워드광고)

㉠ 네이버 키워드광고 상품을 결제하는데 사용할 수 있는 쿠폰으로, 이벤트 당첨, 프로모션 등의 사유로 발급된다.
㉡ [계정정보 〉 비즈머니 〉 비즈쿠폰정보 〉 비즈쿠폰사용]에서 비즈머니로 전환하면 사용이 가능하다.

● 비즈머니(키워드광고)

㉠ 네이버 키워드광고 상품을 결제하는 데 사용할 수 있는 충전금을 말한다.
㉡ 모든 네이버 키워드광고 상품은 비즈머니로만 구매가 가능하다.

● 설명문구(키워드광고)

㉠ 광고하려는 상품 또는 서비스에 대한 45자 이내의 설명을 말한다.
㉡ 제목, URL과 함께 검색 결과에 노출되며, 사용자가 광고를 클릭하는데 영향을 미친다.

● 세부키워드 Tail Keyword

유사한 업종의 키워드를 그룹으로 묶었을 때, 하위 개념의 키워드 또는 대표 키워드의 확장 키워드를 말한다.
예 꽃무늬원피스, 베란다확장공사, 스케일링가격

● **쇼핑캐스트(지식쇼핑)**

　㉠ 지식쇼핑 상품 중 하나이다.

　㉡ 쇼핑몰이 기획전/쇼핑정보/물품구매와 관련한 링크를 조합하여 캐스트를 발행하는 광고 상품이다.

● **스마트입찰(키워드광고)**

　입찰관리 페이지에서 원하는 키워드를 선택하고, 희망 노출영역, 순위, 최대클릭비용을 입력하면 일괄적으로 입찰이 되는 일회성의 입찰 보조 기능이다.

● **시즈널 키워드(키워드광고)**

　특정 시기나 계절에 따라 조회 수와 광고 효과가 급상승하는 키워드이다.

● **애드포스트 Adpost**

　㉠ 블로그 운영자가 자신의 블로그에 광고를 게재하고 광고에서 발생한 수익의 일부를 배분받는 서비스이다.

　㉡ [클릭 초이스 광고관리 〉 그룹 전략]에서 블로그 광고 노출을 선택한 경우, 애드 포스트에 가입된 블로그에 광고가 노출될 수 있다.

● **연결 URL(키워드광고)**

　㉠ 광고를 클릭했을 때 도달하는 페이지의 URL이다.

　㉡ 광고 클릭 시 도달하는 페이지를 '랜딩페이지'라고 하며, 랜딩페이지의 URL을 연결 URL이라 한다.

● **원부(지식쇼핑)**

　㉠ 특정 상품에 대한 가격을 비교하고, 상품을 소개하는 페이지이다.

　㉡ 상품의 상세정보, 가격비교, 사용자 리뷰, 지식Q&A 등으로 구성되어 있으며, 해당 상품의 판매처 리스트를 클릭하면 해당 쇼핑몰로 이동한다.

● **일일광고 허용예산(키워드광고)**

　㉠ 클릭 초이스 광고의 일일 노출 상한선이다.

　㉡ 그룹의 클릭 초이스 과금액이 일일광고 허용예산에 도달하면 더 이상 클릭 초이스 광고가 노출되지 않는다. 임의의 키워드가 예기치 않은 이슈로 갑작스럽게 많은 클릭을 받아 예산을 초과하여 과금되는 것을 예방할 수 있는 기능이다.

ⓒ 그룹 노출전략 설정 페이지에서 그룹의 클릭 초이스 총 예산과 콘텐츠 네트워크 예산으로 나누어 설정할 수 있다.

ⓔ 클릭 초이스 총 예산=검색 네트워크 (파워링크+비즈사이트+파워링크모바일+검색 탭 등)

● **일일낙찰 허용예산(키워드광고)**

ⓐ 타임 초이스 광고의 일일 낙찰 금액 상한선이다.

ⓑ 입찰 참여 중인 전체 키워드의 최대입찰가 합이 일일낙찰허용예산을 초과할 경우 일부 키워드는 낙찰 실패한다.

● **입찰시작가(키워드광고)**

ⓐ 타임 초이스 입찰에 참여할 수 있는 최소금액이다.

ⓑ 키워드마다 다르며, '최저입찰가'라고도 표현한다.

● **입찰가가중치**

ⓐ 광고주의 전략에 따라 광고 영역별 입찰가를 조절할 수 있는 장치이다.

ⓑ [그룹 노출 전략 설정] 페이지에서 광고 영역별 광고 노출을 결정하거나 입찰가 가중치를 10~500%로 설정할 수 있다.

ⓒ 설정한 가중치에 따라 영역별 입찰가와 노출순위가 달라지며, 이를 통해 광고주는 중점적으로 광고를 집행할 영역과 그렇지 않은 영역을 효율적으로 관리할 수 있다.

예) [주요키워드그룹]에 속해 있는 [연하장], [청첩장] 키워드의 통합검색 입찰가를 각각 1,000원, 2,000원으로 지정하고, [주요 키워드 그룹]의 '광고 더 보기'에 대한 입찰가가중치를 50%로 설정한다면, [연하장]과 [청첩장]은 '광고 더 보기' 영역에서 각각 500원, 1,000원으로 입찰하게 된다.

● **입찰증거금(지식쇼핑)**

ⓐ 고의적인 유찰로 인한 낙찰가 상승을 방지하고자 지식쇼핑 상품 입찰 시 입찰 시작가의 10%에 해당하는 금액을 징수하는 제도를 말한다.

ⓑ 낙찰 되지 않을 경우 결제한 입찰증거금은 전액 환불되나, 고의적으로 낙찰을 포기했을 때, 충전금 부족으로 유찰되었을 때에는 반환하지 않는다.

● **자동충전**

ⓐ 잔액 소진으로 인해 클릭 초이스 광고가 중지될 경우, 사전에 등록해 놓은 신용카드에서 설정해 놓은 금액만큼 자동으로 충전하는 기능을 말한다.

ⓒ 갑작스런 광고 노출 중단으로 인한 불편을 예방하는 기능으로, [계정정보 〉 정보관리 〉 자동충전]에서 설정할 수 있다.

● **잔액소진예상일**

클릭 초이스만 사용했을 때의 비즈머니 소진 예상일. 타임 초이스 사용 여부, 키워드의 속성 변화에 따라 실제 잔액 소진일이 달라질 수 있다.

● **전자세금계산서**

ⓐ 온라인에서 전달되는 세금계산서. 현행 종이 세금계산서와 동일한 효력을 갖는다.
ⓑ [계정정보 〉 세금계산서], [고객센터 〉 세금계산서] 메뉴를 통해 네이버 키워드광고에서 발행하는 전자세금계산서에 대한 정보 수정과 재발행 요청이 가능하다.

● **조회 수**

해당 키워드가 검색 사용자에 의해 조회된 횟수를 말한다.

● **주요 키워드 관리**

ⓐ 각 키워드가 속한 그룹에 관계없이, 중요한 키워드들을 '묶음' 단위로 지정하여 동시에 입찰이 가능하도록 제공하는 기능을 말한다.
ⓑ [광고관리 〉 주요키워드관리]에서 확인 할 수 있다.

● **즐겨찾기 문안**

ⓐ 타임 초이스 키워드를 등록하거나 광고문안을 수정할 때 기존에 작성했던 문안을 불러올 수 있도록 광고 문안을 저장해두는 기능을 말한다.
ⓑ [광고관리 〉 문안관리 〉 타임 초이스 문안관리]에서 확인할 수 있다.

● **지난차수 판매 수**

지난 정규 입찰일(지난 수요일)에 판매된 타임 초이스(플러스링크) 광고 개수를 말한다.

● **지도가이드(지역광고)**

[지역명+업종] 키워드 검색 시 결과 페이지 내 지도 우측에 노출되는 지역광고 상품으로 3개월 단위로 판매하며, 무순위로 롤링 노출한다.
⑩ 강남구 치과, 삼성동 맛집

● **네이버 지식쇼핑**

㉠ 네이버 이용자를 대상으로 하는 쇼핑 검색 서비스를 말한다.
㉡ 네이버 이용자가 지식쇼핑을 통해 상품을 검색하면 지식쇼핑에 입점한 광고주의 쇼핑몰에 있는 상품들이 네이버 검색결과로 보여진다.
㉢ 입점 형태는 CPC Package(초기 입점비+클릭 시 과금)와 CPS Package(월 고정비+매출 수수료)로 나뉘며, 네이버 메인에 노출되는 쇼핑캐스트, 테마쇼핑을 비롯해 베스트셀러, 패션로데오, 럭키투데이 등 다양한 광고 상품이 있다.

● **지역광고(지식쇼핑)**

㉠ 인터넷 사용자가 네이버 검색창에 지역명과 업종키워드(예를 들어, 강남구 치과를 입력했을 경우) 지도와 함께 업체정보가 노출되는 광고 상품이다.
㉡ 검색 결과 페이지의 지도 상단에 노출되는 프리미엄 상품과 지도 우측에 표시되는 지도가이드 상품이 있다.

● **전환수**

㉠ 전환이란, 광고를 클릭하고 사이트에 들어온 사용자가 구매, 회원가입, 장바구니담기 등 광고주가 원하는 특정 행위를 하는 것을 말한다.
㉡ 직접전환수는 광고를 클릭하고 30분 이내에 전환이 일어난 횟수를 의미하며, 간접전환수는 광고를 클릭한 동일한 사용자에게서 15일 이내 전환이 일어난 횟수를 의미한다.

● **최대입찰가**

㉠ 타임 초이스(플러스링크) 광고의 입찰액이다.
㉡ 광고를 낙찰 받은 광고주가 지불할 의사가 있는 최대금액이라는 의미이다.

● **최대클릭비용 BA, Bid Amount**

클릭 초이스 광고가 클릭될 때, 각 키워드에 대해 광고주가 지불할 의사가 있는 최대금액을 말한다.

● 최저낙찰제(지식쇼핑)
낙찰가 중 가장 낮은 낙찰가로 모든 낙찰대상자에게 동일하게 과금하는 방식을 말한다.

● 추가입찰
ㄱ 타임 초이스 정규 입찰에서 광고가 다 팔리지 않았거나, 게재 중 취소 등의 사유로 인해 공실이 발생한 경우, 공실 발생 다음날 진행되는 재입찰이다.
ㄴ 추가 입찰로 낙찰되면, 광고 노출은 낙찰 다음날부터 정규 입찰이 있는 수요일까지이며, 추가입찰 참여는 [광고관리 〉 타임 초이스 〉 그룹전략설정]에서 선택할 수 있다.

● 추적 URL
광고를 클릭한 사용자의 검색 정보(어떤 키워드로 검색했는지, 어떤 광고영역에서 클릭했는지 등)에 관한 정보를 알 수 있도록 URL에 덧붙이는 요소이다.

● 키워드광고
ㄱ 검색 사용자가 검색사이트에서 특정 키워드를 검색했을 때, 해당 키워드를 구매한 광고주의 광고를 노출시키는 광고 방식이다.
ㄴ 네이버 키워드광고는 사용자가 키워드광고를 클릭하여 방문한 수만큼 광고비를 지불하는 클릭 초이스 CPC와 단위기간동안 광고를 안정적으로 노출할 수 있는 타임 초이스 CPT, 브랜드 키워드로 검색한 사용자를 대상으로 브랜드 로열티를 구축할 수 있는 브랜드검색 상품이 있다.

● 콘텐츠 네트워크
지식인과 블로그 페이지 내의 콘텐츠와 연관도가 높은 광고가 노출되는 클릭 초이스 광고 영역이다.

● 클릭 수
광고가 사용자로부터 클릭된 횟수를 말한다.

● 클릭율 CTR, Click-through rate
클릭 수를 노출 수로 나눈 값(클릭 수/노출 수×100)

● 클릭초이스

  ㉠ 사용자가 광고를 클릭한 횟수에 따라 광고비를 지불하는 CPC 과금 방식의 네이버 키워드광고 상품이다.

  ㉡ 네이버 내/외부 다양한 영역에 노출되어 더 많은 고객을 만날 수 있다.

  ㉢ 네이버 파워링크 영역, 비즈사이트 영역과 검색파트너의 광고 영역 등에서는 검색 결과로 광고가 노출되고, 지식인, 블로그 페이지에서는 해당 페이지의 콘텐츠와 연관성이 높은 광고가 노출된다.

● 클린 클릭 초이스 센터

  ㉠ 무효클릭으로 인한 부당 과금이 발생하지 않도록 검색에서 도달까지 모든 과정을 모니터링하고 필터링하는 곳이다.

  ㉡ 무효클릭과 관련한 일반적인 정보를 얻거나 무효클릭 조사 요청을 할 수 있다.

● 클린 프로그램(지식쇼핑)

  고의적인 DB 조작에 의한 불공정 광고 활동을 지양하기 위해서 만들어진 평가 프로그램이다.

● 키워드 스테이션

  ㉠ 광고주의 키워드 선택을 돕기 위해 키워드를 추천해 주는 기능이다.

  ㉡ 업종별 키워드, 연관 키워드 제안, 포함 키워드, 월별 인기 키워드 제안 등 분류별 키워드 리스트와 CTR, PPC, 노출현황 등의 정보를 제공한다. 추출된 키워드를 선택해 즉시 광고에 등록할 수 있다.

● 키워드 광고상품권

  ㉠ 네이버 키워드광고 집행 시 사용할 수 있는 상품권으로 교육 참석, 출판물 수령, 이벤트 참가 등을 통해 받을 수 있다.

  ㉡ 상품권에 적혀있는 일련번호를 [계정정보 〉 비즈머니 〉 비즈쿠폰정보 〉 비즈쿠폰사용 〉 키워드광고 상품권 전환하기]에 입력한 후 전환하여 사용할 수 있다.

● 카테고리 자동 매칭(지식쇼핑)

  관계도가 높은 카테고리에 매칭을 해주는 시스템. 상품명으로 가장 근접한 카테고리로 매칭한다.

● 타임초이스

  ㉠ 광고주가 제시한 입찰가에 따라 단위시간 7일에 대한 광고비용과 노출순위가 결정되는 네이버 키워드 광고

상품이다.

ⓒ 통합검색 결과 페이지의 파워링크 하단 플러스링크 영역에 노출된다.

● 테마 쇼핑(지식쇼핑)

㉠ 네이버 메인 우측 하단에 나타나는 지식쇼핑 광고 상품 중 하나이다.

ⓒ 광고주는 테마와 관련한 상품을 노출하고, 이용자는 테마명을 클릭하여 각 테마에 노출된 광고주의 링크를 조회할 수 있는 상품이다.

ⓒ 비딩 방식을 통하여 구매 가능하며, 1주일 단위로 낙찰이 진행된다.

● 타기팅(디스플레이)

㉠ 광고주가 원하는 사용자에게만 광고를 보여주는 기법이다.

ⓒ 나이, 지역, 성별 등 타기팅 된 대상에게만 광고가 보여진다.

● 파워링크

㉠ 클릭 초이스 CPC 상품의 노출 영역으로, 통합검색 결과 페이지 최상단에 노출된다.

ⓒ 파워링크 광고 노출을 선택한 광고 중 클릭 초이스 노출 순위로 10개의 광고가 노출된다.

● 파워링크 모바일

㉠ 네이버 클릭 초이스 노출 영역 중 하나이다.

ⓒ 클릭 초이스 그룹 노출 전략 설정 시 "파워링크 모바일"의 노출을 선택하면 모바일 네이버의 검색 결과에 광고가 노출된다.

● 판매금지키워드

법률적 위험이 있는 키워드 또는 네이버 키워드광고의 신뢰도를 훼손시킬 염려가 있으며, 광고의 품질/효과를 저하시킬 수 있는 광고 등록이 부적합한 키워드이다.

예 청부살인, 여성납치 등의 범죄 키워드, 인물명 키워드, 미풍양속을 저해하는 키워드와 같이 검색광고에 적합하지 않은 키워드

● 패션로데오(지식쇼핑)

패션소호몰만이 상품을 노출할 수 있는 네이버 지식쇼핑 상품으로, 코디갤러리, MINI RODEO, MUST HAVE 등

12개의 다양한 상품이 있다.

● **포함 키워드**

　㉠ 키워드 제안 기능 중 하나이다.
　㉡ 원하는 키워드를 입력하면 해당 키워드를 포함하는 확장 키워드를 조회할 수 있다.
　　㉤ '신혼여행' 키워드의 포함키워드를 조회하면, '신혼여행지 추천', '풀 빌라 신혼여행', '신혼여행 패키지' 등
　　의 확장 키워드 리스트가 추출된다.

● **표시URL**

　㉠ 광고 게재를 원하는 사이트의 메인페이지 URL이다.
　㉡ 키워드 광고 노출 시 보여지는 URL이다.

● **품질지수 QI, Quality Index**

　㉠ 게재된 광고의 품질을 나타내는 지수로 클릭 초이스 광고 노출 순위에 영향을 미친다.
　㉡ 광고 노출 순위=광고주가 입력한 최대입찰가×광고품질지수
　㉢ 품질 지수는 광고효과 CTR, 키워드와 광고문안의 연관도, 키워드와 사이트의 연관도 등 광고 품질을 평가할
　　수 있는 다양한 요소를 반영한다.

● **프리퀀시 Frequency(디스플레이)**

이용자 한 사람이 동일한 광고에 노출되는 평균 횟수(빈도)이다.

● **플러스 링크(키워드광고)**

　㉠ 타임 초이스 상품의 노출 영역이다.
　㉡ 통합검색 결과페이지의 파워링크 하단에 노출된다.

● **환급(키워드광고)**

광고주의 요청에 따라 광고주의 계정으로 비즈머니를 돌려주는 것이다.

● 환불(키워드광고)

광고주의 요청에 의해 카드취소나 현금 환불 등으로 충전한 비즈머니를 돌려주는 것이다.

● 행태 타기팅, 관심기반 타기팅(디스플레이)

인터넷 사용자의 관심사를 기반으로 사용자를 분류하고 그 분류에 따라 광고나 메시지를 송출하는 타기팅 기법이다.

● Around ad(디스플레이)

게임 시작과 종료 후에 노출되는 광고 또는 게임 사이트의 배너 광고이다.

● CM, Category Manager(지식쇼핑)

㉠ 지식쇼핑 카테고리 담당자이다.
㉡ 카테고리는 상품 특성에 따라 구분한다.

● CPC 패키지(지식쇼핑)

㉠ 지식쇼핑 입점 시 선택하는 과금 패키지이다.
㉡ 초기 입점 시 입점비 1회 결제 + 개별 상품 클릭 시 과금이다.

● CPS 패키지(지식쇼핑)

㉠ 지식쇼핑 입점 시 선택하는 과금 패키지이다.
㉡ 매월 고정비 결제 + 판매 매출에 대한 수수료이다.

● Click URL(디스플레이)

광고를 클릭했을 때 연결되는 페이지의 URL이다.

● Depth(키워드광고)

노출되고 있는 광고 개수이다.

● DT, Duration Time(지식쇼핑)

　　㉠ 사용자가 사이트에 들어와 떠날 때까지의 체류시간이다.
　　㉡ PV와 더불어 고객 충성도를 나타내는 지표이다.

● EP, Engine Page(지식쇼핑)

　　㉠ 업체가 판매하는 상품정보의 모음이다.
　　㉡ 광고주의 상품 DB를 지식 쇼핑에 노출하기 위해서 생성하는 상품 ID, 상품명, 가격 등의 정보로 구성된 텍스트 파일이다.
　　㉢ 전체(업체가 판매하는 전체 상품 정보), 신규(신규 상품 정보), 요약(전체 상품의 간략 정보)의 세 가지가 있다.

● IGA, in-game ad(디스플레이)

　　㉠ 게임 화면 또는 게임 자체를 광고 매체로 활용하는 광고 기법이다.
　　㉡ 사용자가 게임을 하면서 광고에 노출된다.

● Listing(키워드광고)

　　광고관리 단위로 키워드, 제목과 설명문구(T&D), URL로 구성된다.

● MMC, Marketing Management Center(지식쇼핑)

　　지식쇼핑에서 광고주에게 제공하는 지식쇼핑 상품 관리 툴이다.

● Non-Zero 충전(지식쇼핑)

　　지식쇼핑 충전금의 잔액 부족으로 인해, 광고 및 서비스 노출이 중지될 경우를 대비하여, 계좌 잔여금이 0원이 되지 않도록 지정한 금액이 지속적으로 자동 충전되는 방식이다.

● PV, Page View

　　인터넷 사용자가 인터넷상에 있는 홈페이지를 열어본 횟수이다.

● 도달률 Reach(디스플레이)

　　일정기간 동안 특정 사이트를 방문한 모든 이용자 중 광고에 노출된 이용자의 비율이다.

● T&D, Title & Description

검색 결과로 나타난 광고(Listing)에서 키워드를 설명하는 제목(Title:15자 이내), 설명문구(Description:45자 이내), 부가정보를 의미한다.

● UV, Unique Visitors

㉠ 순 방문자 수. 일정 기간 동안 사이트에 방문한 방문자 수 중 중복 방문을 제거한 수치이다.

㉡ 어떤 사람이 한 달 동안 특정 사이트에 1회 방문하거나 100회 방문을 해도 UV는 한 사람으로 카운트한다.

● VOD(전/중/후) 광고(디스플레이)

VOD를 시청하기 전 로딩타임 또는 시청 중, 시청이 끝난 후에 노출되는 동영상 광고이다.

FINAL

검색광고마케터
1급
실전모의고사

객관식
40문제 × 1.5점 = 60점
단답식
20문제 × 2.0점 = 40점

객관식 : 1번 ~ 40번
단답식 : 41번 ~ 60번
시험시간 90분

실전모의고사

정답 및 해설 340p

▦ 객관식 문제

01 다음이 설명하는 용어로 가장 적절하지 않은 것은?

> 인터넷을 통한 양방향 정보 교류를 통해 물리적 상품 이외에도 무형의 디지털 상품을 거래의 대상으로 하는 비즈니스 활동을 의미한다.

① e-business
② 뉴 비즈니스
③ 온라인 비즈니스
④ 인터넷 비즈니스

02 구글과 같이 인터넷에 새롭게 만들어진 정보를 검색로봇이 주기적으로 수집하여 데이터베이스에 정보위치를 저장하는 검색엔진은?

① 통합 검색
② 인덱스 검색
③ 네트워크 검색
④ 디렉토리 검색

03 소셜미디어에 대한 설명으로 가장 적절하지 않은 것은?

① 대부분의 소셜미디어는 다양한 미디어의 조합이나 링크를 통한 연결상에서 번성한다.
② 소셜미디어의 유형 중 위키스는 편집 가능한 웹 페이지로 웹 사이트 상에서 콘텐츠를 추가하고 정보를 편집한다.
③ 기업이 없어도 개인의 블로그, 프로필, 사회 관계망 서비스를 통해 자료가 대량 확산이 가능하다는 장점이 있지만, 오프라인 매체에 비하여 비싸다는 단점이 있다.
④ 개인화와 네트워크화로 대표되는 사회의 분화와 재통합이 나타남에 따라 퍼스널 미디어의 등장이 소셜 네트워킹 서비스의 등장으로 이어지고 이는 곧 퍼스널과 소셜의 융합을 촉진하였다.

04 디지털 콘텐츠에 대한 설명으로 가장 적절하지 않은 것은?

① 디지털 콘텐츠는 디지털 형태로 존재하고, 유통 및 소비는 오프라인 형태로 이루어진다.

② 유무선 전기 통신망에서 사용하기 위해 부호·문자·음성·음향 이미지·영상 등을 디지털 방식으로 제작, 처리 등을 하는 자료, 정보 등을 의미한다.

③ 구체적으로는 최근에 각광받고 있는 각종 동영상 파일, 이미지 파일, MP3 음악 파일, 멀티미디어 서적 등이 있다.

④ 구입에서 결제, 이용까지 모두 네트워크와 개인용 컴퓨터(PC)로 처리하기 때문에 종래의 통신 판매 범위를 초월한 전자 상거래(EC)의 독자적인 분야로서 시장 확대가 급속히 이루어지고 있다.

05 디지털 마케팅이 전통적 마케팅과 차별화되는 요인으로 적절하지 않은 것은?

① 기존보다 높은 ROI

② 세분화와 높은 신뢰도

③ 아이디어 중심의 마케팅

④ 브랜드 구축 중심의 브랜드 관리

06 다음이 설명하고 있는 디지털 마케팅 전략으로 가장 적절한 것은?

> 과거에는 차별성이 없는 단일의 상품이나 서비스를 대량생산하여 대량 소비하도록 하는 이른바 비차별적 마케팅(undifferentiated marketing) 활동이 지배적이었다. 하지만, 소비자들의 소득수준, 교육수준 등 생활 전반에 걸친 질적 향상으로 소비자들의 구매욕구가 다양해지고, 따라서 개별 기업들은 자사제품이나 서비스를 경쟁사와 차별화시키려고 노력하게 되어 소위 차별적 마케팅(differentiated marketing)활동을 전개하게 되었다.

① 시장세분화 전략

② 타기팅 전략

③ 포지셔닝 전략

④ 대량마케팅 전략

07 디지털 마케팅의 4E에 해당하지 않는 것은?

① Enthusiasm

② Experience

③ Engagement

④ Environment

08 다음이 설명하는 용어(단어)는?

> • 온라인상에서 소비자가 직접 경험한 정보를 다른 소비자와 공유하는 자발적 의사소통을 의미한다.
> • 네트워크 분석을 통해 구전의 확산경로와 의견 선도자를 파악할 수 있어 기업의 입장에서 소비자의 의견을 청취하는 채널로 활용할 수 있다.

① 검색광고
② 온라인 구전
③ 디지털 콘텐츠
④ 네이티브 광고

09 디지털 마케팅 트렌드에 대한 설명으로 적절하지 않은 것은?

① 동영상 중심 콘텐츠는 광고기피현상으로 인하여 모바일 동영상 콘텐츠 소비가 감소하고 있다.
② 챗봇은 인공지능을 기반으로 사람과 실시간 대화를 나누는 소프트웨어로, 고객과의 상호작용을 담당한다.
③ 모바일은 개인적, 즉시적, 위치적 특성의 이점을 기반으로 기업과 소비자의 커뮤니케이션에 있어 가장 각광받는 매체이다.
④ 브랜디드 콘텐츠는 브랜드가 생산에 주도적으로 참여한 콘텐츠의 스토리에 소비자에게 전달하고자 하는 브랜드의 핵심 메시지가 녹아 들어가 있다.

10 디지털 광고참여 주체에 대한 설명으로 가장 적절하지 않은 것은?

① 디지털 매체사에는 구글, 네이버, 다음, 유튜브, 인스타그램, 페이스북 등이 있다.
② 미디어 렙은 매체사에 광고상품 구성안을 의뢰하고, 매체사는 미디어 렙에 광고상품 구성안 및 집행결과를 보고한다.
③ 애드 네트워크는 매체사들의 여러 광고 인벤토리(광고 집행 가능 영역)를 네트워크 형태로 묶어 이를 광고주에게 판매하는 서비스를 제공한다.
④ 광고대행사는 사전효과 예측 및 매체안 등을 제시, 광고소재 송출, 노출 및 클릭 관리, 보유한 광고 솔루션을 활용해 각 매체별 트래킹을 통해 광고효과를 측정 및 비교한다.

11 검색광고에 대한 설명으로 가장 적절하지 않은 것은?

① 검색엔진을 통해 웹사이트를 노출하는 광고를 의미한다.

② PC와 모바일 환경에서의 검색광고는 꾸준히 성장하고 있는 추세이다.

③ 현재는 전체 방송광고비용의 규모보다 전체 온라인 광고비용이 규모가 더 크다.

④ 광고서비스업체는 광고의 기간과 금액, 등록기준에 의거하여 키워드를 검수한다.

13 검색광고를 기획하는 과정의 순서로 가장 적절한 것은?

① 목표설정 → 환경분석 → 일정계획 → 매체전략 → 예산책정

② 일정계획 → 목표설정 → 환경분석 → 매체전략 → 예산책정

③ 환경분석 → 목표설정 → 매체전략 → 일정계획 → 예산책정

④ 매체전략 → 환경분석 → 일정계획 → 목표설정 → 예산책정

12 다음의 ㉠, ㉡이 의미하는 각각의 용어로 가장 적절한 것은?

> ㉠ 광고 클릭 이후 30분 내에 마지막 클릭으로 발생한 전환
> ㉡ 사이트 내 모든 페이지에서 공통으로 확인되는 URL

	㉠	㉡
①	직접전환	연결URL
②	직접전환	표시URL
③	간접전환	연결URL
④	간접전환	표시URL

14 검색광고 예산을 설정하는 방법에는 목표과업법이 있다. 목표과업법으로 예산을 설정할 경우, 고려해야 할 데이터로 가장 적절하지 않은 것은?

① 과거의 광고비

② 클릭비용

③ 과거의 일 평균 목표 클릭수

④ 과거의 전환성

15 종량제(CPC) 상품에 대한 설명으로 가장 적절하지 않은 것은?

① 다른 검색광고 상품에 비하여 품질지수에 대한 관련성이 적어 상품관리에 용이하다.

② 자유로운 게재 및 중지로 광고를 탄력적으로 운영이 가능하고, 실시간 광고 수정 선택의 가능으로 광고의 효율성은 높아진다.

③ 광고를 클릭할 경우에만 과금되는 방식의 상품으로 노출이 되어도 클릭이 되지 않으면 광고비를 지불하지 않아도 되는 상품이다.

④ 다양한 영역에 노출 가능하며 카카오의 경우는 네이트, Bing 등 다양한 영역에 노출 될 뿐만 아니라, PC 및 모바일에 다양한 매체에 노출되고, 네이버의 경우에도 다양한 업체와 파트너십을 맺고 있어 모바일 콘텐츠의 다양한 매체영역에 노출된다.

16 네이버 운영시스템에 대한 설명으로 가장 적절하지 않은 것은?

① 광고주 가입은 사업자 최대 5개, 개인 2개이다.

② 광고 집행을 위해서는 비즈채널이 반드시 등록되어야 하는 것은 아니다.

③ 클릭초이스플러스, 클릭초이스상품광고는 일부 업종에서만 집행할 수 있는 상품이다.

④ 계정의 구조는 캠페인, 그룹, 키워드와 소재로 이루어져있으며, 캠페인 등록 후 유형변경이 불가능하다.

17 네이버 광고 계정 구조의 마지막 단계인 키워드와 소재에 대한 설명으로 가장 적절하지 않은 것은?

① 광고노출 매체별로 광고소재가 확장될 수 있다.

② 키워드는 광고그룹 입찰가와는 별도로 키워드별 입찰가를 지정할 수 있다.

③ 확장소재의 유형으로는 키워드 도구, 자동규칙, 비즈채널 관리 등이 있다.

④ 의료, 보험 등의 법 검토가 필요한 업종들에 관해서는 관련 서류를 제출해야 등록 심사를 받을 수 있다.

18 다음 중 카카오 키워드광고의 확장소재가 바르게 짝지어지지 않은 것은?

① 이미지형 – 썸네일, 멀티썸네일
② 텍스트형 – 추가제목, 부가링크
③ 버튼형 – 말머리, 가격테이블
④ 연동형 – 톡채널

19 구글 운영시스템에 대한 설명으로 가장 적절하지 않은 것은?

① 캠페인, 그룹, 소재의 구조를 가지고 있다.
② Google Ads를 통해 광고등록 및 운영이 가능하다.
③ 광고그룹은 유사한 타깃을 공유하며 광고가 하나 이상 포함되어야 한다.
④ 캠페인 생성 단계에서 네트워크와 기기, 위치 및 언어, 입찰 및 예산, 광고확장을 설정할 수 있다.

20 매체별 운영시스템에 대한 설명으로 가장 적절하지 않은 것은?

① 구글은 광고주가 달성하고자 하는 주요 목적에 부합하는 목표를 중심으로 캠페인을 생성한다.
② 네이버 검색광고의 소재는 검색시 보여주는 광고문안과 광고를 클릭할 때 연결할 페이지의 URL 등의 정보를 말한다.
③ 카카오 키워드광고는 계정>광고대상 관리에서 광고대상을 관리하고, 키워드 제안을 통해 키워드 추천을 받을 수 있다.
④ 카카오 키워드광고의 그룹에서 다음, 카카오톡#, 네이트 등 제휴된 웹/앱에서의 모바일검색 결과 프리미엄 링크영역에 최대 6개까지 광고노출이 가능하다.

21 네이버 검색광고 등록 프로세스에 대한 설명으로 가장 적절하지 않은 것은?

① 광고그룹 만들기에서 키워드와 광고소재를 입력할 수 있다.
② 광고그룹 만들기에서 광고그룹의 이름 및 URL을 설정한다.
③ 캠페인 만들기에서 캠페인 이름과 하루예산, 기본 입찰가 설정이 가능하다.
④ 소재 만들기에서 제목은 15자, 설명은 45자까지 입력이 가능하고, 대체 키워드 입력이 필요하다.

22 카카오의 검색광고 등록시스템에 대한 설명으로 가장 적절하지 않은 것은?

① 픽셀&SDK를 통하여 전환 추적이 가능하다.

② 캠페인 등록에서 일 예산을 설정할 수 있다.

③ 키워드확장 설정시 제외키워드를 설정하여도 광고가 노출된다.

④ 광고그룹의 고급옵션을 통하여 입찰가중치와 콘텐츠 매체 입찰가 설정이 가능하다.

23 네이버 사이트 검색광고의 업종별 사이트 등록기준이 바르게 연결되지 않은 것은?

① 에스크로 및 안전거래 제공 사이트 – 금융기관 또는 결제대금 예치업 등록

② 자동차 대여 관련 사이트 – 자동차관리사업 등록

③ 건강기능식품 판매 사이트 – 건강기능식품 판매업 신고

④ P2P/웹하드 관련 사이트 등록기준 – 특수한 유형의 부가통신사업자 등록

24 카카오 키워드 광고의 비즈채널 등록기준으로 가장 적절하지 않은 것은?

① 사이트는 완성된 홈페이지를 포함하여 수정중인 사이트나 일부 메뉴가 활성화되지 않은 사이트도 광고할 수 있다.

② 충분한 자체 콘텐츠를 가진 사이트만 광고를 진행할 수 있으며, 콘텐츠가 충분하지 않을 경우 광고 집행이 제한될 수 있다.

③ 사이트 내 연결화면에는 광고 소재의 의미를 나타내는 명확하고 실질적인 내용이 포함되어야 한다.

④ 상호명, 주소, 연락처 등과 같이 소비자들이 공신력을 인정할 수 있는 내용을 표시하여야 하며, 그 밖에 관련 등록기관이 있는 경우에는 등록번호를 함께 표시해야 한다.

25 네이버와 카카오의 품질지수에 대한 설명으로 가장 적절하지 않은 것은?

① 7단계의 초록색 바 형태로 존재한다.

② 품질이 높을수록 비용이 증가하고, 광고 순위가 높아진다.

③ 품질지수를 통해 내 광고의 상대적 '품질'을 확인할 수 있다.

④ 네이버는 최초 등록시 4단계의 품질지수를 부여받으며 24시간 내 품질이 측정된다.

26 네이버 검색광고 상품 중 사이트검색광고에 대한 설명으로 가장 적절하지 않은 것은?

① 키워드 입찰가와 품질지수에 의해 광고 순위가 결정된다.

② 기본적으로 제목과 설명 문구, 사이트 url, 전화번호가 함께 노출되며, 광고 영역에 따라 위치 등이 추가 노출될 수 있다.

③ 통합검색 결과 페이지에서 파워링크 최대 10개, 비즈사이트에 5개 노출되며, 더보기를 통해서 등록된 광고가 추가 노출된다.

④ 로그분석을 통하여 데이터 분석이 가능하며, 광고 효과 및 전략에 따라 언제든지 광고를 중단할 수도 노출할 수도 있다.

27 네이버 검색광고 중 콘텐츠검색광고에 대한 설명으로 가장 적절하지 않은 것은?

① 네이버 블로그/카페/포스트를 통하여 신뢰성 있는 정보를 찾고자 하는 이용자의 의도가 담긴, 지정된 키워드에 한해 광고가 가능하다.

② 정책상 개별적인 로그 분석 프로그램 사용이 제한되어 있다.

③ 개별 광고의 노출 전략에 따라 노출매체별 검색결과와 순위가 달라질 수 있다.

④ 공식 대행사를 통하여 파워콘텐츠를 제작·운영이 가능하다.

28 네이버 검색광고 중 CPC 방식의 광고로 광고비용이 최소 50원인 것은?

① 사이트검색광고, 쇼핑검색광고

② 사이트검색광고, 콘텐츠검색광고

③ 쇼핑검색광고, 플레이스광고

④ 콘텐츠검색광고, 플레이스광고

29 구글의 자동입찰 기능에 대한 설명으로 가장 적절하지 않은 것은?

① 클릭 수 최대화 – 예산 내에서 최대한 많은 전환이 발생하도록 Google Ads에서 입찰가를 자동으로 설정

② 타깃 CPA – 설정한 타깃 전환당 비용 수준에서 전환수를 최대한 늘릴 수 있도록 Google Ads에 서 입찰가를 자동으로 설정

③ 타깃 노출 점유율 – 선택한 검색 페이지 영역에 내 광고가 게재될 가능성이 높아지도록 Google Ads에서 입찰가를 자동으로 설정

④ 전환 가치 극대화 – 예산 내에서 전환 가치를 최대한 높이도록 Google Ads에서 입찰가를 자동으로 설정

30 카카오 검색광고 중 브랜드검색광고에 대한 설명으로 가장 적절하지 않은 것은?

① 브랜드 키워드 또는 브랜드와 연관성이 높은 키워드 검색 시, Daum 통합검색에 노출되는 정보성 콘텐츠 상품이다.

② PC 노출에는 PC 베이직형, PC 프리미엄 동영상배너형이 존재한다.

③ PC 프리미엄 동영상배너형은 메인 동영상을 통해 브랜드를 강조할 수 있고, 배너를 통하여 이벤트 공지가 가능하다.

④ 공식 대행사가 존재하지 않아 직접 광고 집행을 해야 한다.

31 구글의 그룹관리에 대한 설명으로 가장 적절하지 않은 것은?

① 캠페인, 키워드, 광고, 광고그룹 수준으로 복사하기가 가능하다.

② 개별 그룹을 선택한 후 수정을 선택하면 ON/OFF, 삭제, 자동입찰, 대량 다운로드 신청, 그룹 전략 설정이 가능하다.

③ 그룹 목록 우측 상단에 검색, 세그먼트, 열, 보고서, 다운로드, 전체화면, 더보기 기능을 제공하고 있다.

④ 광고그룹 메뉴를 클릭하면 성과 그래프가 제공되며 그래프로 나타낼 지표를 선택해 성과 추이를 원하는 차트 유형으로 볼 수 있다.

32 다음 중 광고 소재에 사용 불가능한 것으로 가장 적절하지 않은 것은?

① 비속어
② 수상 내역
③ 최상급 표현
④ 선정적 표현

33 카카오 맞춤보고서에 대한 설명으로 가장 적절하지 않은 것은?

① 집행한 광고의 결과를 원하는 항목별로 구성하여 확인할 수 있는 보고서를 말한다.

② 광고계정, 캠페인, 광고그룹, 키워드, 소재별로 구분하여 보고서를 만들 수 있다.

③ 노출수, 클릭수와 같은 기본지표 외에도 전환 지표, 추가지표 등을 함께 확인할 수 있다.

④ 분석데이터 설정을 통해 매체유형, 디바이스, 시간대 분석이 가능하며, 키워드/소재의 효율 확인은 가능하나 확장소재의 효율 확인은 불가능하다.

34 매체별 무효클릭에 대한 설명으로 가장 적절하지 않은 것은?

① 카카오의 경우 계정>노출제한 설정에서 광고노출제한 IP는 최대 600개까지 설정이 가능하다.

② 네이버의 경우 사이트 방문자 IP는 호스팅 업체 또는 별도의 로그분석 시스템을 통해 확인이 가능하다.

③ 네이버는 무효클릭이 의심될 경우에는 IP 주소, 키워드, 클릭일시, 광고주 URL 정보를 포함한 클릭로그를 클린센터로 접수해 조사의뢰 할 수 있다.

④ 구글은 무효클릭이 확인되면 해당 클릭에 대해서는 비용이 청구되지 않도록 보고서 및 결제금액에서 자동으로 해당 클릭이 필터링된다.

35 다음 광고 결과 데이터를 통해 얻을 수 있는 값으로 바르게 짝지어진 것은?

방문수	클릭률	광고비
10,000회	4%	2,500,000원
물품단가	CPA	
50,000원	2,500원	

① CVR = 20%

② CPC = 2,500원

③ CPS = 25,000원

④ 매출액 = 50,000,000원

36 다음 광고 결과 데이터를 통해 얻을 수 있는 값으로 바르게 짝지어진 것은?

노출수	클릭수	광고비
2,500,000회	15,000회	22,500,000원
전환수	전환매출액	
250회	50,000,000원	

① 클릭률은 6%이다.

② 전환율은 약 17%이다.

③ 클릭당 비용은 15,000원이다.

④ ROAS는 약 222%이다.

37 다음은 검색광고에서 사용자의 행동단계와 효과분석의 관계를 나타낸 것이다. ㉠, ㉡, ㉢에 각각 들어갈 말로 가장 적절한 것은?

일반적인 소비자 행동	인지	방문	구매
검색광고 소비자 행동	노출	클릭	구매
단계별 효과 측정	㉠	㉡	㉢

① ㉠ : CPI, ㉡ : CPC, ㉢ : CPS
② ㉠ : CPI, ㉡ : CPA, ㉢ : CPC
③ ㉠ : CPC, ㉡ : CPI, ㉢ : CPS
④ ㉠ : CPA, ㉡ : CPS, ㉢ : CPI

38 설명하는 것으로 가장 적절하지 않은 것은?

① CPS가 낮을수록 광고 효과가 좋다.
② CVR이 높아질수록 CPA는 낮아진다.
③ 구매전환율이 높을수록 CPS는 낮아진다.
④ CTR과 CVR이 높아질수록 광고효과는 떨어진다.

39 키워드 차원의 광고 효과분석을 진행하였을 경우 진행할 수 있는 개선작업으로 가장 적절하지 않은 것은?

① 고성과 키워드확장과 신규키워드 발굴을 한다.
② ROAS 목표 달성을 위하여 저성과 키워드를 제외한다.
③ 시간대별 전환데이터 확인은 불필요하지만, 성과별 키워드 확인은 필요하다.
④ 전환율이 낮은 키워드의 경우 키워드와 랜딩페이지가 적절한지 점검한다.

40 사후관리에 있어 클릭률과 전환율을 고려하는 것은 중요하다. 클릭률은 높지만, 전환율이 낮을 경우 할 수 있는 개선 작업으로 가장 적절하지 않은 것은?

① 키워드 OFF 전략
② 광고 소재별 랜딩페이지 설정 전략
③ 키워드 유형별 랜딩페이지 설정 전략
④ 사이트의 편의성 및 전환 단계의 간소화 전략

▦ 단답식 문제

41 다음이 설명하는 용어(단어)는?

> 인터넷을 통한 양방향 정보교류를 통해 물리적 상품이외에도 무형의 디지털 상품을 거래의 대상으로 하는 비즈니스 영역

42 검색엔진의 한 종류로 야후와 같이 주제별로 분류된 메뉴를 선택하여 한 단계씩 상세한 주제로 찾아가는 방법을 의미하는 검색의 종류는?

43 다음은 소비자 정보처리 과정에 대한 도식이다. (괄호) 안에 들어갈 용어(단어)는?

> 디지털 정보처리 과정은 'Attention – Interest – (괄호) – Action – Share'로 소셜미디어를 통한 정보 공유의 특징을 가진다.

44 다음은 4P 마케팅의 한 기법이다. 다음이 설명하고 있는 것은?

> 기업이 마케팅 목표 달성을 위하여 사용하는 광고, 인적판매, 판매촉진, PR, 직접 마케팅 등의 수단으로, 대중들의 원활한 의사소통을 기반으로 하여 구매를 이끌어내는 유인 기법을 말한다.

45 다음이 설명하는 구전마케팅의 종류(유형)는 무엇인가?

> 사회를 위한 공익적 이슈를 제공하여 구매를 유도하는 마케팅으로, 개인의 욕구 충족과 사회 공익에 기여한다는 만족감을 제공한다.

46 다음이 설명하는 광고의 유형(종류)은?

> 사람들이 서로의 생각이나 의견을 공유하기 위해 사용하는 온라인 상의 플랫폼을 통한 마케팅으로, 사업 이미지 개선, 제품과 서비스 개선, 제품 인지도 향상에 긍정적인 효과를 보이고 있다. 대표적인 예로 페이스북, 인스타그램 등이 있다.

47 다음이 설명하는 모바일 광고의 유형은?

> 사용자가 특정 페이지에서 다른 페이지로 이동할 경우 나타나는 모바일 스크린 전면 광고이다.

48 광고소재에서의 URL에 대한 설명이다. ①과 ②가 각각 설명하는 용어는?

> ① 광고소재에서의 URL로, 사이트 내 모든 페이지에서 공통으로 확인되는 URL이다.
> ② 광고소재에서의 URL로, 광고를 클릭 했을 때 도달하는 페이지의 URL이다.

49 다음은 네이버 검색광고의 광고관리시스템에 존재하는 5가지 유형의 캠페인이다. 다음의 (괄호) 안에 들어갈 용어(단어) 2가지는?

> (괄호), 쇼핑검색, (괄호), 브랜드검색, 플레이스

50 네이버 검색광고 중 클릭초이스플러스에서 집행이 가능한 업종 중 1가지만 쓰면?

51 네이버의 사이트검색광고의 광고순위 결정시 고려하는 2가지 요소는?

52 다음이 설명하는 용어는 무엇인가?

> • 네이버 검색광고는 핵심적으로 관리하는 광고그룹이나 키워드, 소재를 관리 목적에 따라 이것을
> 설정할 수 있다.
> • 이것은 광고그룹, 키워드, 소재 단위로 추가할 수 있으며, 이것 하나는 광고그룹, 키워드, 소재의
> 묶음으로 구성된다.

53 키워드 삽입에 대한 설명이다. (괄호) 안에 들어갈 용어(단어)는?

> 키워드 삽입은 제목에는 1회 설명에는 2회만 사용할 수 있으며, 키워드 삽입 시 (괄호)(을)를 필수로 입력해야 한다. (괄호)(은)는 키워드 삽입시 소재 전체 글자수를 초과 또는 미달의 경우 노출되는 키워드이다.

54 카카오 브랜드검색광고의 PC 광고그룹 유형에는 PC 베이직형, PC 프리미엄 동영상배너형이 존재한다. Mobile 광고그룹 유형 2가지는?

55 구글의 검색광고 용어 중 광고 콘텐츠의 관련성, 수량, 다양성을 측정하는 것으로, 광고에 관련성 높은 독창적인 콘텐츠를 사용하면 잠재고객에게 적합한 광고를 게재하고 광고 실적을 개선하는 데 도움이 되는 것은?

56 다음에서 설명하는 용어는 무엇인가?

> 사용자가 의도하지 않은 클릭이나 악성 소프트웨어로부터 발생한 클릭 즉, 검색광고 본래의 취지에 맞지 않은 무의미한 클릭을 의미한다. 네이버, 카카오, 구글은 이것에 대하여 사전 및 사후 모니터링을 진행하며, 필터링 로직과 필터링 결과는 악용할 가능성이 있어 공개하지 않는다.

57 사이트에 방문한 후에 페이지 이동 없이 바로 이탈한 경우를 의미하는 용어(단어)는?

58 다음의 조건을 통해 얻어진 ROAS(%)는 얼마인가?(단, 이외의 다른 조건은 없다.)

> • 노출수 : 2,500,000회
> • 클릭수 : 45,000회
> • 광고비 : 270,000,000원
> • 구매전환율 : 4%
> • 상품단가 : 150,000원

59 다음의 광고 데이터에서 ① 클릭수와 ② 물품단가는 각각 얼마인가?

- 광고를 통한 노출수 : 130,000회
- 클릭률 : 5%
- 광고비 : 7,000,000원
- 전환율 : 4%
- ROAS : 390%

60 다음에서 설명하는 용어는 무엇인가?

- 웹 사이트 등을 방문한 유저들의 데이터를 수집해 분석하는 도구를 의미한다.
- 네이버, 다음 카카오, 구글 검색광고에서도 무료로 지원하고 있다.
- 별도의 엑셀 작업 없이 그룹, 캠페인, 키워드별 전환성과를 보고서와 함께 볼 수 있다.

객관식
40문제 × 1.5점 = 60점
단답식
20문제 × 2.0점 = 40점

객관식 : 1번 ~ 40번
단답식 : 41번 ~ 60번
시험시간 90분

▦ 객관식 문제

01 다음이 설명하고 있는 개념으로 가장 적절한 것은?

> 1997년 IBM이 주창한 개념으로 온라인 상에서 경제 주체들이 정보통신 기술과 인터넷을 이용하여 전자적으로 이루어지는 상거래와 그 상거래를 지원하는 경제 주체들의 활동이라 정의할 수 있다.

① 소셜미디어
② 디지털 콘텐츠
③ 온라인 비즈니스
④ 오프라인 비즈니스

02 다음이 설명하는 이것으로 가장 적절한 것은?

> 이것은 자사의 상품에 독점적 위치를 제공할 뿐 아니라 자사의 서비스 및 상품을 보호하여, 경쟁업체들에게는 엄청난 진입장벽이 된다.

① 특허
② 가격 경쟁력
③ 차별화된 콘텐츠
④ 빠른 트렌드 파악

03 검색엔진에 대한 설명으로 가장 적절하지 않은 것은?

① 인터넷 상의 자료를 쉽게 찾을 수 있도록 도와주는 소프트웨어로, 자료의 대상은 웹 사이트뿐이다.
② 일반적으로 검색엔진의 사용은 무료이지만, 검색엔진은 포털의 역할을 수행하면서 수익을 창출할 수 있다.
③ 검색의 유형으로 통합검색이 존재하며, 대표적인 예로 네이버가 존재한다.
④ 디렉토리 검색의 대표적인 예로 야후가 있고, 인덱스 검색의 대표적인 예로 구글이 있다.

04 다음이 설명하는 소비자 지칭 용어로 가장 알맞은 것은?

> 엘빈 토플러는 디지털 시대의 패러다임 변화와 함께 이것의 탄생을 주장하였다. 이것은 제품 제작 과정에 직접 참여하거나 브랜드에 대한 다양한 의견과 정보를 제안하는 능동형, 참여형 소비자를 말한다.

① 그린슈머
② 세일슈머
③ 바이슈머
④ 프로슈머

05 디지털 콘텐츠에 대한 설명으로 가장 적절하지 않은 것은?

① 콘텐츠의 디지털화가 가속화되어 다양한 플랫폼이 등장하였다.
② 넷플릭스와 같은 OTT 서비스 역시 디지털 콘텐츠의 일종이다.
③ 디지털 콘텐츠는 다른 형태로의 변환이 불가능하다.
④ 디지털 음악, 디지털 영화뿐만 아니라 디지털 유통 플랫폼, 이러닝 역시 디지털 콘텐츠이다.

06 전통적 마케팅과 디지털 마케팅에 대한 비교로 가장 적절하지 않은 것은?

① 전통적인 마케팅은 소비자 분석을 중시하고, 디지털 마케팅은 반복적 노출을 통한 상호작용성을 중시한다.
② 전통적 마케팅은 온라인에 없는 모든 종류의 마케팅을, 디지털 마케팅은 Paid 소셜미디어 광고, 이메일 마케팅과 같이 온라인에서 수행하는 모든 마케팅을 의미한다.
③ 전통적 마케팅은 AIDMA방식의 기업 주도적 커뮤니케이션을, 디지털 마케팅은 AISAS방식의 쌍방향적 커뮤니케이션을 한다.
④ 전통적 마케팅은 TV, 신문, 라디오 등을 이용하고, 디지털 마케팅은 Paid Media, Owned Media, Earned Media 등을 이용한다.

제2회 1급 실전모의고사

07 디지털 마케팅 전략에 대한 설명으로 가장 적절하지 않은 것은?

① 세분시장이 확인되고 나면, 기업은 얼마나 많은 그리고 어떤 세분시장을 표적으로 할 것인지를 결정해야 한다.

② 마케팅 전략은 자사의 차별화 포인트를 파악한 후 자사에게 제공하는 기회와 위협을 파악하고, 환경을 분석하여 경쟁우위를 확보하는 것을 말한다.

③ 포지셔닝 전략은 자사 제품의 큰 경쟁우위를 찾아내어 이를 선정된 목표시장의 소비자들의 마음속에 자사의 상품을 자리잡게 하는 것을 의미한다.

④ 시장세분화 전략은 기업의 마케팅 전략 구축을 위한 중요한 행위로써 전체 소비자를 선호, 취향, 문제 해결책의 유사성에 따라 몇 개의 소비자 집단으로 분류하는 것이다.

08 디지털 광고의 타기팅에 대한 설명으로 가장 적절하지 않은 것은?

① 사용자 위치를 기반으로 한 지역 타기팅이 가능하다.

② 사용자 성별, 연령 등의 정보 기반 타기팅이 가능하다.

③ 리타기팅은 사용자의 기반 정보를 다시 업데이트 하는 것을 말한다.

④ 쿠키 파일을 활용하여 사용자들이 입력한 검색 키워드를 분석하여 검색어와 연관된 광고를 노출하는 콘텐츠 타기팅이 가능하다.

09 온라인 구전(EWOM : Electronic Word of Mouth)에 대한 설명으로 가장 적절한 것은?

① 소비자가 마케팅 메시지를 다른 소비자들에게 퍼뜨리게 하는 마케팅을 의미한다.

② 온라인 구전은 네트워크 분석을 통해 구전의 확산경로와 의견 선도자를 파악할 수 있다.

③ 온라인 쇼핑몰에서 구매 후 소비자가 작성하는 사용 후기는 온라인 구전으로 보기 어렵다.

④ SNS, 블로그, 온라인 게시판을 통해 확산되기 때문에 일반적으로 정보에 대한 신뢰도는 매우 낮다.

10 디지털 마케팅에서 챗봇에 대한 설명으로 가장 적절하지 않은 것은?

① 인공지능을 기반으로 한 소프트웨어로 고객과의 소통, 상호작용을 담당한다.

② 전자상거래, 은행 등 다양한 분야의 고객지원, 정보습득 영역에서 활용되고 있다.

③ 메신저와 결합하여 메시징을 통한 고객응대가 가능하지만, 업무시간 이외에는 불가능하다.

④ 페이스북의 메신저, 텐센트의 위쳇, 네이버웍스모바일의 윈앱이 챗봇의 대표적인 예이다.

11 네이티브 광고의 유형으로 다음이 설명하는 것으로 가장 적절한 것은?

> 사용자가 지정한 검색이나 주제어와 관련된 상품을 제시하는 형태의 광고로 '맞춤형 추천'이라고 할 수 있다.

① 인-피드 광고
② 기사 맞춤형 광고
③ 프로모티드 리스팅
④ 인스타그램 광고

12 검색광고의 특징으로 가장 적절하지 않은 것은?

① 검색광고는 구매로 연결되는 높은 연결성을 가지고 있다.
② 실시간 광고효과를 파악할 수 있어 광고 운영이 용이하다.
③ 부정클릭을 파악하고 예방하는 데 어려움이 존재한다.
④ 필요한 검색어를 선정하는 데 있어 편리함이 있고, 검색어 구매가 간단하다.

13 검색광고 참여주체에 대한 설명으로 가장 적절하지 않은 것은?

① 광고주란 검색엔진을 통하여 자사의 웹사이트를 노출시키고자 하는 기업을 의미한다.
② 광고 대행사란 광고주를 대신하여 광고의 기획, 리포트 등의 업무를 수행한다.
③ 검색광고 서비스업체란 키워드와 노출 지면을 판매한다.
④ 포털사이트란 검색페이지 지면을 제공하며, 광고를 대신 운영하여 광고주로부터 대행수수료를 받는다.

14 검색광고 용어에 대한 설명이 가장 적절하지 않은 것은?

① T&D는 Time&Duration의 약자로, 방문자가 사이트에 들어와서 체류한 시간을 말한다.
② KPI는 Key Performance Indicators의 약자로, 수치로 표현 가능한 광고의 목표 즉, 핵심성과지표를 말한다.
③ CPM는 Cost Per Mile의 약자로, 1,000회 노출당 비용을 말하며, 주로 배너광고에 쓰인다.
④ CPC는 Cost Per Click의 약자로, 클릭이 발생할 때마다 비용을 지불하는 종량제 광고 방식을 말한다.

15 다음이 설명하는 예산 설정 방법으로 가장 적절한 것은?

> 기업들이 회사에서 충당 가능한 수준의 촉진비용을 책정하는 것을 말한다. 즉, 회사의 자금 사정상 급박한 다른 상황에 비용을 모두 예산으로 책정한 후에 나머지를 촉진비용으로 정하는 방법을 말한다.

① 매출액 비율법
② 경쟁자 기준법
③ 가용예산 활용법
④ 목표 및 과업기준법

16 네이버 운영시스템에 대한 설명으로 가장 적절하지 않은 것은?

① 광고관리시스템의 유형은 2가지이다.
② 플레이스광고(베타)가 존재한다.
③ 구조는 캠페인, 그룹, 키워드와 소재이다.
④ 모든 검색광고는 모든 업종에서 집행이 가능하다.

17 다음 중 네이버 캠페인에서 설정할 수 없는 비즈채널과 짝지어진 것은?

① 사이트검색광고 – 웹 사이트
② 쇼핑검색광고 – 쇼핑몰
③ 파워콘텐츠 – 콘텐츠
④ 브랜드검색광고 – 쇼핑 제조사

18 카카오 운영시스템에 대한 설명으로 가장 적절하지 않은 것은?

① 캠페인의 유형은 2가지이다.
② 브랜드검색광고가 존재한다.
③ 구조는 캠페인, 광고그룹, 키워드와 소재이다.
④ 맞춤보고서를 통하여 전환추적 서비스를 제공한다.

19 다음이 설명하는 광고로 가장 적절한 것은?

> • Daum PC, 모바일(Daum 메인, 뉴스, 카페)과 제휴 매체에 노출되며, 키워드 광고와 배너광고의 특징을 모두 가지고 있는 키워드 기반의 텍스트형 배너 광고이다.
> • 사용자가 검색한 키워드 및 카카오 서비스에서 소비한 콘텐츠를 바탕으로 연관도 높은 광고를 노출한다.

① 와이드링크
② 파워콘텐츠
③ 콘텐츠 매칭
④ 프리미엄 콘텐츠

20 다음이 설명하는 구글의 검색광고 용어는?

> • 광고 콘텐츠의 관련성, 수량, 다양성을 측정한다.
> • 광고에 관련성 높은 독창적인 콘텐츠를 사용하면 잠재고객에게 적합한 광고를 게재하고 광고 실적을 개선하는 데 도움이 된다.

① 가시도
② 딥 링크
③ 광고 효력
④ 광고 확장

21 검색광고 소재에 대한 설명으로 가장 적절하지 않은 것은?

① 소재는 가이드가 존재하지 않아 작성자의 창의성이 중요하다.
② 검색결과에 노출되는 사이트의 제목, 설명, 연결 페이지의 연결URL로 구성된다.
③ 효과적인 광고소재는 클릭률을 높여주고 품질지수에도 긍정적인 영향을 미친다.
④ 광고소재에 최상급 표현, 불법의 소지가 있는 단어, 비속어, 선정적 표현, 입증되지 않은 수상 내역, 의미 없이 과도하게 사용된 특수 문자는 사용이 불가능하다.

22 카카오 검색광고 등록 시스템에 대한 설명으로 가장 적절한 것은?

① 검색광고는 하나의 시스템에서 등록이 가능하다.
② 브랜드검색광고의 경우 캠페인 등록시 이름만 설정하면 된다.
③ 키워드광고의 경우 캠페인 등록시 비즈채널과 일예산 설정은 필수이다.
④ 캠페인 이름 설정시 키워드광고와 브랜드 검색광고는 30자까지 가능하다.

제**2**호

1급 실전모의고사

23 구글 검색광고 등록시스템에 대한 설명으로 가장 적절하지 않은 것은?

① 캠페인을 등록하기 위해서는 목표설정이 필요하며, 목표는 판매, 리드, 웹사이트 트래픽 중에 선택이 가능하다.

② 광고그룹의 유형은 표준과 동적이 있으며, 표준 유형은 웹사이트 콘텐츠를 사용하여 관련 검색어를 타겟팅하고 광고 제목을 자동으로 생성하는 텍스트 광고이다.

③ 광고그룹 등록시 키워드 등록이 가능하며, 추천키워드를 통하여 연관 키워드를 확인할 수 있다.

④ 광고 만들기 단계에서 광고 제목과 설명을 작성할 수 있으며, 캠페인에 광고 확장을 추가하여 광고를 개선할 수 있다.

24 네이버 콘텐츠검색광고의 업종별 등록기준이 따로 존재하지 않는 것은?

① 의료
② 화장품
③ 부동산
④ 건강기능식품

25 카카오 키워드광고의 확장소재 등록기준으로 가장 적절하지 않은 것은?

① 추가제목을 통하여 광고주가 제공하는 상품 또는 사이트 연관성이 있는 설명을 추가할 수 있으며, 업종 제한이 없다.

② 계산하기는 보험/대출 업종에 한하여 노출할 수 있다.

③ 전화하기는 광고주와 관련성이 있는 전화번호만 등록할 수 있다.

④ 톡채널은 비즈채널에 연동된 톡채널 1개를 등록할 수 있다.

26 다음 중 구글의 품질평가점수를 산출할 때 고려하는 사항으로 가장 적절하지 않은 것은?

① 광고 관련성
② 예상 클릭률
③ 예상 광고비
④ 방문 페이지 만족도

27 네이버는 통합검색의 '파워링크' 영역 외에 제휴를 맺고 있는 파트너 사이트에도 광고가 노출된다. 검색파트너가 아닌 것은?

① 옥션
② G마켓
③ 쿠팡
④ 11번가

28 네이버 검색광고 중 브랜드검색광고에 대한 설명으로 가장 적절하지 않은 것은?

① 광고소재 내의 클릭하는 각각 위치에 따라 세분화된 URL로 링크를 설정할 수 있어 세부 카테고리나 주요 상품 페이지로 직접 연결하도록 구성이 가능하다.
② 구 광고관리시스템에서 등록한 브랜드검색광고는 새로운 광고시스템에 연동하여 사용할 수 있다.
③ 브랜드존형은 모바일에만 존재하는 상품으로 라이트형 브랜드존과 프리미엄형 브랜드존이 존재한다.
④ 광고주와 직접적으로 연관이 있는 상호명, 상품명 등의 브랜드 키워드에 한해 광고 집행이 가능하며, 브랜드 키워드가 아닌 일반 키워드로는 브랜드검색을 집행할 수 없다.

29 네이버 검색광고 중 클릭초이스플러스에 대한 설명으로 가장 적절하지 않은 것은?

① 통합검색 결과 페이지에 상품을 상품이미지, 가격정보와 함께 노출해주는 '상품단위' 광고 상품이다.
② 펜션, 포토스튜디오, 파티/이벤트 기획, 유아용품 대여 업종에 한해 광고 진행이 가능하다.
③ 모바일 통합검색 결과의 '해당 업종' 영역에 최대 5개가 노출되고 더보기 링크를 통해 추가 노출되며, 광고 노출 순서는 키워드 입찰가와 품질지수 반영되어 결정된다.
④ 사용자의 검색 패턴에 따라 업종별로 최적화/맞춤화된 광고형태(UI)를 선보이며, 미리보기 화면을 제공하여 업체 및 상품에 대한 다양한 정보 전달이 가능하다.

30 카카오 검색광고 중 키워드광고에 대한 설명으로 가장 적절하지 않은 것은?

① 카카오 계정으로 광고 집행과 운영이 가능하다.
② 전환추적(CTS)을 통하여 캠페인 단위로 광고 효율 파악이 가능하다.
③ 광고계정, 캠페인, 광고그룹, 소재 단위의 다차원 보고서를 제공한다.
④ 입찰가와 품질지수에 따라 광고 노출 순위가 결정되며, 광고 클릭 시 과금되는 CPC방식이다.

31 구글 검색광고에 대한 설명으로 가장 적절하지 않은 것은?

① 광고 게재 순위는 최대 CPC 입찰가와 품질평가점수에 따라 결정된다.

② 노출 위치는 검색결과의 상단, 측면, 하단이며, 상단에는 최대 4개까지만 게재가 가능하다.

③ 목표가 3개라면 캠페인은 최소 3개이다.

④ 검색 네트워크 영역은 관련성이 높은 고객이 인터넷에서 사이트, 동영상, 앱을 탐색할 때 광고를 게재한다.

32 다음이 설명하는 자동입찰 기능으로 가장 적절한 것은?

> 선택한 검색 페이지 영역에 내 광고가 게재될 가능성이 높아지도록 Google Ads에서 입찰가를 자동으로 설정

① 타깃 CPA

② 전환 가치 극대화

③ 타깃 노출 점유율

④ 타깃 광고 투자수익 ROAS

33 카카오 브랜드검색광고의 최소 계약기간과 최대 계약기간을 순서대로 나열한 것은?

① 10, 30

② 10, 50

③ 10, 60

④ 10, 90

34 무효클릭에 대한 설명으로 가장 적절하지 않은 것은?

① Google 시스템은 광고에 발생한 각 클릭을 면밀히 검사하여 무효클릭 및 노출을 파악하고 계정 데이터에 보관한다.

② 무효클릭으로 확인되면 무효클릭에 대해 비용이 청구되지 않도록 보고서와 결제 금액에서 해당 클릭을 자동으로 필터링한다.

③ 네이버, 카카오, 구글은 사전 모니터링과 사후 모니터링을 모두 진행한다.

④ 자동 감지 시스템에서 잡아내지 못한 무효클릭이 있을 경우 해당 클릭에 대해 크레딧을 받을 수 있다.

35 다음의 조건을 통해 얻어진 CPS의 값으로 가장 적절한 것은?

> • 광고비 : 3,000,000원
> • 광고를 통한 방문수 : 4,000명
> • 구매전환율 : 30%

① 1,500원
② 2,000원
③ 2,500원
④ 3,000원

36 다음의 조건을 통해 얻어진 ROAS의 값으로 가장 적절한 것은?(단, 이외의 추가조건은 없다.)

> • 광고비 : 20,000,000원
> • 광고를 통한 방문수 : 40,000명
> • 물품단가 : 400,000원
> • 광고를 통해 판매된 물품수 : 1,000개

① 1,000%
② 2,000%
③ 3,000%
④ 4,000%

37 검색사용자의 행동프로세스의 단계로 가장 알맞은 것은?

① 노출 → 클릭 → 구매
② 인지 → 노출 → 구매
③ 클릭 → 방문 → 구매
④ 클릭 → 인지 → 구매

38 다음의 지표 중 높을수록 광고효과가 좋다고 할 수 있거나, 좋은 것은?

> 노출당 비용, 클릭당 비용, 구매당 비용, 클릭률, 전환율

① 클릭률, 전환율
② 클릭률, 전환율, 구매당 비용
③ 노출당 비용, 클릭당 비용, 구매당 비용
④ 노출당 비용, 클릭당 비용, 구매당 비용, 클릭률, 전환율

39 랜딩페이지의 관리 중 개선 작업이 필요한 시점이라 판단되는 시기로 가장 적절한 것은?

① DT가 증가할 때

② CTR이 감소할 때

③ CVR이 감소할 때

④ UV가 증가할 때

40 랜딩페이지 전략에 대한 설명으로 가장 적절하지 않은 것은?

① 유입된 고객의 페이지뷰가 증가할수록 광고비가 더욱 소진된다.

② 다양한 디바이스 환경에 대응할 수 있도록 랜딩페이지를 구현해야 한다.

③ 광고 효율성을 높이기 위해, 주기적으로 랜딩페이지 A/B 테스트를 진행하는 것이 좋다.

④ 구매혜택을 바로 랜딩페이지에서 제시하는 경우 고객이 부담을 느껴 구매율이 하락할 수 있다.

■ 단답식 문제

41 온라인 비즈니스를 거래 상품에 따라 분류할 수 있다. (괄호) 안에 들어갈 상품의 유형(종류)은?

> 온라인 비즈니스는 물리적 상품과 (괄호)(으)로 구분할 수 있다. (괄호)(은)는 경험재로 고객이 해당 제품을 직접 사용하기 전까지는 상품의 특성을 알 수 없기 때문에 고객이 직접 체험하도록 유도하는 것이 중요하다.

42 다음이 설명하는 소셜미디어의 유형(종류)은?

> Web과 Log의 합성어로, 웹에 기록하는 일기나 일지를 의미한다.

43 다음은 디지털 마케팅 전략에 대한 설명이다. (괄호) 안에 들어갈 용어(단어)는?

> (괄호) 전략은 자사 제품의 큰 경쟁우위를 찾아내어 이를 선정된 목표시장의 소비자들의 마음속에 자사의 상품을 자리 잡게 하는 것을 의미한다. 즉, 소비자들에게 경쟁제품과 비교하여 자사제품에 대한 차별화된 이미지를 심어주기 위한 계획적인 전략접근법이다.

44 마케팅 기법 중 4E는 Experience(경험), Engagement(참여), Evangelist(전도) 그리고 이것으로 구성되어 있다. 이것은?

45 다음이 설명하는 용어(단어)는?

> 다양한 문화적 요소와 브랜드 광고를 결합한 콘텐츠이다. 제품, 회사명, 브랜드를 직접 노출하지 않지만 이를 문화 콘텐츠 속에 녹여 강력한 광고 효과를 내고 소비자의 공감과 흥미를 통해 자발적인 공유에 이르는 것이 목표이다.

46 다음은 배너광고에 대한 설명이다. (괄호) 안에 들어갈 용어(단어)는?

> 배너광고는 홈페이지에 띠 모양으로 만들어 부착하는 광고로써, 현수막처럼 생겨서 banner(배너)라고 한다. 웹사이트 트래픽 유도와 온라인 브랜딩 효과가 있으며, 비교적 제작이 용이하다는 장점이 있다. 반면 검색광고에 비하여 클릭률이 낮고, 정보제공의 한계가 있다는 단점이 있다. 이러한 단점을 보완하기 위하여 사용자와 다양한 상호작용이 가능하게 하기 위하여 배너 자체에 많은 정보를 제공하고 사용자의 개인정보를 수집할 수 있게 하는 (괄호)(이)가 등장하였다.

47 다음에서 설명하는 용어는?

> • 검색 결과에 광고를 노출하여 잠재고객의 유입을 유도하는 광고
> • 네이버, 카카오, 구글 등의 검색엔진을 통해 노출하는 광고를 의미

48 검색광고 용어 중 ①, ②에 들어갈 용어는?

> • (①)은(는) 검색 결과에 노출되는 메시지로, 제목과 설명문구, URL과 다양한 (②)로 구성되어 있다.
> • (②)은(는) 일반 (①) 외 전화번호, 위치정보, 홍보문구, 추가 링크 등을 말한다.

49 네이버 사이트검색광고의 노출영역에 대한 설명이다. (괄호) 안에 들어갈 용어(단어)는?

> 사이트검색광고는 네이버 통합검색 탭에서 파워링크는 최대 10개, (괄호)(은)는 최대 5개까지 노출된다. 많이 찾지 않는 일부 키워드는 파워링크가 최대 3개까지만 노출이 가능하며, (괄호)(은)는 제외될 수 있다.

50 다음의 특징을 가진 네이버 검색광고의 종류(유형)는?

> • 모바일 환경에 최적화된 광고 UI
> • 미리보기 화면 제공
> • 업종에 맞춤화된 광고 UI

51 네이버 검색광고 등록시스템에서 입찰가에 대한 설명이다. ①과 ②에 해당하는 용어는 각각 무엇인 가?

> ① 최근 4주간 검색을 통해 노출된 광고 중에서 최하위에 노출되었던 광고의 입찰가 중 가장 큰 값
> ② 최근 4주간 해당 순위에 노출되었던 입찰가의 평균값

52 다음의 (괄호) 안에 들어갈 네이버 검색광고의 기능은?

> • 도구＞대량 관리는 광고 다운로드, 대량 등록/수정, 대량 광고그룹 복사, (괄호)(으)로 구성되어 있다.
> • (괄호)(은)는 CSV 형식의 파일을 업로드하거나 광고시스템에서 직접 데이터를 입력해 데이터를 대량으로 등록하거나 수정할 수 있는 기능이다.

53 매체별 키워드 삽입 방법이 존재한다. 다음의 방법으로 키워드를 삽입하는 매체는?(단, 매체는 네이버, 카카오, 구글로 한한다.)

> 〈키워드 : 대체키워드〉

54 다음은 네이버 사이트검색광고의 사이트 등록기준의 일부이다. 업종별 등록기준에 따라 ①과 ②에 각각 들어갈 용어(단어)는?

온라인쇼핑몰 등 통신판매업	(①) 신고
부동산 중개업	중개사무소 개설 등록
P2P/웹하드	특수한 유형의 부가통신사업자 등록
주류 판매 사이트	(②) 승인

55 카카오의 확장소재에 대한 설명이다. 다음이 설명하는 유형(종류)은?

> 보험/대출 업종에 한해 계산하기 버튼을 제공해 주는 형태로, 보험료/한도/이자 등을 바로 확인할 수 있는 페이지로 연결한다.

56 구글에는 광고를 게재할 검색어를 지정하는 검색 유형으로 일치검색, 구문검색, 확장검색이 있다.
다음이 설명하는 검색유형은?

> 맞춤법 오류, 동의어, 관련 검색어, 기타 관련성 있는 유사 구문 검색

57 다음은 어느 매체의 무효클릭 관리이다. 매체는 무엇인가?

> • 무효클릭이 의심될 경우에는 IP 주소, 키워드, 클릭일시, 광고주 URL 정보를 포함한 클릭로그를
>   클린센터로 접수해 조사의뢰 할 수 있다.
> • 광고노출제한 IP는 최대 600개, 유동 IP는 마지막 네 번째 자리에 와일드카드를 활용해 차단할
>   수 있다.

58 다음 표와 같이 검색광고의 집행결과가 도출되었다면, 전환당 비용은 얼마인가?

키워드	클릭수	전환율	CPC
시스컴 도서	45,000회	5%	8,000

59 다음이 설명하는 용어는 무엇인가?

> • 네이버 검색광고에서 제공하는 자동 추적 기능으로 방문당 평균 페이지뷰, 방문당 평균 체류시
>   간, 전환 분석 보고서 등의 데이터를 제공한다.
> • 어떤 키워드로 들어온 사용자가 사이트에 얼마나 머무는지, 얼마나 많이 보는지, 어떤 광고를 통
>   해 구매로 이어지는 지에 대하여 알아내고 효과적인 광고를 찾아내어 효율을 높인다.

60 다음이 설명하고 있는 용어는 무엇인가?

> 방문자 수 대비 반송 수의 비율 데이터를 의미한다. 랜딩페이지 효과를 객관적으로 분석하기 위해
> 광고를 통한 전환 데이터 외에도 로그분석의 여러 가지 지표를 참조할 수 있다. 이것이 높다는 것은
> 그만큼 해당 랜딩페이지가 고객들에게는 효과적이지 않다는 것이다.

실전모의고사

객관식
40문제 × 1.5점 = 60점
단답식
20문제 × 2.0점 = 40점

객관식 : 1번 ~ 40번
단답식 : 41번 ~ 60번
시험시간 90분

정답 및 해설 354p

▦ 객관식 문제

01 온라인 포털에 대한 설명으로 가장 적절하지 않은 것은?

① 광고를 주 수익 기반으로 한다.

② 확보된 회원과 이용자를 대상으로 온라인 커머스, 콘텐츠 판매 등을 통해 수익을 창출한다.

③ 인터넷을 사용할 때 거쳐 가는 웹사이트로, 다양한 서비스를 통하여 많은 트래픽을 유도한다.

④ 온라인 포털 초기 정보의 공유와 접근이 가능해지면서 정보를 공유하는 커뮤니티 구축 서비스가 포털 시장을 선점하였다.

02 소셜미디어의 유형으로 가장 적절하지 않은 것은?

① 유튜브

② CATV

③ 팟 캐스트

④ 위키피디아

03 온라인 비즈니스의 성공요인에 대한 설명으로 가장 적절하지 않은 것은?

① 판매자와 관리자는 고객의 눈높이에서 웹사이트를 구성하는 것이 가장 바람직하다.

② 온라인 비즈니스의 변화 속도는 매우 빠르기 때문에 빠르게 트렌드를 파악하여야 한다.

③ 온라인 비즈니스에 있어 사용자 수뿐만 아니라 지속적인 수익 창출 또한 중요한 요인이다.

④ 콘텐츠 과잉시대에 독특한 콘텐츠는 소비자들에게 외면 받기 때문에 기존의 정형화된 콘텐츠를 제공해야 한다.

04 디지털미디어에 대한 설명으로 가장 적절하지 않은 것은?

① 지불한 미디어란 온 · 오프라인 미디어 채널을 통해 메시지를 전달하고자 할 때 유료로 이용하는 미디어를 의미한다.

② 보유한 미디어란 보유하고 있는 커뮤니케이션 미디어를 의미하며, 네이티브 광고나 배너광고를 예로 들 수 있다.

③ 획득한 미디어란 제3자에 의해 창작되고 소유되어 소비자로부터 신뢰와 평판을 획득할 수 있는 모든 종류의 퍼블리시티를 의미한다.

④ 고객이 남기는 후기나 커뮤니티의 게시물은 획득한 미디어의 예라고 볼 수 있다.

05 다음의 설명에서 언급하지 않은 디지털 마케팅의 4E는?

> 첫째, 기업, 브랜드에 대해 소비자에게 다양하면서 인상적인 경험을 만들어주는 것으로 주로 블로그, 페이스북 등 SNS 채널을 통해 긍정적인 체험을 할 수 있게 하는 것이다. 둘째, 기업, 브랜드에 대해 관련성을 만들어주는 것이다. 브랜드 연상을 높이면서 소비자가 스스로 경험을 늘려갈 수 있도록 해주는 것을 의미한다. 셋째, 기업, 브랜드에 대해 호감과 충성도를 가진 고객을 브랜드 전도사라고 한다. 이때, 기업은 고객이 자발적으로 참여하는 장을 만들어주는 것이 중요하다.

① Evangelist
② Experience
③ Enthusiasm
④ Engagement

06 구전 마케팅에 대한 설명으로 가장 적절하지 않은 것은?

① 바이럴 마케팅이란 상품이나 광고를 본 네티즌들이 퍼담기 등을 통해 서로 전달하면서 자연스럽게 인터넷상에서 화제를 불러일으키도록 하는 마케팅을 의미한다.

② 버즈 마케팅이란 구설수에 휘말리도록 함으로써 소비자들의 이목을 집중시켜 판매를 늘리려는 마케팅을 의미한다.

③ 온라인 구전이란 온라인 상에서 소비자가 직접 경험한 정보를 다른 소비자와 공유하는 자발적 의사소통을 의미한다.

④ 코즈 마케팅은 기업의 사회적 책임과 마케팅을 결합한 마케팅으로, 공유 가치 창출을 하는 마케팅이다.

07 디지털 광고 중 배너광고에 대한 설명으로 가장 적절하지 않은 것은?

① 오래된 광고 유형으로 제작이 용이하다는 장점을 가진다.

② 배너 형태로 주목도를 높여 검색광고보다 클릭률이 높다.

③ 웹사이트 트래픽을 유도할 수 있고, 온라인 브랜딩 효과가 있다.

④ 동영상, 플래시 등 멀티미디어를 결합한 광고를 리치미디어 광고라 한다.

제**3**회

1급 실전모의고사

08 검색광고의 한 종류로 웹페이지의 콘텐츠에 어울리게 띄워주는 광고로, 우리말로는 맥락 광고라고 하는 광고기법은?

① 막간 광고
② MMS 광고
③ 텍스트 광고
④ 컨텍스트 광고

09 애드서버(Ad Server)에 대한 설명으로 가장 적절하지 않은 것은?

① 디지털 광고는 대부분 애드광고를 통하여 제공된다.
② 네이버 광고주센터, 구글 애드워즈, 다음 클릭스 에이전시는 애드서버를 통해 제공된다.
③ 광고물을 게재하거나 삭제하며 각종 타깃팅 기법을 적용하여, 광고 통계리포트를 산출할 수 있는 수동 장치시스템이다.
④ 고객의 방문과 이동에 관한 통계치를 제공하거나, 배너 회전 같은 기능도 제공하여 단일 고객이 똑같은 웹페이지를 방문하였을 때 배너를 두 번 보지 못하게 설정이 가능하다.

10 네이티브 광고에 대한 설명으로 가장 적절하지 않은 것은?

① 이용자가 경험하는 콘텐츠 일부처럼 보이도록 하여 이용자의 관심을 이끄는 형태의 광고를 말한다.
② 네이티브 광고는 광고 자체의 콘텐츠로서의 가치가 충분히 있다.
③ 소비자들의 광고 회피 현상과 거부반응이 적다는 장점이 있다.
④ 콘텐츠가 존재하나, 이를 콘텐츠 마케팅의 방법으로 보기는 어렵다.

11 다음 (괄호) 안에 들어갈 말로 가장 적절한 것은?

(괄호)은(는) 구체적인 서비스명칭이나 제품명칭, 지역명칭, 수식어를 조합하여 사용하는 키워드를 말한다.

① 세부 키워드
② 대표 키워드
③ 검색 키워드
④ 시즈널 키워드

12 검색광고 기획에 있어 사용자의 패턴을 분석하는 것은 중요하다. 네이버의 쇼핑인사이트 분야통계를 통하여 쇼핑 분야별 클릭 추이와 분야별 검색어 현황을 확인할 수 있는 것은?

① 데이터랩
② 트렌드(trends)
③ 에이스카운터
④ 키워드도구

13 검색광고 목표와 예산설정에 대한 설명으로 가장 적절하지 않은 것은?

① 목표 및 과업기준법은 기업들이 회사에서 충당 가능한 수준의 촉진비용을 책정하는 것을 말한다.
② 광고의 목표는 마케팅 믹스와 제품 포지셔닝, 표적시장 등과 관련한 의사결정(Decision Making)을 기반으로 설정하여야 한다.
③ 매출액 비율법은 현재 또는 예상되는 매출액의 일정비율을 사용하거나 아니면 제품의 판매가격의 일정 비율을 촉진예산으로 산정하는 방법을 말한다.
④ 경쟁자 기준법은 자사의 촉진예산을 타사의 촉진예산에 맞추는 방식으로서, 보통 산업 평균에 근거하여 촉진예산을 책정하는 방식을 말한다.

14 네이버의 검색광고 중 광고관리시스템이 다른 하나는?

① 사이트검색광고
② 쇼핑검색광고
③ 지역소상공인 광고
④ 클릭초이스플러스

15 네이버 비즈채널의 유형으로 가장 적절하지 않은 것은?

① 네이버 TV
② 네이버 예약
③ 네이버 톡톡
④ 네이버 클로바

제**3**회

1급 실전모의고사

16 카카오 키워드 광고에 대한 설명으로 가장 적절하지 않은 것은?

① 카카오톡 계정이 있으면 추가 회원가입 없이 광고를 운영할 수 있다.

② 효율분석 도구를 통하여 캠페인 단위로 광고 효율 파악이 가능하다.

③ 입찰가 및 품질지수에 따라 광고 노출 순위가 결정된다.

④ 광고그룹 단위로 입찰가를 설정하기 때문에 1개의 광고그룹 내에서 키워드의 입찰가는 모두 동일하다.

17 카카오 키워드광고의 세부기능이 바르게 짝지어지지 않은 것은?

① 광고관리 – 대시보드, 광고만들기

② 보고서 – 맞춤보고서

③ 도구 – 광고대상 관리, 계약 관리, 부킹현황, 서류 관리

④ 설정 – 광고계정 관리, 광고캐시 관리, 결제카드 관리, 현금영수증 조회, 변경이력 관리

18 다음의 (괄호)에 들어갈 말로 가장 적절하지 않은 것은?

> 구글 운영시스템은 광고주가 달성하고자 하는 주요 목적, 예를 들어 (괄호)와(과) 같이 부합하는 목표를 중심으로 캠페인을 생성한다.

① 판매

② 리드

③ 대시보드

④ 웹 사이트 트래픽

19 네이버 검색광고 등록 시스템에 대한 설명으로 가장 적절하지 않은 것은?

① 광고 목적에 따라 캠페인의 유형을 선택하여야 하며, 제품 이미지와 정보를 잠재고객에게 노출해 방문 및 구매를 유도하기 위해서는 쇼핑검색 유형이 적절하다.

② 캠페인 만들기 단계에서 하루 예산을 정할 수 있으며, 파워링크와 파워콘텐츠는 50원부터, 쇼핑검색과 플레이스는 70원부터 설정이 가능하다.

③ 광고그룹 만들기 단계에서 브랜드검색 유형은 일반형과 브랜드존형 중에서, 플레이스 유형은 플레이스 검색과 지역소상공인 광고 중에서 선택이 가능하다.

④ 광고 만들기 단계에 광고그룹기준 연관키워드와 키워드기준 연관키워드를 제공한다.

20 구글의 키워드 확장에서 검색 유형을 지정하지 않을 경우 설정되는 검색 유형은?

① 일치검색
② 구문검색
③ 확장검색
④ 제외어 검색

22 다음 중 네이버 검색광고에서 광고가 일부 또는 전부 제한되는 경우로 가장 적절하지 않은 것은?

① 사이트가 접속되지 않거나 완성되지 않은 경우
② 검수를 받은 사이트와 다른 사이트로 광고를 연결하는 경우
③ 등록한 사이트와 관련성이 낮은 키워드/광고소재로 광고하는 경우
④ 인터넷을 통하여 각종 프로그램이나 파일을 제공하는 사이트

21 구글 검색광고 등록시스템에 대한 설명으로 가장 적절하지 않은 것은?

① 검색 네트워크/디스플레이 네트워크 게재 여부 선택은 캠페인 생성단계에서 가능하다.
② 광고그룹의 표준 유형이란 광고주가 직접 작성하는 텍스트 광고로, 광고주가 선택한 키워드를 토대로 게재된다.
③ 광고 만들기 단계에서는 광고 조합의 관련성과 다양성을 보여주는 광고 효력을 실시간으로 제공한다.
④ 검색어를 지정하는 검색유형 중 [키워드]를 입력하면 구문검색 유형으로 검색어가 지정된다.

23 구글 검색광고의 광고 검토 절차에 대한 설명으로 가장 적절하지 않은 것은?

① 광고 또는 광고 확장을 만들거나 수정한 후에는 검토 절차가 자동으로 시작되며, 광고 제목, 설명, 키워드 등을 포함한 광고의 콘텐츠를 검토한다.
② 광고가 검토를 통과하면 상태가 '운영 가능'으로 변경되고 광고가 게재되기 시작되며, 검토 결과 정책 위반이 발견되면 상태가 '검토 중'으로 변경된다.
③ 대부분의 광고 검토는 영업일 기준 1일 이내에 완료되지만, 일부 광고는 검토 시간이 더 소요될 수 있다.
④ 광고 자체가 특정 Google Ads 정책을 준수하지 않는 경우 또는 도착 페이지에 문제가 있는 경우, 광고를 수정해야 광고를 노출할 수 있다.

24 품질지수에 대한 설명으로 가장 적절하지 않은 것은?

① 네이버와 카카오는 품질지수를 7단계로 분류하였다.

② 구글의 품질평가점수는 예상클릭률, 광고 관련성, 방문페이지 만족도로 결정한다.

③ 구글은 최초 등록 시 등록 시 10점 중 0점으로 시작하여 실적 데이터가 누적되면 변한다.

④ 네이버는 최초 등록 시 1단계 품질지수를 부여 받으며, 카카오는 최초 등록 시에 4단계의 품질지수를 부여 받는다.

25 네이버는 통합검색의 '파워컨텐츠' 영역 외에 제휴를 맺고 있는 파트너 사이트에도 광고가 노출된다. 다음 중 네이버와 제휴 맺은 검색포털 사이트는?

① 줌(Zum)
② 다음(Daum)
③ 구글(Google)
④ 네이트(Nate)

26 네이버 검색광고 중 브랜드검색광고의 최소 광고비용은?

① 50원
② 50,000원
③ 500,000원
④ 5,000,000원

27 네이버 검색광고 중 클릭초이스상품광고에 대한 설명으로 가장 적절하지 않은 것은?

① 통합검색 결과 페이지에 상품을 상품이미지, 가격정보와 함께 노출해주는 '상품단위' 광고 상품이다.

② 펜션, 포토스튜디오, 파티/이벤트 기획, 유아용품 대여 업종에 한해 광고 진행이 가능하다.

③ PC, 모바일 통합검색 결과 최소 3개~최대 9개까지 노출가능하며, '더보기' 링크를 통해 추가로 노출된다.

④ 광고 등록과 노출로는 과금되지 않으며, 노출 광고의 클릭이 일어난 횟수에 따라 비용을 지불하는 CPC 방식이다.

28 카카오 검색광고 중 키워드광고에 대한 설명으로 가장 적절하지 않은 것은?

① 키워드와 소재는 대량등록이 불가능하지만 입찰가, 일예산, ON/OFF 상태 등을 대량으로 변경할 수 있다.

② 운영목적에 맞게 PC/모바일의 검색매체/콘텐츠매체를 통하여 노출된다.

③ 톡채널형 확장소재는 카카오톡 채널 연결 시 사용자에게 지속적인 마케팅 메시지를 제공할 수 있는 채널 구독을 유도할 수 있다.

④ 키워드 플래너는 키워드 입력 시 연관 키워드를 추천해주고, 키워드별 과거 데이터 및 예상 실적 데이터를 제공한다.

30 네이버의 광고그룹 상태를 노출 가능 상태로 변경하기 위한 조치로 가장 적절하지 않은 것은?

① 중지(비즈채널 검토 중) : 비즈머니가 충전되어 있는지 확인한다.

② 중지(비즈채널 노출 제한) : 노출제한 사유 확인 후 증빙서류 제출 또는 가이드에 따라 비즈채널 수정 후 재검토 요청을 한다.

③ 중지(캠페인 예산 도달) : 캠페인의 하루 예산 변경 또는 제한없음으로 변경한다.

④ 일부 노출 가능(PC) : 비즈채널 PC 노출 제한의 경우 가이드에 따라 수정 후 재검토 요청한다.

29 검색광고의 캠페인 관리에 대한 설명으로 가장 적절하지 않은 것은?

① 네이버는 캠페인별로 기간 변경, 예산 변경, 추적기능 설정이 가능하다.

② 카카오는 캠페인별로 일예산 변경, 추적 URL 설정, 전환추적 설정이 가능하다.

③ 구글은 모든 캠페인에 대하여 캠페인 예산 시뮬레이터를 제공한다.

④ 네이버는 자동 규칙을 통하여 입력 조건 달성시 알림, OFF 등의 작업이 수행된다.

31 다음이 설명하는 입찰가 변경방법은?

> 최근 4주간 검색을 통해 노출된 모든 광고의 입찰가를 큰 순서대로 나열했을 때 중간의 값

① 중간 입찰가

② 스마트 입찰가

③ 최소 노출 입찰가

④ ○○위 평균 입찰가

32 네이버 검색광고의 즐겨찾기에 대한 설명으로 가장 적절하지 않은 것은?

① 광고그룹, 키워드, 소재 단위로 추가가 가능하다.
② 즐겨찾기 묶음은 총 100개가 제공되고, 이름 변경이 가능하다.
③ PC 이용이 어려운 상황에서 모바일 광고주 센터에서 빠르게 작업할 때 용이하다.
④ 여러 즐겨찾기 묶음에 중복으로 추가가 가능하고, 하나의 즐겨찾기는 총 1,000개까지 추가가 가능하다.

33 광고노출전략에 대한 설명으로 가장 적절하지 않은 것은?

① 네이버의 지역설정에서는 광고를 노출시킬 지역을 설정하거나 제외할 지역을 설정할 수 있다.
② 구글은 네트워크와 위치, 언어, 예산, 시작일 및 종료일 설정을 통해 노출전략의 설정이 가능하다.
③ 네이버는 매체 설정을 통해 광고를 노출시킬 디바이스를 선택할 수 있고 세부 매체를 선택해서 노출하거나 제외할 수 있다.
④ 카카오의 노출영역은 PC 검색 포털, 모바일 검색, PC 콘텐츠, 모바일 콘텐츠를 선택할 수 있고, 세부 매체를 제외할 수 있다.

34 무효클릭에 대한 설명으로 가장 적절하지 않은 것은?

① 필터링 로직과 필터링 결과는 공개하지 않는다.
② 네이버, 카카오는 사전 및 사후 모니터링을 진행하고, 구글은 사후 모니터링만 진행한다.
③ 자동 감지 시스템에서 잡아내지 못한 무효클릭이 있을 경우 해당 클릭에 대해 크레딧을 받을 수 있다.
④ 사용자가 의도하지 않은 클릭이나 악성 소프트웨어로부터 발생한 클릭 즉, 검색광고 본래의 취지에 맞지 않은 무의미한 클릭을 의미한다.

35 다음의 조건을 통해 얻어진 CVR의 값으로 가장 적절한 것은?

- 방문수 : 135,000명
- 광고비 : 37,800,000원
- CPA : 7,000원
- CPC : 280원

① 3%
② 4%
③ 5%
④ 6%

36 다음의 주어진 자료를 통하여 구할 수 없는 값으로 가장 적절한 것은?

> • 방문수 : 135,000명
> • 전환율 : 6%
> • 광고비 : 8,100,000원

① CTR
② CVR
③ CPS
④ CPC

37 일반적인 리포트에서 기본적으로 파악할 수 있는 지표가 아닌 것은?

① 노출수
② 클릭률
③ 비용
④ 체류시간

38 광고비용 대비 효과분석에 대한 설명으로 가장 적절하지 않은 것은?

① ROI가 100% 이상이면 광고 집행의 효과가 있다고 본다.
② ROI는 전체성과를 가지고 계산할 수도 있지만, 매체, 캠페인, 그룹, 키워드 단위로 계산할 수 있다.
③ ROAS는 전체성과를 가지고 계산할 수도 있지만, 매체, 캠페인, 그룹, 키워드 단위로 계산할 수 있다.
④ ROI는 매출액 자체를 광고비로 나눈 값이고, ROAS는 순이익을 투자액으로 나눈 값으로 매출액에서 비용을 제외한 값을 순이익으로 본다.

39 로그분석에 대한 설명으로 가장 적절하지 않은 것은?

① 웹 사이트 등을 방문한 유저들의 데이터를 수집해 분석하는 도구를 의미한다.
② 네이버, 다음 카카오, 구글 검색광고에서도 무료로 로그분석을 지원하고 있다.
③ 로그분석이 가능하기 위해서는 웹 사이트 등에 전환추적 스크립트의 삽입이 필요하며 자가 설치 및 대행설치도 가능하다.
④ 매체에서 제공하는 로그분석을 활용할 시에는 엑셀 작업을 통하여 그룹, 캠페인, 키워드별 전환성과를 보고서와 함께 볼 수 있다.

40 광고를 극대화하기 위한 랜딩페이지의 구성 요소로 가장 적절한 것은?

① 상품이나 서비스의 상세설명은 필요하지만, 증거는 불필요하다.

② 다양한 디바이스 환경을 고려해야 하고, 키워드를 포함한 랜딩페이지를 구성하여야 한다.

③ 세부적인 니즈에 따라 페이지를 별도 구성하되, 예상 고객을 파악하기 힘들기 때문에 예상 고객의 랜딩페이지 디자인은 따로 할 수 없다.

④ 특별한 혜택이 포함되어 있는 것이 효과적이며, 상품구매를 즉시로 할 수 있게 하는 요소가 있어야 하며, 서비스 예약과 같은 행동은 없어야 한다.

▦ 단답식 문제

41 다음의 ①, ②가 각각 설명하는 용어(단어)는?

> ① 인터넷을 사용할 때, 기본적으로 거쳐 가는 웹사이트
> ② 특정 시기나 계절에 따라 조회 수와 광고 효과가 급증하는 키워드

42 소셜미디어의 한 유형으로 편집 가능한 웹페이지로 웹사이트 상에서 콘텐츠를 추가하고 정보를 편집하여 마치 문서나 데이터베이스처럼 운영하는 것은?

43 다음은 디지털 마케팅 전략의 STP 전략 중 무엇에 대한 설명인가?

> 과거 공급자 위주의 치약시장에서는 한 종류의 치약밖에 없었으나, 최근에는 소득수준이 높아지면서 치약에 대한 소비자들의 욕구가 다양해지고, 치약시장이 나누어지기 시작하였다. 그래서 지금의 치약시장은 가격에 민감한 시장, 구강건강이 주된 관심인 시장, 치아의 미용 효과가 주된 관심인 시장, 유아용 치약시장 심지어는 노인 및 환자를 주된 고객으로 하는 치약시장까지 개발되어 나누어져 있는 것을 알 수 있다.

44 마케팅 전략 4P와 4E의 수립요소 중 (괄호) 안에 들어갈 용어는?

4P	Promotion(촉진)	Place(장소)	Price(가격)	Product(상품)
4E	(괄호)	Engagement(참여)	Evangelist(전도)	Enthusiasm(열정)

45 디지털 광고 산업의 주체로, 매체사들의 여러 광고 인벤토리를 네트워크 형태로 묶어 이를 광고주에게 판매하는 서비스를 제공하는 역할을 하는 것은?

46 다음은 배너광고에 대한 설명이다. (괄호) 안에 들어갈 용어(단어)는?

> JPEG, Java 프로그램 등 신기술 및 고급기술을 적용시킨 배너광고, 풍부하게 만들었다는 의미에서 (괄호)(이)라고 한다. 비디오, 오디오, 사진, 애니메이션 등을 혼합한 고급 멀티미디어 형식의 광고라는 점에서, 기존의 배너광고와는 차이가 있다.

47 검색광고의 용어 중 검색 결과에 노출되는 제목과 설명하는 용어(단어)는?

48 다음에서 설명하는 예산설정 방법은 무엇인가?

> 기업들이 회사에서 충당 가능한 수준의 촉진비용을 책정하는 것을 말한다. 즉, 회사의 자금 사정상 급박한 다른 상황에 비용을 모두 예산으로 책정한 후에 나머지를 촉진비용으로 정하는 방법을 말한다.

49 다음은 네이버 쇼핑검색광고의 한 종류에 대한 설명이다. 다음이 설명하고 있는 쇼핑검색광고의 종류(유형)는?

> 쇼핑몰(판매처)이 직접 판매중인 상품을 홍보하는 이미지형 광고 상품으로, 키워드를 선택할 필요 없이, 이미 네이버 쇼핑에 노출되고 있는 상품을 쇼핑 상위 영역에 노출하는 광고이다. 패션의류, 패션잡화, 식품, 출산/육아, 가구/인테리어, 스포츠/레저, 화장품/미용, 생활/건강, 디지털 가전(악세사리류)의 업종에서 집행이 가능하다.

50 다음은 네이버 검색광고의 구조이다. (괄호) 안에 들어갈 용어는?

> 네이버 검색광고 구조는 "계정–캠페인–(괄호)–키워드와 소재"로 구성되어 있다.

51 네이버 검색광고 중 사이트검색광고에 대한 설명이다. ①, ②, ③에 들어갈 숫자는 각각 무엇인가?

> 네이버 통합검색 탭에서 파워링크 최대 (①)개까지 노출되고, 비즈사이트에 최대 (②)개까지 노출된다. 키워드에 따라 파워링크와 비즈사이트의 위치는 다를 수 있다. 이용자가 많이 찾지 않는 일부 키워드는 파워링크 광고가 최대 (③)개까지 노출되고, 비즈사이트는 제외될 수 있다.

52 다음은 네이버의 확장소재에 대한 설명이다. (괄호) 안에 들어갈 용어(단어)는?

> 네이버의 확장소재는 광고그룹 단위에서 '전화번호', '위치정보', '네이버예약', '계산', '추가제목', '홍보문구', '서브링크', '가격링크', (괄호), '이미지형 서브링크', '플레이스 정보', '홍보영상' 유형을 등록할 수 있다. 특정 광고그룹에 캠페인 단위로 설정한 확장소재와 다른 확장소재를 적용하고 싶은 경우, 해당 광고그룹에만 별도의 확장소재를 등록할 수 있다.

53 카카오 검색광고의 종류 2가지는?

54 구글은 광고주가 달성하고자 하는 목적에 부합하는 목표를 중심으로 캠페인을 생성한다. 검색광고의 목적은 모두 무엇인가?

55 구글은 자동입찰 기능을 제공한다. 다음이 설명하는 구글의 자동입찰 기능은?

> 설정한 타깃 전환 당 비용 수준에서 전환수를 최대한 늘릴 수 있도록 Google Ads에서 입찰가를 자동으로 설정

56 구글의 무효클릭에 대한 설명이다. (괄호) 안에 들어갈 용어(단어)는?

> • 무효클릭이 확인되면 해당 클릭에 대해서는 비용이 청구되지 않도록 보고서 및 결제금액에서 자동으로 해당 클릭이 필터링 된다.
> • 자동 감지 시스템에서 잡아내지 못한 무효클릭이 있을 경우 해당 클릭에 대해 크레딧을 받을 수 있으며, 이를 (괄호)(이)라고 한다.

57 광고비가 1,500,000원이고, 광고로 인한 전환매출액이 3,600,000원일 때 ROAS(%)는 얼마인가?(단, 광고비 이외의 비용은 없다고 가정한다.)

58 다음의 조건을 통해 얻어진 전환 매출액 중 가장 많은 전환 매출액과 가장 적은 전환 매출액과의 차이는 얼마인가?

키워드	노출수	클릭수	광고비	광고수익률(ROAS)
A	10,000회	1,200회	1,200,000원	800%
B	15,000회	1,600회	1,400,000원	750%
C	20,000회	2,100회	2,000,000원	650%

59 다음이 설명하고 있는 용어는 무엇인가?

> • 이것은 광고를 통해 방문하게 되는 페이지를 의미한다.
> • 이것이 메인페이지가 될 수 있으며, 카테고리나 제품 상세 페이지, 이벤트 페이지가 될 수도 있다.
> • 광고를 클릭해 방문한 페이지에서 찾고자 했던 제품 및 콘텐츠 등이 없는 경우 고객들은 쉽게 포기하고 타 페이지를 사용하기 때문에 이것이 중요하다.

60 네이버 검색광고에서 제공하는 프리미엄 로그분석에서 확인 가능한 항목의 일부이다. ①과 ②가 각각 의미하는 단어(용어)는?

> ① 광고클릭 이후 30분부터 전환이 나타난 경우, 전환 추적 기간은 7~20일 사이의 기간으로 직접 설정이 가능
> ② 사용자가 사이트 방문 1회당 살펴본 페이지 수

정답 및 해설

빠른 정답찾기

제1회 실전모의고사

객관식 문제

01 ②	02 ②	03 ③	04 ①	05 ④
06 ①	07 ④	08 ②	09 ①	10 ④
11 ④	12 ②	13 ③	14 ③	15 ①
16 ②	17 ④	18 ③	19 ①	20 ③
21 ③	22 ③	23 ②	24 ①	25 ②
26 ②	27 ③	28 ③	29 ③	30 ③
31 ②	32 ②	33 ④	34 ①	35 ④
36 ④	37 ①	38 ②	39 ③	40 ①

단답식 문제

41 온라인 비즈니스 또는 E-Business 또는 인터넷 비즈니스
42 디렉토리 검색
43 Search 또는 검색
44 촉진 또는 Promotion
45 코즈 마케팅
46 소셜미디어 광고(소셜미디어, 소셜광고, 소셜네트워크 광고, SNS, SNS광고)
47 인터스티셜(Interstitial) 광고
48 ① 표시 URL, ② 연결 URL
49 파워링크, 파워콘텐츠(파워컨텐츠)
50 펜션, 포토스튜디오, 파티/이벤트 기획, 유아용품대여 중 1가지
51 입찰가, 품질지수
52 즐겨찾기
53 대체키워드
54 모바일 라이트, 모바일 오토플레이형
55 광고 효력
56 무효클릭
57 반송
58 100(%)
59 ① 클릭수 6,500회, ② 물품단가 105,000원
60 로그분석

01 정답 ②

정답해설

인터넷을 통한 양방향 정보 교류를 통해 물리적 상품 이외에도 무형의 디지털 상품을 거래의 대상으로 하는 비즈니스 활동을 온라인 비즈니스라고 한다. 온라인 비즈니스는 통상적으로 인터넷 비즈니스, e-business와 일맥상통하다.

02 정답 ②

정답해설

인덱스 검색은 인터넷에 새롭게 만들어진 파일 등의 정보를 검색로봇이 주기적으로 수집하여 인덱스 데이터베이스에 정보위치를 저장하는 검색엔진으로 대표적인 예로 구글이 있다.

03 정답 ③

정답해설

소셜미디어는 실시간 쌍방향 의사소통이 가능하고, 고객과의 직접 소통이 가능하다는 장점이 있으며, 기업이 없어도 개인의 블로그, 프로필, 사회 관계망 서비스를 통해 자료가 대량 확산이 가능하다는 장점이 있다. 사진, 동영상, 컴퓨터 그래픽, 미디어 등 다양한 표현을 통하여 마케팅할 수 있으며, 오프라인 매체에 비하여 저렴한 비용이 소요되고, 전 세계를 대상으로 글로벌 마케팅이 가능하다.

04 정답 ①

정답해설

디지털 콘텐츠는 디지털 형태로 존재하고, 유통 및 소비도 디지털 형태로 이루어진다.

05 정답 ④

정답해설

디지털 마케팅은 브랜드 구축 중심의 브랜드 관리에서 캐릭터 구축을 통한 브랜드 관리로 변화하고 있다. 디지털 마케팅이 전통적 마케팅과 차별화되는 요인으로는 아이디어 중심, 기존보다 높은 ROI(Return On Investment; 투자대비수익률), 세분화와 높은 신뢰도, 저렴한 가격, 쌍방향의 커뮤니케이션 등이 있다.

06 정답 ①

정답해설

시장세분화 전략이란 전체시장을 하나의 시장으로 보지 않고, 소비자 특성의 차이 또는 기업의 마케팅 정책, 예를 들어 가격이나 제품에 대한 반응에 따라 전체시장을 몇 개의 공통된 특성을 가지는 세분시장으로 나누어서 마케팅을 차별화시키는 것을 말한다. 비차별적 마케팅, 대량마케팅이 아닌 차별적 마케팅을 위해서는 시장을 세분화하여 전략적으로 마케팅하여야 한다.

07 정답 ④

정답해설

디지털 마케팅의 4E란 Experience(경험), Engagement(참여), Evangelist(전도), Enthusiasm(열정)을 말한다.

08 정답 ②

정답해설

온라인 구전이란 온라인상에서 소비자가 직접 경험한 정보를 다른 소비자와 공유하는 자발적 의사소통을 의미한다. 온라인 구전은 네트워크 분석을 통해 구전의 확산경로와 의견 선도자를 파악할 수 있어 기업의 입장에서 소비자의 의견을 청취하는 채널로 활용할 수 있다. 온라인 쇼핑몰에서 구매 후 소비자가 작성하는 사용 후기도 온라인 구전의 한 유형으로 볼 수 있다.

09 정답 ①

정답해설

동영상 중심 콘텐츠 소비가 트렌드로 자리 잡으며, 그중에서도 개인적, 즉시적, 위치적 특성의 이점을 가진 모바일 동영상 콘텐츠의 소비가 증가하고 있다.

10 정답 ④

정답해설

디지털 미디어 렙은 사전효과 예측 및 매체안 등을 제시, 광고소재 송출, 노출 및 클릭 관리, 보유한 광고 솔루션을 활용해 각 매체별 트래킹을 통해 광고효과를 측정 및 비교한다. 또한, 광고주 입장에서 보면 많은 인터넷 매체사와의 접촉을

통해 광고 구매, 집행 등을 관리해주는 역할을 대행해주며 매체사 입장에서 보았을 시에는 광고 판매를 대행하고 더욱 많은 광고를 수주할 수 있는 기회를 제공한다.

11 정답 ④

정답해설

검색광고란 네이버, 카카오, 구글 등의 검색엔진을 통해 웹사이트를 노출하는 광고를 의미한다. 이용자는 키워드를 등록하고, 등록한 키워드는 광고서비스업체가 검수한다. 광고서비스업체는 양질의 검색결과를 제공하기 위하여 광고의 연관도와 콘텐츠, 업종별 등록기준에 의거하여 키워드를 검수한다.

12 정답 ②

정답해설

광고 클릭 이후 30분 내에 마지막 클릭으로 발생한 전환을 직접전환이라 한다. 간접전환이란 광고클릭 이후 30분부터 전환 추적기간 내에 발생한 전환을 의미한다(추적 기간은 7~20일). 사이트 내 모든 페이지에서 공통으로 확인되는 URL을 표시URL이라 한다. 연결URL이란 광고 클릭 시 도달되는 랜딩 페이지의 URL을 의미한다.

13 정답 ③

정답해설

검색광고를 기획하는 과정의 '환경분석 → 목표설정 → 매체전략 → 일정계획 → 예산책정'의 순서이다. 환경분석은 시장환경, 타깃분석 등을 말하며, 목표설정은 검색광고를 통한 궁극적 목표를 설정하는 것을 말한다. 매체전략은 검색광고에 관한 전략을 말하며, 이후 일정계획을 짜고, 예산책정을 한다.

14 정답 ③

정답해설

광고예산 설정에서 목표과업법이란 광고의 목표를 설정한 뒤 목표달성을 위한 광고비의 규모를 책정하는 방법으로 가장 논리적인 촉진예산 방식이다. 처음 검색광고를 집행하는 경우, 일 평균 목표 클릭수와 평균클릭비용을 통하여 광고비의 규모를 설정할 수 있다. 이전에 검색광고를 집행한 이력이 있

다면, 과거의 광고비, 클릭비용, 전환성, 클릭수 등을 통하여 광고비의 규모를 설정할 수 있다.

15 정답 ①

정답해설

상위순위에 노출하기 위해 품질지수 관리가 중요하다. 노출순위는 입찰가 및 품질지수 순으로 산정되므로 지속적인 품질지수관리로 노출순위를 높일 수 있다.

16 정답 ②

정답해설

비즈채널이란 웹사이트, 전화번호, 위치정보 등 잠재적 고객에게 상품 정보를 전달하고 상품을 판매하기 위한 모든 채널을 말하며, 광고 집행을 위해서는 캠페인에 맞는 비즈채널이 반드시 등록되어야 한다.

17 정답 ③

정답해설

확장소재의 유형으로는 네이버 예약, 네이버 톡톡, 위치정보 등이 있다. 키워드 도구, 자동규칙, 비즈채널 관리 등은 효율적으로 광고를 관리할 수 있는 도구들이다.

18 정답 ③

정답해설

카카오 키워드광고의 버튼형 확장소재는 전화번호이다. 말머리, 가격테이블은 텍스트형 확장소재이다.

19 정답 ①

정답해설

구글 운영시스템은 네이버와 카카오와 달리 캠페인, 광고그룹, 광고의 구조를 가지고 있다.

20 정답 ③

정답해설

카카오 키워드광고는 도구 탭의 비즈채널 관리를 통하여 광고대상을 관리하고, 키워드 제안을 통하여 키워드 추천을 받을 수 있다.

21 정답 ③

정답해설

캠페인 만들기에서 캠페인 이름과 하루예산을 기재하고, 예산균등 배분 체크가 가능하다. 광고그룹 만들기에서 광고그룹의 이름 및 URL, 기본 입찰가, 하루예산을 설정한다.

22 정답 ③

정답해설

키워드확장 설정시에는 제외키워드를 설정하여 광고가 노출되지 않도록 제어가 가능하다.

23 정답 ②

정답해설

네이버 사이트검색광고에 자동차 대여 관련 사이트를 등록하기 위해서는 자동차 대여사업 등록이 필요하다. 자동차관리사업을 등록하면 등록할 수 있는 사이트는 자동차 폐차업 관련 사이트이다.

24 정답 ①

정답해설

카카오 키워드광고에 비즈채널을 등록하기 위해서는 사이트는 완성된 홈페이지여야 하며, 사용자 환경과 무관하게 항상 접속이 가능해야 한다. 수정중인 사이트나 일부 메뉴가 활성화되지 않은 사이트는 광고할 수 없다.

25

정답해설

광고 순위는 입찰가와 품질지수를 고려하여 결정되므로, 품질지수가 높아지면 노출순위가 높아질 수 있다. 또한 광고 클릭 비용은 품질지수를 고려하여 산정이 되므로 광고비가 낮아질 수 있다.

26

정답해설

네이버 사이트검색광고는 기본적으로 제목과 설명 문구, 사이트 url이 함께 노출되며, 광고 영역에 따라 전화번호, 위치 등이 추가 노출될 수 있다.

27

정답해설

파워컨텐츠에는 업무협력 관계에 있는 협력 대행사는 존재하나 별도의 공식 대행사가 존재하지 않는다. 네이버 파워컨텐츠에 대해서 잘 알고 있고 파워컨텐츠 제작 노하우를 가지고 있는 파워컨텐츠 협력 대행사를 통해 도움 받아 블로그, 카페, 포스트 개설 운영 및 파워컨텐츠 제작을 하기도 한다.

28

정답해설

네이버 검색광고 중 쇼핑검색광고와 플레이스광고는 광고비용이 최소 50원이다. 네이버 검색광고 중 사이트검색광고와 콘텐츠검색광고는 광고비용이 최소 70원이다.

29

정답해설

클릭 수 최대화는 예산 내에서 클릭 수를 최대한 높일 수 있도록 Google Ads에서 입찰가를 자동으로 설정하는 것이고, 예산 내에서 최대한 많은 전환이 발생하도록 Google Ads에서 입찰가를 자동으로 설정하는 것은 전환수 최대화이다.

30

정답해설

브랜드검색광고는 광고 등록과 운영을 직접할 수 있다. 공식 대행사가 존재하여 대행사를 통한 집행 역시 가능하다.

31

정답해설

구글의 개별 그룹을 선택한 후 수정을 선택하면 복사, 붙여넣기, 사용 설정, 일시중지, 삭제, 입찰가 변경, 광고 로테이션 변경, 추적 템플릿 변경, 맞춤 매개변수 변경, 타겟팅 확장 설정 변경, 자동 규칙 만들기 설정이 가능하다.

32

정답해설

입증되지 않은 수상 내역은 광고 소재에 사용이 불가능하나, 입증 가능한 수상 내역은 광고 소재로 사용 가능하다. 광고 소재에 최상급 표현, 불법의 소지가 있는 단어, 비속어, 선정적 표현, 입증되지 않은 수상 내역, 의미 없이 과도하게 사용된 특수 문자는 사용이 불가능하다.

33

정답해설

분석데이터 설정을 통해 매체유형, 디바이스, 시간대 분석이 가능하며, 키워드/소재 단위로 설정 후 분석데이터 내 확장소재의 효율도 함께 확인 및 다운로드 할 수 있다.

34

정답해설

카카오의 경우 계정>도구>노출제한 설정에서 IP 최대 500개까지 등록이 가능하다.

제1호

정답 및 해설

35 정답 ④

정답해설

방문수가 10,000회이고 클릭률이 4%이므로, 노출수는 250,000회가 된다. CPA는 '광고비/전환수'이므로 전환수는 1,000회이다. 전환수가 1,000회이므로 매출액은 '전환수×물품단가'인 50,000,000원이고, 전환율은 10%이다. CPS는 '광고비/구매건수'이므로 2,500원이 되고, CPC는 '광고비/클릭수'이므로 250원이 된다.

36 정답 ④

정답해설

노출수가 2,500,000회이고, 클릭수가 15,000회이므로 클릭률은 0.6%이다. 전환율은 '전환수/클릭수×100'이므로, 약 1.7%이다. 클릭당 비용(CPC)은 '광고비/클릭수'이므로, 1,500원이다. ROAS는 '수익/광고비×100'이므로, 약 222%이다.

37 정답 ①

정답해설

CPI(Cost per Install)는 설치당 비용으로 소비자가 광고를 보고 설치했을 때 1회당 책정되는 비용이다.
CPC(Cost per Click)는 클릭당 비용으로 1회당 클릭할 때 책정되는 비용이다. 클릭이 발생될 때마다 퍼블리셔가 광고주에게 청구하는 금액을 말한다.
CPS(Cost per Sale)는 판매당 광고비용을 의미하는데, 소비자들이 제품이나 서비스를 구매할 때마다 광고비가 지출되는 형식의 광고를 말한다.

38 정답 ④

정답해설

클릭률(CTR)은 노출 수 대비 클릭 수 비율이고, 전환율(CVR)은 클릭 수 대비 전환 수 비율이므로, CTR과 CVR이 높아질수록 광고효과는 올라간다.

39 정답 ③

정답해설

요일별, 시간대별 전환데이터를 확인하여 구체적인 방안을 도출해 낸다.

40 정답 ①

정답해설

사후관리에 있어 클릭률과 전환율을 고려하는 것은 중요하다. 클릭률은 높지만, 전환율이 낮을 경우 광고 소재별 랜딩페이지 설정, 키워드 유형별 랜딩페이지 설정 전략, 사이트의 편의성 및 전환 단계의 간소화를 고려할 수 있다. 키워드 OFF 전략은 클릭률과 전환율이 모두 낮을 때, 고려해야 할 작업으로 적절하다.

41 정답 온라인 비즈니스 또는 또는 E-Business 인터넷 비즈니스

정답해설

온라인 비즈니스란 인터넷을 통한 양방향 정보교류를 통해 물리적 상품이외에도 무형의 디지털 상품을 거래의 대상으로 하는 비즈니스 영역을 의미한다. 인터넷을 이용하여 다양한 형태의 상품과 서비스를 제공하고 그와 관련된 모든 거래행위와 가치를 창출할 수 있는 비즈니스 활동이다.

42 정답 디렉토리 검색

정답해설

디렉토리 검색은 인터넷에 존재하는 파일 또는 웹사이트를 정보의 주제별로 분류된 메뉴를 선택하여 한 단계씩 상세한 주제로 찾아가 정리한 목록을 사용자에게 제공하는 검색엔진으로 야후가 대표적인 예이다.

43 정답 Search 또는 검색

정답해설

디지털 정보처리 과정은 'Attention − Interest − Search − Action − Share'로 AISAS라고도 한다. AISAS는 소비자의 능동적인 참여를 기반으로 소셜미디어를 통한 정보 공유의 특징을 가진다.

44 정답 촉진 또는 Promotion

정답해설

촉진(Promotion)이란 기업이 마케팅 목표 달성을 위하여 사용하는 광고, 인적판매, 판매촉진, PR, 직접 마케팅 등의 수단으로, 대중들의 원활한 의사소통을 기반으로 하여 구매를 이끌어내는 유인 기법을 말한다. 양방향 소비자 참여형 프로모션이 증가하며, 소비자가 광고 제작 과정에 직접 참여하여 의견을 제안하기도 한다.

45 　　　　　　　　　　　　　정답 코즈 마케팅

정답해설

코즈 마케팅은 기업의 사회적 책임과 마케팅을 결합, 공유 가치 창출(CSV : Creating Shared Value)을 하는 방법이다. 사회적 이슈를 해결함과 동시에 기업의 이익을 동시에 추구한다는 것이 핵심이다. 기업이 환경, 보건, 빈곤 등과 같은 사회적 이슈, 즉 코즈(Cause)를 이익 추구를 위해 활용하는 마케팅 전략이다. 소비자들로 하여금 '착한 소비'를 하게끔 유도하고 기업이 추구하는 사익과 공익을 동시에 얻는 것이 목표이다.

46 　　　　　　　　　　　　　　　　　정답
소셜미디어 광고(소셜미디어, 소셜광고, 소셜네트워크 광고, SNS, SNS광고)

정답해설

소셜미디어 광고란 사람들이 서로의 생각이나 의견을 공유하기 위해 사용하는 온라인 상의 플랫폼을 통한 마케팅으로, 사업 이미지 개선, 제품과 서비스 개선, 제품 인지도 향상에 긍정적인 효과를 보이고 있다. 대표적인 예로 페이스북, 인스타그램 등이 있다.

47 　　　　　　　　　정답 인터스티셜(Interstitial) 광고

정답해설

인터스티셜(Interstitial) 광고란 사용자가 특정페이지에서 다른 페이지로 이동할 경우 나타나는 모바일 스크린 전면 광고로, 주목도가 높고 여러 크리에이티브가 가능하다는 장점이 있다.

48 　　　　　　　　　정답 ① 표시 URL, ② 연결 URL

정답해설

광고소재에서 URL은 표시 URL과 연결 URL이 있다. 표시 URL은 광고소재에서의 URL로, 사이트 내 모든 페이지에서 공통으로 확인되는 URL이다. 즉, 최상위 도메인을 말한다. 연결 URL은 광고소재에서의 URL로, 광고를 클릭 했을 때 도달하는 페이지의 URL이다. 즉, 랜딩페이지의 URL을 말하고, 네이버와 구글은 키워드와 소재에 연결 URL을 설정할 수 있다.

49 　　　　　　　　정답 파워링크, 파워콘텐츠(파워컨텐츠)

정답해설

네이버 검색광고의 광고관리시스템에 존재하는 캠페인의 유형은 파워링크, 쇼핑검색, 파워콘텐츠, 브랜드검색, 플레이스로 총 5가지의 유형이 존재한다.

50 　　　　　　　　　　　　　　　　　정답
펜션, 포토스튜디오, 파티/이벤트 기획, 유아용품대여 중 1가지

정답해설

네이버 클릭초이스플러스는 펜션, 포토스튜디오, 파티 · 이벤트 기획, 유아용품 대여의 업종에서 서비스를 제공하고 있다.

51 　　　　　　　　　　　　정답 입찰가, 품질지수

정답해설

네이버 사이트검색광고 노출순위는 입찰가와 품질지수를 고려하여 결정되고, 클릭당 광고비도 노출 시에 결정된다.

52 　　　　　　　　　　　　　　정답 즐겨찾기

정답해설

즐겨찾기는 광고그룹, 키워드, 소재 단위로 추가할 수 있으며, 하나의 즐겨찾기는 광고그룹, 키워드, 소재의 묶음으로 구성된다. 하나의 즐겨찾기 묶음에는 광고그룹, 키워드, 소재를 합쳐 총 1,000개까지 추가할 수 있으며, 즐겨찾기 묶음은 총 10개가 제공된다. 네이버 검색광고는 핵심적으로 관리하는 광고 그룹이나 키워드, 소재를 관리 목적에 따라 즐겨찾기를 설정할 수 있다.

53 　　　　　　　　　　　정답 대체키워드

정답해설

키워드가 삽입된 소재는 키워드에 볼드처리가 되어 주목도를 상승시킨다. 키워드 삽입은 제목에는 1회 설명에는 2회만 사용할 수 있으며, 키워드 삽입 시 대체 키워드를 필수로 입력해야 한다. 대체키워드는 키워드 삽입시 소재 전체 글자수를 초과 또는 미달의 경우 노출되는 키워드이다.

54 　　　　　정답 모바일 라이트, 모바일 오토플레이형

정답해설

브랜드검색광고의 광고그룹은 총 4가지 유형(모바일 라이트, 모바일 오토플레이형, PC 베이직, PC 프리미엄 동영상배너형)이 있으며, 템플릿 유형별로 구매 시작 단가의 차이가 있고, 등록 방법과 입력 사항이 다르다.

55 　　　　　　　　　　　정답 광고 효력

정답해설

구글의 광고 효력은 광고 콘텐츠의 관련성, 수량, 다양성을 측정한다. 광고에 관련성 높은 독창적인 콘텐츠를 사용하면 잠재고객에게 적합한 광고를 게재하고 광고 실적을 개선하는 데 도움이 된다.

56 　　　　　　　　　　　정답 무효클릭

정답해설

무효클릭은 사용자가 의도하지 않은 클릭이나 악성 소프트웨어로부터 발생한 클릭 즉, 검색광고 본래의 취지에 맞지 않은 무의미한 클릭을 의미한다. 네이버, 카카오, 구글은 무효클릭에 대하여 사전 및 사후 모니터링을 진행하고, 필터링 로직과 필터링 결과는 악용할 가능성이 있어 공개하지 않는다. Google 시스템은 광고에 발생한 각 클릭을 면밀히 검사하여 무효클릭 및 노출을 파악하고 계정 데이터에서 삭제한다.

57 　　　　　　　　　　　정답 반송

정답해설

사이트에 방문한 후에 페이지 이동 없이 바로 이탈한 경우를 반송이라고 한다. 반송률은 방문자 수 대비 반송 수의 비율 데이터를 의미한다.

58 　　　　　　　　　　　정답 100(%)

정답해설

클릭수가 45,000회이고, 구매전환율이 4%이므로, 판매 상품 수는 1,800개이다. 상품단가가 150,000원이고, 판매 상품의 수가 1,800개이므로, 수익은 270,000,000원이다. ROAS(Return On Ad Spend)는 광고비 대비 수익률이므로, 100%이다.

59 　　　정답 ① 클릭수 6,500회, ② 물품단가 105,000원

정답해설

광고를 통한 노출수가 130,000회이고, 클릭률이 5%이므로, 클릭수는 6,500회이다. 클릭수가 6,500회이고, 전환율이 4%이므로, 전환수(구매건수)는 260회이다. ROAS는 '수익/광고비×100'이고, 그 값이 390%이므로, 수익은 27,300,000원이다. 따라서 물품단가는 105,000원이다.

60 　　　　　　　　　　　정답 로그분석

정답해설

로그분석은 웹 사이트 등을 방문한 유저들의 데이터를 수집해 분석하는 도구를 의미한다. 네이버, 다음 카카오, 구글 검색광고에서도 무료로 로그분석을 지원하고 있고, 예로는 구글의 애널리틱스, 에이스카운터, 비즈스프링의 로거 등이 있다. 매체에서 제공하는 로그분석을 활용할 시에 별도의 엑셀 작업 없이 그룹, 캠페인, 키워드별 전환성과를 보고서와 함께 볼 수 있다. 로그분석이 가능하기 위해서는 웹 사이트 등에 전환추적 스크립트의 삽입이 필요하며 자가 설치 및 대행설치도 가능하다.

01 정답 ③

정답해설

온라인 비즈니스의 대한 설명이다. 온라인 비즈니스는 인터넷을 이용하여 다양한 형태의 상품과 서비스를 제공하고 그와 관련된 모든 거래행위와 가치를 창출할 수 있는 비즈니스 활동이다. 온라인상에서 경제 주체들이 정보통신 기술과 인터넷을 이용하여 전자적으로 이루어지는 상거래와 그를 지원하는 경제 주체들의 활동이라 정의할 수 있다.

02 정답 ①

정답해설

온라인 비즈니스는 초기 비용이 비교적 적게 들어가므로 진입장벽이 낮다. 이는 경쟁이 치열해질 수밖에 없다. 특허는 자사의 상품에 독점적 위치를 제공할 뿐 아니라 자사의 서비스 및 상품을 보호하여, 경쟁업체들에게는 엄청난 진입장벽이 된다.

03 정답 ①

정답해설

검색엔진이란 인터넷 상의 엄청난 양의 자료를 쉽게 찾을 수 있도록 도와주는 소프트웨어로, 일반적으로 자료의 대상은 웹사이트와 파일이다. 웹사이트와 파일 이외에도 여러 형태의 검색 결과 자료를 제공한다.

04 정답 ④

정답해설

프로슈머는 1980년 엘빈 토플러가 처음 사용한 용어로 생산자적 기능을 수행하는 소비자를 말한다. 소비자들의 욕구를 충족시킬 상품의 개발을 직접 요구하고 때로는 유통에도 직접 관여하는 소비자를 말한다.

05 정답 ③

정답해설

디지털 콘텐츠는 다른 형태의 변환이 간편하여, 다른 기술과 결합하여 새로운 가치를 창출해낼 수 있다는 장점이 있다.

06
정답 ①

정답해설

전통적인 마케팅은 다수의 사용자에게 반복적인 노출을 하여 커뮤니케이션 효과를 증진시키고, 디지털 마케팅은 소비자와 상호작용을 중시하며, 타기팅이 가능하다.

07
정답 ②

정답해설

마케팅 전략은 환경 분석을 통하여 이미 일어난 혹은 장래에 일어날 수 있는 환경의 변화가 자사에게 제공하는 기회와 위협이 무엇인가를 파악하고 한편으로는 자사의 강점과 약점을 파악하여 이에 적절히 대응함으로써 경쟁우위를 확보하고 환경 변화를 자사에 유리하도록 이끌어 나가는 기업의 활동을 말한다. 즉, 순서화 하면 '환경분석 → 자사에게 제공하는 기회와 위협 파악 → 자사의 강점과 약점 파악 → 차별화 포인트 → 경쟁우위 확보'이다.

08
정답 ③

정답해설

리타기팅이란 온라인 사이트에 접속한 사람들을 추적해 타 온라인 사이트에 접속할 때 이전 온라인 사이트에서 보았던 광고를 다시 보여주는 타기팅을 말한다.

09
정답 ②

정답해설

온라인 구전은 네트워크 분석을 통해 구전의 확산경로와 의견 선도자를 파악할 수 있다.
① 온라인 구전은 온라인상에서 소비자가 직접 경험한 정보를 다른 소비자와 공유하는 자발적 의사소통을 의미한다.
③ 온라인 쇼핑몰에서 구매 후 소비자가 작성하는 사용 후기는 온라인 구전에 해당한다.
④ 구전정보는 쌍방향 커뮤니케이션이라는 특성이 있고 정보 수신자에게 필요한 정보를 정확하게 제공할 수 있기 때문에 신뢰성이 높은 정보이다.

10
정답 ③

정답해설

챗봇은 인공지능을 기반으로 한 소프트웨어로 고객과의 소통, 응대, 상호작용을 담당한다. 메신저와 결합하여 메시징을 통한 고객응대가 가능하며, 인건비를 아끼고, 업무시간에 상관없이 상시 서비스를 제공할 수 있다는 장점이 있다.

11
정답 ③

정답해설

네이티브 광고의 유형으로는 인-피드 광고, 기사 맞춤형 광고, 프로모티드 리스팅이 있다. 프로모티드 리스팅이란 검색 기능을 가진 웹사이트에서 사용자가 지정한 검색어나 주제어와 관련된 상품을 이용자에게 제공하는 형태의 광고로, '맞춤형 추천'이라고 할 수 있다.

12
정답 ④

정답해설

검색광고는 구매로 이어지는 높은 연결성을 가질 뿐만 아니라, 광고효과를 실시간으로 파악할 수 있어 광고 운영이 용이하다는 장점을 가진다. 그러나 부정클릭 문제와 검색어 선정의 어려움, 검색어 구매의 복잡함이 있다는 단점도 존재한다.

13
정답 ④

정답해설

포털사이트란 검색페이지 지면을 제공하며 포털사이트의 예로는 네이버, 다음, 구글 등이 존재한다. 광고주 대신 광고를 운영하여 광고주나 매체사로부터 대행수수료를 받는 것은 광고 대행사이다.

14
정답 ①

정답해설

T&D는 Title&Description의 약자로, 검색 결과 노출되는 제목과 설명을 말한다. 방문자가 사이트에 들어와서 체류한 시간은 DT(Duration Time)라 한다.

15 정답 ③

정답해설

가용예산 활용법은 기업들이 회사에서 충당 가능한 수준의 촉진비용을 책정하는 것을 말한다. 즉, 회사의 자금 사정상 급박한 다른 상황에 비용을 모두 예산으로 책정한 후에 나머지를 촉진비용으로 정하는 방법을 말한다.

16 정답 ④

정답해설

네이버 검색광고 중 클릭초이스플러스, 클릭초이스상품광고와 같이 일부 업종에서만 집행이 가능한 상품광고가 존재한다.

17 정답 ④

정답해설

쇼핑 제조사 비즈채널은 광고의 대상이 되는 제품 카탈로그의 제조사 정보를 등록하는 것으로 '쇼핑검색광고–제품 카탈로그형'을 집행하기 위한 비즈채널 유형이다.

18 정답 ④

정답해설

카카오 검색광고는 키워드광고와 브랜드검색광고로 이루어져 있으며, 구조는 캠페인, 광고그룹, 키워드와 소재이다. 맞춤보고서를 통하여 광고의 결과에 대한 내용을 파악하고 분석할 수 있다. 카카오의 전환추적 서비스는 픽셀&SDK이다.

19 정답 ③

정답해설

콘텐츠 매칭 광고란, Daum PC, 모바일(Daum 메인, 뉴스, 카페)과 제휴 매체에 노출되며, 키워드광고와 배너광고의 특징을 모두 가지고 있는 키워드 기반의 텍스트형 배너광고이다. 콘텐츠 매칭 광고는 사용자가 검색한 키워드 및 카카오 서비스에서 소비한 콘텐츠를 바탕으로 연관도 높은 광고를 노출한다. 이런 상품의 특성을 기반으로 하여, 사용자가 서비스에서 소비한 콘텐츠 노출 로직 비중을 강화해 등록된 키워드가 없더라도 연관도 높은 광고가 사용자에게 노출될 수 있다. 다만, 키워드를 다양하게 등록할수록 검색한 키워드와 소비한 콘텐츠를 바탕으로 광고 매칭이 가능해 더욱 효율이 높아질 수 있다.

20 정답 ③

정답해설

광고 효력은 광고 콘텐츠의 관련성, 수량, 다양성을 측정한다. 광고에 관련성 높은 독창적인 콘텐츠를 사용하면 잠재고객에게 적합한 광고를 게재하고 광고 실적을 개선하는 데 도움이 된다.

21 정답 ①

정답해설

소재는 가이드에 맞추어 작성되어야 하고, 가이드에 맞지 않은 경우 광고 노출이 제한될 수 있다.

22 정답 ②

정답해설

카카오 브랜드검색광고의 경우 캠페인 등록시 이름만 설정하면 된다. 광고상품은 브랜드검색광고이므로 이름을 설정하면 캠페인 등록이 된다.
① 검색광고의 종류는 2가지로 각각 다른 시스템에서 등록이 가능하다.
③ 키워드광고의 경우 캠페인 등록시 비즈채널 선택은 필수이지만, 일예산 설정은 필수가 아니다.
④ 캠페인 이름 설정시 키워드광고는 50자, 브랜드검색광고는 30자까지 가능하다.

23 정답 ②

정답해설

구글 검색광고의 광고그룹 유형은 표준과 동적이 있으며, 광고 및 타겟팅 옵션의 유형을 결정할 수 있다. 표준 유형은 광고주가 직접 작성하는 텍스트 광고로, 광고주가 선택한 키워드를 토대로 게재되며, 동적 유형은 웹사이트 콘텐츠를 사용하여 관련 검색어를 타겟팅하고 광고 제목을 자동으로 생성하는 텍스트 광고이다.

24 정답 ③

정답해설

네이버 콘텐츠검색광고의 업종별 인허가 사항 및 등록기준이 따로 존재하는 업종은 의료, 대출, 건강기능식품, 화장품, 보험이다.

25 정답 ①

정답해설

추가제목을 통하여 광고주가 제공하는 상품 또는 사이트 연관성이 있는 설명을 추가할 수 있으며, 병/의원 업종은 추가제목 노출이 제한된다.

26 정답 ③

정답해설

구글의 품질평가점수는 예상 클릭률, 광고 관련성, 방문 페이지 만족도의 실적을 통합적으로 고려하여 산출된다. 각 구성요소는 '평균 초과', '평균', '평균 미만' 상태로 평가되며, 이 평가는 지난 90일 동안 동일한 키워드에 게재된 다른 광고주의 광고와 비교한 결과를 기반으로 한다.

27 정답 ③

정답해설

네이버 사이트검색광고의 검색파트너는 옥션, G마켓, 비비, 롯데 아이몰, 다나와, 인터파크, 에누리닷컴, AK몰, 가자아이, 사자아이, 11번가가 있고, 콘텐츠파트너로는 KBS, 뿜뿜, 조선닷컴, 동아닷컴, 알바천국, iMBC, 중앙일보, 클리앙, 한경닷컴, 경향신문, 일간스포츠, 부동산써브가 있다.

28 정답 ②

정답해설

기존 광고관리시스템에서 등록한 브랜드검색광고는 새로운 광고시스템에 연동하여 사용할 수 없다. 새로운 광고시스템에서는 다양한 유형의 브랜드검색광고를 진행할 수 있으며, 각 상품 유형별 제공되는 소재 템플릿에 맞게 광고를 등록하고, 검토 통과 후 계약기간 동안 광고가 노출된다. 따라서 브랜드검색광고를 집행하기 위해서는 광고시스템을 통해 새로운 템플릿 유형에 맞게 다시 광고 정보를 등록하고 검토를 받아야 광고 진행이 가능하다.

29 정답 ①

정답해설

클릭초이스플러스는 네이버 모바일 통합검색 화면에 노출되는 모바일 광고 상품으로, 펜션, 포토스튜디오, 파티이벤트기획, 유아용품 대여 업종에 한해 광고 진행이 가능하다. 통합검색 결과 페이지에 상품을 상품이미지, 가격정보와 함께 노출해주는 '상품단위' 광고 상품은 클릭초이스상품광고이다. 클릭초이스플러스는 광고 등록과 노출로는 과금되지 않으며, 노출 광고의 클릭이 일어난 횟수에 따라 비용을 지불하는 CPC 방식이다.

30 정답 ②

정답해설

키워드광고는 픽셀&SDK라는 효율 분석 도구를 통해 캠페인 단위로 광고 효율 파악이 가능하다.

31 정답 ④

정답해설

검색 네트워크는 키워드와 관련된 용어 검색 시, 구글 검색 결과 옆 및 구글 사이트에 게재되고, 디스플레이 네트워크는 관련성이 높은 고객이 인터넷에서 사이트, 동영상, 앱을 탐색할 때 광고를 게재하여 도달 범위를 넓힐 수 있다.

32 정답 ③

정답해설

타깃 노출 점유율은 선택한 검색 페이지 영역에 내 광고가 게재될 가능성이 높아지도록 Google Ads에서 입찰가를 자동으로 설정하는 것이다.

33 정답 ④

정답해설

카카오 브랜드검색광고는 최소 계약기간 10일에서 최대 계약기간 90일 사이에서 상품구매가 가능하다.

34 정답 ①

정답해설

무효클릭이란 사용자가 의도하지 않은 클릭이나 악성 소프트웨어로부터 발생한 클릭 즉, 검색광고 본래의 취지에 맞지 않은 무의미한 클릭을 의미한다. Google은 무효클릭이 발생하면 Google 시스템은 광고에 발생한 각 클릭을 면밀히 검사하여 무효 클릭 및 노출을 파악하고 계정 데이터에서 삭제한다.

35 정답 ③

정답해설

광고를 통한 방문수가 4,000명이고 구매전환율이 30%이므로, 구매건수는 1,200건이다. 따라서 CPS는 '광고비/구매건수'이므로, 2,500원이다.

36 정답 ②

정답해설

물품단가가 400,000원이고, 광고를 통해 판매된 물품수가 1,000개이므로, 판매액은 400,000,000원이다. 따라서 ROAS는 '수익/광고비×100'이므로, 2,000%이다.

37 정답 ①

정답해설

검색 사용자의 행동 프로세스는 '노출 → 클릭 → 구매'의 순으로 이루어진다.

38 정답 ①

정답해설

노출당 비용, 클릭당 비용, 구매당 비용은 광고비용을 노출수, 클릭수, 전환수로 나눈 값으로, 각각의 비용이 낮을수록 효과적

인 광고가 집행되고 있음을 알 수 있다. 반면, 클릭률과 전환율은 각각 노출수 대비 클릭수, 클릭수 대비 전환수이므로, 각각의 값이 클수록 효과적인 광고가 집행되고 있음을 알 수 있다.

39 정답 ③

정답해설

랜딩페이지란 광고를 통해 방문하게 되는 페이지를 의미한다. 광고를 클릭해 방문한 페이지에서 찾고자 했던 제품 및 콘텐츠 등이 없는 경우 고객들은 쉽게 포기하고 타 페이지를 사용하므로, 방문한 고객이 전환행동을 하는 비율(CVR)이 감소할 때 개선작업을 해야 하는 것이 적절하다.

40 정답 ④

정답해설

특별한 판매조건이나 구매 결정을 바로 내릴 수 있는 랜딩페이지가 효과적일 수 있으며, 혜택이 포함되어 있는 랜딩페이지가 효과적이다.

41 정답 디지털 상품

정답해설

온라인 비즈니스는 물리적 상품과 디지털 상품으로 구분할 수 있다. 디지털 상품은 경험재로 고객이 해당 제품을 직접 사용하기 전까지는 상품의 특성을 알 수 없기 때문에 고객이 직접 체험하도록 유도하는 것이 중요하다. 물리적 상품이 아니라 물류의 문제는 없으나, 불법복제 및 사용의 문제가 존재한다.

42 정답 블로그(blog)

정답해설

블로그(blog)란 소셜미디어의 한 유형으로, Web과 Log의 합성어이다. 웹에 시간의 순서에 따라 기록하는 일기나 일지를 의미한다.

43 정답 포지셔닝(Positioning)

정답해설

디지털 마케팅 전략에는 시장 세분화 전략, 표적시장 전략, 포지셔닝 전략이 있다. 포지셔닝 전략이란 자사 제품의 큰 경쟁우위를 찾아내어 이를 선정된 목표시장의 소비자들의 마음속에 자사의 상품을 자리 잡게 하는 것을 의미한다. 즉, 소비자들에게 경쟁제품과 비교하여 자사제품에 대한 차별화된 이미지를 심어주기 위한 계획적인 전략접근법이다.

44 정답 Enthusiasm 또는 열정

정답해설

4E는 Experience(경험), Engagement(참여), Evangelist(전도), Enthusiasm(열정)으로 구성되어 있다. Enthusiasm(열정)은 마케터의 열정을 의미한다.

45 정답 브랜디드 콘텐츠

정답해설

브랜디드 콘텐츠는 다양한 문화적 요소와 브랜드 광고를 결합한 콘텐츠이다. 제품, 회사명, 브랜드를 직접 노출하지 않지만 이를 문화 콘텐츠 속에 녹여 강력한 광고 효과를 내고 소비자의 공감과 흥미를 통해 자발적인 공유에 이르는 것이 목표이다. 소비자의 콘텐츠 선택이 유튜브나 페이스북 등 SNS를 통한 입소문에 좌우되면서 직접적인 광고보다는 문화적으로 소비할 수 있는 브랜디드 콘텐츠를 매개로 한 접근이 더욱 큰 광고 효과를 보고 있다.

46 정답 인터랙티브 배너 광고

정답해설

배너광고는 홈페이지에 띠 모양으로 만들어 부착하는 광고로써, 현수막처럼 생겨서 banner(배너)라고 한다. 웹사이트 트래픽 유도와 온라인 브랜딩 효과가 있으며, 비교적 제작이 용이하다는 장점이 있다. 반면 검색광고에 비하여 클릭률이 낮고, 정보제공의 한계가 있다는 단점이 있다. 이러한 단점을 보완하기 위하여 사용자와 다양한 상호작용이 가능하게 하기 위하여 배너 자체에 많은 정보를 제공하고 사용자의 개인정보를 수집할 수 있게 하는 인터랙티브 배너 광고가 등장하였다.

47 정답 검색광고

정답해설

검색광고란 검색 결과에 광고를 노출하여 잠재고객의 유입을 유도하는 광고로, 네이버, 카카오, 구글 등의 검색엔진을 통해 노출하는 광고를 의미한다. 이용자의 능동적인 검색활동을 통해 노출되며, 정확한 타기팅이 가능하며, 양질의 검색 결과를 제공하기 위해 검수의 과정을 거친다. 키워드광고, SEM, SA, Paid search라고도 한다.

48 정답 ① 광고소재, ② 확장소재

정답해설

광고소재는 검색 결과에 노출되는 메시지로 제목과 설명문구(T&D), URL과 다양한 확장소재로 구성되어 있다. 확장소재는 일반 광고소재 외 전화번호, 위치정보, 홍보문구, 추가 링크 등을 말한다. 확장소재는 반드시 광고에 표시되는 것은 아니다.

49 정답 비즈사이트

정답해설

네이버 사이트검색광고는 네이버 통합검색 탭에서 파워링크는 최대 10개, 비즈사이트는 최대 5개까지 노출된다. 많이 찾지 않는 일부 키워드는 파워링크가 최대 3개까지만 노출이 가능하며, 비즈사이트는 제외될 수 있다. 키워드에 따라 통합검색 영역 안에서 파워링크와 비즈사이트의 위치는 다를 수 있다.

50 정답 클릭초이스플러스

정답해설

클릭초이스플러스는 모바일 환경에 최적화된 광고 UI로 클릭하기 쉬운 전화걸기 버튼, 한눈에 알아보기 좋은 부가정보 아이콘 등 작은 모바일 환경에서 확인하기 좋은 UI를 제공한다. 미리보기 화면 제공하며, 기본정보+지도보기 화면으로 보다 많은 정보를 제공한다. 모바일 환경에 맞게 좌우 클릭 이동이 가능하여 이용자가 자연스럽고 편하게 광고를 확인할 수 있다. 업종에 맞춤화된 광고 UI로 업종별로 필요한 정보를 효과적으로 제공할 수 있도록 테스트를 거쳐 만들어진 업종별 맞춤형 UI를 제공한다.

51   정답 ① 최소 노출 입찰가, ② ○○위 평균 입찰가

정답해설

최근 4주간 검색을 통해 노출된 광고 중에서 최하위에 노출되었던 광고의 입찰가 중 가장 큰 값을 최소 노출 입찰가라 하고, 최근 4주간 검색을 통해 노출된 모든 광고의 입찰가를 큰 순서대로 나열했을 때 중간의 값을 중간 입찰가라고 한다. ○○위 평균 입찰가는 최근 4주간 해당 순위에 노출되었던 입찰가의 평균값을 말한다.

52   정답 Easy 대량 관리 또는 Easy 대량 관리(beta)

정답해설

'Easy 대량 관리' 기능은 CSV 형식의 파일을 업로드하거나 광고시스템에서 직접 데이터를 입력해 데이터를 대량으로 등록하거나 수정할 수 있는 기능이다. 광고시스템에서 입력한 내용은 Excel 파일로 다운로드할 수 있으며, 베타 버전에서는 파워링크 캠페인의 확장 소재인 '추가 제목', '홍보 문구', '서브 링크', '가격 링크', '계산', '파워링크 이미지', '이미지형 서브링크' 유형만 대량으로 등록하거나 수정할 수 있다. '대량작업 신청 목록'은 제공하지 않는다.

53   정답 카카오

정답해설

매체별 키워드 삽입 방법이 존재한다. 네이버는 {키워드 : 대체키워드}, 카카오는 〈키워드 : 대체키워드〉, 구글은 {KeyWord : 대체키워드}이다.

54   정답 ① 통신판매업, ② 주류통신판매

정답해설

네이버 검색광고의 사이트검색광고에는 사이트 등록기준이 존재한다. 사이트 등록기준의 업종별 등록기준에 따르면 온라인쇼핑몰 등 통신판매업은 통신판매업 신고하여야 하고, 주류 판매 사이트는 주류통신판매 승인을 받아야 한다.

55   정답 계산하기 또는 계산하기형

정답해설

카카오의 확장소재에는 추가제목형, 부가링크형, 가격테이블

형, 썸네일이미지형, 멀티썸네일형, 말머리형, 계산하기형, 톡채널형이 존재한다. 계산하기형은 보험/대출 업종에 한해 계산하기 버튼을 제공해 주는 형태로, 보험료/한도/이자 등을 바로 확인할 수 있는 페이지로 연결한다.

56   정답 확장검색

정답해설

확장검색 유형은 맞춤법 오류, 동의어, 관련 검색어, 기타 관련성 있는 유사 구문이 검색될 수 있다.

57   정답 네이버

정답해설

네이버는 무효클릭이 의심될 경우에는 IP 주소, 키워드, 클릭일시, 광고주 URL 정보를 포함한 클릭로그를 클린센터로 접수해 조사의뢰 할 수 있다. 도구>광고노출제한 관리에서 광고가 노출되지 않기를 희망하는 IP 주소를 등록해 광고노출을 제한할 수 있다. 광고노출제한 IP는 최대 600개, 유동 IP는 마지막 네 번째 자리에 와일드카드를 활용해 차단할 수 있다. 사이트 방문자 IP는 호스팅 업체 또는 별도의 로그분석 시스템을 통해 확인이 가능하다.

58   정답 160,000원

정답해설

CPC는 클릭당 비용으로, '광고비/클릭수'이다. 전환율(CVR)은 클릭수 대비 전환수 비율로, '전환수/클릭수×100'이다. 구하고자 하는 전환당 비용(CPA)은 '광고비/전환수'이므로, 'CPC/CVR×100'으로 구할 수 있다. 따라서 전환당 비용(CPA)은 160,000원이다.

59   정답 프리미엄 로그분석

정답해설

네이버 검색광고에서 제공하는 자동 추적 기능으로 방문당 평균 페이지뷰, 방문당 평균 체류시간, 전환 분석 보고서 등의 데이터를 제공한다. 프리미엄 로그분석에서는 전환수, 직접전환수, 간접전환수, 전환율, 전환매출액, 간접전환매출액, 직접전환매출액, 전환당 비율, 방문당 평균체류시간, 방문당 평균 페이지 뷰, 전환수(네이버 페이), 전환매출액(네이버 페

이), 광고수익률을 확인할 수 있다. 어떤 키워드로 들어온 사용자가 사이트에 얼마나 머무는지, 얼마나 많이 보는지, 어떤 광고를 통해 구매로 이어지는 지에 대하여 알아내고 효과적인 광고를 찾아내어 효율을 높인다.

60 정답 반송률

정답해설

반송률이란 방문자 수 대비 반송 수의 비율 데이터를 의미한다. 즉, 반송 수/방문 수×100으로 계산한다. 랜딩 페이지 효과를 객관적으로 분석하기 위해 광고를 통한 전환 데이터 외에도 로그분석의 여러 가지 지표를 참조할 수 있다. 통상적으로 페이지 뷰, 체류시간, 반송률 등이 대표적이다. 반송률이 높다는 것은 그만큼 해당 랜딩페이지가 고객들에게는 효과적이지 않다는 것이다.

빠른 정답찾기

제3회 실전모의고사

객관식 문제

01 ④	02 ②	03 ④	04 ②	05 ③
06 ②	07 ②	08 ④	09 ③	10 ④
11 ①	12 ①	13 ①	14 ④	15 ④
16 ④	17 ③	18 ③	19 ②	20 ③
21 ④	22 ④	23 ②	24 ④	25 ①
26 ③	27 ②	28 ②	29 ③	30 ④
31 ①	32 ②	33 ④	34 ②	35 ②
36 ①	37 ④	38 ④	39 ④	40 ②

단답식 문제

41 ① 온라인 포털, ② 시즈널 키워드
42 위키스
43 시장세분화
44 Experience 또는 경험
45 애드 네트워크
46 리치 미디어 배너 광고 또는 리치 미디어 광고
47 T&D 또는 Title&Description
48 가용예산 활용법
49 쇼핑몰 상품형
50 그룹
51 ① 10, ② 5, ③ 3
52 파워링크 이미지
53 키워드광고, 브랜드검색광고
54 리드, 판매, 웹사이트 트래픽
55 타깃 CPA
56 무효 활동 조정 크레딧
57 240(%)
58 3,400,000원
59 랜딩페이지
60 ① 간접 전환수, ② 방문당 평균 페이지 뷰

01 정답 ④

정답해설

인터넷의 보편화로 인하여 정보의 공유와 접근이 가능해지면서, 정보를 검색하는 검색 서비스가 온라인 포털 초기에 포털 시장을 우선 선점하였다. 이후 이메일이나 메신저, 채팅과 같은 communication 서비스가 성장하였고, 게시판 커뮤니티 구축과 같은 community 서비스가 성장하였다.

02 정답 ②

정답해설

소셜미디어의 유형으로는 대표적으로 블로그(blog), 소셜 네트워크(Social Network), 위키피디아, 유튜브, 팟캐스트(Podcast) 등이 있다.

03 정답 ④

정답해설

차별화된 콘텐츠와 서비스 제공은 온라인 비즈니스의 성공요인으로 볼 수 있다. 콘텐츠 과잉시대에 정형적이고, 매력적이지 않은 콘텐츠 및 서비스는 소비자들에게 외면을 받는다. 자사의 콘텐츠 및 서비스는 확실한 차별점을 지녀야 고객들을 붙잡을 수 있다.

04 정답 ②

정답해설

보유한 미디어(Owned media)란 보유하고 있는 커뮤니케이션 미디어를 의미하며, 홈페이지나 블로그를 예로 들 수 있다. 네이티브 광고나 배너광고는 지불한 미디어(Paid media)의 예로 볼 수 있다.

05 정답 ③

정답해설

Experience(경험)이란 기업, 브랜드에 대해 소비자에게 다양하면서 인상적인 경험을 만들어주는 것으로 주로 블로그, 페이스북 등 SNS 채널을 통해 긍정적인 체험을 할 수 있게 하는 것이다.
Engagement(참여)란 기업, 브랜드에 대해 관련성을 만들어주는 것이다. 브랜드 연상을 높이면서 소비자가 스스로 경험을 늘려갈 수 있도록 해주는 것을 의미한다.
Evangelist(전도)란 기업, 브랜드에 대해 호감과 충성도를 가진 고객을 브랜드 전도사라고 한다. 이때, 기업은 고객이 자발적으로 참여하는 장을 만들어주는 것이 중요하다.
Enthusiasm(열정)이란 마케터의 열정을 뜻하는 것이다.

06 정답 ②

정답해설

버즈 마케팅이란 소비자들이 자발적으로 메시지를 전달하게 하여 상품에 대한 긍정적인 입소문을 내게 하는 마케팅을 의미한다. 구설수에 휘말리도록 함으로써 소비자들의 이목을 집중시켜 판매를 늘리려는 마케팅은 노이즈 마케팅이다.

07 정답 ②

정답해설

배너(banner) 광고는 홈페이지에 띠 모양으로 만들어 부착하는 광고로써, 인터넷 광고 중 가장 오래된 유형 중 하나이다. 비교적 제작이 용이하며, 웹사이트 트래픽을 유도할 수 있어 온라인 브랜딩 효과가 있다는 장점은 있으나, 검색광고에 비하여 클릭률이 낮고 크기에 제한이 있어 많은 정보를 한꺼번에 보여줄 수 없다는 단점이 있다.

08 정답 ④

정답해설

컨텍스트 광고는 검색광고의 한 종류로 웹페이지의 콘텐츠에 어울리게 띄워주는 광고, 우리말로는 맥락광고라고 한다. 검색광고나 이를 보완한 표적 광고 즉, 소비자의 성별, 연령, 직업과 같은 정보에 따른 맞춤형 광고 역시 맥락에 맞지 않는 면이 많아서 이를 보완하기 위해 만들어진 기법이다. 자신의 관심사와 연관된 내용으로 몰입도가 높은 것이 장점이다.

09 정답 ③

정답해설

애드서버(Ad Server)는 광고물을 게재하거나 삭제하며 각종 타깃팅 기법을 적용해주고, 광고 통계리포트를 산출해주는 자동시스템이다.

10
정답 ④

정답해설

네이티브 광고는 기존의 광고와는 달리 이용자가 경험하는 콘텐츠의 일부처럼 보이도록 하여 이용자의 관심을 자연스럽게 이끄는 형태의 광고를 말한다. 콘텐츠 자체로의 가치가 충분하여 이용자에 의한 소비과정에서 거부반응이 적다는 장점이 존재한다. 네이티브 광고는 다분히 판매의 목적을 띈 광고가 아닌 매력적인 흥미로운 콘텐츠를 통하여 소비자를 유인하고 끌어들인다는 측면에서 콘텐츠 마케팅의 방법으로 볼 수 있다.

11
정답 ①

정답해설

세부 키워드는 대표 키워드의 하위 개념으로, 구체적인 서비스명칭이나 제품명칭, 지역명칭, 수식어를 조합하여 사용하는 키워드를 말한다.

12
정답 ①

정답해설

네이버 데이터랩은 검색어트렌드, 쇼핑인사이트, 지역통계, 댓글통계로 이루어져 있으며, 검색어트렌드를 통하여 네이버 통합검색에서 특정 검색어가 얼마나 많이 검색되었는지, 검색어를 기간별, 연령별, 성별로 조회할 수 있다. 쇼핑인사이트 분야통계를 통하여 쇼핑 분야별 클릭 추이와 분야별 검색어 현황을 확인할 수 있다.

13
정답 ①

정답해설

목표 및 과업기준법은 가장 논리적인 촉진예산 방식으로서, 자사는 촉진활동을 통하여 자사가 얻고자 하는 것이 무엇인지에 따라 예산을 책정하는 방식을 말한다. 이 때 마케팅 관리자는 특정한 목표를 정의하고, 이렇게 정의한 목표를 달성하기 위해 수행해야 할 과업이 무엇인지를 결정하고, 해당 과업을 수행하기 위해 필요한 비용을 산정하여 예산을 책정하는 과정을 거친다.

14
정답 ④

정답해설

클릭초이스플러스와 클릭초이스상품광고는 구 광고관리시스템에서 운영·관리한다. 광고관리시스템에서 관리하는 검색광고는 사이트검색광고, 쇼핑검색광고, 콘텐츠 검색광고, 브랜드검색광고, 플레이스광고(베타), 지역소상공인 광고가 있다.

15
정답 ④

정답해설

네이버 비즈채널의 유형으로는 웹 사이트, 쇼핑몰, 콘텐츠, 쇼핑 제조사, 네이버 TV, 플레이스, 전화번호, 위치정보, 네이버 예약, 네이버 톡톡이 존재한다. 네이버 클로바는 음성·이미지 인식, 인공신경망 번역, 대화형 엔진 등 인간의 오감을 활용한 기술들이 집결된 통합 AI 플랫폼이다.

16
정답 ④

정답해설

카카오 키워드광고의 입찰가는 광고그룹 단위의 일괄 변경과 개별변경이 가능하다. 동일한 그룹내에서 모든 키워드의 입찰가가 같아야 하는 것은 아니다.

17
정답 ③

정답해설

카카오 키워드광고의 기능은 광고관리, 보고서, 도구, 설정으로 이루어져 있다. 도구에는 비즈채널 관리, 심사서류 관리, 광고소재 관리, 키워드 플래너, 대량 관리, 이미지 관리, 픽셀&SDK 연동 관리, 광고노출 제한 기능이 있다. 광고대상 관리, 계약 관리, 부킹 현황, 서류 관리는 카카오 브랜드검색광고에서의 '도구' 세부기능이다.

18
정답 ③

정답해설

구글 운영시스템은 광고주가 달성하고자 하는 주요 목적, 예를 들어 리드, 판매, 웹 사이트 트래픽과 같이 부합하는 목표를 중심으로 캠페인을 생성한다.

19 정답 ②

정답해설

네이버 검색광고는 캠페인 만들기 단계에서 하루 예산을 정할 수 있다. 쇼핑검색과 플레이스는 50원부터, 파워링크와 파워콘텐츠는 70원부터 설정 가능하다.

20 정답 ③

정답해설

구글은 일치검색, 구문검색, 제외어 검색으로 지정하지 않으면 기본적으로 확장검색 유형으로 설정된다.

21 정답 ④

정답해설

구글 검색광고의 광고를 게재할 검색어를 지정하는 검색 유형은 확장검색, 구문검색, 일치검색이 존재하며, 도달범위는 확장검색, 구문검색, 일치검색 순이다. 확장검색을 위해서는 키워드만 입력하면 되고, 구문검색을 위해서는 '키워드'로 입력하면 된다. 일치검색을 위해서는 [키워드]로 입력하여야 한다.

22 정답 ④

정답해설

네이버 검색광고에서 광고가 일부 또는 전부 제한되는 경우는 관련 법령을 위반하는 경우, 이용자 피해를 유발하거나 광고 매체 신뢰도 등을 저해할 우려가 있는 경우, 광고품질이 심각하게 저하되는 경우, 기타 네이버 검색광고 광고등록기준 상 광고를 허용하지 않는 경우이다. 인터넷을 통하여 유틸리티, 멀티미디어, 드라이버 등의 각종 프로그램이나 파일을 제공하는 등의 공개자료실 사이트는 기타 네이버 검색광고 광고등록기준 상 광고를 허용하지 않는 경우이지만, 인터넷을 통하여 각종 프로그램이나 파일을 제공을 하는 사이트는 광고가 제한되는 사이트는 아니다.
① 광고품질이 심각하게 저하되는 경우
② 이용자 피해를 유발하거나 광고 매체 신뢰도 등을 저해할 우려가 있는 경우
③ 광고품질이 심각하게 저하되는 경우

23 정답 ②

정답해설

광고가 검토를 통과하면 상태가 '운영 가능'으로 변경되고 광고가 게재되기 시작한다. 검토 결과 정책 위반이 발견되면 상태가 '비승인'으로 변경되어 광고가 어디에도 게재되지 않는다. 정책 위반이 발견될 경우 위반 알림과 함께 필요한 조치가 전달된다. '검토 중'은 광고 검토 절차가 진행되는 동안의 광고 상태이다.

24 정답 ④

정답해설

네이버는 최초 등록 시 같은 키워드가 노출되고 있는 광고 평균에 근접한 값으로 4단계 품질지수를 부여 받으며, 24시간 내 품질 측정되어 품질지수가 적용된다. 카카오는 최초 등록 시에 1단계의 품질지수를 부여 받는다.

25 정답 ①

정답해설

네이버와 제휴 맺은 검색포털 사이트는 줌(Zum)으로, 줌에 광고가 노출된다.

26 정답 ③

정답해설

네이버 브랜드검색광고는 이용자가 브랜드 키워드 검색 시, 통합검색 결과 상단에 브랜드와 관련된 최신 콘텐츠를 텍스트, 이미지, 동영상 등을 이용하여 노출하는 상품으로, 광고비는 최소 50만 원(500,000원)이다. 상품 유형, 광고 노출 기간(최소 7일~최대 90일), 광고 가능한 키워드의 기간 조회 수(최근 30일 조회 수) 합계에 따라 산정된다.

27 정답 ②

정답해설

클릭초이스상품광고는 통합검색 결과 페이지에 상품을 상품 이미지, 가격정보와 함께 노출해주는 '상품단위' 광고 상품으로 패션의류, 패션잡화, 주얼리 업종에 한해 광고 진행이 가능하다. 펜션, 포토스튜디오, 파티이벤트기획, 유아용품 대여

제3회 정답 및 해설

업종에 한해 광고 진행이 가능한 네이버 검색광고는 클릭초이스플러스이다.

28 정답 ①

정답해설

키워드광고는 대량관리를 통하여 대량의 키워드, 소재를 등록하거나 입찰가, 일예산, ON/OFF 상태 등을 대량으로 변경할 수 있다.

29 정답 ③

정답해설

구글은 캠페인 예산 시뮬레이터를 제공하지만 최신 실적 데이터가 충분하지 않은 경우 제공하지 않는다.

30 정답 ④

정답해설

일부 노출 가능(PC)은 비즈채널 모바일 노출 제한의 경우 가이드에 따라 수정 후 재검토 요청한다.

31 정답 ①

정답해설

입찰가 변경 방법으로는 최소 노출 입찰가, 중간입찰가, ○○위 평균 입찰가가 있으며, 중간 입찰가란 최근 4주간 검색을 통해 노출된 모든 광고의 입찰가를 큰 순서대로 나열했을 때 중간의 값을 말한다.

32 정답 ②

정답해설

즐겨찾기 묶음은 총 10개가 제공되고, 이름 변경이 가능하다.

33 정답 ④

정답해설

카카오의 노출영역은 PC 검색 포털, 모바일 검색, PC 콘텐츠, 모바일 콘텐츠를 선택할 수 있으나 세부 매체를 제외할 수는 없다.

34 정답 ②

정답해설

네이버, 카카오, 구글은 사전 모니터링과 사후 모니터링을 모두 진행한다.

35 정답 ②

정답해설

전환율(CVR)은 '전환수/클릭수×100'이고, CPA는 '광고비/전환수', CPC는 '광고비/클릭수'이므로, 전환율은 'CPC/CPA×100'이다. 따라서 전환율(CVR)은 4%이다.
다른 방법으로는 광고비가 37,800,000원이고, CPA가 7,000원이므로, 전환수는 5,400회이다. 방문수가 135,000명이고, 전환수가 5,400회이므로 전환율(CVR)은 4%이다.

36 정답 ①

정답해설

CTR은 클릭률로, '방문수/노출수×100'으로 구한다. 노출수를 알 수 없으므로 클릭률은 구할 수 없다. CVR은 전환율로 6%이고, CPS는 구매당 비용으로 1,000원이다. CPC는 클릭당 비용으로 60원이다.

37 정답 ④

정답해설

일반적인 리포트에서 기본적으로 파악할 수 있는 지표로는 노출수, 클릭수, 클릭률, 비용 등이 있다. 체류시간과 페이지뷰 수는 로그분석을 통하여 알 수 있다.

38 정답 ④

정답해설

ROI는 경영성과를 측정하기 위해 순이익을 투자액으로 나눈 값으로 매출액에서 비용을 제외한 값을 순이익으로 보지만, ROAS는 매출액 자체를 광고비로 나눈 값이다.

39 정답 ④

정답해설

매체에서 제공하는 로그분석을 활용할 시에 별도의 엑셀 작업 없이 그룹, 캠페인, 키워드별 전환성과를 보고서와 함께 볼 수 있다. 로그분석의 예로 구글의 애널리틱스, 에이스카운터, 비즈스프링의 로거 등이 있다.

40 정답 ②

정답해설

광고를 극대화하기 위해서 랜딩페이지는 다양한 디바이스 환경을 고려해야 하고, 키워드를 포함한 랜딩페이지를 구성하여야 한다.
① 상품이나 서비스의 상세설명과 증거는 필요하다.
③ 특정한 타깃이나 시즈널 이슈 등 세부적인 니즈에 따라 페이지를 별도 구성하고, 예상되는 고객의 특성을 파악하여 랜딩페이지를 디자인한다.
④ 특별한 판매조건이나 구매결정을 바로 내릴 수 있는 혜택이 포함되어 있는 것이 효과적이며, 상품구매나 서비스 예약과 같은 행동을 즉시로 할 수 있게 하는 요소가 있어야 한다.

41 정답 ① 온라인 포털, ② 시즈널 키워드

정답해설

온라인 포털이란 인터넷을 사용할 때, 기본적으로 거쳐 가는 웹사이트를 말하며, 광고 이외에도 온라인 커머스, 유료 콘텐츠, 결제 등 다양한 수익 모델이 존재한다.
시즈널 키워드란 특정 시기나 계절에 따라 조회 수와 광고 효과가 급증하는 키워드를 말한다.

42 정답 위키스

정답해설

위키스는 소셜미디어의 한 유형으로, 정보 편집이 가능한 웹페이지이다. 웹사이트 상에서 콘텐츠를 추가하고 정보를 편집하여 마치 문서나 데이터베이스처럼 운영할 수 있다.

43 정답 시장세분화

정답해설

시장세분화란 가격이나 제품에 대한 반응에 따라 전체시장을 몇 개의 공통된 특성을 가지는 세분시장으로 나누어서 마케팅을 차별화시키는 것이다.

44 정답 Experience 또는 경험

정답해설

디지털 마케팅의 4E란 Experience(경험), Engagement(참여), Evangelist(전도), Enthusiasm(열정)을 말한다. Experience(경험)란 기업, 브랜드에 대해 소비자에게 다양하면서 인상적인 경험을 만들어주는 것으로 주로 블로그, 페이스북 등 SNS 채널을 통해 긍정적인 체험을 할 수 있게 하는 것이다.

45 정답 애드 네트워크

정답해설

애드 네트워크는 디지털 광고 산업의 주체로, 매체사들의 여러 광고 인벤토리를 네트워크 형태로 묶어 이를 광고주에게 판매하는 서비스를 제공하는 역할을 한다.

46 정답 리치 미디어 배너 광고 또는 리치 미디어 광고

정답해설

JPEG, Java 프로그램 등 신기술 및 고급기술을 적용시킨 배너광고, 풍부(Rich)하게 만들었다는 의미에서 리치미디어 광고라고 한다. 비디오, 오디오, 사진, 애니메이션 등을 혼합한 고급 멀티미디어 형식의 광고라는 점에서, 기존의 배너광고와는 차이가 있다. 사용자가 광고 위에 마우스를 올려놓으면 이미지가 변하여 주목도, 클릭률, 기억률을 높일 수 있다는 장점이 있다.

47

정답 T&D 또는 Title&Description

정답해설

T&D는 Title&Description의 약자로 검색결과에 노출되는 제목과 설명을 의미한다.

48

정답 가용예산 활용법

정답해설

가용예산 활용법이란 기업들이 회사에서 충당 가능한 수준의 촉진비용을 책정하는 것을 말한다. 즉, 회사의 자금 사정상 급박한 다른 상황에 비용을 모두 예산으로 책정한 후에 나머지를 촉진비용으로 정하는 방법을 말한다. 이 방식은 보통 제한된 자금을 소지한 기업에서 촉진을 위해 많은 비용을 투자하지 않으려는 의도로 사용되는 경우가 많다. 그러므로 이 방법은 매출액이 고려되지 않으므로 매출액에 대한 촉진의 효과는 기대할 수 없으며, 일정 산출기준에 의해 촉진예산이 정해지는 것이 아니고, 매년 회사의 자금사정에 따라 달라지는 것이므로 장기간의 마케팅 계획수립에 있어서는 부적합하다.

49

정답 쇼핑몰 상품형

정답해설

네이버 쇼핑검색광고는 쇼핑몰 상품형, 제품 카탈로그형, 쇼핑 브랜드형으로 구성되어 있다. 쇼핑몰 상품형이란 쇼핑몰(판매처)이 직접 판매중인 상품을 홍보하는 이미지형 광고 상품으로, 키워드를 선택할 필요 없이, 이미 네이버 쇼핑에 노출되고 있는 상품을 쇼핑 상위 영역에 노출하는 광고이다. 패션의류, 패션잡화, 식품, 출산/육아, 가구/인테리어, 스포츠/레저, 화장품/미용, 생활/건강, 디지털 가전(악세사리류)의 업종에서 집행이 가능하다.

50

정답 그룹

정답해설

네이버 검색광고 구조는 "계정 – 캠페인 – 그룹 – 키워드와 소재"로 구성되어 있다.

51

정답 ① 10, ② 5, ③ 3

정답해설

네이버 통합검색 탭에서 파워링크 최대 10개까지 노출되고, 비즈사이트에 최대 5개까지 노출된다. 키워드에 따라 파워링크와 비즈사이트의 위치는 다를 수 있다. 이용자가 많이 찾지 않는 일부 키워드는 파워링크 광고가 최대 3개까지 노출되고, 비즈사이트는 제외될 수 있다.

52

정답 파워링크 이미지

정답해설

네이버의 확장소재는 광고그룹 단위에서 '전화번호', '위치정보', '네이버예약', '계산', '추가제목', '홍보문구', '서브링크', '가격링크', '파워링크 이미지', '이미지형 서브링크', '플레이스 정보', '홍보영상' 유형을 등록할 수 있다. 특정 광고그룹에 캠페인 단위로 설정한 확장소재와 다른 확장소재를 적용하고 싶은 경우, 해당 광고그룹에만 별도의 확장소재를 등록할 수 있다.

53

정답 키워드광고, 브랜드검색광고

정답해설

카카오 검색광고는 키워드광고와 브랜드검색광고로 이루어져 있다.

54

정답 리드, 판매, 웹사이트 트래픽

정답해설

구글은 광고주가 달성하고자 하는 목적에 부합하는 목표를 중심으로 캠페인을 생성한다. 검색광고의 목적으로는 리드, 판매, 웹사이트 트래픽이 존재한다.

55

정답 타깃 CPA

정답해설

구글의 자동입찰 기능에는 타깃 CPA, 타깃 광고 투자수익(ROAS), 클릭 수 최대화, 전환 수 최대화, 전환 가치 극대화, 타깃 노출 점유율이 있다. 타깃 CPA란 설정한 타깃 전환 당 비용 수준에서 전환수를 최대한 늘릴 수 있도록 Google Ads에서 입찰가를 자동으로 설정하는 기능이다.

56   정답 무효 활동 조정 크레딧

정답해설

구글은 무효클릭이 확인되면 해당 클릭에 대해서는 비용이 청구되지 않도록 보고서 및 결제금액에서 자동으로 해당 클릭이 필터링 된다. 자동 감지 시스템에서 잡아내지 못한 무효 클릭이 있을 경우 해당 클릭에 대해 크레딧을 받을 수 있으며, 이를 무효 활동 조정 크레딧이라고 한다.

57   정답 240(%)

정답해설

광고비가 1,500,000원이고, 광고로 인한 전환매출액이 3,600,000원이므로 ROAS는 240%이다.

58   정답 3,400,000원

정답해설

광고수익률(ROAS)은 '수익/광고비×100'이다. 따라서 각 키워드의 전환 매출액은 '광고비×광고수익률/100'으로 구하면 된다. A의 전환 매출액은 9,600,000원이고, B의 전환 매출액은 10,500,000원이다. C의 전환 매출액은 13,000,000이므로, 가장 많은 전환 매출액과 가장 적은 전환 매출액과의 차이는 '13,000,000−9,600,000=3,400,000', 즉 3,400,000원이다.

59   정답 랜딩페이지

정답해설

랜딩페이지는 광고를 통해 방문하게 되는 페이지를 의미한다. 랜딩페이지가 메인페이지가 될 수 있으며, 카테고리나 제품 상세 페이지, 이벤트 페이지가 될 수도 있다. 광고를 클릭해 방문한 페이지에서 찾고자 했던 제품 및 콘텐츠 등이 없는 경우 고객들은 쉽게 포기하고 타 페이지를 사용한다. 1명의 방문자를 웹 사이트로 유입시키기까지 많은 노력 및 비용을 투하했다 하더라도 랜딩페이지에서 이탈해버리면 아무 소용이 없게 된다.

60   정답 ① 간접 전환수, ② 방문당 평균 페이지 뷰

정답해설

간접 전환수란 광고클릭 이후 30분부터 전환이 나타난 경우를 의미하며, 전환 추적 기간은 7~20일 사이의 기간으로 직접 설정이 가능하다. 방문당 평균 페이지 뷰란 사용자가 사이트 방문 1회당 살펴본 페이지 수를 의미한다.

결코 남이 편견을 버리도록 설득하려 하지 마라.
사람이 설득으로 편견을 갖게 된 것이 아니듯이, 설득으로 버릴 수 없다.

Never try to reason the prejudice out of a man.
It was not reasoned into him, and cannot be reasoned out.

– 시드니 스미스

MEMO

시스컴은 여러분을 응원합니다!